Böcker

Das Gütezeichen im neuen Gewand der Gewährleistungsmarke

Karlsruher Schriften zum Wettbewerbs- und Immaterialgüterrecht (KWI)

Band 48

Carl Heymanns Verlag 2024

Das Gütezeichen im neuen Gewand der Gewährleistungsmarke

Eine Betrachtung des Gütezeichenschutzes de lege lata und de lege ferenda im Hinblick auf die Rolle der neuen Markenkategorie

Von

Dr. iur. Amelie Elisa Böcker

Carl Heymanns Verlag 2024

Zitiervorschlag: *Böcker*, Das Gütezeichen im neuen Gewand der Gewährleistungsmarke (KWI Bd. 48), Rn. 1

Bibliografische Information der Deutschen Nationalbibliothek
Die Deutsche Nationalbibliothek verzeichnet diese Publikation in der Deutschen Nationalbibliografie; detaillierte bibliografische Daten sind im Internet über http://dnb.d-nb.de abrufbar.

ISBN 978-3-452-30501-5

www.wolterskluwer.com

Umschlagkonzeption: Martina Busch, Grafikdesign, Homburg-Kirrberg
Druck und Weiterverarbeitung: SDK Systemdruck Köln GmbH & Co. KG

Gedruckt auf säurefreiem, alterungsbeständigem und chlorfreiem Papier.

Meinen Eltern

Anke und Frank Fritsch

Vorwort

Die vorliegende Arbeit wurde von der Rechts- und Staatswissenschaftlichen Fakultät der Rheinischen Friedrich-Wilhelms-Universität Bonn im Sommersemester 2023 als Dissertation angenommen. Literatur und Rechtsprechung wurden bis zur Abgabe im Mai 2023 berücksichtigt.

Die Erstellung dieser Arbeit war für mich eine Herausforderung und persönlich bereichernde Erfahrung zugleich. Den zahlreichen Wegbegleitern, die mich während der Promotionszeit in vielfältiger Art und Weise unterstützt und mir Rückhalt gegeben haben, möchte ich an dieser Stelle ganz herzlich danken!

Mein besonderer Dank gilt zunächst meinem Doktorvater, *Herrn Prof. Dr. Michael Loschelder* für seine hervorragende Unterstützung und sein persönliches Engagement bei der Betreuung dieser Arbeit. Durch seine konstruktiven Anmerkungen sowie nicht zuletzt seine jederzeitige Diskussionsbereitschaft hat er entscheidend zum Gelingen meiner Arbeit beigetragen. Ebenfalls herzlich bedanken möchte ich mich bei *Frau Prof. Dr. Louisa Specht-Riemenschneider* für die freundliche Übernahme des Zweitgutachtens sowie bei *Herrn Prof. Dr. Raimund Waltermann* für sein Mitwirken in der Prüfungskommission.

Auch meine Studienfreundinnen und -freunde, *Anna-Lena Garriß, Laura Lax, Dr. Isabel Plum-Schneider* und *Dr. Ruben Schneider* verdienen meinen aufrichtigen Dank. Mit ihren Hilfestellungen, sei es bei der Dokumentendurchsicht oder anschließender Formatierung, ging mir die Arbeit deutlich einfacher von der Hand.

Dankbar bin ich auch für die moralische Unterstützung und lieben Worte, die ich von Familie, Freundinnen und Freunden und erfahren habe; ausdrücklich benennen möchte ich in diesem Zusammenhang meine Geschwister *Adrian und Arno Fritsch* sowie meine enge Freundin *Melanie Lilit Shahnazarian.*

Von herausgehobener Bedeutung war der Rückhalt meines Ehemanns *Gerrit Böcker*, der mich im Alltag hingebungs- und liebevoll unterstützte und mir immer wieder Zuversicht und Kraft gab, das Dissertationsprojekt ans Ziel zu führen. Lieber Gerrit, meinen innigen Dank für alles, was du über diese drei Jahre für mich geleistet hast!

Von ganzem Herzen danke ich schließlich meinen Eltern, *Anke und Frank Fritsch*, auf deren uneingeschränkte Unterstützung ich stets zählen konnte! Mit großem Einsatz begleiteten sie den Arbeitsprozess meiner Dissertation und wirkten durch ihr ermutigendes Zureden sowie ihre wertvollen Denkanstöße entscheidend an ihrem Gelingen mit.

Ich wünsche viel Freude beim Lesen dieser Arbeit.

Bonn, 21.10.2024 *Dr. Amelie Elisa Böcker*

Inhaltsübersicht

Vorwort ... VII

Inhalt ... XI

Teil 1 Einleitung ... 1
A. Thematische Einordnung ... 1
B. Anlass und Gegenstand der Untersuchung ... 3
C. Stand der Wissenschaft ... 6
D. Zielsetzung der Untersuchung und Aufstellung einer Arbeitsthese ... 11
E. Gang der Untersuchung ... 12

Teil 2 Grundlagen der Gütekennzeichnung ... 15
A. Historische Begriffsentwicklung ... 15
B. Vielfalt der Qualitätslexik ... 20
C. Gütezeichenbegriff und Verkehrsverständnis ... 22
D. Güteaussage ... 25
E. Vergabe- und Prüfinstanz eines Gütezeichens ... 29

Teil 3 Gütezeichenschutz de lege lata ... 31
A. Schutzinstrumente außerhalb des Markenrechts ... 31
B. Schutzinstrumente im Markenrecht ... 50

Teil 4 Das Gütezeichen im neuen Gewand der Gewährleistungsmarke – Auswirkungen auf das bisherige Markenrechtssystem ... 79
A. Rechtsdogmatische Einwände zum bisherigen markenrechtlichen Gütezeichenschutz ... 80
B. Folgen der Einführung der Gewährleistungsmarke für den markenrechtlichen Gütezeichenschutz ... 82
C. Fazit zum Gütezeichenschutz de lege lata ... 173

Teil 5 Überlegungen zur Modifizierung des Gütezeichenschutzes de lege ferenda ... 179
A. Ergänzung des europäischen und nationalen Markenrechtssystems ... 180
B. Reformierung des sui generis EU-Systems ... 192
C. Fazit zum Gütezeichenschutz de lege ferenda ... 195

Teil 6 Resümee ... 199
A. Zusammenfassung der Untersuchungsergebnisse – Beleg einer Monopolstellung der Gewährleistungsmarke in Bezug auf Gütezeichen ... 199
B. Ausblick auf einen verbesserten Gütezeichenschutz ... 203

Abkürzungen ... 207

Literatur 211

Sachregister 225

Inhalt

Vorwort ... VII

Inhaltsübersicht ... IX

Teil 1 Einleitung ... 1

A. Thematische Einordnung ... 1

B. Anlass und Gegenstand der Untersuchung ... 3

C. Stand der Wissenschaft ... 6
I. Auslegungskriterium der markenmäßigen Benutzung einer Marke ... 7
II. Auslegungskriterium der Irrführungsgefahr über den Charakter oder die Bedeutung einer Marke ... 8

D. Zielsetzung der Untersuchung und Aufstellung einer Arbeitsthese ... 11

E. Gang der Untersuchung ... 12

Teil 2 Grundlagen der Gütekennzeichnung ... 15

A. Historische Begriffsentwicklung ... 15

B. Vielfalt der Qualitätslexik ... 20
I. Gütesiegel ... 20
II. Gütezeichen ... 21
III. Qualitätszeichen ... 21
IV. Prüfzeichen ... 22

C. Gütezeichenbegriff und Verkehrsverständnis ... 22

D. Güteaussage ... 25
I. Bandbreite von Qualitätseigenschaften ... 25
II. Sonderfall: Geografische Herkunftsangaben ... 27

E. Vergabe- und Prüfinstanz eines Gütezeichens ... 29

Teil 3 Gütezeichenschutz de lege lata ... 31

A. Schutzinstrumente außerhalb des Markenrechts ... 31
I. Nationaler Schutz des Gütezeichens ... 31
1. Lebensmittelrechtlicher Schutz ... 32
2. Wettbewerbsrechtlicher Schutz ... 33
3. Kennzeichenrechtlicher Schutz ... 34
II. Europäischer Schutz des Gütezeichens ... 37
1. Sui generis EU-System für geografische Herkunftsangaben ... 37

2. Verhältnis des sui generis EU-Systems zu anderen Schutzinstrumenten 41
a. Lebensmittelrecht 43
b. Wettbewerbsrecht 44
c. Kennzeichenrecht 46
3. Gesonderte EU-Gütezeichen 48

B. Schutzinstrumente im Markenrecht 50
I. Markenrechtliche Schutzoptionen des Gütezeichens 52
1. Rechtsgrundlagen 53
a. Markenrechtsrichtlinie 53
b. Unionsmarkenverordnung 53
c. Markengesetz 55
2. Individualmarke 55
a. Schutzerlangung der Individualmarke 56
aa. Entstehung des nationalen Markenschutzes 56
(1) Entstehung der Registermarke 57
(a) Formale Entstehungserfordernisse 57
(b) Materielle Entstehungserfordernisse 58
(aa) Markenfähigkeit des Wort-/Bildzeichens 59
(bb) Katalog absoluter Schutzhindernisse 60
(cc) Notorietät als absolutes Schutzhindernis 61
(2) Entstehung der Benutzungsmarke 62
(3) Entstehung der Notorietätsmarke 63
bb. Entstehung des unionsrechtlichen Markenschutzes 63
b. Rechtskonstitutives Merkmal der Individualmarke 64
c. Schutzinhalt und Schutzumfang der Individualmarke 64
3. Kollektivmarke 66
a. Schutzerlangung der Kollektivmarke 66
aa. Entstehung des nationalen Markenschutzes 67
bb. Entstehung des unionsrechtlichen Markenschutzes 68
b. Rechtskonstitutives Merkmal der Kollektivmarke 68
c. Schutzinhalt und Schutzumfang der Kollektivmarke 68
4. Gewährleistungsmarke 69
a. Begriffsbestimmung 69
b. Schutzerlangung der Gewährleistungsmarke 70
aa. Entstehung des nationalen Markenschutzes 71
bb. Entstehung des unionsrechtlichen Markenschutzes 71
c. Rechtskonstitutive Merkmale der Gewährleistungsmarke 71
aa. Markenrechtliche Gewährleistung von bestimmten Eigenschaften 72
(1) Gewährleistungsfähige Eigenschaften 72
(2) Schutzverwehrung für geografische Herkunftsangaben 72
bb. Gewährleistungsspezifische Unterscheidungseignung 73
cc. Gewährleistungsbezogene Neutralität des Markeninhabers 73
d. Weitere Voraussetzungen der Gewährleistungsmarke 74
aa. Inhaberschaft 74
bb. Transparenzgebot der Markensatzung 74
cc. Prüf- und Kontrollpflichten des Markeninhabers 75
e. Schutzinhalt und Schutzumfang 75

II. Zwischenergebnis 76

Teil 4 Das Gütezeichen im neuen Gewand der Gewährleistungsmarke – Auswirkungen auf das bisherige Markenrechtssystem 79

A. Rechtsdogmatische Einwände zum bisherigen markenrechtlichen Gütezeichenschutz 80

B. Folgen der Einführung der Gewährleistungsmarke für den markenrechtlichen Gütezeichenschutz 82
I. Markenmäßige Benutzung einer Marke als Gütezeichen 82
1. Abgrenzung der Individualmarke von der Gewährleistungsmarke 84
a. Grundsatzentscheidung des EuGH *Gözze/VBB [Internationales Baumwollzeichen]* 85
b. Umsetzung in OLG-Folgeurteil *Gözze/VBB [Internationales Baumwollzeichen]* 89
c. Bestätigung in EuGH Entscheidung *Steirisches Kürbiskernöl* 90
d. Zusammenfassung der Kernaussagen des EuGH 92
e. Würdigung der EuGH Rechtsprechungslinie 93
aa. Unvereinbarkeit von markenmäßiger Benutzung und Gütezeichencharakter als Individualwarenmarke 94
bb. Restriktive Vereinbarkeit von markenmäßiger Benutzung und Gütezeichencharakter als Individualdienstleistungsmarke 96
cc. Rechtsfolgen im Hinblick auf die zeichenrechtliche Bestandskraft eines Gütezeichens im Gewand der Individualmarke 98
2. Abgrenzung der Kollektivmarke von der Gewährleistungsmarke 98
a. Grundsatzentscheidung des EuGH *Gözze/VBB [Internationales Baumwollzeichen]* 99
b. Konkretisierung in EuGH Entscheidung *Darjeeling* 99
c. Bestätigung in EuGH Entscheidung *Der Grüne Punkt* 104
d. Fortführung in EuGH Entscheidung *BBQLOUMI/HALLOUMI* 107
e. Zusammenfassung der Kernaussagen des EuGH 110
f. Würdigung der EuGH Rechtsprechungslinie 111
aa. Unvereinbarkeit von markenmäßiger Benutzung und Gütezeichencharakter als Kollektivwarenmarke 112
bb. Restriktive Vereinbarkeit von markenmäßiger Benutzung und Gütezeichencharakter als Kollektivdienstleistungsmarke 115
cc. Rechtsfolgen im Hinblick auf die zeichenrechtliche Bestandskraft eines Gütezeichens im Gewand der Kollektivmarke 117
3. Anwendbarkeit der europäischen Rechtsauslegung auf das nationale Recht ... 118
4. Zwischenergebnis 120
II. Spezifische Irreführungsgefahr einer Marke als Gütezeichen 122
1. Methodische Auslegung der spezifischen Irreführungsnormen über den Charakter und die Bedeutung einer Marke 124
a. Grammatikalische Auslegung 125
aa. Nationaler Bedeutungsgehalt 126
bb. Unionsrechtlicher Bedeutungsgehalt 128
cc. Zwischenergebnis 130

b. Systematische Auslegung ... 131
aa. Nationale Systematik ... 132
(1) Äußere Systematik ... 132
(2) Innere Systematik ... 133
(a) Bedeutungszusammenhänge ... 134
(b) Bedeutungsunterschiede ... 134
bb. Unionsrechtliche Systematik ... 136
cc. Zwischenergebnis ... 137
c. Historische Auslegung ... 138
aa. Amtliche Begründung des deutschen Gesetzgebers ... 139
bb. Vorschlag für eine Richtlinie des Europäischen Parlaments und des Rates zur Angleichung der Rechtsvorschriften der Mitgliedstaaten über die Marken ... 141
cc. Vorschlag für eine Verordnung des Europäischen Parlaments und des Rates zur Änderung der Verordnung (EG) Nr. 207/2009 des Rates über die Gemeinschaftsmarke ... 143
dd. Zwischenergebnis ... 144
d. Teleologische Auslegung ... 145
aa. Ratio legis der Irreführungsvorschriften über den Charakter oder die Bedeutung einer Marke ... 146
bb. Ratio legis der Irreführungsvorschriften über die geografische Herkunft ... 148
cc. Ratio legis der Täuschungsvorschriften über die Art, die Beschaffenheit oder die geografische Herkunft ... 149
dd. Zwischenergebnis ... 151
e. Gesamtabwägung aller Auslegungskriterien ... 153
f. Auslegungsergebnis – Herausbildung eines Normverständnisses ... 155
2. Anwendung des Auslegungsergebnisses auf die Irreführungsgefahr einer Marke als Gütezeichen ... 160
a. Zugrundelegung eines geänderten Verkehrsverständnisses des Gütezeichens ... 160
aa. Gesetzgeberische Einkleidung des Gütezeichens in das Normgewand der Gewährleistungsmarke ... 160
bb. Das Verkehrsverständnis des Gütezeichens im Wandel ... 161
cc. Assimilation des Verkehrs an die Gewährleistungsmarke ... 163
dd. Änderung des Verkehrsverständnisses von Gütezeichen ... 166
b. Kausalzusammenhang zwischen Irreführungsgefahr und Marke als Gütezeichen ... 166
aa. Verwirklichung der Irreführungsgefahr einer als Gütezeichen ausgestalteten Kollektivmarke ... 167
bb. Verwirklichung der Irreführungsgefahr einer als Gütezeichen ausgestalteten Gewährleistungsmarke ... 170
3. Zwischenergebnis ... 171

C. Fazit zum Gütezeichenschutz de lege lata ... 173

Teil 5 Überlegungen zur Modifizierung des Gütezeichenschutzes de lege ferenda ... 179

A. Ergänzung des europäischen und nationalen Markenrechtssystems 180
I. Gewährleistungsmarke als nationale Schutzoption für geografische Herkunftsangaben 181
II. Berücksichtigung der Rechtsprechung zu geografischen Marken 181
1. Koexistenz von sui generis EU-System und Markenrechtssystem 182
2. Konkretisierung des Schutzumfangs des sui generis EU-Systems 182
III. Ausgestaltung des markenrechtlichen Schutzes der geografischen Herkunftsangaben 184
1. Anwendungsbereich der geografischen Marke 185
2. Geografische Kollektivmarke als gesetzlich festgeschriebenes Schutzinstrument 187
3. Geografische Gewährleistungsmarke als alternatives Schutzinstrument? 188
a. Erweiterung des markenrechtlichen Gütezeichenschutzes im Hinblick auf geografische Herkunftsangaben 188
b. Aushöhlung des europäischen Sonderschutzes für Agrarerzeugnisse und Lebensmittel 188
IV. Zwischenergebnis 191

B. Reformierung des sui generis EU-Systems 192
I. Ausweitung des geltenden sui generis EU-Systems für Agrarerzeugnisse und Lebensmittel 192
II. Schaffung eines sui generis EU-Systems für nicht-landwirtschaftliche Erzeugnisse 193

C. Fazit zum Gütezeichenschutz de lege ferenda 195

Teil 6 Resümee 199

A. Zusammenfassung der Untersuchungsergebnisse – Beleg einer Monopolstellung der Gewährleistungsmarke in Bezug auf Gütezeichen 199

B. Ausblick auf einen verbesserten Gütezeichenschutz 203

Abkürzungen 207

Literatur 211

Sachregister 225

Teil 1 Einleitung

A. Thematische Einordnung

Die Begriffe »Gütesiegel«, »Label« sowie »Güte- und Zertifizierungszeichen« 1
begegnen dem Verbraucher zunehmend in alltäglichen Lebenssituationen, sei es im Supermarkt oder im Einzelhandel, und beeinflussen nachweislich seine Kaufentscheidungen.[1]

Dies liegt zum einen an der enormen Produktvielfalt von Waren und Dienst- 2
leistungen auf den modernen Märkten, aufgrund derer Verbraucher immer häufiger vertrauenswürdige Kennzeichnungen als Orientierungshilfe für eine gewisse Qualität suchen.[2] Zum anderen lässt sich in den letzten Jahren eine deutliche Veränderung des Konsumverhaltens in unserer Gesellschaft hin zu mehr Nachhaltigkeit feststellen.[3] So wird bei einer Kaufentscheidung nicht mehr nur auf Qualität, sondern auch auf Umweltschutz, faire Arbeitsbedingungen, Ressourcenschonung, Tierschutz etc. geachtet. Aufgrund dieser Entwicklung hat sich das Labeling von Produkten mit bestimmten Siegeln bzw. Güte- und Zertifizierungszeichen als lukrative Vermarktungsstrategie der Anbieter etabliert und trägt in erheblichem Maße zum Markterfolg eines Unternehmens bei.[4] Mithilfe von Kennzeichnungen wird Verbrauchern eine Vielzahl differenter Produkteigenschaften garantiert. So werden Lebensmittel beispielsweise mit Zeichen für fairen Handel (»Fairtrade-Siegel«, »GEPA«), einen biologischen Anbau (»BIO«) oder einen umweltschonenden Handel (»Blauer Engel«, »EU Ecolabels«) deklariert. Die stetig steigende Anzahl solcher Produktkennzeichnungen gestaltet es jedoch für die Verbraucher diffizil zu beurteilen, wer die Kenn-

1 Studie »GÜTESIEGEL MONITOR 2021« der SPLENDID RESEARCH GmbH, abrufbar unter https://www.splendid-research.com/de/guetesiegel.html, zuletzt abgerufen am 01.05.2023; Utopia Siegel-Studie 2019, abrufbar unter https://utopia.de/utopia-insights/siegel-studie-lost-in-label/, zuletzt abgerufen am 01.05.2023.

2 *Dröge* GRUR 2017, 1198, 1198; *Liebl*, MARKENARTIKEL 2013, 1-2, 62, 62 f.; *Slopek/Leister* GRUR 2013, 356, 356; »Gesundheitsmarkt: Marken werden als Orientierungshilfe wichtiger«, abrufbar unter https://www.markenartikel-magazin.de/_rubric/detail.php?rubric=marke-marketing&nr=36201, zuletzt abgerufen am 01.05.2023.

3 »Preis ist für Verbraucher wichtigstes Kaufargument - Nachhaltigkeit wird für sie immer entscheidender«, abrufbar unter https://www.ey.com/de_de/news/2020/05/ey-nachhaltiger-konsum-2020, zuletzt abgerufen am 01.05.2023.

4 Vorschlag der Kommission für eine Verordnung des Europäischen Parlaments und des Rates zur Änderung der Verordnung (EG) Nr. 207/2009 des Rates über die Gemeinschaftsmarke, COM (2013) 161 final v. 27.03.2013, Begründung S. 1.

zeichnungskriterien aufgestellt hat und wie vertrauenswürdig diese sind.[5] Um dem allgemeinen »Kennzeichnungswirrwarr« sowie dem immer häufiger betriebenen »Greenwashing«[6] von Produkten bzw. Unternehmen entgegenzuwirken, sprechen u. a. das Umweltbundesamt, die Bundeszentrale für politische Bildung sowie die Verbraucher-Initiative e.V. Empfehlungen für bestimmte Siegel aus und verschaffen den Verbrauchern einen kritischen Überblick über die Bedeutung und Qualität einzelner Gütezeichen.[7]

3 Unabhängig von der Vielzahl an Kennzeichen werden die Begrifflichkeiten »Gütesiegel«, »Label« sowie »Güte- und Zertifizierungszeichen« häufig in einen falschen Kontext gebracht und mit »schlichten« Markenzeichen gleichgesetzt. Diese fehlerhafte Konnotation erschwert dem Verbraucher den Umgang mit den Kennzeichen und führt in der Praxis zu falschen Schlussfolgerungen. Des Weiteren können Gütezeichen – je nach intendierter Schutzrichtung – in verschiedenen Rechtsgebieten angesiedelt sein und sind nicht ausschließlich dem Markenrecht zuzuordnen. So werden Gütezeichen auf Unionsebene insbesondere durch die Qualitätsregelungen für Agrarerzeugnisse und Lebensmittel[8] geschützt, mit dem vorrangigen Zweck, landwirtschaftliche Erzeuger und die verarbeitende Wirtschaft zu fördern und dadurch mittelbar auch dem Verbraucherinteresse an einheitlichen Qualitätsmaßstäben für bestimmte, hochwertige Produkte nachzukommen.[9] Das Wettbewerbsrecht, insbesondere die EU-Richtlinie über unlautere Geschäftspraktiken, dient der Erreichung eines hohen Verbraucherschutzniveaus, welches ausdrücklich auch durch eine transparente und verbraucheraufklärende Verwendung von »Gütezeichen, Qualitätskennzeichen oder Ähnlichem« herbeigeführt wird, Art. 5 Abs. 4 lit. a, Abs. 5 i. V. m. Art. 6 Abs. 1 lit. b i. V. m. Anhang I der Richtlinie über unlautere Geschäfts-

5 *Hemker*, Missbrauch von Gütezeichen, 2016, S. 2.

6 »Greenwashing kann dabei definiert werden, als Versuch von Unternehmen ihre Nachhaltigkeitsreputation in der Öffentlichkeit, der finanziellen Sphäre sowie den Regulierungsbehörden positiv zu beschönigen.« siehe dazu *Schewe/Nienaber/Buschmann/Liesenkötter* ZfU 2012, 1, 2; *Watson* GPSolo 09/2010, Vol. 27, No. 6, 34, 34 f.

7 »Empfohlene Siegel«, abgerufen unter https://www.umweltbundesamt.de/umwelttipps-fuer-den-alltag/siegelkunde, zuletzt abgerufen am 01.05.2023; »Welche Gütesiegel gibt es?«, abrufbar unter https://www.bpb.de/dialog/netzdebatte/283493/ welche-guetesiegel-gibt-es, zuletzt abgerufen am 01.05.2023; Label online das Portal mit Informationen und Bewertungen zu Labels in Deutschland, abrufbar unter https://label-online.de/, zuletzt abgerufen am 01.05.2023.

8 U.a. Verordnung (EU) Nr. 1151/2012 des Europäischen Parlaments und des Rates vom 21.11.2012 über Qualitätsregelungen für Agrarerzeugnisse und Lebensmittel.

9 Sosnitza/Meisterernst/*Rathke*, Lebensmittelrecht, 2023, Teil 1, Horizontale Vorschriften, Nr. 134., Art. 1 VO (EU) Nr. 1151/2012, Rn. 1, 12.

praktiken (UGP-RL)[10]. Mit der enormen Profitabilität der Verwendung von Gütezeichen für Waren und Dienstleistungen geht aber auch das Schutzbedürfnis des Gütezeicheninhabers vor Nachahmung bzw. unrechtmäßiger Verwendung einher, welchem im Markenrecht Rechnung getragen wird.[11] Durch die Eintragung als Marke erwirbt der Inhaber des Gütezeichens ein Ausschließlichkeitsrecht, also ein positives (Nutzungs-)Recht sowie ein negatives (Abwehr-)Recht, welches er grundsätzlich gegenüber jedermann geltend machen kann.[12]

B. Anlass und Gegenstand der Untersuchung

Anlass für die Befassung mit dem markenrechtlichen Schutz von Gütezeichen 4
in der vorliegenden Arbeit waren die Novellierungen des europäischen und deutschen Markenrechts in der Zeitspanne von 2015 bis 2019 und ihre bis dato nicht geklärten Folgewirkungen für die Einordnung des Gütezeichens in das markenrechtliche Regelungsgefüge. Zunächst vollzog sich auf Unionsebene eine Änderung der Markenrechtsrichtlinie (MRRL)[13] sowie der Unionsmarkenverordnung (UMV)[14], gefolgt von einer Reform des deutschen Markengesetzes (MarkenG)[15]. Relevant im Hinblick auf den Schutz von Gütezeichen ist insbesondere die erstmalige Kodifizierung der Unionsgewährleistungsmarke bzw. der nationalen Gewährleistungsmarke.[16] Damit wurde den entsprechenden

10 Richtlinie 2005/29/EG des Europäischen Parlaments und des Rates v. 11.05.2005 über unlautere Geschäftspraktiken im binnenmarktinternen Geschäftsverkehr zwischen Unternehmen und Verbrauchern und zur Änderung der Richtlinie 84/450/EWG des Rates, der Richtlinien 97/7/EG, 98/27/EG und 2002/65/EG des Europäischen Parlaments und des Rates sowie der Verordnung (EG) Nr. 2006/2004 des Europäischen Parlaments und des Rates (Richtlinie über unlautere Geschäftspraktiken), nachfolgend: UGP-RL.

11 *Götting*, Gewerblicher Rechtsschutz, 2020, § 56, Rn. 1.

12 BeckOK Markenrecht/*Kur*, Stand: 01.01.2023, Einleitung Markenrecht, Rn. 5; *Götting*, Gewerblicher Rechtsschutz, 2020, § 56, Rn. 1; Ingerl/Rohnke/Nordemann/*A. Nordemann*, MarkenG, 2023, § 14 MarkenG, Rn. 7 f.

13 Richtlinie (EU) 2015/2436 des Europäischen Parlaments und des Rates vom 16.12.2015 zur Angleichung der Rechtsvorschriften der Mitgliedstaaten über die Marken, ABl. 2015 L 336/1, nachfolgend MRRL.

14 Verordnung (EU) 2017/1001 des Europäischen Parlaments und des Rates vom 14.06.2017 über die Unionsmarke, ABl. 2017 L 154/1, nachfolgend UMV.

15 Gesetz über den Schutz von Marken und sonstigen Kennzeichen v. 25.10.1994, BGBl. I S. 3082; 1995 I S. 156; 1996 I S. 682, zuletzt geändert durch Art. 5 d. Gesetzes v. 10.08.2021 (BGBl. I S. 3490), nachfolgend MarkenG.

16 Wenn zugleich die Unionsgewährleistungsmarke und die deutsche Gewährleistungsmarke angesprochen werden, wird in der vorliegenden Arbeit mitunter auch der Begriff der Gewährleistungsmarke verwendet.

Reformbestrebungen nach einer Intensivierung der harmonisierten Koexistenz und Komplementarität zwischen europäischem Markensystem und den mitgliedstaatlichen Schutzsystemen[17] unter Berücksichtigung des wachsenden Bedürfnisses des Warenverkehrs nach güte- und qualitätsanzeigenden Kennzeichnungen Rechnung getragen[18]. Künftig sollen sich Verbraucher bei ihren Kaufentscheidungen in einem über die klassischen Marken hinausgehenden Maße an der Gewährleistungsmarke orientieren können.[19] In Konsequenz der Einführung dieser neuen Markenkategorie stellt sich die Frage, ob die bisher geläufige Schutzerlangung bzw. Schutzaufrechterhaltung eines Gütezeichens als Individual- und Kollektivmarke mit der geänderten europäischen und nationalen Gesetzeslage in Einklang zu bringen ist. Diese Frage und die damit verbundenen Folgen für die markenrechtliche Klassifizierung des Gütezeichens sind in der Wissenschaft und Rechtsprechung bislang nur unzureichend geklärt.

5 Die vorliegende Arbeit geht dieser Fragestellung nach und untersucht schwerpunktmäßig die Schutzerlangung bzw. die Schutzaufrechterhaltung eines Gütezeichens in Form einer Marke unter den veränderten rechtlichen Rahmenbedingungen des Markenrechtssystems nach Einführung der Gewährleistungsmarke. Die verschiedenen Markenkategorien (Individual-, Kollektiv- und Gewährleistungsmarke) werden unter Zugrundelegung der Kriterien der markenmäßigen Benutzung einer Marke und der Irreführungsgefahr über den Charakter oder die Bedeutung einer Marke einer Eignungsprüfung als Schutzinstrumente für Gütezeichen unterzogen.

6 Dabei konzentriert sich das Kriterium der markenmäßigen Benutzung einer Marke auf die Benutzung eines Zeichens als Marke.[20] So wird ein Zeichen in sämtlichen Verfahrensstadien auf seine wesensbedingt zu wahrende Herkunftsfunktion untersucht. Danach dient eine Marke der Herkunftsgarantie von Waren oder Dienstleistungen aus einem Unternehmen gegenüber Verbrauchern oder Endabnehmern.[21] Im Rahmen des Eintragungs- und Widerspruchsverfahrens wird ein Zeichen auf seine Eignung zur Ausübung einer entsprechend herkunftshinweisenden Funktion untersucht, §§ 8 Abs. 2 Nr. 1, 9 Abs. 1 MarkenG,

17 Vorschlag der Kommission für eine Richtlinie des Europäischen Parlaments und des Rates zur Angleichung der Rechtsvorschriften der Mitgliedstaaten über die Marken, COM (2013) 162 final v. 27.03.2013, Begründung S. 2; Vorschlag der Kommission für eine Verordnung des Europäischen Parlaments und des Rates zur Änderung der Verordnung (EG) Nr. 207/2009 des Rates über die Gemeinschaftsmarke, COM (2013) 161 final v. 27.03.2013, Begründung S. 2, 11.

18 Amtliche Begründung, BT-Drs. 19/2898, S. 1, 88.

19 BeckOK Markenrecht/*Slopek*, Stand: 01.01.2023, Art. 83 UMV 2017, Rn. 12.

20 *Pohlmann*, Das Recht der Unionsmarke, 2018, §11 MarkenG, Rn. 10.

21 BeckOK Markenrecht/*Grundmann*, Stand: 01.01.2023, Art. 9 UMV 2017, Rn. 64; Ingerl/Rohnke/Nordemann/*A. Nordemann*, MarkenG, 2023, Einleitung, Rn. 22.

Art. 7 Abs. 2 lit. b, 8 Abs. 2 UMV sowie Art. 4 Abs. 1 lit. b, 5 Abs. 1 MRRL.[22] Im Rahmen des Verletzungs-[23] und Verfallsverfahrens[24] wird hingegen auf die konkrete herkunftshinweisende Benutzung des eingetragenen Zeichens abgestellt,[25] § 14 Abs. 2 MarkenG, Art. 9 Abs. 2 UMV sowie Art. 17 MRRL und § 26 Abs. 1 MarkenG, Art. 18 Abs. 1 UMV sowie Art. 19 MRRL.

Das Kriterium der Irreführungsgefahr über den Charakter oder die Bedeutung einer Marke ist im Zuge der Einführung der Gewährleistungsmarke neu eingeführt worden. Es weitet die vorzunehmende Abgrenzung der Markenkategorien auf ihren Charakter und ihre Bedeutung aus. Eine entsprechende Prüfung hat in 7

22 Rspr. zur markenmäßigen Benutzung im Eintragungs-bzw. Widerspruchsverfahren: BGH, Beschl. v. 30.1.2020 – I ZB 61/17, GRUR 2020, 411, 412, Rn. 10 – *#darferdas? II*; EuGH, Urt. v. 04.05.1999 – C-108/97 und C-109/97, Slg. 1999, I-2779, Rn. 46 = GRUR Int. 1999, 727, 731 – *Chiemsee*; EuGH, Urt. v. 18.06.2002 – C-299/99, Slg. 2002, I-5475, Rn. 64 = GRUR 2002, 804, 808 – *Philips*; EuGH, Urt. v. 07.07.2005 – C-353/03, ECLI:EU:C:2005:432, Rn. 26 = GRUR 2005, 763, 764 – *Nestlé/Mars*; EuGH, Urt. v. 19.6.2014 – C-217/13 und C-218/13, Rn. 38 = GRUR 2014, 776, 778 – *Deutscher Sparkassen- und Giroverband/Banco Santander [Sparkassen-Rot]*; BGH, Beschl. v. 21.07.2016 – I ZB 52/15, GRUR 2016, 1167, 1170 f., Rn. 24, 31 – *Sparkassen-Rot*; EuGH, Urt. v. 20.09.2017 – C-673/15 P bis C-676/15 P, ECLI:EU:C:2017:702 = GRUR 2017, 1257 – *The Tea Board/EUIPO - Delta Lingerie [Darjeeling]*; EuGH, Urt. v. 12.09.2019 – C-541/18, ECLI:EU:C:2019:725, Rn. 17 = WRP 2019,1444, 1444 f. – *AS/DPMA [#darferdas?]*; EuGH, Urt. v. 05.03.2020 – C-766/18 P, ECLI:EU:C:2020:170 = GRUR-RR 2020, 199 – *BBQLOUMI/HALLOUMI*; BeckOK UMV/*Büscher/Kochendörfer*, Stand: 15.11.2022, Art. 8 UMV, Rn. 78.

23 Rspr. zur markenmäßigen Benutzung im Verletzungsverfahren: BGH, Urt. v. 11.04.2013 – I ZR 214/11, GRUR 2013, 1239, 1240 – *VOLKSWAGEN/Volks.Inspektion*; BGH, Urt. v. 15.02.2018 – I ZR 138/16, GRUR 2018, 924, 926, Rn. 25 – *ORTLIEB*; BGH, Urt. v. 07.03.2019 – I ZR 195/17, GRUR 2019, 522, 524, Rn. 25 – *SAM*; EuGH, Urt. v. 25.01.2007 – C-48/05, ECLI:EU:C:2007:55, Rn. 16 = GRUR 2007, 318, 319 – *Adam Opel*; EuGH, Urt. v. 22.09.2016 – C-223/15, ECLI:EU:C:2016:719, Rn. 27 = GRUR 2016, 1166, 1166 f. – *combit Software [combit/Commit]*; EuGH, Urt. v. 20.07.2017 – C-93/16, ECLI:EU:C:2017:571, Rn. 29 = GRUR 2017, 1132, 1133 – *Ornua/T&S [KERRYGOLD];* EuGH, Urt. v. 11.04.2019 – C-690/17, ECLI:EU:C:2019:317, Rn. 31 = GRUR 2019, 621, 623 – *ÖKO-Test Verlag/Dr. Liebe*.

24 Rspr. zur markenmäßigen Benutzung im Verfallsverfahren: BGH, Urt. v. 21.07.2005 – I ZR 293/02, GRUR 2005, 1047, 1049 – *OTTO*; EuGH, Urt. v. 11.03.2003 – C-40/01, ECLI:EU:C:2003:145, Rn. 36 = GRUR 2003, 425, 427 – *Ansul/Ajax;* EuGH, Urt. v. 08.06.2017 – C-689/15, ECLI:EU:C:2017:434, Rn. 51 = GRUR Int. 2017, 630, 634 – *Gözze/VBB [Internationales Baumwollzeichen];* EuGH, Urt. v. 17.10.2019 – C-514/18 P, ECLI:EU:C:2019:878, Rn. 48, 53-57 = GRUR-RR 2020, 100, 102 – *Steirisches Kürbiskernöl*.

25 Vgl. Unterschiede zwischen Widerspruchs- und Verletzungsverfahren: BeckOK UMV/*Büscher/Kochendörfer*, Stand: 15.11.2022, Art. 8 UMV, Rn. 11; BeckOK UMV/*Müller*, Stand: 15.02.2022, Art. 9 UMV, Rn. 27.

jedem Verfahrensstadium eines Zeichens zu erfolgen. Entsprechende Normen finden sich für die Kollektivmarke in §§ 103 Abs. 2, 105 Abs. 1 Nr. 3, 106 Abs. 1 S. 1 MarkenG, Art. 76 Abs. 2, 81 lit. b, 82 UMV sowie Art. 31 Abs. 2, Art. 35 lit. b, Art. 36 MRRL und für die Gewährleistungsmarke in §§ 106e Abs. 2, 106g Abs. 1 Nr. 3, 106h Abs. 1 S. 1 MarkenG, Art. 85 Abs. 2, 91 lit. c, 92 UMV sowie Art. 28 Abs. 3 MRRL wieder.

8 Ein gesondertes Augenmerk wird im Rahmen der Untersuchung auf die spezielle Gütezeichenart der geografischen Herkunftsangabe und ihren markenrechtlichen Schutz gelegt.

C. Stand der Wissenschaft

9 Die Gewährleistungsmarke als neue Markenkategorie war bereits mehrfach Gegenstand wissenschaftlicher Arbeiten. *Buckstegge* erörtert ausführlich das Bedürfnis einer nationalen Gewährleistungsmarke in Deutschland.[26] Hierbei stellt die Autorin einen Rechtsvergleich zum französischen sowie britischen markenrechtlichen Schutz von Gütezeichen an, um dadurch Rückschlüsse auf die Ausgestaltung der deutschen Gewährleistungsmarke zu ziehen.[27] Sie legt die Entstehungsgeschichte, die Rechtsgrundlagen sowie die Voraussetzungen der spezifischen Markenkategorie dar.[28] Eine vergleichbare Untersuchung nimmt *Schmidt* für die Unionsgewährleistungsmarke vor.[29] Unterschiede ergeben sich im Hinblick auf die international gezogenen Rechtsvergleiche zum britischen und amerikanischen Äquivalent einer Gewährleistungsmarke.[30] *Bathelt* wiederum analysiert den Charakter und die Rolle der Unionsgewährleistungsmarke im System des unverfälschten Wettbewerbs.[31] Im Zuge dessen werden die spezifischen Markenvoraussetzungen sowie deren Rechtsfolgen unter ökonomischen Gesichtspunkten näher beleuchtet.[32]

10 Einer holistischen Untersuchung des markenrechtlichen Gütezeichenschutzes *de lege lata* hat sich bislang weder die Rechtsprechung noch die Wissenschaft explizit angenommen. Dabei erfährt das Kriterium der markenmäßigen Benutzung einer Marke durch die Einführung der Gewährleistungsmarke eine neuartige, auf das Gütezeichen zugeschnittene Ausprägung. Infolgedessen sind die klassischen Markenkategorien der Individual- und Kollektivmarke, eingebettet in das Kriterium der markenmäßigen Benutzung, auf ihre Eignung als Schutz-

26 *Buckstegge*, Die nationale Gewährleistungsmarke, 2018, S. 1 ff.
27 *Buckstegge*, Die nationale Gewährleistungsmarke, 2018, S. 138 ff.
28 *Buckstegge*, Die nationale Gewährleistungsmarke, 2018, S. 213 ff.
29 *Schmidt*, Die Unionsgewährleistungsmarke, 2021, S. 1 ff.
30 *Schmidt*, Die Unionsgewährleistungsmarke, 2021, S. 319 ff.
31 *Bathelt*, Die Unionsgewährleistungsmarke, 2021, S. 1 ff.
32 *Bathelt*, Die Unionsgewährleistungsmarke, 2021, S. 9.

instrument für Gütezeichen zu analysieren. Darüber hinaus ruft das neu ins europäische und deutsche Markenrecht eingefügte Kriterium der Irreführungsgefahr über den Charakter oder die Bedeutung einer Marke einen gesteigerten Erörterungsbedarf im Hinblick auf die Vereinbarkeit der jeweiligen Markenart mit der Schutzerlangung bzw. Schutzerhaltung als Gütezeichen hervor.

I. Auslegungskriterium der markenmäßigen Benutzung einer Marke

Auf die markenmäßige Benutzung von Individual- und Kollektivmarken in Form eines Gütezeichens geht der EuGH in seiner jüngeren Rechtsprechung ein.[33] Diese vermag einen grundlegenden Aufschluss über das Zusammenspiel von Gütezeichenfunktion und Hauptfunktion der klassischen Marken zu geben. Bei näherer Betrachtung zeigt sich jedoch, dass den höchstrichterlichen Ausführungen kein erschöpfender Charakter zukommt. Zum einen hat der EuGH ausschließlich zur markenmäßigen Benutzung einer Individualmarke als Gütezeichen ein Grundsatzurteil, *Gözze/VBB [Internationales Baumwollzeichen]*[34], gefällt. Die EuGH-Rechtsprechung zur markenmäßigen Benutzung einer Kollektivmarke als Gütezeichen lässt lediglich eine Rechtsprechungstendenz erkennen. Zum anderen befassen sich sämtliche EuGH Urteile ausschließlich mit Warenmarken und deren Schutzfähigkeit bzw. Schutzaufrechterhaltung. Zu untersuchen bleibt, ob die gerichtlichen Feststellungen eine entsprechende Übertragung auf Dienstleistungsmarken und deren Schutzfähigkeit bzw. Schutzaufrechterhaltung finden. 11

Diese Betrachtung setzt sich in der wissenschaftlichen Auseinandersetzung fort. Zwar befassen sich *Buckstegge* sowie *Schmidt* mit dem Vorabentscheidungsverfahren *Gözze/VBB [Internationales Baumwollzeichen]*[35].[36] Dabei arbeiten sie jedoch dessen rechtliche Bedeutung für die markenmäßige Benutzung einer als Gütezeichen verwendeten Individualmarke nicht näher heraus, sondern verweisen allgemein auf daraus resultierende Schwierigkeiten für die Marken- 12

33 EuGH, Urt. v. 08.06.2017 – C-689/15, ECLI:EU:C:2017:434 = GRUR Int. 2017, 630 – *Gözze/VBB [Internationales Baumwollzeichen]*; EuGH, Urt. v. 17.10.2019 – C-514/18 P, ECLI:EU:C:2019:878 = GRUR-RR 2020, 100 – *Steirisches Kürbiskernöl;* EuGH, Urt. v. 20.09.2017 – C-673/15 P bis C-676/15 P, ECLI:EU:C:2017:702 = GRUR 2017, 1257 – *The Tea Board/EUIPO - Delta Lingerie [Darjeeling]*; EuGH, Urt. v. 12.12.2019 – C-143/19 P, ECLI:EU:C:2019:1076 = GRUR-RR 2020, 250 – *Der Grüne Punkt/EUIPO*; EuGH, Urt. v. 05.03.2020 – C-766/18 P, ECLI:EU:C:2020:170 = GRUR-RR 2020, 199 – *BBQLOUMI/HALLOUMI.*

34 EuGH, Urt. v. 08.06.2017 – C-689/15, ECLI:EU:C:2017:434 = GRUR Int. 2017, 630 – *Gözze/VBB [Internationales Baumwollzeichen].*

35 EuGH, Urt. v. 08.06.2017 – C-689/15, ECLI:EU:C:2017:434 = GRUR Int. 2017, 630 – *Gözze/VBB [Internationales Baumwollzeichen].*

36 *Buckstegge*, Die nationale Gewährleistungsmarke, 2018, S. 111 ff; *Schmidt*, Die Unionsgewährleistungsmarke, 2021, S. 131 ff.

inhaber[37] bzw. vernachlässigen die ausschließliche Bezugnahme des EuGH-Urteils auf Warenmarken[38]. Vereinzelt finden sich auch Beiträge[39], die eine differenzierte Beurteilung von Waren- und Dienstleistungsmarken vornehmen, und Gütezeichen, die im Waren- und Dienstleistungsverzeichnis für Qualitätssicherungs- und Zertifizierungsdienstleistungen eingetragen sind, einen rechtlichen Schutz als Individual- bzw. Kollektivmarken zusprechen. Dabei wird jedoch der Fokus entweder nur auf die registerrechtliche Koexistenz eines Gütezeichens als Individual-, Kollektiv-, und Gewährleistungsmarke gelegt.[40] Oder die Abhandlungen erörtern das Vorabentscheidungsverfahren *Internationales Baumwollzeichen*[41], welches sich auf die markenmäßige Benutzung einer Individualmarke als Gütezeichen konzentriert.[42] Einzig *Schoene* bezieht auch die jüngere Rechtsprechungslinie des EuGH zur markenmäßigen Benutzung von Kollektivmarken in seine Kommentierung mit ein.[43] Er stellt den nicht-abschließenden Charakter der EuGH-Rechtsprechung heraus und zieht daraus konkrete Schlussfolgerungen im Hinblick auf eine verbleibende markenmäßige Benutzung von Qualitätssicherungs- und Zertifizierungsdienstleistungsmarken als Gütezeichen.[44] Er führt zur Begründung die als Gütezeichen verbleibende Wahrung der jeweiligen klassischen Hauptmarkenfunktion sowie deren geläufige Verwendung in der Praxis an.[45] Die gebotene Kürze seiner Ausführungen lässt jedoch Raum für die in hiesiger Arbeit angestellte, wissenschaftlich fundierte Untersuchung des Verhältnisses von Gütezeichenfunktion und der jeweiligen Hauptmarkenfunktion.

II. Auslegungskriterium der Irrführungsgefahr über den Charakter oder die Bedeutung einer Marke

13 Sowohl der europäische als auch der deutsche Gesetzgeber haben die Einführung der Irreführungsvorschriften über den Charakter oder die Bedeutung einer

37 *Buckstegge*, Die nationale Gewährleistungsmarke, 2018, S. 119, 121 f.

38 *Schmidt*, Die Unionsgewährleistungsmarke, 2021, S. 139 ff.

39 Vgl. *Baldauf*, Werbung mit Gütesiegeln und Testergebnissen, 2011, S. 143; BeckOK Markenrecht/*Schoene*, Stand: 01.01.2023, § 97 MarkenG, Rn. 10.1; *Slopek/Leister* GRUR 2013, 356, 359 f.; *Thünken* GRUR-Prax 2016, 494, 495.

40 *Baldauf*, Werbung mit Gütesiegeln und Testergebnissen, 2011, S. 143; *Slopek/Leister* GRUR 2013, 356, 359 f.; *Thünken* GRUR-Prax 2016, 494, 495.

41 OLG Düsseldorf, Beschl. v. 15.12.2015 – I-20 U 222/14, GRUR 2016, 386 – *Gözze/VBB [Internationales Baumwollzeichen]*.

42 *Ahrens* GRUR 2020, 809, 812; *Baldauf*, Werbung mit Gütesiegeln und Testergebnissen, 2011, S. 143; *Dissmann/Somboonvong* GRUR 2017, 777, 778.

43 BeckOK Markenrecht/*Schoene*, Stand: 01.01.2023, § 97 MarkenG, Rn. 10 f.

44 BeckOK Markenrecht/*Schoene*, Stand: 01.01.2023, § 97 MarkenG, Rn. 10 f.

45 BeckOK Markenrecht/*Schoene*, Stand: 01.01.2023, § 97 MarkenG, Rn. 10.1.

Marke[46] mit der Erreichung einer Abgrenzung der unterschiedlichen Markenarten insbesondere der Kollektiv- und Gewährleistungsmarke und deren Hauptfunktionen begründet. In den entsprechenden Gesetzesmaterialien finden sich jedoch keine Ausführungen zu deren konkreter Auslegung.[47] Darüber hinaus haben sich bislang weder der EuGH noch der BGH mit Rechtsfragen in Bezug auf die Irreführungsgefahr über den Charakter oder die Bedeutung einer Individual-, Kollektiv- bzw. Gewährleistungsmarke als Gütezeichen befassen müssen, sodass auch insoweit keine terminologische Klarheit geschaffen wurde.

In diesem Zusammenhang ist darauf hinzuweisen, dass die dogmatische Einordnung von Gütezeichen als Individual- und Kollektivmarken erst mit Einführung der Gewährleistungsmarke als neue Markenkategorie und der damit einhergehenden Implementierung von Irreführungsvorschriften in Frage gestellt wurde. Bislang vermochten Gütezeichen markenrechtlichen Schutz als Individual- und Kollektivmarken erlangen, folglich als solche eingetragen und benutzt werden.[48] Eine vermehrte Eintragung von Individualmarken im Vergleich zu Kollektiv- und Gewährleistungsmarken dürfte ebenfalls dazu geführt haben, dass es der Abgrenzungsproblematik dieser Markenkategorien bislang schlicht an Relevanz gefehlt hat.[49] 14

Einzelne wissenschaftliche Beiträge behandeln das von den verschiedenen Markenkategorien ausgehende Irreführungspotential im Hinblick auf ihre Funktion als Schutzinstrument für Gütezeichen.[50] Die Auslegungsbedürftigkeit der neu eingeführten Irreführungsnormen in Anbetracht ihrer begrifflichen Unbestimmtheit wird allerdings zumeist außer Acht gelassen. *Buckstegge* weist auf die potentiell irreführende Verwendung von als Gütezeichen eingetragenen Individual- und Kollektivmarken hin.[51] Eine konkrete Untersuchung der, von den klassischen Markenarten ausgehenden, Irreführungsgefahr und der sich daraus ergebenen Konsequenzen für eine Eintragung oder Benutzung als Gütezeichen wird allerdings ausgespart. Stattdessen legt *Buckstegge* den Meinungsstand zum Irreführungspotential einer gleichzeitigen Eintragung von Gewährleistungsmar- 15

46 §§ 103 Abs. 2, 105 Abs. 1 Nr. 3, 106 Abs. 1 S. 1, 106e Abs. 2, 106g Abs. 1 Nr. 3, 106h Abs. 1 S. 1 MarkenG, Art. 76 Abs. 2, 81 lit. b, 82, 85 Abs. 2, 91 lit. c, 92 UMV sowie Art. 28 Abs. 3, 31 Abs. 2, 35 lit. b, 36 MRRL.

47 Amtliche Begründung, BT-Drs. 19/2898, S. 87, 91; Prüfungsrichtlinien des EUIPO v. 31.03.2023. Teil B, Abschnitt 4: Absolute Eintragungshindernisse, Kapitel 15, S. 779 f., Kapitel 16, S. 790; *Dröge* GRUR 2017, 1198, 1200.

48 Amtliche Begründung, BT-Drs. 19/2898, S. 88.

49 *Ahrens* GRUR 2020, 809, 813; siehe zu überwiegender Eintragung von Individualmarken in das Register: Ingerl/Rohnke/Nordemann/*A. Nordemann*, MarkenG, 2023, Vorbemerkung zu §§ 97–106 MarkenG, Rn. 1.

50 *Ahrens* GRUR 2020, 809, 813; BeckOK Markenrecht/*Schoene*, Stand: 01.01.2023, § 97 MarkenG, Rn. 11a ff; BeckOK UMV/*Bartos*, Stand: 15.05.2020, Art. 74 UMV, Rn. 11 ff.; *Dröge* GRUR 2017, 1198, 2100; *Fezer* GRUR 2017, 1188, 1194.

51 *Buckstegge*, Die nationale Gewährleistungsmarke, 2018, S. 228.

ke und Kollektiv- oder Individualmarke dar und bezieht dazu knapp Stellung.[52] Im Rahmen dessen nimmt die Autorin Bezug auf die Ausführungen von *Dröge*, welcher eine doppelte Eintragung für verschiedene Waren und Dienstleitungen als zulässig erachtet.[53] *Schoene* umgeht die Untersuchung der Irreführungsgefahr von bereits eingetragenen nationalen Kollektivmarken, indem er auf das Ausbleiben rechtlicher Konsequenzen abstellt.[54] Die Frage nach dem Verhältnis zwischen Gewährleistungs-, Kollektiv- und Individualmarke im Zusammenhang mit Gütezeichen stellt sich der Autor für Neueintragungen.[55] So räumt er insbesondere Individual- sowie Kollektivmarken, die für Qualitätssicherungsdienstleistungen eingetragen sind, eine gleichrangige Stellung neben der Gewährleistungsmarke ein.[56] Anschließend stuft er unter Zugrundelegung des höchstrichterlichen Verkehrsverständnisses des Gütezeichens[57] das von Kollektivmarken ausgehende Irreführungspotential als gering ein.[58] Eine mögliche Weiterentwicklung des Verkehrsverständnisses zieht *Schoene* dabei nicht in Betracht.

16 Am Ausführlichsten widmet sich dieser Thematik *Ahrens*.[59] Er beschäftigt sich u. a. mit der Frage, wie in Zukunft mit bereits als Kollektivmarken eingetragenen Gütezeichen zu verfahren ist und ob diese stets eine Irreführung beim Publikum bewirken.[60] In diesem Zusammenhang beleuchtet *Ahrens* die Erwartungshaltung der Verbraucher an ein Gütezeichen und führt an, dass diese nicht auf einer formal korrekten Einordnung beider Markenkategorien begründet ist, sondern vielmehr auf objektiv geprüften Produkteigenschaften und dessen kontinuierlicher Überwachung.[61] Zudem werde das Neutralitätsgebot bei Kollektiv- und Gewährleistungsmarken gleichermaßen durch unabhängige Prüfstellen gewahrt.[62] Ebendies verdeutlicht, dass *Ahrens* den Begriff der Irreführung inhaltlich, also bezogen auf das Verkehrsverständnis des Gütezeichens, und nicht rein formalistisch, also bezogen auf die markenrechtlichen Neuregelungen zum Gütezeichenschutz, betrachtet.[63] Demzufolge kommt *Ahrens* zu dem Schluss, dass keine Irreführung des Verkehrs in Bezug auf die Benutzung bestehender Kol-

52 *Buckstegge*, Die nationale Gewährleistungsmarke, 2018, S. 228 ff.
53 *Buckstegge*, Die nationale Gewährleistungsmarke, 2018, S. 229; *Dröge* GRUR 2017, 1198, 1200 f.
54 BeckOK Markenrecht/*Schoene*, Stand: 01.01.2023, § 97 MarkenG, Rn. 12.
55 BeckOK Markenrecht/*Schoene*, Stand: 01.01.2023, § 97 MarkenG, Rn. 13.
56 BeckOK Markenrecht/*Schoene*, Stand: 01.01.2023, § 97 MarkenG, Rn. 13.1 ff.
57 BGH, Urt. v. 04.07.2019 – I ZR 161/18, GRUR 2020, 299, 301, Rn. 26 – *IVD-Gütesiegel*.
58 BeckOK Markenrecht/*Schoene*, Stand: 01.01.2023, § 97 MarkenG, Rn. 13.3.
59 *Ahrens* GRUR 2020, 809.
60 *Ahrens* GRUR 2020, 809, 813.
61 *Ahrens* GRUR 2020, 809, 813.
62 *Ahrens* GRUR 2020, 809, 813 f.
63 *Ahrens* GRUR 2020, 809, 814.

lektivmarken als Gütezeichen festzustellen sei.[64] Dabei stützt er seine These auf die Praxis der Markenämter, die Erlaubnis der MRRL geografische Herkunftsbezeichnungen sowohl als Gewährleistungsmarke (Art. 28 Abs. 4 MRRL) als auch als Kollektivmarke (Art. 29 Abs. 3 MRRL) anzumelden, sowie auf verfassungsrechtliche Erwägungen.[65] Dieser am Verbraucherleitbild orientierten Auslegung fehlt es jedoch an einer vollumfänglichen Anwendung der juristischer Methodik, insbesondere grammatikalischer und historischer Art. Die von *Ahrens* zur Bestimmung des Regelungszwecks herangezogene nationale Gesetzesbegründung[66], »etwaige Rechtsunsicherheiten im Zusammenhang mit bisherigen Gütezeichen durch die Einführung der Gewährleistungsmarke auszuräumen«,[67] wird zudem einer teleologischen Auslegung der Irreführungsnormen nur teilweise gerecht.

Insgesamt wurden Fragestellungen zur Ausgestaltung der Irreführungsvor- 17
schriften über den Charakter oder die Bedeutung einer Marke und deren Zusammenspiel mit der markenrechtlichen Klassifizierung von Gütezeichen von den wissenschaftlichen Veröffentlichungen noch nicht hinreichend beleuchtet.

D. Zielsetzung der Untersuchung und Aufstellung einer Arbeitsthese

Die vorliegende Arbeit möchte – aufsetzend auf den bisherigen wissenschaftli- 18
chen Erkenntnissen – einen spezifischen Beitrag zur Einordnung der Gewährleistungsmarke in das europäische und deutsche Markenrechtssystem leisten. Angesichts der signifikanten Bedeutung der markenmäßigen Benutzung und der Irreführungsgefahr für Inhaber und Benutzer eines Gütezeichens erscheint es konsequent, sich weiterführend mit den rechtlichen Fragestellungen auseinanderzusetzen. Die Arbeit hat sich zum Ziel gesetzt, die Legitimierung der Schutzerlangung sowie -erhaltung des Gütezeichens innerhalb der Markenrechtssysteme nach Einführung der Gewährleistungsmarke zu untersuchen. Dabei wird anhand der jüngeren Rechtsprechungslinie des EuGH eruiert, ob und inwieweit die Verwendung einer Individual- bzw. Kollektivmarke als Gütezeichen mit ihrer markenmäßigen Benutzung i. S. d. jeweiligen Hauptmarkenfunktion noch zu vereinbaren ist. Außerdem werden die überwiegend neu eingeführten Vorschriften zur Irreführungsgefahr über den Charakter oder die Bedeutung einer Marke einer dahingehenden normativen Auslegung unterzogen, bei welchen Markenkategorien der Gütezeichencharakter für die maßgeblichen Verkehrskreise eine irreführende Wirkung entfalten kann.

64 *Ahrens* GRUR 2020, 809, 814.
65 *Ahrens* GRUR 2020, 809, 814 f.
66 *Ahrens* GRUR 2020, 809, 814.
67 Amtliche Begründung, BT-Drs. 19/2898, S. 52.

19 Leitgedanke der Untersuchung ist die in Teilen ungeklärte Rolle der Gewährleistungsmarke innerhalb des europäischen und nationalen Markensystems. Von besonderem Interesse ist dabei die Frage, ob der Gewährleistungsmarke eine herausgehobene Stellung als markenrechtliches Schutzinstrument für Gütezeichen zukommt. In diesem Zusammenhang wird folgende These aufgestellt, die im Verlauf der Untersuchung *de lege lata* mittels Darlegung und Analyse der bisherigen Rechtsprechung sowie einer normativen Auslegung der neu eingeführten Normen belegt oder widerlegt werden soll:

Die Gewährleistungsmarke stellt keine zusätzliche, ergänzende Eintragungsoption für Gütezeichen dar; vielmehr kommt dieser Markenkategorie künftig eine Monopolstellung in Bezug auf Gütekennzeichnungen von Waren und Dienstleistungen zu.

20 Neben der Klärung dieser These ist eine weitere Zielsetzung der Arbeit, die daraus resultierenden Konsequenzen für den sachlichen Schutzbereich der Gewährleistungsmarke und damit für den markenrechtlichen Gütezeichenschutz insgesamt aufzuzeigen. Die Arbeit nimmt dazu die Besonderheiten bei geografischen Herkunftsangaben in den Fokus. Es wird der aktuellen Fragestellung nachgegangen, ob der gütezeichenrechtliche Schutz im Hinblick auf qualifizierte geografische Herkunftsangaben lückenlos ausgestaltet ist oder insoweit Änderungen der aktuellen Rechtslage geboten sind.

E. Gang der Untersuchung

21 Nach einem einleitenden Teil 1, der eine thematische Einordnung der Arbeit vornimmt, den Anlass und Gegenstand dieser Arbeit präzisiert, den Stand der Wissenschaft darstellt, und die Zielsetzung der Arbeit anhand einer Arbeitsthese beschreibt, werden in Teil 2 die Grundlagen des Gütezeichens erläutert. Dabei werden die Begrifflichkeiten in einen historischen sowie theoretischen Kontext eingebettet und dessen bisheriges Verkehrsverständnis anhand ständiger Rechtsprechung beleuchtet. Des Weiteren wird die Bandbreite der durch Gütezeichen vermittelten Güteaussagen über produkt-, dienstleistungs- oder unternehmensbezogene Qualitätsmerkmale dargelegt. Schließlich wird auf einige Besonderheiten im Hinblick auf die Vergabe und die Prüfung von Gütezeichen eingegangen.

22 In Teil 3 werden die unionsrechtlichen und nationalen Schutzinstrumente des Gütezeichenschutzes und deren Verhältnis zueinander erörtert. Dies soll einen Überblick über die verschiedenen Regelungsansätze und deren Zusammenwirken verschaffen. Der thematischen Schwerpunktsetzung geschuldet wird dabei zwischen Schutzinstrumenten außerhalb und innerhalb des Markenrechts unterschieden. Im Hinblick auf die Schutzinstrumente im Markenrecht werden sämt-

liche Markenkategorien – Individual-, Kollektiv- und Gewährleistungsmarke – in ihren Einzelheiten beleuchtet. Dabei werden die einschlägigen Rechtsgrundlagen, ihre Begriffsbestimmung, ihre Schutzerlangung, ihre rechtskonstitutiven Voraussetzungen sowie ihr Schutzinhalt bzw. Schutzumfang näher erörtert.

Dem Schutz des Gütezeichens nach Einführung der Gewährleistungsmarke ist 23 – als Schwerpunkt der Arbeit – der gesamte Teil 4 gewidmet. Zunächst werden in Teil 4 A. die rechtsdogmatischen Einwände zum markenrechtlichen Schutz des Gütezeichens vor Einführung der Gewährleistungsmarke aufgezeigt. Anschließend werden – unter Zugrundelegung der zuvor in Teil 1 aufgestellten Arbeitsthese – die Folgen der Einführung der Gewährleistungsmarke für den markenrechtlichen Gütezeichenschutz und somit deren Verhältnis zu den klassischen Markenarten, Individual- und Kollektivmarke, untersucht. Im Zuge dessen wird in Teil 4 B. insbesondere die Eignung einer jeweiligen Markenkategorie als Schutzoption für Gütezeichen auf den Prüfstand gestellt. Hierfür wird zum einen in Teil 4 B. I. die markenmäßige Benutzung von Individual-, Kollektiv- und Gewährleistungsmarken als Gütezeichen unter Hinzuziehung jüngerer EuGH Entscheidungen analysiert. Zum anderen wird in Teil 4 B. II. die Auslegung der überwiegend neu eingeführten Vorschriften zur Irreführungsgefahr in den Fokus gerückt, welche den Charakter oder die Bedeutung einer Marke betreffen. Im Wege einer umfassenden, interpretatorischen Gesamtabwägung der klassischen Auslegungskriterien der deutschen Methodenlehre wird der Frage nachgegangen, ob bereits die Eintragung einer Individual- bzw. Kollektivmarke als Gütezeichen eine Irreführungsgefahr für die angesprochenen Verkehrskreise hervorruft oder ob dies von der konkreten Benutzung im Einzelfall abhängig ist.

Der Untersuchung *de lege lata* schließt sich in Teil 5 eine Betrachtung des 24 markenrechtlichen Gütezeichenschutzes *de lege ferenda* an. Anhand der Ergebnisse zum geltenden Recht wird dabei der Frage nachgegangen, ob ein Handlungsbedarf für die Erreichung eines vollumfänglichen Gütezeichenschutzes besteht. Es wird untersucht, wie der gütezeichenrechtliche Schutz insbesondere im Hinblick auf geografische Herkunftsangaben für nicht-landwirtschaftliche Erzeugnisse ausgestaltet ist. Schlussendlich werden verschiedene Optionen einer künftigen Rechtsgestaltung dargelegt, die einen verbesserten Gütezeichenschutz gewährleisten. Einerseits wird dabei, unter Berücksichtigung des thematischen Schwerpunkts, eine potentielle Ausweitung des sachlichen Schutzbereichs der Gewährleistungsmarke in Betracht gezogen (Teil 5 A.). Andererseits wird die derzeitige – von der europäischen Kommission angeregte – Reformierung des sui generis EU-Systems thematisiert (Teil 5 B.).

In Teil 6 werden die Ergebnisse der Arbeit zusammengefasst und abschlie- 25 ßend bewertet. Die Dissertation schließt mit einem Ausblick auf die Einführung eines – den sui generis EU-Schutz vervollständigenden – Gütezeichenschutzes für qualifizierte geografische Herkunftsangaben.

Teil 2 Grundlagen der Gütekennzeichnung

Die Qualität bzw. Güte einer Ware, Dienstleistung oder eines Unternehmens stellt bereits seit der Epoche des Mittelalters eines der wichtigsten Wettbewerbs- und Werbemittel dar. Sie wirkt in entscheidendem Maße auf die Marktstellung des jeweiligen Unternehmens ein.[68] 26

A. Historische Begriffsentwicklung

Geschichtlich rühren Gütezeichen aus dem mittelalterlichen Zunftmarkenrecht und dessen Zunftkollektivmarken her.[69] Jede Zunft – also jedes Gewerbe, sei es Bäckerei, Töpferei oder Weberei – stellte eigene Zeichen auf, die von ihren Mitgliedern auf all ihren Erzeugnissen angebracht werden mussten, um auf die bestimmte Gütequalität der Zunft hinzuweisen.[70] Den Zunftordnungen entsprechend wurde die Güte durch eine Vorlegung der Erzeugnisse an den Zunftmeister, dessen Güteüberprüfung und die anschließende Vergabe eines »Güte- bzw. Beschauzeichens« sichergestellt.[71] So wurden einerseits die Regeln der handwerklichen Traditionsarbeiten bewahrt und andererseits eine regionale Marktbeeinflussung hin zu einer Monopolstellung einer konkreten Zunft ermöglicht.[72] Der im 14. Jahrhundert einsetzende Verfall der Zünfte, welcher mit dem Übergang der Zunftzeichen zu Munizipal-Zeichen – also zu Herkunftszeichen der Gemeinde – einherging, ließ zunächst auch den Gütegedanken von der Bildfläche verschwinden.[73] Bestrebungen nach der Einführung von Gütezeichen und einer entsprechenden Güteprüfung wurden erst Ende des 19. Jahrhunderts wie- 27

68 *Miosga* GRUR 1968, 570, 570.

69 *Bock*, Gütezeichen als Qualitätsaussage im digitalen Informationsmarkt, 2000, S. 145; *Buckstegge*, Die nationale Gewährleistungsmarke, 2018, S. 32; *Hemker*, Missbrauch von Gütezeichen, 2016, S. 9; *Völcker*, Das deutsche Gütezeichen, 1965, S. 5; vgl. *Baumbach/Hefermehl*, Warenzeichenrecht und Internationales Wettbewerbs- und Zeichenrecht, 1985, §§ 17-23 WZG, Rn. 2.

70 *Bock*, Gütezeichen als Qualitätsaussage im digitalen Informationsmarkt, 2000, S. 146; *Buckstegge*, Die nationale Gewährleistungsmarke, 2018, S. 32; *Völcker*, Das deutsche Gütezeichen, 1965, S. 5.

71 *Bock*, Gütezeichen als Qualitätsaussage im digitalen Informationsmarkt, 2000, S. 146; *Völcker*, Das deutsche Gütezeichen, 1965, S. 5.

72 *Völcker*, Das deutsche Gütezeichen, 1965, S. 6.

73 *Völcker*, Das deutsche Gütezeichen, 1965, S. 8 ff.

der verlautet.[74] Zur dieser Entwicklung trugen in entscheidendem Maße die Änderungen im Zeichengebrauch – weg von Geschäftszeichen[75], hin zu Warenzeichen[76] – sowie die Wirtschaftssituation in Deutschland nach dem Ersten Weltkrieg bei.[77] Der Qualitätsstandard deutscher Produkte hatte durch die Kriegsjahre erheblich eingebüßt.[78] Aus diesem Grund wurde mit Einführung des Verbandszeichens in das WBG[79] unter § 24 lit. a-h WBG[80] eine entsprechende Integration des Gütezeichens in das Kennzeichenrecht und dessen Schutzerlangung als Verbandszeichen (nach heutiger Terminologie: Kollektivmarken) in Erwägung gezogen.[81] Dies beruhte auf einer historischen Parallelziehung zu dem Konstrukt der Zunft, nämlich dass ein kontrollgeprüftes Zeichen eine entsprechende Gewähr für die Güte der Waren der Mitglieder eines Wirtschaftsverbandes gegenüber den Verbrauchern signalisiere.[82] In der Folgezeit entwickelte sich das Verbandzeichen jedoch mehr und mehr zu einem bloßen Hinweis auf die Herkunft der Ware aus einem bestimmten Unternehmensverband.[83] Daher versuchten einzelne Wirtschaftsgemeinschaften aus der Vielzahl an Warenzeichen herauszustechen, indem sie auf privatrechtlicher Grundlage Gütebedingungen und Bezeichnungsvorschriften erließen, um so den

74 *Bock*, Gütezeichen als Qualitätsaussage im digitalen Informationsmarkt, 2000, S. 145; *Hemker*, Missbrauch von Gütezeichen, 2016, S. 10; *Völcker*, Das deutsche Gütezeichen, 1965, S. 12.

75 Bis zum Beginn des 20. Jahrhunderts verwendeten Kaufleute und Händler Geschäftszeichen, welche sämtliche Waren eines Händlers umfassten und auf ein bestimmtes, persönliches Geschäft zwischen Markeninhaber und Verbraucher hinwiesen. *Völcker*, Das deutsche Gütezeichen, 1965, S. 15.

76 Warenzeichen variierten für jede Ware des Händlers, wobei ein zusätzliches Zeichen als eine Art Geschäftswappen an sämtlichen Waren angebracht wurde, und wiesen auf deren jeweilige besondere Eigenschaften hin bzw. unterschieden sie von Waren anderer Unternehmer. *Bussmann*, Die Marke in der Reklame GRUR 1929, 1231, 1231 ff.; *Völcker*, Das deutsche Gütezeichen, 1965, S. 15 f.

77 *Bock*, Gütezeichen als Qualitätsaussage im digitalen Informationsmarkt, 2000, S. 146 f.; *Jungblut/Gröschler*, Güteschutz und Gütekauf, RKW-Veröffentlichung 1933, 15, 38; *Slopek/Leister* GRUR 2013, 356, 356; *Völcker*, Das deutsche Gütezeichen, 1965, S. 15 f.

78 *Gröschler* GRUR 1950, 61, 61; *Hemker*, Missbrauch von Gütezeichen, 2016, S. 11; *Miosga* GRUR 1968, 570, 575.

79 Gesetz zum Schutze der Warenbezeichnungen v. 12.05.1894, RGBl. 1894, S. 441 f.

80 Ergänzende Einfügung des Verbandszeichens durch Gesetz v. 31.03.1913, RGBl. 1913, S. 155 f.

81 *Dissmann/Somboonvong*, Die Unionsgewährleistungsmarke GRUR 2016, 657, 660; *Völcker*, Das deutsche Gütezeichen, 1965, S. 13 f.

82 *Slopek/Leister* GRUR 2013, 356, 357; *Völcker*, Das deutsche Gütezeichen, 1965, S. 12 f.

83 *Dissmann/Somboonvong*, Die Unionsgewährleistungsmarke GRUR 2016, 657, 660; *Slopek/Leister* GRUR 2013, 356, 357; *Völcker*, Das deutsche Gütezeichen, 1965, S. 12 f.

Verbrauchern eine gewisse Gewähr für die Güte ihrer Waren zu bieten.[84] Dieses Qualitätsstreben und die damit einhergehende Gütezeichenbewegung verzeichnete jedoch erst durchgreifende Erfolge als der eigens hierfür errichtete staatliche Reichsausschuss für Lieferbedingungen (RAL)[85] mit der Förderung des Gütezeichenschutzes betraut wurde.[86] Der Ausschuss stellte in Zusammenarbeit mit Hersteller- und Verbraucherkreisen sowie Berufsverbänden und Behörden eine Vielzahl von Gütebedingungen und Bezeichnungsvorschriften auf, die von den betreffenden Wirtschaftszweigen als handelsüblich einzuhaltende »objektive Wertmaßstäbe« angesehen wurden.[87] Eine Implementierung des Gütezeichens in die das WBG ersetzenden Regelungen zu den Verbandszeichen des WZG[88] unterließ der Gesetzgeber jedoch. Stattdessen wurde das Gütezeichenwesen durch eine separate Gütezeichenverordnung[89] vom 09.04.1942 in gesetzliche Bahnen gelenkt.[90] Dieser mangelte es allerdings an Vollständigkeit und Zweckmäßigkeit, da notwendige Rechts- und Verwaltungsvorschriften nicht erlassen wurden und die Quintessenz darin bestand, dass Anbringung und Führung von Gütezeichen an eine ministerielle Genehmigung geknüpft wurde, § 1 GZVO.[91] Eine solche behördliche Verwaltung des Gütezeichenwesens entsprach jedoch gerade nicht der ursprünglichen Regelungsintention, den Gütezeichenbegriff – in fortbestehender Selbstverwaltung der Wirtschaft – zum Schutz vor Missbrauch und Verwässerung gesetzlich zu schützen.[92] In der Folge

84 *Gröschler*, GRUR 1950, 61, 61; *Völcker*, Das deutsche Gütezeichen, 1965, S. 16.

85 Der RAL wurde im Jahr 1925 von den obersten Reichsbehörden (Reichswirtschaftsministerium, Reichsbahn, Reichspost) zusammen mit den führenden Industrie-, Handels- und Verbraucherorganisationen errichtet und dem im Jahr 1921 geschaffenen Reichskuratorium für Wirtschaftlichkeit (RKW) angegliedert. *Gröschler* GRUR 1950, 61, 61; *Gröschler* GRUR 1956, 21, 23; *Reimer*, Wettbewerbs- und Warenzeichenrecht, 1954, S. 625; *Völcker*, Das deutsche Gütezeichen, 1965, S. 17 f.

86 *Buckstegge*, Die nationale Gewährleistungsmarke, 2018, S. 34; *Gröschler* GRUR 1950, 61, 61; *Gruber*, Verbraucherinformation durch Gütezeichen, 1987, S. 10; *Hemker*, Missbrauch von Gütezeichen, 2016, S. 11 f.; *Reimer*, Wettbewerbs- und Warenzeichenrecht, 1954, S. 625 f.; *Miosga* GRUR 1968, 570, 575; *Völcker*, Das deutsche Gütezeichen, 1965, S. 17 f.

87 *Gröschler*, GRUR 1950, 61, 61; *Völcker*, Das deutsche Gütezeichen, 1965, S. 18 f.

88 Warenzeichengesetz v. 05.05.1936, RGBl. II 1936, S.134.

89 Verordnung über Güte-, Prüf-, Gewähr- und ähnliche Zeichen (Gütezeichenverordnung – GZVO), RGBl I, 1942, S. 273.

90 *Bock*, Gütezeichen als Qualitätsaussage im digitalen Informationsmarkt, 2000, S. 147; *Dissmann/Somboonvong*, Die Unionsgewährleistungsmarke GRUR 2016, 657, 660; *Miosga* GRUR 1968, 570, 575; *Reimer*, Wettbewerbs- und Warenzeichenrecht, 1954, S. 358; *Slopek/Leister* GRUR 2013, 356, 357; *Völcker*, Das deutsche Gütezeichen, 1965, S. 13, 23.

91 *Benkendorff* GRUR 1952, 3, 3 f.; *Völcker*, Das deutsche Gütezeichen, 1965, S. 23 f.

92 *Völcker*, Das deutsche Gütezeichen, 1965, S. 23 f.

wurde die, über ihre Ermächtigungsgrundlage[93] hinausgehende, Verordnung nach dem zweiten Weltkrieg von den zuständigen amtlichen Stellen, den Spitzenverbänden der Wirtschaft sowie vom überwiegenden Teil des Schrifttums für rechtsunwirksam erklärt und die Gütezeichenbestrebungen ab 1952 erneut dem RAL übertragen.[94] Hierbei war der RAL zunächst unter dem Namen »Ausschuss für Lieferbedingungen beim DNA« als selbständiger Ausschuss dem Deutschen Normenausschuss e.V. (DNA)[95] angegliedert. Seine eigene Rechtspersönlichkeit erlangte er 1973 als eingetragener Verein, RAL e.V., wieder.[96] Die Errichtung bzw. Verwendung von Gütezeichen war nun wieder den Maßgaben der vom RAL aufgestellten Grundsätze für Gütezeichen[97] unterstellt. So hatten sich ordentliche Mitglieder des RAL streng an der entsprechenden Begriffsbestimmung des Gütezeichens, den Voraussetzungen für die RAL-Anerkennung sowie an der Abwicklung des Verfahrens und Kontrollmaßnahmen zu orientieren.[98]

28 Mit zunehmendem Umwelt- und Ernährungsbewusstsein stieg allerdings das wirtschaftliche Bedürfnis nach einem zusätzlichen markenrechtlichen Schutz des Gütezeichens. Forderungen nach der Einführung einer Gewährleistungsmarke, wie es sie bereits als »certification mark« in den Vereinigten Staaten von Amerika gab, wurden immer lauter, jedoch vom nationalen Gesetzgeber nicht entsprechend umgesetzt.[99] Daher ging die deutsche Rechtspraxis zunehmend dazu über, den bislang fehlenden markenrechtlichen Rechtsschutz für Gütezeichen durch eine »extensiv-freizügige Handhabung des Begriffs Verbandszeichen« [100] herzustellen. Der BGH bestätigte diese wirtschaftsorientierte Notkonstruktion des Gütezeichenschutzes als Verbandszeichen in seinem Urteil *DIN-GEPRÜFT*[101] vom 03.11.1976. Er sprach Gütezeichen neben ihrer wesensbedingten Qualitätsgarantie in Bezug auf Waren und Dienstleistungen ausdrücklich auch die Innehabung eines Hinweises auf deren Herkunft aus einem »der

93 Ermächtigungsgrundlage war die Verordnung über die verbindliche Einführung von Normen, Geschäfts- und Lieferbedingungen vom 08.09.1939, RGBl. 1939 I, S. 1745.

94 *Bock*, Gütezeichen als Qualitätsaussage im digitalen Informationsmarkt, 2000, S. 147; *Buckstegge*, Die nationale Gewährleistungsmarke, 2018, S. 35; *Busse/Starck*, WZG, 1990, § 17, Rn. 4; *Reimer*, Wettbewerbs- und Warenzeichenrecht, 1954, S.358; *Völcker*, Das deutsche Gütezeichen, 1965, S. 26 f.

95 Heute: Deutsches Institut für Normung e. V. (DIN).

96 *Busse/Starck*, WZG, 1990, § 17, Rn. 4; *Gruber*, Verbraucherinformation durch Gütezeichen, 1987, S. 11; *Marburger*, Die Regeln der Technik im Recht, 1979, S. 230.

97 Neu überarbeitete Druckschrift RAL-GZ 1/73 in BAnz. v. 23.03.1974.

98 *Busse/Starck*, WZG, 1990, § 17, Rn. 4.

99 *Slopek/Leister* GRUR 2013, 356, 358; *Tilmann* GRUR Int. 1980, 504, 507.

100 *Slopek/Leister* GRUR 2013, 356, 358; *Dissmann/Somboonvong*, Die Unionsgewährleistungsmarke GRUR 2016, 657, 660; *Tilmann* GRUR Int. 1980, 504, 507.

101 BGH, Beschl. v. 03.11.1976 – I ZB 11/75, GRUR 1977, 488 – *DIN-GEPRÜFT*.

Gütesicherung verpflichteten und entsprechend überwachten Betrieb« zu.[102] Dabei betonte der BGH, dass Herkunfts- und Gütefunktion eines Zeichens nicht im Widerspruch zueinander stehen, sondern einander komplementieren.[103] Mithin vermöge auch ein Verbandszeichen, ergänzend zum markenrechtlichen Eintragungserfordernis des betrieblichen Herkunftshinweises, eine gewisse Güte ausweisen.[104] In Konsequenz dessen könne ein Gütezeichen in Form eines Verbandszeichens markenrechtlichen Schutz erlangen.[105] In Konsequenz dieser Rechtsentwicklung wurde am 11.09.1980 mit Umbenennung des RAL in »Deutsches Institut für Gütesicherung und Kennzeichnung e.V.« auch dessen Schwerpunkt verstärkt auf die Organisation und die Aufgabe der Gütesicherung und ihre Kennzeichnungskompetenz gelegt. So forderte das Deutsche Patentamt (DPA)[106] für die Eintragung eines Gütezeichens als Verbandszeichen (nach heutiger Terminologie Kollektivmarke) eine Unbedenklichkeitsbescheinigung des RAL in dessen Funktion als unabhängiges und neutrales Prüfinstitut.[107] Diese Praxis wurde nach der *Yacht Charter* Entscheidung[108] des BPatG auf jedwede neutrale und für die Ausstellung solcher Bescheinigungen kompetente Institution ausgeweitet.[109] Im Gegensatz zur Schutzfähigkeit des Gütezeichens als Verbandszeichen wurde diese in Bezug auf die Schutzfähigkeit eines Gütezeichens als Individualmarken von Rechtsprechung und Schrifttum, mangels Vorliegens einer neutralen Prüfstelle sowie ständiger Überwachung der Einhaltung von Gütebedingungen, überwiegend verneint.[110]

102 BGH, Beschl. v. 03.11.1976 – I ZB 11/75, GRUR 1977, 488, 489–*DIN-GEPRÜFT.*
103 BGH, Beschl. v. 03.11.1976 – I ZB 11/75, GRUR 1977, 488, 489 – *DIN-GEPRÜFT.*
104 BGH, Beschl. v. 03.11.1976 – I ZB 11/75, GRUR 1977, 488, 489 – *DIN-GEPRÜFT.*
105 BGH, Beschl. v. 03.11.1976 – I ZB 11/75, GRUR 1977, 488, 489 – *DIN-GEPRÜFT.*
106 Ab dem 01.11.1998 Umbenennung in Deutsche Patent- und Markenamt (DPMA).
107 *Busse/Starck*, WZG, 1990, § 17, Rn. 8; *Dissmann/Somboonvong*, Die Unionsgewährleistungsmarke GRUR 2016, 657, 660 f.
108 BPatG, Beschl. v. 25.06.1986 – 29 W (pat) 156/84; BPatGE 28, 139 – *Yacht Charter e. V.*
109 BPatG, Beschl. v. 25.06.1986 – 29 W (pat) 156/84; BPatGE 28, 139, 144 – *Yacht Charter e. V.*; Verfügung des DPA v. 06.8.1990, abgedr. bei *Bock*, Gütezeichen als Qualitätsaussage im digitalen Informationsmarkt, 2000, im Anhang; *Dissmann/Somboonvong*, Die Unionsgewährleistungsmarke GRUR 2016, 657, 661.
110 DPA, Urt. v. 23.12.1960 – O 2347/3c Wz - 2b B 1053/57, GRUR 1961, 538 – *Qualitätssiegel*; *Busse/Starck*, WZG, 1990, § 17, Rn. 8; *Dissmann/Somboonvong*, Die Unionsgewährleistungsmarke GRUR 2016, 657, 661; Marburger, Die Regeln der Technik im Recht, 1982, S. 528; *Slopek/Leister* GRUR 2013, 356, 358 f.

B. Vielfalt der Qualitätslexik

29 Sowohl im alltäglichen Sprachgebrauch als auch in Rechtsprechung und Fachliteratur bedient man sich einer Vielzahl unterschiedlicher Begriffe, die unmittelbar oder sinngleich eine Qualitätsaussage über eine Ware, eine Dienstleistung oder ein Unternehmen treffen. Dabei werden insbesondere die Wörter »Güte« und »Qualität« als Bestandteile integriert.[111]

30 Neben dem Begriff »Gütezeichen« sind u. a. Bezeichnungen wie »Gütesiegel«, »Güteschutz«, »Gütegarantie«, »gütegeschützt«, »gütegesichert», »Qualitäts(kenn)zeichen«, »Qualitätssiegel«, »Garantie für Qualität«, »Prüfsiegel«, »Prüfzeichen« geläufig.[112] Diese werden häufig gleichbedeutend nebeneinander verwendet und erfahren auch im rechtlichen Sinne eine einheitliche Behandlung.[113] Anschließend wird aus Gründen der Einheitlichkeit und Übersichtlichkeit nur der Begriff »Gütezeichen« verwendet, welcher sämtliche anderen Bezeichnungen mit einzuschließen vermag.

31 Nichtsdestotrotz eröffnen einige Begrifflichkeiten Möglichkeiten der Abgrenzung. Diese unterschiedlichen Feinheiten sind nachfolgend in gebotener Kürze dargestellt.

I. Gütesiegel

32 Der Begriff »Gütesiegel« umfasst sämtliche unternehmens-, produkt- und dienstleistungsbezogene Zeichen, die auf bestimmte, gewährleistete (Qualitäts-) Eigenschaften hinweisen.[114] Die Vergabe eines Gütesiegels sowie die stetige Kontrolle der Einhaltung von Gütestandards obliegt einer neutralen Zertifizierungsstelle mit entsprechender Kompetenz und Objektivität.[115] Die Verwendung der Bezeichnung »Gütesiegel« hängt nicht von der Rechtsnatur des neutralen Dritten ab, sodass sowohl öffentliche als auch private Stellen eine solche Funktion ausüben können.[116]

111 *Baldauf*, Werbung mit Gütesiegeln und Testergebnissen, 2011, S. 4; *Miosga* GRUR 1968, 570, 574.
112 *Baldauf*, Werbung mit Gütesiegeln und Testergebnissen, 2011, S. 4; *Miosga* GRUR 1968, 570, 574.
113 *Baldauf*, Werbung mit Gütesiegeln und Testergebnissen, 2011, S. 4; *Miosga* GRUR 1968, 570, 574; MüKo UWG/*Alexander*, 2020, Bd. 1, § 3 Abs. 3 Nr. 2 UWG, Rn. 19.
114 *Baldauf*, Werbung mit Gütesiegeln und Testergebnissen, 2011, S. 4 f.
115 *Baldauf*, Werbung mit Gütesiegeln und Testergebnissen, 2011, S. 4 f.
116 *Baldauf*, Werbung mit Gütesiegeln und Testergebnissen, 2011, S. 6.

II. Gütezeichen

Die dem Gütesiegel inhaltlich gleich ausgestaltete Begrifflichkeit des »Gütezeichens« wird in ihrem Anwendungsbereich häufig mit Siegeln des »RAL Deutsches Institut für Gütesicherung und Kennzeichnung e. V.« gleichgesetzt.[117] Als Begründung für diese alleinige Zertifizierungsausübung lässt sich die konsequente Verwendung des Begriffs »Gütezeichen« durch das RAL selbst und dessen – nach seinen Grundsätzen herausgearbeitete – Definition anführen.[118] Diese hat sich der Geschäftsverkehr jedoch mittlerweile zu eigen gemacht, sodass die Verwendung der Bezeichnung kein Alleinstellungmerkmal des RAL mehr darstellt.[119] Eine Relativierung der Annahme einer ausschließlichen Verwendungsbefugnis des RAL findet sich u. a. in der jüngeren Gesetzesbegründung des deutschen Gesetzgebers zur Einführung des Markenrechtsmodernisierungsgesetzes (MaMoG)[120] wieder. Danach sind sämtliche güte- und qualitätsanzeigenden Kennzeichnungen als »Gütezeichen« zu qualifizieren, welche mit Einführung der Gewährleistungsmarke eine rechtssichere und transparente Markenform finden sollen.[121] Die Funktion des neutralen Zertifizierungsinhabers kommt nach den spezifischen Vorschriften der Gewährleistungsmarke dabei nicht dem RAL als Gütezeichenverband, sondern jeder natürlichen und juristischen Person zu.[122] 33

III. Qualitätszeichen

In Nr. 2 des Anhangs zu § 3 Abs. 3 UWG ist die Rede von »Gütezeichen, Qualitätskennzeichen oder Ähnlichem». Die Begrifflichkeiten werden allerdings weder im Anhang noch in sonstigen Gesetzesmaterialien terminologisch definiert bzw. unterschieden. In der Folge werden sie in der Literatur einheitlich als unternehmens- oder produktbezogene Zeichen behandelt, die eine – von unabhängiger Stelle vergebene und kontrollierte – besondere Güte bzw. Qualität 34

117 *Baldauf*, Werbung mit Gütesiegeln und Testergebnissen, 2011, S. 9; Harte-Bavendamm/Henning-Bodewig/*Weidert*, UWG, 2016, Anhang zu § 3 Abs. 3 Nr. 2 UWG, Rn. 6; Ohly/Sosnitza/*Sosnitza*, UWG, 2023, § 5 UWG, Rn. 270.

118 *Baldauf*, Werbung mit Gütesiegeln und Testergebnissen, 2011, S. 9; *Nicklisch*, Das Gütezeichen, 1969, S. 1.

119 *Miosga* GRUR 1968, 570, 575; *Nicklisch*, Das Gütezeichen, 1969, S. 1; Völcker, Das deutsche Gütezeichen, 1965, S. 171 ff.

120 Gesetz zur Umsetzung der Richtlinie (EU) 2015/2436 des Europäischen Parlaments und des Rates vom 16.12.2015 zur Angleichung der Rechtsvorschriften der Mitgliedstaaten über die Marken, BGBl. I 2018, Nr. 45 v. 14.12.2018, S. 2357, nachfolgend: Markenmodernisierungsgesetz bzw. MaMoG.

121 Amtliche Begründung, BT-Drs. 19/2898, S. 88.

122 Amtliche Begründung, BT-Drs. 19/2898, S. 89.

aufweisen.[123] Somit kommt den qualitätssichernden Begrifflichkeiten »Gütezeichen« und »Qualitäts(kenn)zeichen« ein inhaltlich und funktional austauschbarer bzw. gleichbedeutender Charakter zu.[124]

IV. Prüfzeichen

35 Im Sprachgebrauch ist die Bezeichnung »Prüfzeichen« anders als »Gütesiegel« und »Gütezeichen« mit der Gewährleistung eines bestimmten Sicherheitsstandards bzw. einer gewissen sicherheitstechnischen Konformität konnotiert.[125] Hierbei stellt der Hinweis auf ein solches sicherheitsbasiertes Kontrollverfahren jedoch ebenfalls eine garantierte qualitative Produkt- oder Unternehmenseigenschaft dar.[126] Dementsprechend weicht der Begriff in seiner Funktionalität grundsätzlich nicht von den Güte- bzw. Qualitätsbezeichnungen ab, sondern stellt lediglich eine terminologische Spezifizierung im Hinblick auf sicherheitstechnische Qualitätsstandards dar.[127]

C. Gütezeichenbegriff und Verkehrsverständnis

36 Rein formal setzt sich der Begriff »Gütezeichen« aus den Bestandteilen »Güte« und »Zeichen« zusammen. Aufeinander bezogen, kommt Ihnen der Sinn eines qualitätsgewährleistenden Zeichens zu, welches dem Verbraucher eine unmit-

123 Fezer/Büscher/Obergfell/*Obergfell*, UWG, 2016, Bd. 2, Anhang zu § 3 Abs. 3 Nr. 2 UWG, Rn. 18; Harte-Bavendamm/Henning-Bodewig/*Weidert*, UWG, 2016, Anhang zu § 3 Abs. 3 Nr. 2 UWG, Rn. 7 ff.; Köhler/Bornkamm/Feddersen/*Köhler*, UWG, 2023, Anhang zu § 3 Abs. 3 UWG, Rn. 2.3; MüKo UWG/*Alexander*, 2020, Bd. 1, § 3 Abs. 3 Nr. 2 UWG, Rn. 16; Ohly/Sosnitza/*Sosnitza*, UWG, 2023, Anhang zu § 3 Abs. 3 UWG, Rn. 10; Spindler/Schuster/*Micklitz/Schirmbacher*, Recht der elektronischen Medien, 2019, § 3 UWG, Rn. 34 ff.

124 *Baldauf*, Werbung mit Gütesiegeln und Testergebnissen, 2011, S. 13; Fezer/Büscher/Obergfell/*Obergfell*, UWG, 2016, Bd. 2, Anhang zu § 3 Abs. 3 Nr. 2 UWG, Rn. 17; MüKo UWG/*Alexander*, 2020, Bd. 1, § 3 Abs. 3 Nr. 2 UWG, Rn. 15.

125 Fezer/Büscher/Obergfell/*Obergfell*, UWG, 2016, Bd. 2, Anhang zu § 3 Abs. 3 Nr. 2 UWG, Rn. 19; Ohly/Sosnitza/*Sosnitza*, UWG, 2023, § 5 UWG, Rn. 271; *Marburger*, Die Regeln der Technik im Recht, S. 373.

126 Fezer/Büscher/Obergfell/*Obergfell*, UWG, 2016, Bd. 2, Anhang zu § 3 Abs. 3 Nr. 2 UWG, Rn. 19.

127 *Baldauf*, Werbung mit Gütesiegeln und Testergebnissen, 2011, S. 14; *Fischer* WRP 2009, 408, 408.

telbare Güteaussage über bestimmte produkt-, dienstleistungs- oder unternehmensbezogene Qualitätsmerkmale vermittelt.[128]

37 Ein Recht der Gütezeichen und somit auch eine Legaldefinition des Gütezeichens als solches gibt es in Deutschland jedoch nicht.[129] Im MarkenG sowie in der UMV ist nicht die Rede von Gütezeichen, sondern von Marken, die u. a. nach ihrer Qualität unterschieden werden können.[130] Lediglich in § 20 Abs. 5 GWB wird der Begriff der Gütezeichengemeinschaft erwähnt, wonach diese als Wirtschaftsvereinigung i. S. d. GWB anzusehen ist.

38 Nach den Grundsätzen des RAL bildete sich jedoch vor Jahrzehnten ein Gütezeichenbegriff heraus,[131] welcher auch in Rechtsprechung und Literatur Anerkennung erfuhr.[132]

Unter dem Begriff des Gütezeichens sind demgemäß »Wort- und Bildzeichen oder kombinierte Zeichen, die als Garantieausweis zur Kennzeichnung von Waren oder Leistungen Verwendung finden, [zu verstehen], die bestimmte, an objektiven Maßstäben gemessene, nach der Verkehrsauffassung für die Güte der Waren oder Leistungen wesentliche Eigenschaften erfüllen und deren Träger Gütegemeinschaften sind, die öffentlich zugängliche Gütebedingungen aufstellen und deren Erfüllung überwachen oder die auf gesetzlichen Maßnahmen beruhen.«[133]

39 So hielt der BGH im Rahmen eines jüngeren, wettbewerbsrechtlichen Rechtsstreits an den historischen RAL-Grundsätzen fest und lehnte bislang eine Ände-

128 *Gröschler* GRUR 1950, 61, 62; *Slopek/Leister* GRUR 2013, 356, 356.

129 *Hemker*, Missbrauch von Gütezeichen, 2016, S. 8, 15; *Miosga* GRUR 1968, 570, 574.

130 Vgl. zur bisherigen markenrechtlichen Nichtregelung des Gütezeichens: EuG, Urt. v. 07.10.2015 – T-292/14, T-293/14, ECLI:EU:T:2015:752, Rn. 35, 46 – *Republic of Cyprus/OHIM [Halloumi]*; *Ahrens* GRUR 2020, 809, 810; *Fezer*, Markenrecht, 2009, § 97 MarkenG, Rn. 16; *Slopek/Leister* GRUR 2013, 356, 359

131 abgedruckt bei: *Marr/Ikier*, Gütesicherung-Gütezeichen, 1968, S. 76 ff., zitiert nach: *Busse/Starck*, WZG, 1990, § 17, Rn. 5; *Nicklisch*, Das Gütezeichen, 1969, S. 1.

132 BGH, Urt. v. 11.10.1990 – I ZR 10/89, GRUR 1991, 552, 553 f. – *TÜV-Prüfzeichen*; OLG Hamm, Urt. v. 10.10.2002 – 4 U 64/02, BeckRS 2010, 9440; ähnlich OLG Düsseldorf, Urt. v. 30.05.1985 – 2 U 97/84, BB 1985, 2191, 2192; LG Darmstadt, Urt. v. 24.11.2008 – 22 O 100/08, MMR 2009, 277, 278; *Bock*, Gütezeichen als Qualitätsaussage im digitalen Informationsmarkt, 2000, S. 155; Gloy/Loschelder/Danckwerts/*Bruhn*, HdB. d. Wettbewerbsrechts, 2019, § 47, Rn. 9; *Hemker*, Missbrauch von Gütezeichen, 2016, S. 22; *Miosga* GRUR 1968, 570, 575.

133 abgedruckt bei: *Marr/Ikier*, Gütesicherung-Gütezeichen, 1968, S. 76 ff., zitiert nach: *Busse/Starck*, WZG, 1990, § 17, Rn. 5; *Nicklisch*, Das Gütezeichen, 1969, S. 1.

rung des darauf gründenden Verkehrsverständnisses mit Blick auf die Einfügung der Regelungen zur Gewährleistungsmarke in die UMV und das Markengesetz ab.[134]

40 Dem Urteil zufolge wird »ein Gütesiegel oder Prüfzeichen« vom Verkehr dahingehend verstanden, dass »ein neutraler Dritter mit entsprechender Kompetenz die damit versehene Ware nach objektiven und aussagekräftigen Kriterien auf die Erfüllung von Mindestanforderungen geprüft hat. Ein solches Zeichen biete aus Sicht des Verkehrs die Gewähr, dass ein mit ihm gekennzeichnetes Produkt bestimmte, für seine Güte und Brauchbarkeit als wesentlich angesehene Eigenschaften aufweise. Um der mit dem Siegel verbundenen Güteerwartung des Verkehrs gerecht zu werden, die regelmäßig nicht auf den Zeitpunkt der Vornahme der Prüfung beschränkt sei, sondern von der Fortdauer der bescheinigten Produkteigenschaften ausgehe, sei eine kontinuierliche Überwachung der Verwendung des Gütesiegels durch die verleihende Stelle erforderlich.«[135] Damit knüpfte der BGH an seine Ausführungen in der Entscheidung *LGA tested* an, dass »ein Prüfzeichen dem Verbraucher in kompakter und vereinfachter Form eine Information zu dem damit gekennzeichneten Produkt liefert«,[136] mit der Folge, dass der Verbraucher auf die Information über die Kriterien für die Vergabe der Prüfsiegel angewiesen sei, um eine informierte geschäftliche Entscheidung zu treffen.[137]

41 Nach erfolgter Kodifikation der Gewährleistungsmarke sieht jedoch auch der BGH – wegen ihres funktionell übereinstimmenden Hinweises auf eine gewisse Qualität bzw. eine bestimmte Eigenschaft – das Bedürfnis nach einer Angleichung der bislang hohen Gütezeichenanforderungen an die entsprechend neuen Markenvoraussetzungen.[138] Dem Urteil ist zu entnehmen, dass es keine Frage des »ob«, sondern lediglich eine Frage des »wann« ist, bis sich der Gerichtshof den Ausführungen des OLG Düsseldorf zu einem geänderten Verkehrsverständnis anschließt.[139] Dieser zeitlichen Komponente des Wandels der Verkehrsauffassung wird sich in Teil 2, B, II. 2. b. zur Irreführung ausführlicher

134 BGH, Urt. v. 04.07.2019 – I ZR 161/18, GRUR 2020, 299, 300 f., Rn. 16, 26 – *IVD-Gütesiegel.*

135 BGH, Urt. v. 04.07.2019 – I ZR 161/18, GRUR 2020, 299, 301, Rn. 26 – *IVD-Gütesiegel.*

136 BGH, Urt. v. 21.07.2016 – I ZR 26/15, GRUR 2016, 1076, 1079, Rn. 39 – *LGA tested.*

137 BGH, Urt. v. 21.07.2016 – I ZR 26/15, GRUR 2016, 1076, 1079 f., Rn. 37 ff. – *LGA tested.*

138 OLG Düsseldorf, Urt. v. 23.08.2018 – 20 U 123/17, GRUR-RR 2019, 84, 85 f., Rn. 21, 25 ff. – *Dichtstoffgütesiegel*; indirekt BGH, Urt. v. 04.07.2019 – I ZR 161/18, GRUR 2020, 299, 300 f., Rn. 17 – *IVD-Gütesiegel.*

139 BGH, Urt. v. 04.07.2019 – I ZR 161/18, GRUR 2020, 299, 300 f., Rn. 17 – *IVD-Gütesiegel.*

gewidmet und ein fundiertes Plädoyer für dessen vonstattengegangenem Vollzug geliefert.

D. Güteaussage

Das Spektrum zugesicherter Qualitätseigenschaften erstreckt sich auf sämtliche 42
Bereiche des alltäglichen Lebens. Überrepräsentiert sind sie im Lebensmittelsektor sowie im Einzelhandelssegment anzutreffen.[140]

I. Bandbreite von Qualitätseigenschaften

Im Folgenden sind exemplarisch für die Vielfalt an gewährleisteten Qualitätsei- 43
genschaften einige, im Geschäftsverkehr vermehrt anzutreffende, Gütezeichen aufgeführt.

So können Konsumenten ihren Lebensmitteleinkauf bewusst nach biologisch 44
oder ökologisch nachhaltigen Kriterien treffen, indem sie Produkte mit der Kennzeichnung [141], [142] oder [143] kaufen, die eine ökologische Landwirtschaft bzw. Fischerei oder ein hohes Niveau an Sozialverträglichkeit der Waren sicherstellen. Zudem dient seit drei Jahren der sog. »Nutri-Score« [144], welcher eine vereinfachte Einstufung von Lebensmitteln auf einer fünfstufigen Nährwertskala vornimmt, als Hinweis auf die jeweilige ernährungsphysiologische Qualität eines konkreten Produktes.[145]

140 *Baldauf*, Werbung mit Gütesiegeln und Testergebnissen, 2011, S. 5.

141 »Bio«, DPMA Registernr.: 30141473, Stand: 01.05.2023; https://www.bmel.de/DE/themen/landwirtschaft/oekologischer-landbau/bio-siegel.html, zuletzt abgerufen am 01.05.2023.

142 »MSC - Marine Stewardship Council«, DPMA Registernr.: 018032783, Stand: 01.05.2023; https://www.msc.org/de/fisch-nachhaltigkeit/nachhaltigen-fisch-kaufen, zuletzt abgerufen am 01.05.2023.

143 »FAIRTRADE«, DPMA Registernr.: 018039409, Stand: 01.05.2023; https://www.fairtrade-deutschland.de/, zuletzt abgerufen am 01.05.2023.

144 »Nutri-Score«, DPMA Registernr.: 1513936, Stand: 01.05.2023; https://www.bmel.de/DE/themen/ernaehrung/lebensmittelkennzeichnung/freiwillige-angaben-und-label/nutri-score/nutri-score_node.html, zuletzt abgerufen am 01.05.2023.

145 Weber/*Hakenberg*, Rechtswörterbuch, 2021, Nährwertangaben; *Kurzai* LMuR 2021, 77, 78.

45 Gütezeichen auf Haushaltsgeräten und sonstigen Artikeln des alltäglichen Lebens, wie [146] oder [147] weisen regelmäßig die Einhaltung von Sicherheitsstandards aus und/oder deklarieren ein gewisses Maß an Umweltverträglichkeit, wie beispielsweise [148], [149] oder [150].

46 In der Textilbranche werden Verbraucher durch Gütezeichen wie »Oeko-Tex«[151], [152], [153] und [154] darauf aufmerksam gemacht, dass die Produktionskette sowie das Endprodukt auf ihre Schadstoffbelastung untersucht worden sind bzw. strenge soziale und ökologische Kriterien, auch im Hinblick auf die verwendeten Materialien, eingehalten worden sind.

47 Zudem finden sich im Dienstleistungssektor Gütezeichen wieder, die beispielsweise einen umfassenden Käuferschutz garantieren, [155], [156], [157] oder den Qualitätsstandard einer konkreten Dienstleis-

146 »TÜV SÜD«, DPMA Registernr.: 017277849, Stand: 01.05.2023; https://www.tuv-sud.com/de-de, zuletzt abgerufen am 01.05.2023.

147 »TÜV SÜD GS geprüfte Sicherheit«, DPMA Registernr.: 017277971, Stand: 01.05.2023; https://www.tuv.com/germany/de/gs-zeichen-%E2%80%93-gepr%C3%BCfte-sicherheit.html, zuletzt abgerufen am 01.05.2023.

148 »Blauer Engel«, https://www.blauer-engel.de/de, zuletzt abgerufen am 01.05.2023.

149 »PEFC«, DPMA Registernr.: 1368475, Stand: 01.05.2023; https://pefc.de/, zuletzt abgerufen am 01.05.2023.

150 »FSC«, DPMA Registernr.: 302017026199, Stand: 01.05.2023; https://www.fsc-deutschland.de/de-de, zuletzt abgerufen am 01.05.2023.

151 »OEKO-TEX«, DPMA Registernr.: 30642764, Stand: 01.05.2023; https://www.oeko-tex.com/de/, zuletzt abgerufen am 01.05.2023.

152 »GRÜNER KNOPF SOZIAL. ÖKOLOGISCH. STAATLICH. UNABHÄNGIG ZERTIFIZIERT.«, DPMA Registernr.: 018134691, Stand: 01.05.2023; https://www.gruener-knopf.de/gruener-knopf, zuletzt abgerufen am 01.05.2023.

153 »GLOBAL ORGANIC TEXTILE STANDARD GOTS«, DPMA Registernr.: 017283128, Stand: 01.05.2023; https://global-standard.org/, zuletzt abgerufen am 01.05.2023.

154 »IVN ZERTIFIZIERT BEST NATURTEXTIL ÜBERTRIFFT GLOBAL ORGANIC TEXTILE STANDARD«, DPMA Registernr.: 018365483, Stand: 01.05.2023; https://naturtextil.de/qualitaetszeichen/qualitaetszeichenbest/, zuletzt abgerufen am 01.05.2023.

155 »TRUSTED SHOPS GUARANTEE e«, DPMA Registernr.: 018097400, Stand: 01.05.2023; https://www.trustedshops.de/, zuletzt abgerufen am 01.05.2023.

156 »EHI GEPRÜFTER ONLINE-SHOP«, DPMA Registernr.: 018021410, Stand: 01.05.2023; https://ehi-siegel.de/, zuletzt abgerufen am 01.05.2023.

157 »S@fer-shopping«, DPMA Registernr.: 001949361, Stand: 01.05.2023; https://www.tuvsud.com/de-de/dienstleistungen/cyber-security/online-guetesiegel-

tung versichern, sei es auf dem Gebiet der Gebäudereinigung im Gesundheitswesen [158], des Holzhandels [159] oder des Onlinehandels mit Lebensmitteln [160].

II. Sonderfall: Geografische Herkunftsangaben

Geografische Herkunftsangaben – also Namen von Orten, Gegenden, Gebieten 48
oder Ländern sowie sonstige Angaben oder Zeichen, die zur Kennzeichnung der geografischen Herkunft verwendet werden[161] – fungieren als grundsätzlich verpflichtend anzugebende Hinweise auf das Ursprungsland bzw. den Herstellungsort des Produktes.[162] Eine darüber hinausgehende Güteaussage ist ihnen

safer-shopping/sicherheit-im-online-shopping/zertifizierte-onlineshops-und-websites, zuletzt abgerufen am 01.05.2023.

158 »RAL Gütezeichen - Gebäudereinigung im Gesundheitswesen«, DPMA Registernr.: 302016010913, Stand: 01.05.2023; https://www.gggr.de/, zuletzt abgerufen am 01.05.2023.

159 »RAL GÜTEZEICHEN Holzhandel«, DPMA Registernr.: 017473349, Stand: 01.05.2023; https://www.guetegemeinschaft-holz-baustoffhandel.de/, zuletzt abgerufen am 01.05.2023.

160 »DLG – TRUSTED FOOD«, DPMA Registernr.: 302017106210, Stand: 01.05.2023; https://www.dlgtestservice.com/de/index.php/projekte/TrustedFood-TrustedWine, zuletzt abgerufen am 01.05.2023.

161 Vgl. Legaldefinition in § 126 Abs. 1 MarkenG; BeckOK Markenrecht/*Weiler*, Stand: 01.01.2023, § 1 MarkenG, Rn. 11; Gloy/Loschelder/Danckwerts/*Schoene*, HdB. d. Wettbewerbsrechts, 2019, § 73, Rn. 10; *Loschelder/Loschelder*, Geographische Angaben und Ursprungsbezeichnungen, 2002, S. 4; Streinz/Kraus/*Leible*, LebensmittelR-Hdb., 2023, III. Schwerpunkte des Lebensmittelrechts, Rn. 521.

162 Gem. gem. Art. 9 Abs. 1 lit. i i. V. m. Art. 26 Lebensmittel-Informationsverordnung (LMIV), Verordnung (EU) Nr. 1169/2011 des Europäischen Parlaments und des Rates vom 25.10.2011 betreffend die Information der Verbraucher über Lebensmittel und zur Änderung der Verordnungen (EG) Nr. 1924/2006 und (EG) Nr. 1925/2006 des Europäischen Parlaments und des Rates und zur Aufhebung der Richtlinie 87/250/EWG der Kommission, der Richtlinie 90/496/EWG des Rates, der Richtlinie 1999/10/EG der Kommission, der Richtlinie 2000/13/EG des Europäischen Parlaments und des Rates, der Richtlinien 2002/67/EG und 2008/5/EG der Kommission und der Verordnung (EG) Nr. 608/2004 der Kommission Text von Bedeutung für den EWR; BeckOK Markenrecht/*Schulteis*, Stand: 01.01.2023, § 126 MarkenG, Rn. 8; *Berg* GRUR Int. 1996, 425, 428; Fezer/Büscher/Obergfell/*Marx*, UWG, 2016, Bd. 1, 2. Teil, Geografische Herkunftsangaben (S. 10), Rn. 49, 217 f., 219 ff.; Gloy/Loschelder/Danckwerts/*Schoene*, HdB. d. Wettbewerbsrechts, 2019, § 73, Rn. 11; *Loschelder/Loschelder*, Geographische Angaben und Ursprungsbezeichnungen, 2002, S. 1.

erst durch die Ausweisung besonderer gebietsbezogener Eigenschaften oder Qualitäten, der mit ihnen gekennzeichneten Waren oder Dienstleistungen, zu entnehmen.[163] Im Lebensmittelsektor betrifft dies insbesondere die Nutzung besonderer natürlicher Ressourcen, und/oder die besondere Produktionsart in einer bestimmten Gegend,[164] wie beispielsweise bei »Parmigiano Reggiano«[165] »Thüringer Rostbratwurst«[166], »Lübecker Marzipan«[167] oder »Aachener Printen«[168]. Derartige »qualifizierte geografische Herkunftsangaben« dienen im Gegensatz zu »einfachen geografischen Herkunftsangaben« der Unterscheidung von Erzeugnissen gleicher Art im Hinblick auf ihre Güte.[169] Außerdem sichern zusammengesetzte geografische Marken, wie »Logistics made in Germany«[170], »Geprüfte Qualität Bayern«[171], »Gesicherte Qualität

163 BeckOK Markenrecht/*Schulteis*, Stand: 01.01.2023, § 126 MarkenG, Rn. 9; *Fezer*, Markenrecht, 2009, § 127 MarkenG, Rn. 19; Ingerl/Rohnke/Nordemann/*A. Nordemann*, MarkenG, 2023, § 126 MarkenG, Rn. 7; *Loschelder/Loschelder*, Geographische Angaben und Ursprungsbezeichnungen, 2002, S. 1.

164 Ingerl/Rohnke/Nordemann/*A. Nordemann*, MarkenG, 2023, § 126 MarkenG, Rn. 7; Streinz/Kraus/*Leible*, LebensmittelR-Hdb., 2023, III. Schwerpunkte des Lebensmittelrechts, Rn. 519.

165 Siehe dazu: https://ec.europa.eu/info/food-farming-fisheries/food-safety-and-quality/certification/quality-labels/geographical-indications-register/details/EUGI00000012998, zuletzt abgerufen am 01.05.2023; https://www.parmigianoreggiano.com/consortium-specifications-and-legislation/, zuletzt abgerufen am 01.05.2023.

166 Siehe dazu: https://ec.europa.eu/info/food-farming-fisheries/food-safety-and-quality/certification/quality-labels/geographical-indications-register/details/EUGI00000013531, zuletzt abgerufen am 01.05.2023; https://www.herkunftsverband.de/thueringer_original.html, zuletzt abgerufen am 01.05.2023.

167 Siehe dazu: https://ec.europa.eu/info/food-farming-fisheries/food-safety-and-quality/certification/quality-labels/geographical-indications-register/details/EUGI00000013043, zuletzt abgerufen am 01.05.2023; http://www.luebecker-marzipan.org/marzipan.php, zuletzt abgerufen am 01.05.2023.

168 Siehe dazu: https://ec.europa.eu/info/food-farming-fisheries/food-safety-and-quality/certification/quality-labels/geographical-indications-register/details/EUGI00000013070, zuletzt abgerufen am 01.05.2023; https://www.aachenerprinten-gga.de/#, zuletzt abgerufen am 01.05.2023.

169 Vgl. *Fezer*, Markenrecht, 2009, § 126 MarkenG, Rn. 15; Streinz/Kraus/*Leible*, LebensmittelR-Hdb., 2023, III. Schwerpunkte des Lebensmittelrechts, Rn. 519.

170 »Logistics made in Germany«, DPMA Registernr.: 302011008368, Stand: 01.05.2023, https://www.logistics-alliance-germany.de/, zuletzt abgerufen am 01.05.2023.

171 »Geprüfte Qualität Bayern«, DPMA Registernr.: 302020012680, Stand: 01.05.2023; https://www.gq-bayern.de/, zuletzt abgerufen am 01.05.2023.

Baden-Württemberg«[172], den Verbrauchern eine Einhaltung gewisser nationaler bzw. regionaler Qualitätsstandards zu.[173]

E. Vergabe- und Prüfinstanz eines Gütezeichens

Die Charakterisierung eines Zeichens als Gütezeichen hängt davon ab, ob eine 49
neutrale, sachkundige Instanz nach objektiven und aussagekräftigen Kriterien über die Vergabe entscheidet und eine fortlaufende Kontrolle der garantierten Qualitätseigenschaft sicherstellt.[174] Grund für diese verpflichtend einzuhaltenden formellen Erfordernisse ist die erhebliche Einflussnahme von Gütezeichen auf die Kaufentscheidung der Verbraucher.[175] So werden Gütezeichen als Orientierungsmaßstab für einen gewährleisteten neutralen Qualitätsstandard herangezogen, welcher mit der Verfolgung wirtschaftlicher Eigeninteressen und damit einhergehender Manipulationen bzw. einseitiger Verkaufsanpreisungen unvereinbar ist.[176]

172 »Gesicherte Qualität Baden-Württemberg«, DPMA Registernr.: 302018029143, Stand: 01.05.2023; https://www.gemeinschaftsmarketing-bw.de/qualitaetszeichen-bw/, zuletzt abgerufen am 01.05.2023.

173 Harte-Bavendamm/Henning-Bodewig/*Weidert*, UWG, 2016, UWG Anhang zu § 3 Abs. 3 Nr. 2, Rn. 6.

174 Köhler/Bornkamm/Feddersen/*Bornkamm/Feddersen*, UWG, 2023, § 5 UWG, Rn. 1.167; MüKo UWG/*Alexander*, 2020, Bd. 1, § 3 Abs. 3 Nr. 2 UWG, Rn. 16.

175 *Baldauf*, Werbung mit Gütesiegeln und Testergebnissen, 2011, S. 30.

176 BGH, Urt. v. 21.07.2016 – I ZR 26/15, GRUR 2016, 1076, 1079, Rn. 39 – *LGA tested*; BGH, Urt. v. 04.07.2019 – I ZR 161/18, GRUR 2020, 299, 301, Rn. 26 – *IVD-Gütesiegel*; *Baldauf*, Werbung mit Gütesiegeln und Testergebnissen, 2011, S. 27, 30.

Teil 3 Gütezeichenschutz de lege lata

Gütezeichen unterliegen ihrem Sinngehalt zufolge – ohne begrifflich als solche aufgeführt zu sein – einer Vielzahl von Schutzinstrumenten. Diese verfolgen teils unterschiedliche Schutzzwecke und rufen in ihrem Zusammenwirken Wertungswidersprüche hervor, die einer Auflösung unter Hinzuziehung etwaiger Kollisionsregeln bedürfen.[177] Nachfolgend wird zunächst das Spektrum des Gütezeichenschutzes außerhalb des Markenrechts dargestellt (A.), bevor daran anschließend das Hauptaugenmerk auf den markenrechtlichen Gütezeichenschutz (B.) gelegt wird. 50

A. Schutzinstrumente außerhalb des Markenrechts

Das Gütezeichen wird außerhalb des Markenrechts mit nationalen sowie unionsrechtlichen Schutzinstrumenten bedacht. So finden sich Schutzregelungen im Lebensmittelrecht, Wettbewerbsrecht und Kennzeichenrecht. Hierbei liegt der Fokus – das Kennzeichenrecht ausgenommen[178] – u. a. auf dem Schutz von Verbraucher- und Mitbewerber-interessen vor Irreführungen über die Güteausweisung von Produkten.[179] Das sui generis EU-System fungiert als agrarpolitisches Schutzinstrument für qualifizierte geografische Herkunftsangaben mit landwirtschaftlichem Produktbezug.[180] 51

I. Nationaler Schutz des Gütezeichens

Der nationale Gesetzgeber erachtet die kumulative Anwendbarkeit des markenrechtlichen Gütezeichenschutzes sowie anderer, schutzergänzender und schutz- 52

177 *Loschelder* GRUR 2016, 339, 339 f.

178 Siehe zum Schutzzweck der kennzeichenrechtlichen Irreführungsnormen Teil 4 B. II. 1. d. bb.

179 *Kiefer*, Geographischer Irreführungsschutz, 2019, S. 13, 40.

180 Siehe dazu: VO (EU) Nr. 1151/2012 Erwägungsgründe; https://agriculture.ec.europa.eu/farming/geographical-indications-and-quality-schemes/geographical-indications-and-quality-schemes-explained_de, zuletzt abgerufen am 01.05.2023; vgl. Fezer/Büscher/Obergfell/*Marx*, UWG, 2016, Bd. 1, 2. Teil, Geografische Herkunftsangaben (S. 10), Rn. 3, 7 ff.; Voit/Grube/*Grube*, LMIV, 2016, Art. 26 LMIV, Rn. 25.

beschränkender Rechtsinstitute als eine nicht weiter klarstellungsbedürftige Selbstverständlichkeit.[181] Einige Literaturstimmen leiten diese praktische Konkordanz zudem aus dem nicht abschließenden Charakter des § 2 MarkenG her, welcher eine »Anwendung anderer Vorschriften zum Schutze dieser Kennzeichen [Marken, geschäftliche Bezeichnungen und geografische Herkunftsangaben]« vorsieht.[182] Bereits das MarkenG selbst hält für geografische Herkunftsangaben – als spezielle Art des Gütezeichens – im Teilabschnitt 7 einen gesonderten kennzeichenrechtlichen Schutz bereit. Die harmonisierten Rechtsgebiete des Lebensmittelrechts und Wettbewerbsrechts fungieren wiederum als Schranken des Gütezeichenschutzes, indem sie Irreführungen der entsprechenden Verkehrskreise über bestimmte Güteeigenschaften verbieten.[183]

1. Lebensmittelrechtlicher Schutz

53 Das Lebensmittelrecht dient vorrangig dem Schutz des Verbrauchers vor Gesundheitsgefährdungen sowie wirtschaftlicher Benachteiligung durch eine unzureichende oder irreführende Bezeichnung sowie Aufmachung von Lebensmitteln.[184] Dabei regeln die unionsrechtliche LMIV[185] und das darauf beruhende nationale LFGB[186] neben der Verwendung einheitlicher Pflichtinformationen über Lebensmittel auch die Unterbindung irreführender Informationen über Lebensmittel.[187] So normiert § 11 Abs. 1 LFGB einen »Schutz vor Täuschung[en]« über lebensmittelbezogenen Informationen.[188] Dabei ergeben sich die konkreten Informationsangaben aus einem direkten Verweis auf die supra-

181 Amtliche Begründung, BT-Drs. 12/6581, S. 64; BeckOK Markenrecht/*Weiler*, Stand: 01.01.2023, § 2 MarkenG, Rn. 9, 9.1.

182 BeckOK Markenrecht/*Weiler*, Stand: 01.01.2023, § 2 MarkenG, Rn. 9, 9.1; HK-MarkenR/*Pahlow*, 2019, Bd. 1, Art. 2 MarkenG, Rn. 2; Ströbele/Hacker/Thiering/*Hacker*, MarkenG, 2020, § 2 MarkenG, Rn. 1 f.

183 BeckOK Markenrecht/*Weiler*, Stand: 01.01.2023, § 2 MarkenG, Rn. 10.

184 MAH GewRS/*Eggers/Böhler*, 2022, § 30 Lebensmittelrecht, Rn. 2.

185 Verordnung (EU) Nr. 1169/2011 des Europäischen Parlaments und des Rates v. 25.10.2011 betreffend die Information der Verbraucher über Lebensmittel und zur Änderung der Verordnungen (EG) Nr. 1924/2006 und (EG) Nr. 1925/2006 des Europäischen Parlaments und des Rates und zur Aufhebung der Richtlinie 87/250/EWG der Kommission, der Richtlinie 90/496/EWG des Rates, der Richtlinie 1999/10/EG der Kommission, der Richtlinie 2000/13/EG des Europäischen Parlaments und des Rates, der Richtlinien 2002/67/EG und 2008/5/EG der Kommission und der Verordnung (EG) Nr. 608/2004 der Kommission.

186 Lebensmittel-, Bedarfsgegenstände- und Futtermittelgesetzbuch (Lebensmittel- und Futtermittelgesetzbuch - LFGB), in der Fassung der Bekanntmachung v. 15.09.2021 (BGBl. I S. 4253), zuletzt geändert durch Artikel 7 v. 27.09.2021 (BGBl. I S. 4530).

187 Voit/Grube/*Grube*, LMIV, 2016, Art. 7 LMIV, Rn. 1.

188 Voit/Grube/*Grube*, LMIV, 2016, Art. 7 LMIV, Rn. 13.

nationale Norm Art. 7 Abs. 1 LMIV.[189] Der mit der Überschrift »Lauterkeit der Informationspraxis« überschriebene Regelbeispielkatalog nach Art. 7 Abs. 1 lit. a-d LMIV sieht u. a. auch einen Irreführungsschutz für bestimmte Gütemerkmale von Lebensmitteln vor. Nach Art. 7 Abs. 1 lit. a LMIV sind Irreführungen »insbesondere in Bezug auf Art, Identität, Eigenschaften, Zusammensetzung, Menge, Haltbarkeit, Ursprungsland oder Herkunftsort und Methode der Herstellung oder Erzeugung« untersagt. Neben den geschriebenen, qualitätsanzeigenden Merkmalen dient das allgemein gefasste Merkmal »Eigenschaften« als Auffangtatbestand für sämtliche (ungeschriebenen) qualitätsbezogenen Angaben über Lebensmittel.[190] Das damit einhergehende Überschneidungspotential mit den produktspezifischen Sondertatbeständen des Unionsrechts, wird im Unterkapitel, Teil 3, A, II. 2. a. thematisiert.

2. Wettbewerbsrechtlicher Schutz

In Umsetzung der Art. 6, 7 UGP-RL sieht das UWG in §§ 5, 5a UWG ebenfalls Irreführungsvorschriften vor.[191] Die allgemein wettbewerbsrechtlichen Verbotsnormen in Bezug auf »irreführende geschäftliche Handlungen« bzw. »Irreführung durch Unterlassen« kommen grundsätzlich neben den besonderen Irreführungsvorschriften des Lebensmittelrechts zur Anwendung.[192] Allerdings werden die spezialgesetzlichen Normziele bei gleichlaufender Schutzbereichseröffnung im Zuge der Rechtsauslegung des Wettbewerbsrechts mitberücksichtigt.[193] Das Irreführungsverbot zielt sowohl auf den Schutz der Marktgegenseite – Verbraucher und Gewerbetreibende als auch auf den Schutz rechtmäßig handelnder Mitbewerber vor Wettbewerbsbenachteiligung ab.[194] 54

Die Definition einer irreführenden Handlung sowie die Aufzählung der Bezugspunkte der Irreführung sind nach Inkrafttreten des Gesetzes zur Stärkung des Verbraucherschutzes im Wettbewerbs- und Gewerberecht[195] in redaktionell geänderter Form in § 5 Abs. 2 UWG festgeschrieben.[196] Dabei ist, unter Ge- 55

189 Voit/Grube/*Grube*, LMIV, 2016, Art. 7 LMIV, Rn. 13.

190 Voit/Grube/*Grube*, LMIV, 2016, Art. 7 LMIV, Rn. 86.

191 Köhler/Bornkamm/Feddersen/*Bornkamm/Feddersen*, UWG, 2023, § 5 UWG, Rn 0.6; Voit/Grube/*Grube*, LMIV, 2016, Art. 7 LMIV, Rn. 29.

192 Köhler/Bornkamm/Feddersen/*Bornkamm/Feddersen*, UWG, 2023, § 5 UWG, Rn 0.95; Ohly/Sosnitza/*Sosnitza*, UWG, 2023, § 5 UWG, Rn. 20 ff.; Voit/Grube/*Grube*, LMIV, 2016, Art. 7 LMIV, Rn. 23, 29.

193 Ohly/Sosnitza/*Sosnitza*, UWG, 2023, § 5 UWG, Rn. 20 ff.; Voit/Grube/*Grube*, LMIV, 2016, Art. 7 LMIV, Rn. 23, 29.

194 Fezer/Büscher/Obergfell/*Fezer*, UWG, 2016, Bd. 1, 3. Teil, § 1 UWG, Rn. 13; Köhler/Bornkamm/Feddersen/*Bornkamm/Feddersen*, UWG, 2023, § 5 UWG, Rn 0.10 f.; MüKo UWG/*Sosnitza*, 2020, Bd. 1, § 1 UWG, Rn. 21.

195 Gesetz zur Stärkung des Verbraucherschutzes im Wettbewerbs- und Gewerberecht v. 10.08.2021, BGBl. 2021 I, Nr. 53 v. 17.08.2021.

sichtspunkten des Gütezeichenschutzes, die produktspezifische Irreführung gem. § 5 Abs. 2 Nr. 1 UWG hervorzuheben. Demgemäß erfahren die angesprochenen Verkehrskreise in Bezug auf qualitätsbezogene Waren- oder Dienstleistungsmerkmale wie »Verfahren oder Zeitpunkt der Herstellung, […], Beschaffenheit, […], geographische oder betriebliche Herkunft […]« Schutz vor Irreführungen. Zudem macht der Gesetzgeber durch die Verwendung des Wortes »wie« deutlich, dass der Katalog nicht abschließender Natur ist und jegliches »wesentliche Merkmale« miteinschließt.[197] Des Weiteren sind im Anhang zu § 3 Abs. 3 Nr. 2, 4 UWG spezielle, stets unzulässige Verwendungen eines »Gütezeichen, Qualitätskennzeichen oder Ähnlichem« normiert.[198]

56 Die unabhängig davon anwendbaren Unterlassungstatbestände gem. § 5a UWG führen den soeben genannten Merkmalskatalog nicht auf. Dieser vermag den Tatbestandmerkmalen der Täuschung bzw. Vorenthaltung über »Tatsache[n]« nach § 5a Abs. 1 UWG sowie über »wesentliche[n] Information[en]« nach § 5a Abs. 2 UWG jedoch als Anhaltspunkt dienen.[199] Sonstige Informationen werden im Rahmen einer einzelfallbezogenen Interessenabwägung auf ihre Wesentlichkeit untersucht.[200] Außerdem wird die Gefahr einer Irreführung der angesprochenen Verkehrskreise, anders als bei § 5 UWG, nicht vorausgesetzt.[201]

3. Kennzeichenrechtlicher Schutz

57 Seit Inkrafttreten des MarkenG[202] genießen die geografischen Herkunftsangaben einen erweiterten, kennzeichenrechtlichen Schutz in den §§ 126 ff MarkenG.[203] Die ursprünglich von Rechtsprechung[204] und Teilen der Literatur[205]

196 Köhler/Bornkamm/Feddersen/*Bornkamm/Feddersen*, UWG, 2023, § 5 UWG, Rn. 0.7a.

197 Köhler/Bornkamm/Feddersen/*Bornkamm/Feddersen*, UWG, 2023, § 5 UWG, Rn. 2.1.

198 BGH, Urt. v. 04.07.2019 – I ZR 161/18, GRUR 2020, 299, 301, Rn. 24 – *IVD-Gütesiegel*; Köhler/Bornkamm/Feddersen/*Köhler*, UWG, 2023, Anhang zu § 3 Abs. 3 UWG, Rn 0.10, 2.2.

199 Vgl. Köhler/Bornkamm/Feddersen/*Köhler*, UWG, 2023, § 5a UWG, Rn. 3.48 f; Ohly/Sosnitza/*Sosnitza*, UWG, 2023, § 5a UWG, Rn. 9 f.

200 Köhler/Bornkamm/Feddersen/*Köhler*, UWG, 2023, § 5a UWG, Rn. 3.10 ff.

201 Ohly/Sosnitza/*Sosnitza*, UWG, 2023, § 5a UWG, Rn. 10.

202 Gesetz über den Schutz von Marken und sonstigen Kennzeichen (Markengesetz - MarkenG) vom 25.10.1994, BGBl. 1994 I, Nr. 74 v. 28.10.1994, S. 3082; BGBl.1995 I, Nr. 7 v. 14.02.1995, S. 156; BGBl. 1996 I, Nr. 36 v. 24.07.1996, S. 682; In Kraft getreten am 01.01.1995.

203 Köhler/Bornkamm/Feddersen/*Bornkamm/Feddersen*, UWG, 2023, § 5 UWG, Rn. 2.246.

204 BGH. Urt. v. 06.06.1980 – I ZR 97/98, GRUR 1981, 71, 73 – *Lübecker Marzipan*; BGH, Urt. v. 04.06.1987 – I ZR 109/85, GRUR 1988, 453, 455 – *Ein Champagner*

vertretene wettbewerbsrechtliche Natur dieser Normen wird infolge der Novellierung des Markengesetzes durch das Gesetz zur Verbesserung der Durchsetzung von Rechten des geistigen Eigentums[206] als überholt angesehen.[207] So spricht der BGH in seiner Entscheidung *Himalaya Salz* von einer Fortentwicklung hin zu einem kennzeichenrechtlichen Schutz.[208] Zur Begründung führt der Gerichtshof den in § 128 Abs. 1 S. 3, Abs. 2 S. 3 MarkenG nunmehr geregelten Verweis auf die typischen markenrechtlichen Annexansprüche, §§ 18-19c MarkenG an.[209] Des Weiteren spreche die, im Falle einer Zuwiderhandlung den berechtigten Nutzern einer geografischen Herkunftsangaben zustehende, Anspruchsberechtigung in § 128 Abs. 2 S. 1 MarkenG für eine zeichenrechtliche Betrachtungsweise des Gesetzgebers.[210] Die wettbewerbsrechtliche Parallelnorm des § 9 S. 1 UWG gewähre die schadensrechtliche Geltendmachung wiederum den Mitbewerbern.[211] Diese Einordnung der geografischen Herkunftsangaben als Immaterialgüterrechte entspricht ebenfalls der Rechtsprechungslinie des EuGH.[212]

unter den Mineralwässern; BGH, Beschl. v. 02.07.1998 – I ZR 54/96, GRUR 1999, 251, 252 – *Warsteiner I*; BGH, Urt. v. 02.07.1998 – I ZR 55/96, GRUR 1999, 252, 253 – *Warsteiner II*; BGH, Urt. v.10.08.2000 – I ZR 126/98, GRUR 2001, 73, 76 – *Stich den Buben*; BGH, Urt. v.19.09. 2001 – I ZR 54/96, GRUR 2002, 160, 162 – *Warsteiner III*.

205 *Erdmann* GRUR 2001, 609, 610; Ohly/Sosnitza/*Sosnitza*, UWG, 2023, § 5 UWG, Rn. 327; a. A.: *Fezer*, Markenrecht, 2009, § 126 MarkenG, Rn. 4 ff; *Knaak* GRUR 1995, 103, 105; *Lange*, Marken- und Kennzeichenrecht, 2012, § 1, Rn. 116; *Loschelder* MarkenR 2015, 225, 226 f.

206 Gesetz zur Verbesserung der Durchsetzung von Rechten des geistigen Eigentums v. 07.07.2008, BGBl. 2008 I, S.1191, in Umsetzung der RL 2004/48/EG zur Durchsetzung der Rechte des geistigen Eigentums.

207 BGH, Urt. v. 31.3.2016 – I ZR 86/13, GRUR 2016, 741, 743, Rn. 13 – *Himalaya Salz*; *Loschelder, in FS* Ahrens, 2016, 255, 261; MüKoBGB/*Drexl*, 2021, Bd. 13, Internationales Privatrecht II, Teil 6, Art. 6 Rom II-VO, RN. 127; Köhler/Bornkamm/Feddersen/*Bornkamm/Feddersen*, UWG, 2023, § 5 UWG, Rn. 2.247.

208 BGH, Urt. v. 31.3.2016 – I ZR 86/13, GRUR 2016, 741, 743, Rn. 12 – *Himalaya Salz*.

209 BGH, Urt. v. 31.3.2016 – I ZR 86/13, GRUR 2016, 741, 743, Rn. 12 – *Himalaya Salz*.

210 BGH, Urt. v. 31.3.2016 – I ZR 86/13, GRUR 2016, 741, 743, Rn. 13 – *Himalaya Salz*.

211 BGH, Urt. v. 31.3.2016 – I ZR 86/13, GRUR 2016, 741, 743, Rn. 13 – *Himalaya Salz*.

212 EuGH, Urt. v. 10.11.1992 – C-3/91, ECLI:EU:C:1992:420; Rn. 37 f. = GRUR Int. 1993, 76, 79 – *Exportur SA/LOR SA und Confiserie du Tech* [Turrón de Alicante]; EuGH, Urt. v. 20.05.2003 – C-469/00, ECLI:EU:C:2003:295, Rn. 49 = GRUR 2003, 609, 612 – *Ravil SARL/Bellon import SARL, Biraghi SpA [Grana padano]*; EuGH, Urt. v. 20.05.2003 – C-108/01, ECLI:EU:C:2003:296, Rn. 64 = GRUR

58 Somit stehen sich die wettbewerbsrechtlichen und kennzeichenrechtlichen Vorschriften zu geografischen Herkunftsangaben, aufgrund ihrer unterschiedlichen Schutzzwecke – Lauterkeit des geschäftlichen Verkehrs und subjektives Ausschließlichkeitsrecht –, sowie die in § 2 MarkenG vorgesehene Anwendbarkeit anderer Vorschriften, als autonome Schutzsysteme gegenüber.[213] Demzufolge kommt den §§ 126 ff. MarkenG in Bezug auf geografische Herkunftsangaben keine spezialgesetzliche Vorrangstellung gegenüber den wettbewerbsrechtlichen Regelungen zu.[214] Vielmehr sind etwaige Kollisionsfälle mit § 5 UWG im Wege einer Anspruchskonkurrenz aufzulösen.[215]

59 Das kennzeichenrechtliche Schutzobjekt ist in § 126 Abs. 1 MarkenG legaldefiniert und umfasst sowohl einfache als auch qualifizierte Herkunftsangaben.[216] Die Funktion eines Gütezeichens vermögen allerdings lediglich die qualifizierten geografischen Herkunftsangaben durch Hinweis auf ein bestimmtes Qualitätsmerkmal oder sonstige besondere Eigenschaften der mit ihr bezeichneten Ware oder Dienstleistung auszuüben.[217] Ihnen kommt sowohl ein Schutz vor Irreführungen, § 127 Abs. 1 MarkenG, ein weitergehender Schutz vor unqualifizierter Benutzung, § 127 Abs. 2 MarkenG, sowie ein Schutz vor Rufausbeutungen und -beeinträchtigungen, § 127 Abs. 3 MarkenG, zu. Bezugspunkt der Regelungen ist dabei, anders als bei den allgemeinen wettbewerbsrechtlichen Vorschriften, §§ 5, 5a UWG, ausschließlich die geografische Herkunft einer Ware oder Dienstleistung.[218]

2003, 616, 619 – *Consorzio del Prosciutto di Parma, Salumificio S. Rita SpA/Asda Stores Ltd, Hygrade Foods Ltd [Prosciutto di Parma]*; BGH, Urt. v. 31.3.2016 – I ZR 86/13, GRUR 2016, 741, 743, Rn. 13 – *Himalaya Salz.*

213 *Fezer*, Markenrecht, 2009, § 126 MarkenG, Rn. 3; Köhler/Bornkamm/Feddersen/*Bornkamm/Feddersen*, UWG, 2023, § 5 UWG, Rn. 2.247.

214 Büscher/Dittmer/Schiwy/*Büscher*, GewRS - UrheberR - MedienR, 2015, § 126 MarkenG, Rn 2; *Loschelder, in FS* Ahrens, 2016, 255, 259 ff.; a. A.: *Berlit,* Markenrecht, 2019, S. 235, Rn. 408.

215 *Fezer*, Markenrecht, 2009, § 126 MarkenG, Rn. 3; Köhler/Bornkamm/Feddersen/*Bornkamm/Feddersen*, UWG, 2023, § 5 UWG, Rn. 2.247, 9.10; *Loschelder* MarkenR 2015, 225, 227 f.; *Loschelder* GRUR 2016, 339, 343 f.; a. A.: Vorrangstellung der §§ 126 ff MarkenG: BeckOK Markenrecht/*Schulteis*, Stand: 01.01.2023, § 126 MarkenG, Rn. 6; *Berlit,* Markenrecht, 2019, S. 235, Rn. 408; Streinz/Kraus/*Leible*, LebensmittelR-Hdb., 2021, III. Schwerpunkte des Lebensmittelrechts, Rn. 520; Ströbele/Hacker/Thiering/*Hacker*, MarkenG, 2020, § 126 MarkenG, Rn 6; Rechtsfrage nur von theoretischer Bedeutung: *Bornkamm* GRUR 2011, 1, 8.

216 Siehe Teil 2, D., II., Rn. 157.

217 Vgl. BeckOK Markenrecht/*Schulteis*, Stand: 01.01.2023, § 126 MarkenG, Rn. 9.

218 BeckOK Markenrecht/*Schulteis*, Stand: 01.01.2023, § 127 MarkenG, Rn. 6 f., 9.

II. Europäischer Schutz des Gütezeichens

Im Unionsrecht haben produktspezifische sui generis Verordnungen qualifizierte geografische Herkunftsangaben zum ausdrücklichen Regelungsgegenstand und stellen somit die vorrangigen Schutzinstrumente dieser speziellen Gütezeichenkategorie dar.[219] Eine entsprechende Vereinbarkeit mit kollidierenden Vorschriften ergibt sich teilweise aus den Gesetzestexten selbst,[220] teilweise legt eine nachfolgende Rechtsauslegung durch die Gerichte die Auflösung der jeweiligen Rechtsnorm nahe.[221] 60

1. Sui generis EU-System für geografische Herkunftsangaben

Das sui generis EU-System konzentriert sich auf den Schutz qualifizierter geografischer Herkunftsangaben, die als Produktbezeichnungen für Qualitätserzeugnisse eingesetzt werden.[222] 61

Dabei ist die VO (EU) Nr. 1151/2012[223] als Grundverordnung (im Folgenden: EU-GrundVO) anzusehen, die – mit wenigen Ausnahmen – sämtliche landwirtschaftlichen Erzeugnisse und Lebensmittel schützt. Die vom Schutzbereich der 62

219 Vgl. Fezer/Büscher/Obergfell/*Marx*, UWG, 2016, Bd. 1, 2. Teil, Geografische Herkunftsangaben (S. 10), Rn. 3, 7 ff.; Voit/Grube/*Grube*, LMIV, 2016, Art. 26 LMIV, Rn. 25.

220 Siehe Regelungen zum Konkurrenzverhältnis: Art. 2 Abs. 3 VO (EU) Nr. 1151/2012; Art. 8 Abs. 2 Nr. 9-11 MarkenG (VO (EU) Nr. 1151/2012 als absolutes Schutzhindernis; Art. 26 Abs. 1 LMIV.

221 Siehe zu Kollision des Art. 2 Abs. 1 lit. a, i RL 2000/13/EG (Vorgängernorm des Art. 7 Abs. 1 lit. a VO (EU) Nr. 1169/2011) mit Art. 2 Abs. 3 VO (EU) Nr. 1151/2012: EuGH, Urt. v. 10.09.2009 – C-446/07, ECLI:EU:C:2009:530, Rn. 58, 63 = GRUR 2010, 151, 155 – *Alberto Severi/Regione Emilia-Romagna [Salami Felino-Art]*; *Grote* ZLR 2010, 206, 206 ff.; Siehe zu Kollision des § 5 Abs. 1 S. 2 Nr. 1 UWG mit Art. 2 Abs. 3 VO (EU) Nr. 1151/2012: EuGH, Urt. v. 08.09.2009 – C-478/07, ECLI:EU:C:2009:521, Rn. 106, 112 ff. = GRUR 2010, 143, 149 ff. – *Budějovický Budvar, národní podnik/Rudolf Ammersin GmbH [American Bud II]*; EuGH, Urt. v. 08.05.2014 – C-35/13, ECLI:EU:C:2014:306, Rn. 28, 39 = GRUR 2014, 674, 676 – *Assica - Associazione Industriali delle Carni e dei Salumi, Kraft Foods Italia SpA/Associazione fra produttori per la tutela del »Salame Felino« u. a. [Salame Felino]*.

222 Siehe dazu: https://agriculture.ec.europa.eu/farming/geographical-indications-and-quality-schemes/geographical-indications-and-quality-schemes-explained_de, zuletzt abgerufen am 01.05.2023; vgl. Fezer/Büscher/Obergfell/*Marx*, UWG, 2016, Bd. 1, 2. Teil, Geografische Herkunftsangaben (S. 10), Rn. 3, 7 ff.; *Günzel* MarkenR 2018, 523, 524; Voit/Grube/*Grube*, LMIV, 2016, Art. 26 LMIV, Rn. 25.

223 Verordnung (EU) Nr. 1151/2012 des Europäischen Parlaments und des Rates vom 21.11.2012 über Qualitätsregelungen für Agrarerzeugnisse und Lebensmittel, nachfolgend: VO (EU) Nr. 1151/2012 bzw. EU-GrundVO.

EU-GrundVO ausgenommenen Erzeugnisse der Sektoren Wein[224], aromatisierte Weine[225] und Spirituosen[226] unterfallen autonomen Verordnungen, die jedoch in ihrem Wortlaut stark an die EU-GrundVO angelehnt und infolgedessen identisch auszulegen sind.[227]

63 Während die geografischen Namen von Agrarprodukten, Lebensmitteln und Wein gem. Art. 5 VO (EU) Nr. 1151/2012, Art. 93 VO (EU) Nr. 1308/2013 einer begrifflichen bzw. inhaltlichen Kategorisierung nach »geschützten Ur-

224 Verordnung (EU) Nr. 1308/2013 des Europäischen Parlaments und des Rates v. 17.12.2013 über eine gemeinsame Marktorganisation für landwirtschaftliche Erzeugnisse und zur Aufhebung der Verordnungen (EWG) Nr. 922/72, (EWG) Nr. 234/79, (EG) Nr. 1037/2001 und (EG) Nr. 1234/2007, ergänzt u. a. durch Durchführungsverordnung (EU) 2019/34 der Kommission v. 17.10.2018 mit Durchführungsbestimmungen zur Verordnung (EU) Nr. 1308/2013 des Europäischen Parlaments und des Rates in Bezug auf Anträge auf Schutz von Ursprungsbezeichnungen, geografischen Angaben und traditionellen Begriffen im Weinsektor, das Einspruchsverfahren, Änderungen der Produktspezifikationen, das Register der geschützten Bezeichnungen, die Löschung des Schutzes und die Verwendung von Zeichen sowie zur Verordnung (EU) Nr. 1306/2013 des Europäischen Parlaments und des Rates in Bezug auf ein geeignetes Kontrollsystem, nachfolgend: VO (EU) 1308/2013.

225 Verordnung (EU) Nr. 251/2014 des Europäischen Parlaments und des Rates v. 26.02.2014 über die Begriffsbestimmung, Beschreibung, Aufmachung und Etikettierung von aromatisierten Weinerzeugnissen sowie den Schutz geografischer Angaben für aromatisierte Weinerzeugnisse und zur Aufhebung der Verordnung (EWG) Nr. 1601/91 des Rates, nachfolgend: VO (EU) Nr. 251/2014.

226 Verordnung (EU) 2019/787 des Europäischen Parlaments und des Rates v. 17.04.2019 über die Begriffsbestimmung, Bezeichnung, Aufmachung und Kennzeichnung von Spirituosen, die Verwendung der Bezeichnungen von Spirituosen bei der Aufmachung und Kennzeichnung von anderen Lebensmitteln, den Schutz geografischer Angaben für Spirituosen und die Verwendung von Ethylalkohol und Destillaten landwirtschaftlichen Ursprungs in alkoholischen Getränken sowie zur Aufhebung der Verordnung (EG) Nr. 110/2008, ergänzt u. a. durch Durchführungsverordnung (EU) 2021/1236 der Kommission v. 12.05.2021 mit Einzelheiten der Anwendung der Verordnung (EU) 2019/787 des Europäischen Parlaments und des Rates in Bezug auf Anträge auf Eintragung geografischer Angaben für Spirituosen, das Einspruchsverfahren, Änderungen der Produktspezifikation, die Löschung der Eintragung, die Verwendung des Logos und die Kontrolle, nachfolgend: VO (EU) 2019/787.

227 EuGH, Urt. v. 14.9.2017 – C-56/16 P, ECLI:EU:C:2017:693, Rn. 78, 80, 85 = GRUR 2018, 89, 92 – *EUIPO/Instituto dos Vinhos do Douro e do Porto [PORT CHARLOTTE]*; EuGH, Urt. v. 20.12.2017 – C-393/16, ECLI:EU:C:2017:991, Rn. 32 = GRUR 2018, 327, 328 – *CIVIC/Aldi [Champagner Sorbet]*; BeckOK Markenrecht/*Schulteis*, Stand: 01.01.2023, § 130 MarkenG, Rn. 4-4.3; *Lange*, Marken- und Kennzeichenrecht, 2012, § 2, Rn. 324; *Schoene* GRUR 2018, 784, 785.

sprungsbezeichnungen« (g. U.) und »geschützten geografischen Angaben« (g. g. A.) unterliegen,[228] werden geografische Namen der Sektoren aromatisierte Weine und Spirituosen gem. Art. 10 ff. VO (EU) Nr. 251/2014 und Art. 21 ff. VO (EU) 2019/787 undifferenziert als »geografische Angaben« ins sui generis EU-Register[229] eingetragen.[230] Auf freiwilliger Basis darf das blau-gelbe EU-Logo einer g. g. A. auch für eingetragene »geografische Angaben« verwendet werden.[231]

Alle Schutzkategorien dieses verordnungsübergreifenden sui generis EU- 64
Systems fordern einen immanenten Zusammenhang zwischen der Güte oder anderen Eigenschaften des Erzeugnisses und dessen geografischem Erzeugungsgebiet.[232] Allerdings ist diese konstitutive Schutzvoraussetzung in unterschiedlichem Maße ausgestaltet. Produktnamen, die als »geschützte Ursprungsbezeichnungen« eingetragen sind, weisen eine besonders enge Verbindung mit dem geografischen Ursprungsort auf. Sämtliche Herstellungsstufen, also Erzeugung, Verarbeitung und Zubereitung, haben in dem jeweiligen geografischen Gebiet zu erfolgen.[233] Exemplarisch dafür sind die als solche eingetragenen Namen »Allgäuer Bergkäse«[234], »Parmigiano Reggiano«[235] oder »Vin de Sa-

228 BeckOK Markenrecht/*Schoene*, Stand: 01.01.2023, § 8 MarkenG, Rn. 800; BeckOK Markenrecht/*Schulteis*, Stand: 01.01.2023, § 130 MarkenG, Rn. 6; MAH GewRS/Eggers/Böhler, 2022, § 33 Lebensmittelrecht, Rn. 199.

229 https://ec.europa.eu/info/food-farming-fisheries/food-safety-and-quality/certification/quality-labels/geographical-indications-register/, zuletzt abgerufen am 01.05.2023.

230 https://agriculture.ec.europa.eu/farming/geographical-indications-and-quality-schemes/geographical-indications-and-quality-schemes-explained_de, zuletzt abgerufen am 01.05.2023; https://www.ble.de/DE/Themen/Ernaehrung-Lebensmittel/EU-Qualitaetskennzeichen/Geschuetzte-geografische-Angaben-Spirituosen/geschuetzte-geografische-angaben-spirituosen_node.html, zuletzt abgerufen am 01.05.2023.

231 https://www.ble.de/DE/Themen/Ernaehrung-Lebensmittel/EU-Qualitaetskennzeichen/Geschuetzte-geografische-Angaben-Spirituosen/geschuetzte-geografische-angaben-spirituosen_node.html, zuletzt abgerufen am 01.05.2023.

232 ErwGr. 17 der VO (EU) Nr. 1151/2012; Grabitz/Hilf/Nettesheim/*Priebe*, Das Recht der EU, Stand: 01.2023, Art. 40 AEUV, S. 47, Rn. 143.

233 BeckOK Markenrecht/*Schulteis*, Stand: 01.01.2023, § 130 MarkenG, Rn. 7; MAH GewRS/*Eggers/Böhler*, 2022, § 30 Lebensmittelrecht, Rn. 199.

234 EU-Register für geografische Herkunftsangaben, https://ec.europa.eu/info/food-farming-fisheries/food-safety-and-quality/certification/quality-labels/geographical-indications-register/, PDO-DE-0460, zuletzt abgerufen am 01.05.2023.

235 EU-Register für geografische Herkunftsangaben, https://ec.europa.eu/info/food-farming-fisheries/food-safety-and-quality/certification/quality-labels/geographical-indications-register/, PDO-IT-0016, zuletzt abgerufen am 01.05.2023.

voie«[236] zu nennen. Bei »geschützten geografischen Angaben« bzw. »geografischen Angaben« hingegen, genügt ein Mindestmaß von einer durchgeführten Herstellungsstufe in der entsprechenden geografischen Region.[237] Dieses Unionsschutzrecht kommt geografischen Namen wie beispielsweise »Dresdner Stollen«[238], »Salame Felino«[239] oder »Thym de Provence«[240] zuteil.

65 Das sui generis EU-System dient primär als Instrument der Agrarpolitik.[241] Sinnbildlich dafür ist ErwGr. 18 sowie Art. 4 EU-GrundVO anzuführen, demzufolge die geografischen sui generis Bezeichnungen als Mittel der angemessenen Entlohnung bzw. Absatzförderung von Landwirten und Erzeugern für eine besondere Qualität des Erzeugnisses fungieren. Erst nachrangig wird auf den Verbraucher und dessen gesteigertes Informationsbedürfnis sowie dessen erhöhtes Bewusstsein über bestimmte Qualitätsmerkmale abgestellt.[242]

66 Der Vollständigkeit halber ist anzumerken, dass das sui generis EU-System neben dem Schutz qualifizierter geografischer Herkunftsangaben weitere Gütekategorien umfasst.[243] Dazu zählt u. a. die Klassifizierung eines Erzeugnisnamens als »garantiert traditionelle Spezialität« (g. t. S.). Hierbei ist der Schutz auf traditionelle Aspekte, wie die Art und Weise der Herstellung bzw. Verarbeitung des Erzeugnisses oder seine Zusammensetzung, gerichtet. Die ge-

236 EU-Register für geografische Herkunftsangaben, https://ec.europa.eu/info/food-farming-fisheries/food-safety-and-quality/certification/quality-labels/geographical-indications-register/, PDO-FR-A0681-AM01, zuletzt abgerufen am 01.05.2023.

237 BeckOK Markenrecht/*Schulteis*, Stand: 01.01.2023, § 130 MarkenG, Rn. 11, 14.

238 EU-Register für geografische Herkunftsangaben, https://ec.europa.eu/info/food-farming-fisheries/food-safety-and-quality/certification/quality-labels/geographical-indications-register/, PGI-DE-0704, zuletzt abgerufen am 01.05.2023.

239 EU-Register für geografische Herkunftsangaben, https://ec.europa.eu/info/food-farming-fisheries/food-safety-and-quality/certification/quality-labels/geographical-indications-register/, PGI-IT-0597, zuletzt abgerufen am 01.05.2023.

240 EU-Register für geografische Herkunftsangaben, https://ec.europa.eu/info/food-farming-fisheries/food-safety-and-quality/certification/quality-labels/geographical-indications-register/, PGI-FR-01364, zuletzt abgerufen am 01.05.2023.

241 BeckOK Markenrecht/*Schulteis*, Stand: 01.01.2023, § 130 MarkenG, Rn. 2; *Loschelder* GRUR 2016, 339, 341; *Loschelder* GRUR 2023, 601, 601; Sosnitza/Meisterernst/*Rathke*, Lebensmittelrecht, 2023, Teil 1, Horizontale Vorschriften, Nr. 134., Art. 4 VO (EU) Nr. 1151/2012, Rn. 2.

242 EuGH, Urt. v. 14.9.2017 – C-56/16 P, ECLI:EU:C:2017:693, Rn. 80 ff. = GRUR 2018, 89, 92 – *EUIPO/Instituto dos Vinhos do Douro e do Porto [PORT CHARLOTTE];* BeckOK Markenrecht/*Schulteis*, Stand: 01.01.2023, § 130 MarkenG, Rn. 2; *Loschelder* GRUR 2016, 339, 341.

243 BeckOK Markenrecht/*Schulteis*, Stand: 01.01.2023, § 130 MarkenG, Rn. 15.

ografische Herkunft bleibt jedoch unberücksichtigt.[244] Die Schutzerlangung wird durch eine nachgewiesene Verwendung im EU-Binnenmarkt während eines Zeitraums von mindestens 30 Jahren bedingt.[245] Zu den bekanntesten »garantiert traditionellen Spezialitäten« zählen »Heumilch-Käse«[246], »Mozzarella«[247] und »Serrano-Schinken«[248].[249]

Die fakultativen Qualitätsangaben »Bergerzeugnis« gem. Art. 31 VO (EU) Nr. 1151/2012[250] und »Erzeugnis aus den Gebieten in äußerster Randlage der EU« gem. Art. 32 VO (EU) Nr. 1151/2012[251] komplettieren den sui generis EU-Schutz. 67

2. Verhältnis des sui generis EU-Systems zu anderen Schutzinstrumenten

Das sui generis EU-System sieht in Art. 2 Abs. 3 VO (EU) Nr. 1151/2012 eine 68
ausdrückliche Anwendbarkeit der sui generis EU-Vorschriften, »unbeschadet«[252] spezieller EU-Regelungen für das Inverkehrbringen von Erzeugnissen vor.[253] Im Zuge dessen werden die in VO (EU) 1308/2012[254] geregelte einheitli-

244 BeckOK Markenrecht/*Schulteis*, Stand: 01.01.2023, § 130 MarkenG, Rn. 16; MAH GewRS/*Eggers/Böhler*, 2022, § 30 Lebensmittelrecht, Rn. 196; Voit/Grube/*Grube*, LMIV, 2016, Art. 26 LMIV, Rn. 112.

245 MAH GewRS/*Eggers/Böhler*, 2022, § 30 Lebensmittelrecht, Rn. 193; Voit/Grube/*Grube*, LMIV, 2016, Art. 26 LMIV, Rn. 11; Weber/*Hakenberg*, Rechtswörterbuch, 2021, Traditionelle Lebensmittel.

246 »Heumilch«, EU-Register für garantiert traditionelle Spezialitäten, https://ec.europa.eu/info/food-farming-fisheries/food-safety-and-quality/certification/quality-labels/geographical-indications-register/tsg, TSG-AT-1035-AM01, zuletzt abgerufen am 01.05.2023.

247 »Mozzarella«, EU-Register für garantiert traditionelle Spezialitäten, https://ec.europa.eu/info/food-farming-fisheries/food-safety-and-quality/certification/quality-labels/geographical-indications-register/tsg, TSG-IT-0001-AM01, zuletzt abgerufen am 01.05.2023.

248 »Jamón Serrano«, EU-Register für garantiert traditionelle Spezialitäten, https://ec.europa.eu/info/food-farming-fisheries/food-safety-and-quality/certification/quality-labels/geographical-indications-register/tsg, TSG-ES-0012, zuletzt abgerufen am 01.05.2023.

249 Vgl. Anhang I zur VO (EU) 1151/2012; BeckOK Markenrecht/*Schulteis*, Stand: 01.01.2023, § 130 MarkenG, Rn. 16; MAH GewRS/*Eggers/Böhler*, 2022, § 30 Lebensmittelrecht, Rn. 193.

250 Ergänzt durch Delegierte Verordnung (EU) 665/2014 der Kommission v. 11.03.2014 zur Ergänzung der Verordnung (EU) Nr. 1151/2012 des Europäischen Parlaments und des Rates hinsichtlich der Bedingungen für die Verwendung der fakultativen Qualitätsangabe »Bergerzeugnis«.

251 Ergänzt durch Verordnung (EU) 228/2013 des Europäischen Parlaments und des Rates v. 13.03.2013 über Sondermaßnahmen im Bereich der Landwirtschaft zugunsten der Regionen in äußerster Randlage der Union und zur Aufhebung der Verordnung (EG) Nr. 247/2006 des Rates.

che gemeinsame Marktorganisation sowie die in VO (EU) 1169/2011 bzw. VO (EG) 834/2007[255] bzw. VO (EG) 1924/2006[256] festgeschriebene Kennzeichnung von Lebensmitteln als Regelbeispiele angeführt.[257] Das Kollisionsverhältnis zu den allgemeinen EU-Regelungen ergibt sich hingegen nicht aus der sui generis Verordnung selbst, sondern aus den jeweiligen allgemeinen EU-Abgrenzungsnormen.[258] Der grundsätzlich subsidiäre Anwendungsbereich nationaler Kollisionsnormen wird wiederum durch eine unionskonforme Normauslegung präzisiert.[259]

69 Zum Zwecke der Einordnung jedes einzelnen Schutzinstruments in das Gefüge des Gütezeichenschutzes, wird nachfolgend die Gewichtung des – dem sui generis EU-System beigemessenen – Vorrangs in gebotener Kürze thematisiert.

252 Zugrundelegung der Auslegung des Tatbestandmerkmals »unbeschadet« als »vorbehaltlich« von *Markou*, Der Schutz geographischer Herkunftsangaben nach nationalem Recht neben der Verordnung (EU) Nr. 1151/2012, 2019, S. 118, zur Begründung dieses Wortverständnis werden der ErwGr. 8 der VO (EU) Nr. 1151/2012, der Wortlaut des Art. 2 Abs. 3 in englischer Fassung »without prejudice« sowie dessen Begriffsverwendung der Anh. 1 Nr. 26 S. 2 der UGP-Richtlinie und des Art. 18 abs. 1 des AEUV herangezogen.

253 *Markou*, Der Schutz geographischer Herkunftsangaben nach nationalem Recht neben der Verordnung (EU) Nr. 1151/2012, 2019, S. 57 ff.

254 Verordnung (EU) Nr. 1308/2013 des Europäischen Parlaments und des Rates vom 17.12.2013 über eine gemeinsame Marktorganisation für landwirtschaftliche Erzeugnisse und zur Aufhebung der Verordnungen (EWG) Nr. 922/72, (EWG) Nr. 234/79, (EG) Nr. 1037/2001 und (EG) Nr. 1234/2007.

255 Verordnung (EG) Nr. 834/2007 des Rates vom 28.06.2007 über die ökologische/biologische Produktion und die Kennzeichnung von ökologischen/biologischen Erzeugnissen und zur Aufhebung der Verordnung (EWG) Nr. 2092/91.

256 Verordnung (EG) Nr. 1924/2006 des Europäischen Parlaments und des Rates vom 20.12.2006 über nährwert- und gesundheitsbezogene Angaben über Lebensmittel.

257 Sosnitza/Meisterernst/*Rathke*, Lebensmittelrecht, 2023, Teil 1, Horizontale Vorschriften, Nr. 134., Art. 2 VO (EU) Nr. 1151/2012, Rn. 20.

258 Vgl. *Loschelder*, GRUR 2016, 339, 341 ff.; Sosnitza/Meisterernst/*Rathke*, Lebensmittelrecht, 2023, Teil 1, Horizontale Vorschriften, Nr. 134., Art. 2 VO (EU) Nr. 1151/2012, Rn. 21.

259 Vgl. Fezer/Büscher/Obergfell/*Marx*, UWG, 2016, Bd. 1, 2. Teil, Geografische Herkunftsangaben (S. 10), Rn. 251; *Lange*, Marken- und Kennzeichenrecht, 2012, § 7, Rn. 4697 f.; *Loschelder*, GRUR 2016, 339, 342 ff., *Markou*, Der Schutz geographischer Herkunftsangaben nach nationalem Recht neben der Verordnung (EU) Nr. 1151/2012, 2019, S. 69 ff., 128; Sosnitza/Meisterernst/*Rathke*, Lebensmittelrecht, 2023, Teil 1, Horizontale Vorschriften, Nr. 134., Art. 2 VO (EU) Nr. 1151/2012, Rn. 24 ff.

a. Lebensmittelrecht

Die Vorschriften der, in den EU-Mitgliedstaaten unmittelbar geltenden,[260] LMIV divergieren mit dem sui generis EU-Recht dahingehend, als ihr Schutzzweck ein gänzlich anderer ist. Im Vordergrund steht gem. Art. 3 Abs. 1 LMIV sowohl der Schutz des Binnenmarktes als auch der damit in Einklang zu bringende Schutz der Verbraucher vor Gesundheitsgefahren sowie Irreführung.[261] Das Mittel zur Erreichung dieses Ziels stellt dabei die richtige und ausreichende Verbraucherinformation über Lebensmittel dar, ErwGr. 3 und Art. 3 Abs. 1 LMIV. 70

Relevanz kommt der Verschiedenartigkeit beider Schutzzwecke im Rahmen des oben genannten Art. 7 Abs. 1 lit. a LMIV zu, welcher einen allgemeinen Irreführungsschutz für geografische Herkunftsangaben normiert. Der Auflösung dieses Aufeinandertreffens von Verbraucherschutz und Erzeugerschutz im Hinblick auf qualifizierte geografische Herkunftsangaben widmet sich Art. 26 Abs. 1 LMIV. Demzufolge werden die Regelungen der sui generis EU-GrundVO ausdrücklich nicht durch Vorschriften der LMIV tangiert. Somit können etwaige irreführende Zuwiderhandlungen nach der LMIV eingetragenen sui generis Bezeichnungen nicht entgegengesetzt werden, sondern werden im Wege der Gesetzeskonkurrenz verdrängt.[262] 71

Die Kollisionsregel äußert sich hingegen nicht zur Verfahrensweise mit nicht-eingetragenen, jedoch den sui generis Voraussetzungen entsprechenden, qualifizierten geografischen Herkunftsbezeichnungen.[263] Dies lässt den Rückschluss zu, dass eine Vorranggewährung des sui generis EU-Systems keineswegs ausnahmslos intendiert ist.[264] Andernfalls blieben Normverstöße aufgrund von Irreführungen qualitativer geografischer Herkunftsangaben stets zulasten der Verbraucher ungeahndet.[265] Dadurch entstünde das wirtschaftliche Paradoxon einer nationalen Schutzverwehrung der – im Gegensatz zu einfachen geografischen 72

260 Siehe zu unmittelbaren Geltung von Verordnungen: Callies/Ruffert/*Ruffert*, EUV/AEUV, 2022, Art. 288 AEUV, Rn. 21.

261 Sosnitza/Meisterernst/*Rathke*, Lebensmittelrecht, 2023, Teil 1, Horizontale Vorschriften, Nr. 134., Art. 3 VO (EU) Nr. 1151/2012, Rn. 8.

262 *Loschelder*, GRUR 2016, 339, 340; Voit/Grube/*Grube*, LMIV, 2016, Art. 26 LMIV, Rn. 103 f.

263 *Markou*, Der Schutz geographischer Herkunftsangaben nach nationalem Recht neben der Verordnung (EU) Nr. 1151/2012, 2019, S. 69 ff., 117; Voit/Grube/*Grube*, LMIV, 2016, Art. 26 LMIV, Rn. 100.

264 Vgl. *Loschelder*, GRUR 2016, 339, 342 f., *Markou*, Der Schutz geographischer Herkunftsangaben nach nationalem Recht neben der Verordnung (EU) Nr. 1151/2012, 2019, S. 69 ff., 116.

265 *Loschelder*, GRUR 2016, 339, 342 f., *Markou*, Der Schutz geographischer Herkunftsangaben nach nationalem Recht neben der Verordnung (EU) Nr. 1151/2012, 2019, S. 69 ff., 116.

Herkunftsangaben – ökonomisch bedeutsameren Schutzbezeichnungen.[266] Dementsprechend urteilte der EuGH in seiner Entscheidung *Salami Felino-Art*[267], dass der Anwendungsbereich des lebensmittelrechtlichen Irreführungsverbots im Falle einer eintragungsfähigen qualifizierten geografischen Herkunftsbezeichnung neben den abschließenden Schutzregelungen des sui generis EU-Systems eröffnet sei.[268] Eine sachgemäße Begründung sowie Spezifizierung dieses ergänzenden Irreführungsschutzes ist dem Urteil zu entnehmen.[269] Sinngemäß sei demnach ein Schutz nach Art. 7 Abs. 1 lit. a LMIV anzuerkennen, solange der sachliche Anwendungsbereich des sui generis EU-Systems lediglich reflexartig und in seinem Umfang auf die spezifische, irreführende Verwendung geografischer Herkunftsangaben beschränkt ist.[270]

b. Wettbewerbsrecht

73 Wie bereits einleitend konstatiert, genießt das sui generis EU-System im Hinblick auf qualifizierte geografische Herkunftsangaben eine Vorrangstellung gegenüber nationalen Kollisionsnormen, deren zunächst angenommener Ausschließlichkeitscharakter eine Relativierung durch höchstrichterliche Rechtsauslegung erfahren hat.

74 So nahm die Europäische Kommission zunächst an, dass sowohl eingetragenen als auch eintragungsfähigen Bezeichnungen ausschließlich die höherrangigen sui generis EU-Normen zugrunde zu legen sind, wohingegen sämtliche nationalen Kollisionsnormen zurücktreten.[271] Anlass zu Vorbehaltsäußerungen im Hinblick auf diesen uneingeschränkten Vorrang des sui generis EU-Systems bot

266 *Loschelder*, GRUR 2016, 339, 343.

267 Vgl. zu Art. 2 Abs. 1 lit. a, i RL 2000/13/EG (Vorgängernorm des Art. 7 Abs. 1 lit. a VO (EU) Nr. 1169/2011): EuGH, Urt. v. 10.09.2009 – C-446/07, ECLI:EU:C:2009:530, Rn. 58, 63 = GRUR 2010, 151, 155 – *Alberto Severi/Regione Emilia-Romagna [Salami Felino-Art].*

268 *Grote* ZLR 2010, 206, 206 ff.; *Markou*, Der Schutz geographischer Herkunftsangaben nach nationalem Recht neben der Verordnung (EU) Nr. 1151/2012, 2019, S. 69 ff., 119, 127, 131; Voit/Grube/*Grube*, LMIV, 2016, Art. 26 LMIV, Rn. 98 ff.

269 EuGH, Urt. v. 08.05.2014 – C-35/13, ECLI:EU:C:2014:306, Rn. 33 f. = GRUR 2014, 674, 676 – Assica - Associazione Industriali delle Carni e dei Salumi, Kraft Foods Italia SpA/Associazione fra produttori per la tutela del »Salame Felino« u. a. [Salame Felino].

270 EuGH, Urt. v. 08.05.2014 – C-35/13, ECLI:EU:C:2014:306, Rn. 33 f. = GRUR 2014, 674, 676 – Assica - Associazione Industriali delle Carni e dei Salumi, Kraft Foods Italia SpA/Associazione fra produttori per la tutela del »Salame Felino« u. a. [Salame Felino]; Loschelder, GRUR 2016, 339, 341 ff., Markou, Der Schutz geographischer Herkunftsangaben nach nationalem Recht neben der Verordnung (EU) Nr. 1151/2012, 2019, S. 69 ff., 119, 129.

271 Mitteilung der Europäischen Kommission, ABl. C 273 v. 09.10.1993, S. 4; *Loschelder*, GRUR 2016, 339, 342.

die Entscheidung *American Bud II*[272]. Darin konstatierte der EuGH, dass auch nicht-eingetragenen qualifizierten geografischen Herkunftsangaben ein das Unionsrecht abbildender nationaler Rechtsschutz verwehrt bliebe, wenn die Schutzvoraussetzungen des sui generis EU-Systems erfüllt seien.[273] Somit sprach sich der Gerichtshof explizit gegen die Konstituierung eines nationalen Parallelsystems zum Schutze von qualifizierten geografischen Herkunftsangaben aus.[274] Dabei räumte er die Möglichkeit eines nationalen Schutzinstruments jedoch nicht vollständig aus, sondern bedingte dessen Anwendbarkeit durch die Wahrung der Ziele des sui generis EU-Systems sowie des freien Warenverkehrs.[275]

Dies lässt wiederum den Rückschluss zu, dass auf nationaler Ebene eine Dif- 75
ferenzierung zwischen kennzeichenrechtlichem Schutz und dem allgemeinen wettbewerbsrechtlichen Schutz von qualifizierten geografischen Herkunftsangaben vorzunehmen ist.[276] Die nationale Kollisionsnorm § 5 Abs. 1 S. 2 Nr. 1 UWG ist, wie die lebensmittelrechtliche EU-Schutzregelung des Art. 7 Abs. 1 lit. a LMIV auch, als ergänzender nationaler Irreführungsschutz

272 *Markou*, Der Schutz geographischer Herkunftsangaben nach nationalem Recht neben der Verordnung (EU) Nr. 1151/2012, 2019, S. 129; vgl. *Loschelder*, GRUR 2016, 339, 342 f.

273 EuGH, Urt. v. 08.09.2009 – C-478/07, ECLI:EU:C:2009:521, Rn. 106, 112 ff. = GRUR 2010, 143, 149 ff. – *Budějovický Budvar, národní podnik/Rudolf Ammersin GmbH [American Bud II]*; *Loschelder*, GRUR 2016, 339, 342 f., *Markou*, Der Schutz geographischer Herkunftsangaben nach nationalem Recht neben der Verordnung (EU) Nr. 1151/2012, 2019, S. 129, 132, 138 f.

274 EuGH, Urt. v. 08.09.2009 – C-478/07, ECLI:EU:C:2009:521, Rn. 106, 112 ff. = GRUR 2010, 143, 149 ff. – *Budějovický Budvar, národní podnik/Rudolf Ammersin GmbH [American Bud II]; Loschelder*, GRUR 2016, 339, 342 f., *Markou*, Der Schutz geographischer Herkunftsangaben nach nationalem Recht neben der Verordnung (EU) Nr. 1151/2012, 2019, S. 129, 132, 138 f.

275 EuGH, Urt. v. 08.09.2009 – C-478/07, ECLI:EU:C:2009:521, Rn. 106, 112 ff. = GRUR 2010, 143, 149 ff. – *Budějovický Budvar, národní podnik/Rudolf Ammersin GmbH [American Bud II];* EuGH, Urt. v. 08.05.2014 – C-35/13, ECLI:EU:C:2014:306, Rn. 28, 39 = GRUR 2014, 674, 676 – *Assica - Associazione Industriali delle Carni e dei Salumi, Kraft Foods Italia SpA/Associazione fra produttori per la tutela del »Salame Felino« u. a. [Salame Felino].*

276 Vgl. EuGH, Urt. v. 08.09.2009 – C-478/07, ECLI:EU:C:2009:521, Rn. 73 f. = GRUR 2010, 143, 146 – *Budějovický Budvar, národní podnik/Rudolf Ammersin GmbH [American Bud II]; Loschelder*, GRUR 2016, 339, 342 f., *Markou*, Der Schutz geographischer Herkunftsangaben nach nationalem Recht neben der Verordnung (EU) Nr. 1151/2012, 2019, S. 129, 132, 138 f.; *Omsels*, GRUR Int. 2009, 971, 974; siehe zu ursprünglich entwickelter Differenzierung unter Zugrundlegung von Verordnung (EWG) Nr. 2081/92: *Tilmann*, WRP 2000, 1039, 1042 f.

ausgestaltet.[277] Dieser konzentriert sich bei der Verwendung von qualifizierten geografischen Herkunftsangaben auf die Verhinderung unlauterer Geschäftspraktiken sowie auf den Schutz vor Irreführung der Verbraucher und Gewerbetreibenden. Somit gewährleistet die Vorschrift ausschließlich lauterkeitsrechtliche Ziele, die vom sui generis EU-System nicht hinreichend geschützt werden.[278] Eine solche reflexartige Eröffnung des sachlichen Anwendungsbereichs des sui generis EU-Systems wird, anders als die zielgerichtete Begründung eines parallelen nationalen Schutzes der qualifizierten geografischen Herkunftsangaben, vom EuGH als zulässig erachtet.[279]

c. Kennzeichenrecht

76 Im Unterschied zum nationalen Wettbewerbsrecht kommt ein, das sui generis EU-System ergänzender, qualitativer Irreführungsschutz des nationalen Kennzeichenrechts nicht zum Tragen. Stattdessen genießt das sui generis EU-System in Bezug auf eingetragene und eintragungsfähige qualifizierte geografische Herkunftsangaben einen Anwendungsvorrang.[280] Diese Andersbehandlung begründet der EuGH mit dem Vorliegen eines parallelen Wirkungsbereichs von identischen Schutzobjekten.[281] Ein über das supranationale Maß hinausgehender

277 *Loschelder*, GRUR 2016, 339, 342 f., *Markou*, Der Schutz geographischer Herkunftsangaben nach nationalem Recht neben der Verordnung (EU) Nr. 1151/2012, 2019, S. 129, 132, 138 f.

278 *Loschelder*, GRUR 2016, 339, 342 f., *Markou*, Der Schutz geographischer Herkunftsangaben nach nationalem Recht neben der Verordnung (EU) Nr. 1151/2012, 2019, S. 129, 132, 139.

279 Vgl. EuGH, Urt. v. 08.09.2009 – C-478/07, ECLI:EU:C:2009:521, Rn. 106, 111 ff. = GRUR 2010, 143, 149 ff. – *Budějovický Budvar, národní podnik/Rudolf Ammersin GmbH [American Bud II];* EuGH, Urt. v. 08.05.2014 – C-35/13, ECLI:EU :C:2014:306, Rn. 33 f. = GRUR 2014, 674, 676 – *Assica - Associazione Industriali delle Carni e dei Salumi, Kraft Foods Italia SpA/Associazione fra produttori per la tutela del »Salame Felino« u. a. [Salame Felino]*; *Loschelder*, GRUR 2016, 339, 342 f., *Markou*, Der Schutz geographischer Herkunftsangaben nach nationalem Recht neben der Verordnung (EU) Nr. 1151/2012, 2019, S. 129, 132, 136 ff.

280 EuGH, Urt. v. 08.09.2009 – C-478/07, ECLI:EU:C:2009:521, Rn. 106, 111 ff. = GRUR 2010, 143, 149 ff. – *Budějovický Budvar, národní podnik/Rudolf Ammersin GmbH [American Bud II];* BeckOK Markenrecht/*Schulteis*, Stand: 01.01.2023, § 126 MarkenG, Rn. 21, §130 MarkenG, Rn. 5; Fezer/Büscher/Obergfell/*Marx*, UWG, 2016, Bd. 1, 2. Teil, Geografische Herkunftsangaben (S. 10), Rn. 7a; Gloy/Loschelder/Danckwerts/*Schoene*, HdB. d. Wettbewerbsrechts, 2019, § 73, Rn. 10; *Markou*, Der Schutz geographischer Herkunftsangaben nach nationalem Recht neben der Verordnung (EU) Nr. 1151/2012, 2019, S. 129, 132, 138 f; Ströbele/Hacker/Thiering/*Hacker*, MarkenG, 2020, § 126 MarkenG, Rn. 54.

281 EuGH, Urt. v. 08.09.2009 – C-478/07, ECLI:EU:C:2009:521, Rn. 106, 111 ff. = GRUR 2010, 143, 149 ff. – *Budějovický Budvar, národní podnik/Rudolf Ammersin GmbH [American Bud II];* BeckOK Markenrecht/*Schulteis*, Stand: 01.01.2023, §

nationaler Schutzumfang konterkariere die Harmonisierungsbestrebungen des europäischen Gesetzgebers ein abschließendes Rechtssystem für landwirtschaftliche Qualitätserzeugnisse zu schaffen.[282] Insofern gehe vom sui generis EU-System eine Sperrwirkung für die Schutzvorschriften qualifizierter geografischer Herkunftsangaben sowie geografischer Herkunftsangaben mit besonderem Ruf, §§ 127 Abs. 2, 3 MarkenG, aus.[283]

Im Umkehrschluss beschränke sich der nationale Schutz auf die qualitätslosgelöste Garantie der geografischen Herkunft von Waren oder Dienstleistungen nach § 127 Abs. 1 MarkenG.[284] Darunter fallen einfache geografische Herkunftsangaben, die keinen Qualitätszusammenhang zwischen Eigenschaften oder Merkmalen der Waren bzw. Dienstleistungen und ihrer geografischen Her- 77

126 MarkenG, Rn. 21, §130 MarkenG, Rn. 5; Fezer/Büscher/Obergfell/*Marx*, UWG, 2016, Bd. 1, 2. Teil, Geografische Herkunftsangaben (S. 10), Rn. 7a; Gloy/Loschelder/Danckwerts/*Schoene*, HdB. d. Wettbewerbsrechts, 2019, § 73, Rn. 10; *Markou*, Der Schutz geographischer Herkunftsangaben nach nationalem Recht neben der Verordnung (EU) Nr. 1151/2012, 2019, S. 129, 132, 138 f; Ströbele/Hacker/Thiering/*Hacker*, MarkenG, 2020, § 126 MarkenG, Rn. 54.

282 EuGH, Urt. v. 08.09.2009 – C-478/07, ECLI:EU:C:2009:521, Rn. 112 ff. = GRUR 2010, 143, 149 ff. – *Budějovický Budvar, národní podnik/Rudolf Ammersin GmbH [American Bud II];* BeckOK Markenrecht/*Schulteis*, Stand: 01.01.2023, § 126 MarkenG, Rn. 21, §130 MarkenG, Rn. 5; *Loschelder*, GRUR 2016, 339, 342 f., *Markou*, Der Schutz geographischer Herkunftsangaben nach nationalem Recht neben der Verordnung (EU) Nr. 1151/2012, 2019, S. 129, 132, 138 f.

283 EuGH, Urt. v. 08.09.2009 – C-478/07, ECLI:EU:C:2009:521, Rn. 106, 112 ff. = GRUR 2010, 143, 149 ff. – *Budějovický Budvar, národní podnik/Rudolf Ammersin GmbH [American Bud II];* BeckOK Markenrecht/*Schulteis*, Stand: 01.01.2023, § 126 MarkenG, Rn. 21, §130 MarkenG, Rn. 5; Fezer/Büscher/Obergfell/*Marx*, UWG, 2016, Bd. 1, 2. Teil, Geografische Herkunftsangaben (S. 10), Rn. 7a; Gloy/Loschelder/Danckwerts/*Schoene*, HdB. d. Wettbewerbsrechts, 2019, § 73, Rn. 10; *Markou*, Der Schutz geographischer Herkunftsangaben nach nationalem Recht neben der Verordnung (EU) Nr. 1151/2012, 2019, S. 129, 132, 138 f; Ströbele/Hacker/Thiering/*Hacker*, MarkenG, 2020, § 126 MarkenG, Rn. 54.

284 Vgl. EuGH, Urt. v. 08.09.2009 – C-478/07, ECLI:EU:C:2009:521, Rn. 106, 111 ff. = GRUR 2010, 143, 149 ff. – *Budějovický Budvar, národní podnik/Rudolf Ammersin GmbH [American Bud II];* EuGH, Urt. v. 08.05.2014 – C-35/13, ECLI:EU:C:2014:306, Rn. 34 = GRUR 2014, 674, 676 – *Assica - Associazione Industriali delle Carni e dei Salumi, Kraft Foods Italia SpA/Associazione fra produttori per la tutela del »Salame Felino« u. a. [Salame Felino]*; *Loschelder*, GRUR 2016, 339, 342 f., Gloy/Loschelder/Danckwerts/*Schoene*, HdB. d. Wettbewerbsrechts, 2019, § 73, Rn. 10; *Markou*, Der Schutz geographischer Herkunftsangaben nach nationalem Recht neben der Verordnung (EU) Nr. 1151/2012, 2019, S. 129, 132, 138 f.; Ströbele/Hacker/Thiering/*Hacker*, MarkenG, 2020, § 126 MarkenG, Rn. 54.

kunft vorsehen.[285] Nach Ansicht des BGH und der herrschenden Literaturmeinung finde der geografische Irreführungsschutz ebenfalls Anwendung auf nicht eingetragene, jedoch den Voraussetzungen des sui generis EU-Systems entsprechende Angaben, solange die Konnexität zwischen geografischer Herkunft und Qualitätseigenschaften von Agrarerzeugnissen und Lebensmitteln außer Acht gelassen werde.[286] Die Unionskonformität dieser Auslegung wurde jedoch bislang vom EuGH weder eindeutig bestätigt noch wiederlegt. Geschuldet ist dies einer fehlenden Differenzierung des Gerichtshofs zwischen Nicht-Bestehen und Nicht-Berücksichtigung einer solchen qualitativen Verknüpfung.[287]

3. Gesonderte EU-Gütezeichen

78 Des Weiteren ist die Europäische Union Inhaberin einzelner Gütezeichen, deren Anbringung teilweise verpflichtend, teilweise freiwillig ausgestaltet ist.

79 So wird das Logo [288]als einheitliches Erkennungszeichen für die Einhaltung bestimmter Produktstandards der biologischen bzw. ökologischen

285 EuGH, Urt. v. 10.11.1992 – C-3/91, ECLI:EU:C:1992:420; Rn. 37 f. = GRUR Int. 1993, 76, 79 – *Exportur SA/LOR SA und Confiserie du Tech* [Turrón de Alicante]; EuGH, Urt. v. 07.11.2000 – C-312/98, ECLI:EU:C:2000:599, Rn. 54= GRUR Int. 2001, 51, 55 – *Schutzverband gegen Unwesen in der Wirtschaft eV/Warsteiner Brauerei Haus Cramer GmbH & Co. KG*; EuGH, Urt. v. 18.11.2003 – C-216/01, ECLI:EU:C:2003:618, Rn. 73 ff. = GRUR Int. 2004, 131, 134 f. – *Budějovický Budvar, národní podnik/ Rudolf Ammersin GmbH [American Bud]*; Gloy/Loschelder/Danckwerts/*Schoene*, HdB. d. Wettbewerbsrechts, 2019, § 73, Rn. 7; *Loschelder* GRUR 2016, 339, 342; Ströbele/Hacker/Thiering/*Hacker*, MarkenG, 2020, § 126 MarkenG, Rn. 50.

286 BGH, Urt. v. 31.3.2016 – I ZR 86/13, GRUR 2016, 741, 743, Rn. 18 – *Himalaya Salz;* BeckOK Markenrecht/*Schulteis*, Stand: 01.01.2023, § 130 MarkenG, Rn. 5; Gloy/Loschelder/Danckwerts/*Schoene*, HdB. d. Wettbewerbsrechts, 2019, § 73, Rn. 74; *Loschelder* MarkenR 2015, 225, 229 f.; *Loschelder* GRUR 2016, 339, 342 f.; *Schoene* GRUR-Prax 2014, 276, 276; Ströbele/Hacker/Thiering/*Hacker*, MarkenG, 2020, § 126 MarkenG, Rn. 55; a. A.: Fezer/Büscher/Obergfell/*Marx*, UWG, 2016, Bd. 1, 2. Teil, Geografische Herkunftsangaben (S. 10), Rn. 252; Ingerl/Rohnke/Nordemann/*A. Nordemann*, MarkenG, 2023, Vorbemerkung zu §§ 126-139 MarkenG, Rn. 6.

287 EuGH, Urt. v. 08.05.2014 – C-35/13, ECLI:EU:C:2014:306, Rn. 30 ff. = GRUR 2014, 674, 676 – Assica - Associazione Industriali delle Carni e dei Salumi, Kraft Foods Italia SpA/Associazione fra produttori per la tutela del »Salame Felino« u. a. [Salame Felino]; BeckOK Markenrecht/Schulteis, Stand: 01.01.2023, § 126 MarkenG, Rn. 21, §130 MarkenG, Rn. 5; Ströbele/Hacker/Thiering/Hacker, MarkenG, 2020, § 126 MarkenG, Rn. 55.

288 »EU-Bio-Logo«.

Landwirtschaft i. S. d. Öko-Basisverordnung (EU) Nr. 2018/848 [289] eingesetzt.[290] Ergänzung in Bezug auf deren konkrete Umsetzung erfahren die Vorschriften der Öko-Basisverordnung durch Durchführungsverordnungen.[291] Förderlich ist die Anbringung dieses Gütezeichens zum einen für die Kaufentscheidung der Verbraucher und zum anderen für die Vermarktung der Landwirte bzw. Erzeuger von Bio- bzw. Öko-Produkten.[292]

Sämtliche vorverpackte Lebensmittel, die in der EU als Bio- bzw. Öko- 80
Produkte erzeugt und verkauft werden, und bestimmte andere, eng mit der Landwirtschaft verbundene Erzeugnisse, sind der Kennzeichnung verpflichtet, Art 32 Abs. 1 lit. b VO (EU) Nr. 2018/848. Von dieser Kennzeichnungspflicht sind nicht vorverpackte Bio-Produkte sowie aus Drittländern importierte Produkte gem. Art 33 VO (EU) Nr. 2018/848 und Bio-Produkte aus der EU, die in Drittländern verkauft werden, gem. Art 44 Abs. 1 VO (EU) Nr. 2018/848 freigestellt; diese dürfen das Logo jedoch fakultativ tragen.[293]

289 Verordnung (EU) 2018/848 des Europäischen Parlaments und des Rates vom 30. Mai 2018 über die ökologische/biologische Produktion und die Kennzeichnung von ökologischen/biologischen Erzeugnissen sowie zur Aufhebung der Verordnung (EG) Nr. 834/2007 des Rates, abgeändert durch Verordnung (EU) 2020/1693 des Europäischen Parlaments und des Rates vom 11.11.2020 zur Änderung der Verordnung (EU) 2018/848 über die ökologische/biologische Produktion und die Kennzeichnung von ökologischen/biologischen Erzeugnissen hinsichtlich ihres Geltungsbeginns und bestimmter anderer in der genannten Verordnung angegebener Daten.

290 Köhler/Bornkamm/Feddersen/*Bornkamm/Feddersen*, UWG, 2023, § 5 UWG, Rn 2.79; *Schmidt*, ZLR 2018, 434, 434 f., 437.

291 U. a. Verordnung (EG) Nr. 889/2008 der Kommission v. 5.09.2008 mit Durchführungsvorschriften zur Verordnung (EG) Nr. 834/2007 des Rates über die ökologische/biologische Produktion und die Kennzeichnung von ökologischen/biologischen Erzeugnissen hinsichtlich der ökologischen/biologischen Produktion, Kennzeichnung und Kontrolle, Verordnung (EG) Nr. 1235/2008 der Kommission v. 8.12.2008 mit Durchführungsvorschriften zur Verordnung (EG) Nr. 834/2007 des Rates hinsichtlich der Regelung der Einfuhren von ökologischen/biologischen Erzeugnissen aus Drittländern, abgeändert durch Durchführungsverordnung (EU) 2020/25 der Kommission v. 13.01.2020, Durchführungsverordnung (EU) 2020/479 der Kommission v. 01.04.2020 und Durchführungsverordnung (EU) 2020/2196 der Kommission v. 17.12.2020 zur Änderung der Verordnung (EG) Nr. 1235/2008 mit Durchführungsvorschriften zur Verordnung (EG) Nr. 834/2007 des Rates hinsichtlich der Regelung der Einfuhren von ökologischen/biologischen Erzeugnissen aus Drittländern; *Riemer*, Lebensmittelrechtliche Grundlagen der Verbraucherkommunikation, 2021, S. 90.

292 Siehe dazu: https://ec.europa.eu/info/food-farming-fisheries/farming/organic-farming/organic-logo_de, zuletzt abgerufen am 01.05.2023.

293 Siehe dazu: https://ec.europa.eu/info/food-farming-fisheries/farming/organic-farming/organic-logo_de, zuletzt abgerufen am 01.05.2023.

81 Für die zertifizierte Auslobung als biologisches bzw. ökologisches Produkt wird eine Zusammensetzung von mindestens 95 % Bio-Zutaten und 5 % verbleibender Inhaltsstoffe vorausgesetzt.[294] Die gesetzliche Grundlage hierfür bildet Art. 30 ff. der Öko-Basisverordnung (EU) Nr. 2018/848.[295]

82 Als weiteres Gütezeichen ist das Label [296] anzuführen, welches die Einhaltung von Umweltstandards gemäß der Verordnung (EG) Nr. 66/2010[297] auslobt. Der Geltungsbereich der Verordnung umfasst sämtliche Produkte des täglichen Bedarfs mit Ausnahme von Lebensmitteln, Getränken und Arzneimitteln sowie Dienstleistungen, Art. 2 Abs. 1 VO (EG) Nr. 66/2010. Diese Kennzeichnung vermag Verbrauchern als Orientierungspunkt für umweltfreundliche Produkte und Dienstleistungen dienen und gleichzeitig Herstellern, Importeuren oder Einzelhändlern einen Wettbewerbsvorteil zu verschaffen.[298]

83 Die der Vergabe eines Umweltzeichens zugrunde liegenden spezifischen Kriterien einzelner Produkt- bzw. Dienstleistungsgruppen werden mittels wissenschaftlicher Studien sowie umfangreicher Beratungen innerhalb des Ausschusses für das Umweltzeichen der Europäischen Union (AUEU) erarbeitet, Art. 5, 6 VO (EG) Nr. 66/2010. Im Nachgang erfolgt die Verabschiedung der Kriterien in Form von gesonderten Beschlüssen der Kommission und deren Veröffentlichung im Amtsblatt der EU.[299] Es liegt anschließend im Ermessen der Hersteller ihre den Anforderungen entsprechenden Produkte mit dem Umweltzeichen auszuweisen.[300]

B. Schutzinstrumente im Markenrecht

84 Der immaterialgüterrechtliche Schutz eines Gütezeichens vermag durch das Markenrecht sichergestellt werden. Die wesensbedingte Grundfunktion einer

294 *Riemer*, Lebensmittelrechtliche Grundlagen der Verbraucherkommunikation, 2021, S. 90.
295 *Riemer*, Lebensmittelrechtliche Grundlagen der Verbraucherkommunikation, 2021, S. 91.
296 »EU-Ecolabel«.
297 Verordnung (EG) Nr. 66/2010 des Europäischen Parlaments und des Rates v. 25.11.2009 über das EU-Umweltzeichen.
298 https://www.ecolabel.be/de/unternehmen/warum-das-eu-ecolabel-fuer-ihr-unternehmen-beantragen, zuletzt abgerufen am 01.05.2023.
299 Siehe zu den einzelnen Beschlüssen der Kommission: https://eu-ecolabel.de/fuer-unternehmen/produktgruppen, zuletzt abgerufen am 01.05.2023.
300 Siehe zum Freiwilligkeitscharakter des EU-Umweltzeichens: Art. 1 VO (EG) Nr. 66/2010; https://www.ecolabel.be/de/allgemein/das-eu-ecolabel, zuletzt abgerufen am 01.05.2023.

Marke stellt die Unterscheidungsfunktion dar.[301] Danach dient eine Marke der Unterscheidung von Waren und Dienstleistungen eines Unternehmens von denen anderer Unternehmen.[302] Auf Grundlage dessen bildete sich die Herkunftsfunktion als klassische Markenfunktion der nationalen sowie unionsrechtlichen Markenrechtsordnung heraus.[303] Demzufolge garantiert eine Marke die betriebliche Herkunft von Waren oder Dienstleistungen gegenüber Verbrauchern oder Endabnehmern.[304] Den Grundstein für die Etablierung eines nationalen, markenrechtlichen Gütezeichenschutzes legte die *DIN-GEPRÜFT*[305] Entscheidung des BGH. Darin sprach sich der BGH für eine Eintragung des Gütezeichens als Verbandszeichen (nach heutiger Terminologie: Kollektivmarken) aus. Zur Begründung führte er eine koexistierende Verwirklichung der Herkunfts- und Qualitätsfunktion an.[306] Ausgangspunkt des unionsmarkenrechtlichen Gütezeichenschutzes bildete die dahingehende Herausarbeitung des EuGH, dass die Herkunftsfunktion als Hauptmarkenfunktion, im Sinne einer Produktverantwortung des Markeninhabers aufzufassen sei.[307] Anschließend nahm sich der EuGH

301 *Fezer*, Markenrecht, 2009, Einleitung in das deutsche, europäische und internationale Marken- und Kennzeichenrecht, D., Rn. 1; *Lange*, Marken- und Kennzeichenrecht, 2012, § 1, Rn. 18.

302 *Fezer*, Markenrecht, 2009, Einleitung in das deutsche, europäische und internationale Marken- und Kennzeichenrecht, D., Rn. 1; *Lange*, Marken- und Kennzeichenrecht, 2012, § 1, Rn. 18.

303 *Fezer*, Markenrecht, 2009, Einleitung in das deutsche, europäische und internationale Marken- und Kennzeichenrecht, D., Rn. 2 f.

304 BeckOK Markenrecht/*Grundmann*, Stand: 01.01.2023, Art. 9 UMV, Rn. 64; Ingerl/Rohnke/Nordemann/*A. Nordemann*, MarkenG, 2023, Einleitung MarkenG, Rn. 22.

305 BGH, Beschl. v. 03.11.1976 – I ZB 11/75, GRUR 1977, 488, 489 – *DIN-GEPRÜFT.*

306 BGH, Beschl. v. 03.11.1976 – I ZB 11/75, GRUR 1977, 488, 489 – *DIN-GEPRÜFT.*

307 EuGH, Urt. 23.05.1978 – C-102/77, ECLI:EU:C:1978:108, Rn. 7= BeckRS 2004, 70630 – *Hoffmann-La Roche*; EuGH, Urt. v. 17.10.1990 – C-10/89, ECLI:EU:C:1990:359, Rn. 13 = GRUR Int. 1990, 960, 961 – *HAG II*; EuGH, Urt. v. 22.06.1994 –C-9/93, ECLI:EU:C:1994:261, Rn. 37 = GRUR Int. 1994, 614, 616 f. – *Ideal Standard II*; EuGH, Urt. v. 29.09.1998 – C-39/97, ECLI:EU:C:1998:442, Rn. 28 = GRUR 1998, 922, 924 – *Canon*; EuGH, Urt. v. 18. 6. 2002 – C-299/99, ECLI:EU:C:2002:377, Rn. 30 = GRUR 2002, 804, 806 – *Philips*; EuGH, Urt. v. 12.11.2002 – C-206/01, ECLI:EU:C:2002:651, Rn. 48 = GRUR 2003, 55, 57 – *Arsenal Football Club*; EuGH, Urt. v. 12.01.2006 – C-173/04, ECLI:EU:C:2006:20, Rn. 60 = GRUR 2006, 233, 236 – *Standbeutel*; EuGH, Urt. v. 06.05.2003 – C-104/01, ECLI:EU:C:2003:244, Rn. 62 = GRUR 2003, 604, 608 – *Libertel*; BGH, Beschl. v. 13.06.2002 – I ZB 1/00, GRUR 2002, 1070, 1071 – *Bar jeder Vernunft*; *Fezer*, Markenrecht, 2009, Einleitung in das deutsche, europäische und internationale Marken- und Kennzeichenrecht, D., Rn. 4, 21.

in der *L'Oréal*[308] Entscheidung einer Erweiterung der Markenfunktionen an. Mit diesem Urteil etablierte der EuGH – neben der Qualitätsfunktion – drei weitere, akzessorische Markenfunktionen: die Kommunikations-, Investitions- oder Werbefunktion.[309] Dieser »Multifunktionalität der Marke« schloss sich auch der BGH an.[310]

I. Markenrechtliche Schutzoptionen des Gütezeichens

85 In Deutschland sowie auf EU-Ebene sind Gütezeichen bislang sowohl als Individual- und Kollektivmarken eingetragen und benutzt worden.[311] Einige Beispiele von als Gütezeichen eingetragenen Individual-bzw. Kollektivmarken wurden bereits in Teil 2 D. angeführt. Im Zuge der Markenrechtsreform ist eine weitere Markenkategorie – die Gewährleistungsmarke – zunächst in die neugefassten europäischen Gesetzestexte, MRRL und UMV aufgenommen und anschließend in das nationale MarkenG eingefügt worden.[312] Diese drei Markenkategorien werden nachfolgend, als in Betracht kommende Schutzinstrumente für Gütezeichen, überblicksartig dargestellt. Zugrundeliegende Kriterien sind dabei deren Schutzentstehung, Schutzinhalt und -umfang sowie deren rechtskonstitutive Merkmale. Dadurch werden neben bestehenden Parallelen auch signifikante Unterschiede der Markenkategorien offengelegt.

86 Fraglich ist, ob diese Unterschiede im Hinblick auf ihre Geeignetheit als Schutzinstrument für Gütezeichen fortwirken. Aus diesem Grund wendet sich Teil 4 dem Kernstück dieser Arbeit – einer Untersuchung der Vereinbarkeit der jeweiligen Markenkategorie mit den Charakteristika des Gütezeichens – zu. Dabei liegt der Fokus insbesondere auf den rechtsdogmatischen Einwänden zu klassischen Marken (Teil 4 A.) und den konkreten Folgen der Einführung der Gewährleistungsmarke für den (bisherigen) markenrechtlichen Gütezeichenschutz (Teil 4 B.).

308 EuGH, Urt. v. 18.06.2009 – C-487/07, ECLI:EU:C:2009:378 = GRUR 2009, 756, – *L'Oréal/Bellure.*

309 EuGH, Urt. v. 18.06.2009 – C-487/07, ECLI:EU:C:2009:378, Rn. 58 = GRUR 2009, 756, 761 *L'Oréal/Bellure.*

310 BGH, Beschluss v. 13.06.2002 – I ZB 1/00, GRUR 2002, 1070, 1071 – Bar jeder Vernunft; *Fezer*, Markenrecht, 2009, Einleitung in das deutsche, europäische und internationale Marken- und Kennzeichenrecht, D., Rn. 7.

311 Amtliche Begründung, BT-Drs. 19/2898, S. 88; BeckOK Markenrecht/*Vohwinkel*, Stand: 01.01.2023, §106a MarkenG, Rn. 1; *Dissmann/Somboonvong* GRUR 2016, 657, 661; *Günzel* MarkenR 2018, 523, 523.

312 BeckOK Markenrecht/*Kur*, Stand: 01.01.2023, MarkenG Einleitung, Rn. 71; *Berlit* GRUR-Prax 2019, 1, 3.

1. Rechtsgrundlagen

Die wichtigsten Rechtsgrundlagen des nationalen Markenrechts bilden die europäische MRRL sowie das, aufgrund der verpflichtenden Implementierung zahlreicher harmonisierender Vorgaben, stark daran angeglichene MarkenG.[313] In einem autonomen, koexistierenden Verhältnis dazu steht das europäische Markenrecht, welchem zuvorderst die UMV zugrunde liegt.[314] Aufgrund des thematischen Schwerpunkts dieser Arbeit wird nachfolgend primär auf die im Zuge der Markenrechtsreform zwischen den Jahren 2015 und 2019 eingeführten Novellierungen in Bezug auf die Gewährleistungsmarke eingegangen. 87

a. Markenrechtsrichtlinie

Ein entsprechender Reformvorschlag der Kommission[315] führte nach längeren Verhandlungen sowie Kompromissvorschlägen zwischen Kommission, Vertretern des Rates und des Europäischen Parlaments am 16.12.2015 zu einer Neufassung der MRRL.[316] Hierbei stand die Annäherung von nationalem und europäischem Recht im Vordergrund, ohne jedoch eine Vollharmonisierung anzustreben.[317] 88

Die Richtlinie enthält in den Art. 27-36 MRRL Regelungen zu den Garantiemarken bzw. Gewährleistungsmarken und Kollektivmarken und sieht für die Mitgliedstaaten in Art. 28 Abs. 1 MRRL die optionale Einführung einer nationalen Gewährleistungsmarke neben Individual- und Kollektivmarken als autonome Markenkategorie vor. Im Hinblick auf die verbindlich umzusetzenden Rechtsnormen wurde den nationalen Gesetzgebern eine Umsetzungsfrist bis zum 14.01.2019 eingeräumt, Art. 54 Abs. 1 S. 1 MRRL. Die festgesetzte Verlängerung bis zum 14.01.2023 gilt lediglich für die Schaffung administrativer Löschungs- und Widerspruchsverfahren, Art. 54 Abs. 1 S. 2 MRRL. 89

b. Unionsmarkenverordnung

Anlass und Ziel der Novellierung des Markenrechts auf europäischer Ebene war die »Förderung von Innovation und Wirtschaftswachstum durch leistungsfähigere Verfahren für die Eintragung von Marken in der gesamten EU, die kosten- 90

313 BeckOK Markenrecht/*Draheim*, Stand: 01.01.2023, Art. 42 MarkenG, Rn. 9.

314 BeckOK UMV/*Kochendörfer*, Stand: 15.11.2022, Art. 1 UMV, Rn. 16; BeckOK UMV/*Ebert-Weidenfeller*, Stand: 15.11.2020, Art. 37 UMV, Rn. 1 ff.

315 Vorschlag der Kommission für eine Richtlinie des Europäischen Parlaments und des Rates zur Angleichung der Rechtsvorschriften der Mitgliedstaaten über die Marken, COM (2013) 162 final v. 27.03.2013.

316 BeckOK Markenrecht/*Kur*, Stand: 01.01.2023, MarkenG Einleitung, Rn. 68; *Hacker* GRUR 2019, 113, 11.

317 ErwGr. 3-5 der Richtlinie (EU) 2015/2436.

günstiger, einfacher, schneller und berechenbarer sind, mehr Rechtssicherheit bieten und damit für Unternehmen leichter zu nutzen sind«.[318] In diesem Zusammenhang wurde der Fokus insbesondere auf die Ausgestaltung und Ausdehnung des Harmonisierungsgedankens von europäischem und nationalem Markenrecht gelegt.[319] Zum einen hat es hinsichtlich des Verfahrensrechts, welches von den vorherigen Rechtsangleichungen weitgehend ausgenommen war, wesentliche Erneuerungen erfahren.[320] Zum anderen bedurfte es in materiellrechtlicher Hinsicht u. a. einer angleichenden Einführung der Gewährleistungsmarke auf Unionsebene.[321] So übten einige Mitgliedstaaten wie z. B. Frankreich und Spanien bereits die in der alten Fassung der MRRL[322] (im Folgenden MRRL a. F.) vorgesehene Einführungsoption einer Gewährleistungsmarke gem. Art. 1, 15 MRRL a. F. aus.[323] Dies führte zu einem »rechtlichen Ungleichgewicht zwischen nationalen Systemen und dem europäischen Markensystem«.[324]

91 Am 01.10.2017 trat der kodifizierte Text der UMV mitsamt den erstmalig implementierten Bestimmungen zur Unionsgewährleistungsmarke, Art. 83 ff. UMV, in Kraft und löste damit die zuvor geltende GMV[325] ab.[326] Die UMV re-

318 Vorschlag der Kommission für eine Verordnung des Europäischen Parlaments und des Rates zur Änderung der Verordnung (EG) Nr. 207/2009 des Rates über die Gemeinschaftsmarke, COM (2013) 161 final v. 27.03.2013, Begründung S. 2; Vorschlag der Kommission für eine Richtlinie des Europäischen Parlaments und des Rates zur Angleichung der Rechtsvorschriften der Mitgliedstaaten über die Marken, COM (2013) 162 final v. 27.03.2013, Begründung S. 2.

319 BeckOK Markenrecht/*Kur*, Stand: 01.01.2023, MarkenG Einleitung, Rn. 66 ff.

320 BeckOK Markenrecht/*Kur*, Stand: 01.01.2023, MarkenG Einleitung, Rn. 71.

321 »Study on the Overall Functioning of the European Trade Mark System« des Max-Planck-Instituts v. 15.02.2011, S. 212; Vorschlag der Kommission für eine Verordnung des Europäischen Parlaments und des Rates zur Änderung der Verordnung (EG) Nr. 207/2009 des Rates über die Gemeinschaftsmarke, COM (2013) 161 final v. 27.03.2013, Begründung S. 10; BeckOK Markenrecht/*Kur*, Stand: 01.01.2023, MarkenG Einleitung, Rn. 67, 71.

322 Richtlinie 2008/95/EG des Europäischen Parlaments und des Rates v. 22.10.2008 zur Angleichung der Rechtsvorschriften der Mitgliedstaaten über die Marken, ABl. L 299/25.

323 *Dissmann/Somboonvong* GRUR 2016, 657, 658.

324 »Study on the Overall Functioning of the European Trade Mark System« des Max-Planck-Instituts v. 15.02.2011, S. 212; Vorschlag der Kommission für eine Verordnung des Europäischen Parlaments und des Rates zur Änderung der Verordnung (EG) Nr. 207/2009 des Rates über die Gemeinschaftsmarke, COM (2013) 161 final v. 27.03.2013, Begründung S. 11; *Dissmann/Somboonvong* GRUR 2016, 657, 658; *Leister/Romeike* GRUR Int. 2016, 122, 124.

325 Verordnung (EG) Nr. 207/2009 des Rates vom 26.02.2009 über die Gemeinschaftsmarke, ABl. L 78/1, nachfolgend: GMV.

326 Grundlage des kodifizierten Textes war die am 23.3.2016 in Kraft getretene Änderungsverordnung (EU) 2015/2424 des Europäischen Parlaments und des Rates vom 16.12.2015 (ABl. 2015 L 341/21), die Durchführungsverordnung (EU) 2017/1431

gelt nun neben den bisherigen Vorschriften zur Unionsindividual- und Unionskollektivmarke in Kapitel VIII Abschnitt 2 die Unionsgewährleistungsmarke. Spezifische Charakteristika ergeben sich neben der Definition der Unionsgewährleistungsmarke (Art. 83 UMV), u. a. für die Satzung der Unionsgewährleistungsmarke (Art. 84, 88 UMV), die Benutzung der Gewährleistungsmarke (Art. 87 UMV), die Erhebung der Verletzungsklage (Art. 90 UMV) sowie die Verfalls- und Nichtigkeitsgründe (Art. 91, 92 UMV).

c. Markengesetz

Der deutsche Gesetzgeber setzte am 14.01.2019 mit dem MaMoG die Regelun- 92
gen der MRRL um und führte die Gewährleistungsmarke als zusätzliche, neben der Individual- und Kollektivmarke bestehende, Markenkategorie in das deutsche Markengesetz ein. Die Neuregelungen des Verfalls- und Nichtigkeitsverfahrens vor dem DPMA (§§ 53, 54 MarkenG) traten im Einklang mit der verlängerten Umsetzungsfrist nach Art. 54 Abs. 1 S. 2 MRRL erst am 01.05.2020 in Kraft. Die Option zur Einführung einer nationalen Gewährleistungsmarke wurde in Teil 5 (§§ 106a-106g MarkenG) wahrgenommen, wobei inhaltlich ein Gleichlauf mit dem Unionsmarkensystem erzielt wurde.[327]

Weitere Novellierungen, welche auf sämtliche Markenkategorien Anwendung 93
finden, ergeben sich u. a.im Hinblick auf die Einführung der geschützten geografischen Angaben und Ursprungsbezeichnungen des sui generis EU-Systems als absolute Schutzhindernisse bzw. zusätzliche Widerspruchsgründe gem. § 8 Abs. 2 Nr. 9 MarkenG bzw. § 42 Abs. 1 S. 2 MarkenG.

2. Individualmarke

Die Vorschriften der Gesetzestexte sind grundsätzlich auf den Regeltypus des 94
Markenrechts, die sog. Individualmarke, zugeschnitten.[328] Dementsprechend treffen die Teile 1-3 des MarkenG sowie die Kapitel 1-7 der UMV unmittelbar nur Regelungen in Bezug auf die Individualmarke. Im Sinne dieses Typus kennzeichnet eine Marke die Herkunft aus einem bestimmten Geschäftsbetrieb.[329] Dabei vermag sich die Unterscheidung von Waren oder Dienstleistun-

der Kommission vom 18.05.2017 (ABl. 2017 L 205/ 39) sowie die Delegierte Verordnung (EU) 2017/1430 der Kommission vom 18.05.2017 (ABl. 2017 L 205/ 1).

327 BeckOK Markenrecht/*Kur*, Stand: 01.01.2023, MarkenG Einleitung, Rn. 71; *Hacker* GRUR 2019, 235, 242.

328 *Fezer*, Markenrecht, 2009, § 3 MarkenG, Rn. 29; *Leister/Romeike* GRUR Int. 2016, 122, 123.

329 vgl. EuGH, Urt. 23.05.1978 – C-102/77, ECLI:EU:C:1978:108, Rn. 7= BeckRS 2004, 70630 – *Hoffmann-La Roche*; EuGH, Urt. v. 18. 6. 2002 – C-299/99, ECLI:EU:C:2002:377, Rn. 30 = GRUR 2002, 804, 806 – *Philips*; EuGH, Urt. v. 12.01.2006 – C-173/04, ECLI:EU:C:2006:20, Rn. 60 = GRUR 2006, 233, 236 –

gen nach ihrer Ursprungsidentität gemäß § 7 MarkenG und Art. 5 UMV auf eine bestimmte natürliche oder juristische Person sowie eine Personengesellschaften beziehen.[330]

a. Schutzerlangung der Individualmarke

95 Im Gegensatz zur Parallelität die nationale und europäische Individualmarken in ihren rechtskonstitutiven Merkmalen sowie ihrem Schutzinhalt bzw. Schutzumfang aufweisen, bedarf es im Hinblick auf die Entstehung des Markenschutzes einer gesonderten Betrachtung. Der wichtigste Unterschied liegt in der Diversität der Entstehungstatbestände des Markenschutzes.

aa. Entstehung des nationalen Markenschutzes

96 Das MarkenG beinhaltet drei Entstehungstatbestände eines Individualmarkenschutzes: Die Eintragung eines Zeichens als Marke, § 4 Nr. 1 MarkenG (sog. Registermarke), die Erlangung von Verkehrsgeltung als Marke durch die Benutzung des Zeichens im geschäftlichen Verkehr, § 4 Nr.2 MarkenG (sog. Benutzungsmarke), sowie die notorische Bekanntheit einer Marke, § 4 Nr. 3 MarkenG (sog. Notorietätsmarke).[331] Es besteht die Möglichkeit einer kumulativen Schutzerlangung, wobei jeder Entstehungstatbestand zu einem selbständigen und unabhängigen Ausschließlichkeitsrecht führt.[332]

Standbeutel; EuGH, Urt. v. 06.05.2003 – C-104/01, ECLI:EU:C:2003:244, Rn. 62 = GRUR 2003, 604, 608 – *Libertel*; BGH, Beschl. v. 13.06.2002 – I ZB 1/00, GRUR 2002, 1070, 1071 – *Bar jeder Vernunft*; *Leister/Romeike* GRUR Int. 2016, 122, 123.

330 vgl. EuGH, Urt. 23.05.1978 – C-102/77, ECLI:EU:C:1978:108, Rn. 7= BeckRS 2004, 70630 – *Hoffmann-La Roche*; EuGH, Urt. v. 18. 6. 2002 – C-299/99, ECLI:EU:C:2002:377, Rn. 30 = GRUR 2002, 804, 806 – *Philips*; EuGH, Urt. v. 12.01.2006 – C-173/04, ECLI:EU:C:2006:20, Rn. 60 = GRUR 2006, 233, 236 – *Standbeutel*; EuGH, Urt. v. 06.05.2003 – C-104/01, ECLI:EU:C:2003:244, Rn. 62 = GRUR 2003, 604, 608 – *Libertel*; BGH, Beschl. v. 13.06.2002 – I ZB 1/00, GRUR 2002, 1070, 1071 – *Bar jeder Vernunft*; *Fezer*, Markenrecht, 2009, § 7 MarkenG, Rn. 1 *Leister/Romeike* GRUR Int. 2016, 122, 123.

331 Ingerl/Rohnke/Nordemann/*Nordemann-Schiffel*, MarkenG, 2023, § 4 MarkenG, Rn. 1.

332 BeckOK Markenrecht/*Weiler*, Stand: 01.01.2023, § 4 MarkenG, Rn. 3, 7.

(1) Entstehung der Registermarke

Der Eintragung eines Zeichens in das vom deutschen Patent- und Markenamt (DPMA) geführte Register wird eine konstitutive Wirkung beigemessen, da dies unmittelbar zur Entstehung des Markenschutzes führt.[333] 97

Im Rahmen des vorgelagerten Eintragungsverfahrens als sachliches Prüfungsverfahren wird die Markenanmeldung zum einen auf formale Erfordernisse gem. § 36 MarkenG und zum anderen auf die Markenfähigkeit des Wort-/Bildzeichens sowie auf das Nichtvorhandensein absoluter Schutzhindernisse i. S. d. §§ 3, 8 , 10 MarkenG geprüft, § 37 MarkenG.[334] Eine anschließende Eintragung, § 41 Abs. 1 MarkenG sowie eine Veröffentlichung, § 41 Abs. 2 S. 1 MarkenG, der Anmeldung erfolgt nur, wenn sämtliche Anmeldungserfordernisse erfüllt sind.[335] 98

(a) Formale Entstehungserfordernisse

Im Rahmen der Formalprüfung gem.§ 36 Abs. 1 Nr. 1-4 MarkenG wird auf der Rechtsfolgenseite zwischen erforderlichen Mindestanforderungen, sonstigen Anmeldeerfordernissen, Gebührenzahlung sowie Markenrechtsinhaberschaft unterschieden.[336] 99

Die in § 32 Abs. 2 MarkenG normierten Mindestanforderungen einer Markenanmeldung umfassen das Vorliegen eines Antrags auf Eintragung (Nr. 1), identitätsfeststellende Angaben zum Anmelder (Nr. 2), die Darstellung der Marke (Nr. 3) sowie das Vorhandensein eines Waren- und Dienstleistungsverzeichnisses (Nr. 4). Der Eingang der vollständigen Unterlagen beim DPMA datiert den Anmeldetag der Marke, § 33 Abs. 1, Art. 36 Abs. 2 MarkenG. Als Rechtsfolge einer nicht fristgerechten Beseitigung etwaiger Mängel wird eine Rücknahme der Anmeldung von Gesetzes wegen nach § 36 Abs. 2 S. 1 MarkenG fingiert.[337] 100

333 BGH, Urt. v. 22.09.2005 – I ZR 188/02, GRUR 2005, 1044, 1046 – *Dentale Abformmasse*; *Fezer*, Markenrecht, 2009, § 4 MarkenG, Rn. 16; Ströbele/Hacker/Thiering/*Hacker*, MarkenG, 2020, § 4 MarkenG, Rn. 5; BeckOK Markenrecht/*Weiler*, Stand: 01.01.2023, § 4 MarkenG, Rn. 7.

334 Ströbele/Hacker/Thiering/*Hacker*, MarkenG, 2020, § 4 MarkenG, Rn. 6.

335 BeckOK Markenrecht/*M-Th. Schmid-Dochnahl*, Stand: 01.01.2023, § 41 MarkenG, Rn. 1, 5; Ströbele/Hacker/Thiering/*Miosga*, MarkenG, 2020, § 41 MarkenG, Rn. 1,3.

336 BeckOK Markenrecht/*M-Th. Schmid-Dochnahl*, Stand: 01.01.2023, § 36 MarkenG, vor Rn. 1.

337 BeckOK Markenrecht/*M-Th. Schmid-Dochnahl*, Stand: 01.01.2023, § 36 MarkenG, Rn. 3.

101 Weitere Anmeldeerfordernisse sind der Markenverordnung[338] zu entnehmen, § 32 Abs. 3 i. V. m. §§ 2-12a MarkenV, und variieren je nach Markenart (Wort-, Bild, oder 3D-Marke).[339] Im Falle einer nicht fristgerechten Mängelbeseitigung droht die Zurückweisung der Anmeldung durch einen Beschluss des DPMA, § 36 Abs. 4 MarkenG. Außerdem ist die mit Einreichung der Anmeldung fällige Anmeldegebühr zu entrichten, welche nach dem PatKostG[340] für die jeweils anzumeldende Markenkategorie festgesetzt ist, § 3 Abs. 1 S. 1, § 2 Abs. 1 Pat-KostG i. V. m. Gebührenverzeichnis des PatKostG.[341] Erfolgt die Zahlung der Gebühr nicht rechtzeitig oder nicht in vollständiger Höhe, gilt die Anmeldung als zurückgenommen, § 6 Abs. 2 Alt. 1 PatKostG. Zuletzt muss der Anmelder etwaige hervorgebrachte Beanstandungen seiner Markenrechtsfähigkeit ausräumen und nach § 7 MarkenG seine Fähigkeit zur Inhaberschaft darlegen.[342] Gelingt ihm dies nicht in ausreichender Form, wird die Anmeldung – ebenfalls durch Beschluss – zurückgewiesen, § 36 Abs. 5 MarkenG.

(b) Materielle Entstehungserfordernisse

102 Im Rahmen der materiellen Prüfung einer Markenanmeldung wird ein mögliches Entgegenstehen der in § 37 MarkenG normierten Schutzhindernisse untersucht.[343] Demgemäß bedingen die allgemeine Markenfähigkeit des Zeichens (§§ 3, 8 Abs. 1 MarkenG) und die Nicht-Einschlägigkeit absoluter Schutzhindernisse (8 Abs. 2 MarkenG) sowie kollidierender notorisch bekannter Marken (§ 10 MarkenG) eine Eintragung in das Markenregister.[344]

338 Verordnung zur Ausführung des Markengesetzes (Markenverordnung - MarkenV) v. 11.05.2004, BGBl. I 2004, Nr. Nr. 22 v. 14.05.2004, S. 872.

339 BeckOK Markenrecht/*M-Th. Schmid-Dochnahl*, Stand: 01.01.2023, § 36 MarkenG, Rn. 7.

340 Gesetz über die Kosten des Deutschen Patent- und Markenamts und des Bundespatentgerichts (Patentkostengesetz - PatKostG) v. 13.12.2001, BGBl. I 2001, Nr. 69 v. 19.12.2001, S. 3656.

341 BeckOK Markenrecht/*M-Th. Schmid-Dochnahl*, Stand: 01.01.2023, § 36 MarkenG, Rn. 11.

342 BeckOK Markenrecht/*M-Th. Schmid-Dochnahl*, Stand: 01.01.2023, § 36 MarkenG, Rn. 32.

343 BeckOK Markenrecht/*M-Th. Schmid-Dochnahl*, Stand: 01.01.2023, § 37 MarkenG, Rn. 4.

344 BeckOK Markenrecht/*M-Th. Schmid-Dochnahl*, Stand: 01.01.2023, § 37 MarkenG, vor Rn. 1, Rn. 4.

(aa) Markenfähigkeit des Wort-/Bildzeichens

§ 3 MarkenG nimmt eine Abgrenzung dahingehend vor, welche Zeichen grundsätzlich dem Markenschutz unterliegen können und welchen Zeichen dieser untersagt bleibt.[345] 103

Gem. § 3 Abs. 1 MarkenG können »alle Zeichen, insbesondere Wörter einschließlich Personennamen, Abbildungen, Buchstaben, Zahlen, Klänge, dreidimensionale Gestaltungen einschließlich der Form einer Ware oder ihrer Verpackung sowie sonstige Aufmachungen einschließlich Farben und Farbzusammenstellungen als Marke geschützt werden, die geeignet sind, Waren oder Dienstleistungen eines Unternehmens von denjenigen anderer Unternehmen zu unterscheiden.« Somit erfordert eine Schutzgewährung gem. § 3 Abs. 1 MarkenG eine abstrakte Unterscheidungskraft in dem Sinne, dass Zeichen sinnlich wahrnehmbar sind und gegenüber dem Kennzeichnungsobjekt ein gewisses Maß an Eigenständigkeit aufweisen, indem sie zumindest gedanklich von diesem trennbar sind.[346] 104

Im Gegensatz dazu bleibt Zeichen der Markenschutz gem. § 3 Abs. 2 Nr. 1-3 MarkenG verwehrt, wenn sie »ausschließlich aus Formen oder anderen charakteristischen Merkmalen [einer Ware] bestehen« und sie zudem ein Freihaltebedürfnis der Allgemeinheit bzw. der anderen Wettbewerbsteilnehmer an der Verwendung des Zeichens aufweisen, das einer monopolistischen Schutzrechtsausübung entgegensteht.[347] 105

Einen weiteren Aspekt der Schutzfähigkeit – welcher ausschließlich die Schutzerlangung in Form einer Registermarke betrifft – regelt § 8 Abs. 1 MarkenG.[348] Danach ist die Eintragung einer Marke überdies an bestimmte Anforderungen der Darstellung im Register geknüpft.[349] Diese hat in klarer, eindeutiger, in sich abgeschlossener, leicht zugänglicher, verständlicher, dauerhafter und objektiver Art und Weise zu erfolgen.[350] 106

345 BeckOK Markenrecht/*Kur*, Stand: 01.01.2023, § 3 MarkenG, Rn. 10.
346 BeckOK Markenrecht/*Kur*, Stand: 01.01.2023, § 3 MarkenG, Rn. 11-12; vgl. BGH, Beschl. v. 24.5.2007 – I ZB 37/04, GRUR 2008, 71, 71 f., Rn. 11 – *Fronthaube*; BGH, Beschl. v. 15.12.2005 – I ZB 33/04, GRUR 2006, 679, 680, Rn. 11 – *Transformatorengehäuse*; BGH, Beschl. v. 13.4.2000 – I ZB 6/98, GRUR 2001, 56, 57 – *Likörflasche*.
347 BeckOK Markenrecht/*Kur*, Stand: 01.01.2023, § 3 MarkenG, vor Rn. 1, Rn. 48 ff.
348 BeckOK Markenrecht/*Kur*, Stand: 01.01.2023, § 8 MarkenG, Rn. 18.
349 BeckOK Markenrecht/*Kur*, Stand: 01.01.2023, § 8 MarkenG, Rn. 18.
350 EuGH, Urt. v. 12.12.2002 – C-273/00, ECLI:EU:C:2002:748, Rn. 55 = GRUR 2003, 145, 148 – *Sieckmann*.

(bb) Katalog absoluter Schutzhindernisse

107 § 8 Abs. 2 MarkenG weist einen abschließenden Katalog absoluter Schutzhindernisse auf, gemäß dessen Zeichen im öffentlichen Interesse von der Eintragung als Marke exkludiert sind.[351] In der Rechtspraxis ist vor allem den Eintragungshindernissen des § 8 Abs. 2 Nr. 1-3 MarkenG besondere Relevanz zuzusprechen.[352]

108 Von der Eintragung nach § 8 Abs. 2 Nr. 1 MarkenG ausgeschlossen sind Zeichen ohne jegliche Unterscheidungskraft. Hierbei ist auf die konkrete Unterscheidungskraft eines Zeichens zum Zeitpunkt der Anmeldung abzustellen, die es dem Verkehr ermöglicht, beanspruchte Waren oder Dienstleistungen einem konkreten Unternehmen zuzuordnen und somit von Waren oder Dienstleistungen anderer Unternehmen abzugrenzen.[353] Zur Überwindung dieses Schutzhindernisses reicht allerdings schon ein Mindestmaß an Unterscheidungskraft aus.[354]

109 Dem Schutzhindernis nach § 8 Abs. 2 Nr. 2 MarkenG unterfallen sämtliche Zeichen, die von den angesprochenen Verkehrskreisen im Hinblick auf die beanspruchten Waren oder Dienstleistungen als lediglich merkmalsbeschreibend wahrgenommen werden können.[355] Die Aufzählung bezeichnender Waren- und

351 Ströbele/Hacker/Thiering/*Ströbele*, MarkenG, 2020, § 8 MarkenG, Rn. 1.

352 BeckOK Markenrecht/*Kur*, Stand: 01.01.2023, § 8 MarkenG, vor Rn. 1.

353 Vgl. EuGH, Urt. v. 04.05.1999 – C-108/97 und C-109/97, Slg. 1999, I-2779, Rn. 46 = GRUR Int. 1999, 727, 731 – *Chiemsee*; EuGH, Urt. v. 18.06.2002 – C-299/99, Slg. 2002, I-5475, Rn. 35 = GRUR 2002, 804, 806 – *Philips*; EuGH, Urt. v. 19.6.2014 – C-217/13 und C-218/13, Rn. 38 = GRUR 2014, 776, 778 – *Deutscher Sparkassen- und Giroverband/Banco Santander [Sparkassen-Rot]*; BGH, Beschl. v. 09.07.2015 – I ZB 65/13, GRUR 2015, 1012, 1013, Rn. 10 – *Nivea-Blau*; BGH, Beschl. v. 21.07.2016 – I ZB 52/15, GRUR 2016, 1167, 1169 f., Rn. 13 – *Sparkassen-Rot*; BGH, Beschl. v. 30.1.2020 – I ZB 61/17, GRUR 2020, 411, 412, Rn. 10 – *#darferdas? II*; BGH, Beschl. v. 22.70.2021 – I ZB 16/20, GRUR 2021, 1526, 1528, Rn. 16 – *NJW-Orange;* BeckOK Markenrecht/*Eichelberger*, Stand: 01.01.2023, § 8 MarkenG, Rn. 97; Ströbele/Hacker/Thiering/ *Ströbele*, MarkenG, 2020, § 8 MarkenG, Rn. 93.

354 Vgl. EuGH, Urt. v. 21.01.2010 – C-398/08 P, ECLI:EU:C:2010:29, Rn. 39 = GRUR 2010, 228, 230 – *Audi AG/HABM [Vorsprung durch Technik]*; EuGH, Urt. v. 29.04. 004 – C-456/01 P und C-457/01 P, Rn. 44 = GRUR Int. 2004, 631, 632 – *Henkel/HABM [Dreidimensionale Tablettenform I]*; BGH, Beschl. v. 09.07.2015 – I ZB 65/13, GRUR 2015, 1012, 1013, Rn. 10 – *Nivea-Blau*; BGH, Beschl. v. 05.10.2017 – I ZB 97/16, GRUR 2018, 301, 301, Rn. 11 – *Pippi-Langstrumpf-Marke*; BGH, Beschl. v. 22.70.2021 – I ZB 16/20, GRUR 2021, 1526, 1528, Rn. 17 – *NJW-Orange;* BeckOK Markenrecht/*Eichelberger*, Stand: 01.01.2023, § 8 MarkenG, Rn. 99; Ströbele/Hacker/Thiering/*Ströbele*, MarkenG, 2020, § 8 MarkenG, Rn. 197.

355 Vgl. zu Art. 3 Abs. 1 lit. c MRRL 89/104 bzw. Art. 7 Abs. 1 lit. c GMV 40/94: EuGH, Urt. v. 12.02.2004 – C-265/00, ECLI:EU:C:2004:87, Rn. 38 = GRUR 2004,

Dienstleistungsmerkmale bestehend aus »der Art, der Beschaffenheit, der Menge, der Bestimmung, des Wertes, der geografischen Herkunft, der Zeit der Herstellung der Waren oder der Erbringung der Dienstleistungen« ist nicht abschließender Natur, sondern schließt ausdrücklich auch »sonstige Merkmale« mit ein.[356]

Vom Ausschluss der Eintragung nach § 8 Abs. 2 Nr. 3 MarkenG erfasst sind 110
Zeichen, die bei Anmeldung aufgrund vorherigem Gebrauch bereits geläufige Verkehrsbezeichnungen der konkret beanspruchten Waren oder Dienstleistungen darstellen.[357] Dabei können diese als Sachhinweise, Gattungsbezeichnungen oder als Werbeschlagworte ausgestaltet sein.[358]

Außerdem ist das Schutzhindernis der Täuschungsgefahr gem. 111
§ 8 Abs. 2 Nr. 4 MarkenG, aufgrund einer direkten Bezugnahme im Verlauf dieser Arbeit, aus dem weiteren Katalog absoluter Eintragungshindernisse, § 8 Abs. 2 Nr. 4 -14MarkenG, hervorzuheben. Davon umfasst sind Marken mit innehabendem Täuschungseignungspotential für die maßgeblichen Verkehrskreise, insbesondere über »die Art, die Beschaffenheit oder die geografische Herkunft der Waren oder Dienstleistungen«.[359] Der Ausschlusstatbestand ist dann erfüllt, wenn ein Zeichen in Bezug auf die beanspruchten Produkte objektiv und ersichtlich falsche sowie irreführende Information liefert.[360]

(cc) Notorietät als absolutes Schutzhindernis

Als weitere, in § 37 Abs. 1 MarkenG angeführte, absolute Verbotsnorm ist 112
§ 10 Abs. 1 MarkenG zu nennen.[361] Danach schließen notorisch bekannte Marken mit älterem Zeitrang, bei zeitgleichem Vorliegen kollidierender Identitäts- bzw. Ähnlichkeitsvoraussetzungen des § 9 Abs. 1 Nr. 1-3 MarkenG, jüngere

680, 681 – *Campina Melkunie BV/Benelux-Merkenbureau [BIOMILD]*; EuGH, Beschl. v. 09.12.2009 – C-494/08 P, ECLI:EU:C:2009:759, Rn. 28 = GRUR Int. .2010, 500, 501 f. – *Prana Haus/HABM [PRANAHAUS II]*; EuGH, Urt. v. 20.09.2001 – C-383/99 P, ECLI:EU:C:2001:461, Rn. 39 = GRUR 2001, 1145, 1147 – *Procter & Gamble/HABM [Baby-dry]*; BGH, Beschl. 13.03.2008 – I ZB 53/05, GRUR 2008, 900, 901, Rn. 15 – *SPA II*; BeckOK Markerecht/*Eichelberger*, Stand: 01.01.2023, § 8 MarkenG, Rn. 162.

356 BeckOK Markenrecht/*Eichelberger*, Stand: 01.01.2023, § 8 MarkenG, Rn. 235.

357 BeckOK Markenrecht/*Eichelberger*, Stand: 01.01.2023, § 8 MarkenG, Rn. 517, 524, 545; Ströbele/Hacker/Thiering/*Ströbele*, MarkenG, 2020, § 8 MarkenG, Rn. 645.

358 BeckOK Markenrecht/*Eichelberger*, Stand: 01.01.2023, § 8 MarkenG, Rn. 524; Ströbele/Hacker/Thiering/*Ströbele*, MarkenG, 2020, § 8 MarkenG, Rn. 650.

359 BeckOK Markenrecht/*Albrecht*, Stand: 01.01.2023, § 8 MarkenG, Rn. 556, 567, 584; Ströbele/Hacker/Thiering/*Ströbele*, MarkenG, 2020, § 8 MarkenG, Rn. 871 f.

360 BeckOK Markenrecht/*Albrecht*, Stand: 01.01.2023, § 8 MarkenG, Rn. 590.

361 BeckOK Markenrecht/*Eckhartt*, Stand: 01.01.2023, § 10 MarkenG, Rn. 1; Ströbele/Hacker/Thiering/*Hacker*, MarkenG, 2020, § 10 MarkenG, Rn. 3.

Markeneintragungen aus. Die Begriffsbestimmung der Notorietät ergibt sich dabei nicht aus dem Art. 6bis der Pariser Verbandsübereinkunft (PVÜ)[362] selbst, sondern ist der nationalen Rechtsprechung zu entnehmen.[363] Voraussetzungen bilden eine allgemeine Bekanntheit sowie Präsenz des Zeichens als Marke innerhalb der beteiligten inländischen Verkehrskreise.[364] Diese Charakteristika müssen bereits zum Zeitpunkt der Anmeldung vorliegen.[365]

(2) Entstehung der Benutzungsmarke

113 Markenrechtlicher Schutz eines Zeichens kann zudem gem. § 4 Abs. 2 MarkenG durch die Erlangung von Verkehrsgeltung als Marke in Folge einer Benutzung des Zeichens im geschäftlichen Verkehr entstehen.[366] Voraussetzung dafür ist, dass ein nicht unerheblicher Teil der beteiligten Verkehrskreise dem benutzten Zeichen eine bestimmte Markenhauptfunktion zuspricht.[367] Nimmt ein einzelfallbezogener festzustellender prozentualer Anteil der angesprochenen Verkehrskreise das Zeichen als einen Hinweis auf die Herkunft der damit gekennzeichneten Waren oder Dienstleistungen aus einem bestimmten Unternehmen wahr, so liegt die für eine Benutzungsindividualmarke erforderliche Verkehrsgeltung vor.[368] Diese Einordnung des Verkehrs dient als Indiz dafür, dass objektiv eine dem Schutzzweck des § 4 Abs. 2 MarkenG entsprechende Verwendung als Marke vorliegt.[369] Somit umfasst eine Prüfung der Verkehrsgeltung eines Zeichens als Marke inhaltlich die oben genannten materiellen Entstehungsvoraussetzungen der Markenfähigkeit sowie die absoluten Schutzhindernisse § 8 Abs. 2 Nr. 1-3 MarkenG. Die restlichen Schutzhindernisse des § 8 Abs. 2 Nr. 4-14 MarkenG sowie § 8 Abs. 4 MarkenG sind aufgrund des Erst-Recht-Schlusses analog auf Benutzungsmarken anzuwenden.[370]

114 Das Verkehrsgeltungsgebiet kann hierbei räumlich z. B. auf größere Städte, Landkreise oder Länder der Bundesrepublik Deutschland beschränkt sein.[371] Wichtige Beurteilungskriterien für die Ermittlung und die Beweiserbringung der Verkehrsgeltung stellen Art, Dauer und Umfang der Benutzung sowie der wirt-

362 Pariser Verbandsübereinkunft zum Schutz des gewerblichen Eigentums (PVÜ) v. 20.03.1883, BGBl. II 1970, Nr. 56 v. 17.11.1970, S. 391; nachfolgend: PVÜ.
363 BeckOK Markenrecht/*Eckhartt*, Stand: 01.01.2023, § 10 MarkenG, Rn. 4.
364 BeckOK Markenrecht/*Eckhartt*, Stand: 01.01.2023, § 10 MarkenG, Rn. 3, 7; *Fezer*, Markenrecht, 2009, § 14 MarkenG, Rn. 753.
365 BeckOK Markenrecht/*Eckhartt*, Stand: 01.01.2023, § 10 MarkenG, Rn. 6.
366 BeckOK Markenrecht/*Weiler*, Stand: 01.01.2023, § 4 MarkenG, Rn. 17, 47.
367 Vgl. BeckOK Markenrecht/*Weiler*, Stand: 01.01.2023, § 4 MarkenG, Rn. 38 f.
368 BeckOK Markenrecht/*Weiler*, Stand: 01.01.2023, § 4 MarkenG, Rn. 42, 74 f.
369 BeckOK Markenrecht/*Weiler*, Stand: 01.01.2023, § 4 MarkenG, Rn. 38 f., 40.
370 BeckOK Markenrecht/*Weiler*, Stand: 01.01.2023, § 4 MarkenG, Rn. 34 ff.
371 BeckOK Markenrecht/*Weiler*, Stand: 01.01.2023, § 4 MarkenG, Rn. 65 f.

schaftliche Erfolg, die Werbeaufwendungen, der erzielte Umsatz und der erreichte Marktanteil des Produktvertriebs dar.[372]

(3) Entstehung der Notorietätsmarke

Als dritter möglicher Entstehungstatbestand ist die Erlangung einer notorischen Bekanntheit i. S. d. Art. 6bis PVÜ anzuführen. Im Unterschied zu § 4 Nr. 2 MarkenG ist die Erreichung der notorischen Bekanntheit nicht durch eine inländische Zeichenbenutzung bedingt, sondern lediglich vom feststehenden Zustand der Bekanntheit als Marke im Inland abhängig.[373] Der Gesetzgeber intendierte damit dem Schutzbedürfnis des im Inland bestehenden Besitzstandes ausländischer bekannter Marken gerecht zu werden.[374] Der eigenständige Anwendungsbereich ist somit auf die im Inland nicht benutzten Marken zu begrenzen; andernfalls ist der Tatbestand des § 4 Nr. 2 MarkenG gleichermaßen erfüllt.[375] 115

bb. Entstehung des unionsrechtlichen Markenschutzes

Diese zuvor aufgeführte Entstehungspluralität ist ausschließlich im nationalen Recht zu verorten, wohingegen das Unionsrecht keine Schutzerlangung aufgrund von Benutzung oder notorischer Bekanntheit vorsieht und einen Markenschutz ausschließlich durch Eintragung in das Markenregister gewährt, Art. 6 UMV.[376] Die Eintragung in das vom Amt der Europäischen Union für geistiges Eigentum (EUIPO) geführte Register ist, wie auch im nationalen Recht, als konstitutiver Entstehungstatbestand ausgestaltet.[377] 116

Nach erfolgter Prüfung der formellen Anmeldungserfordernisse gem. Art. 41 UMV sowie der materiellen Eintragungshindernisse gem. Art. 7 i. V. m. Art. 42 UMV durch das EUIPO wird die Markenanmeldung im Blatt für Unionsmarken veröffentlicht, Art. 116 lit. a UMV.[378] Ab diesem Zeitpunkt wird den Inhabern älterer Unionsmarken eine dreimonatige Frist eingeräumt, ihre daraus erwachsenen Rechte mittels eines Widerspruchs geltend zu machen und so die Eintragung der angemeldeten jüngeren Unionsmarke zu verhindern.[379] Erfolgt innerhalb dieses Zeitraums keine Zurückweisung der Unionsmarkenanmeldung wird diese gem. Art. 51 UMV ins Unionsmarkenregister eingetragen.[380] 117

372 BeckOK Markenrecht/*Weiler*, Stand: 01.01.2023, § 4 MarkenG, Rn. 89.
373 BeckOK Markenrecht/*Weiler*, Stand: 01.01.2023, § 4 MarkenG, Rn. 132, 143, 146.
374 BeckOK Markenrecht/*Weiler*, Stand: 01.01.2023, § 4 MarkenG, Rn. 132.
375 BeckOK Markenrecht/*Weiler*, Stand: 01.01.2023, § 4 MarkenG, Rn. 133.
376 BeckOK Markenrecht/*v. Bomhard*, Stand: 01.01.2023, Art. 6 UMV 2017, Rn. 1.
377 BeckOK Markenrecht/*Leister*, Stand: 01.01.2023, Art. 51 UMV 2017, Rn. 3 f.
378 BeckOK Markenrecht/*Stamm*, Stand: 01.01.2023, Art. 44 UMV 2017, Rn. 1.
379 BeckOK Markenrecht/*Stamm*, Stand: 01.01.2023, Art. 44 UMV 2017, Rn. 4.
380 BeckOK Markenrecht/*Leister*, Stand: 01.01.2023, Art. 51 UMV 2017, Rn. 1.

b. Rechtskonstitutives Merkmal der Individualmarke

118 Die Individualmarke zeichnet sich dadurch aus, dass die sog. Herkunftsfunktion, also die Funktion der Marke, den Abnehmern die Ursprungsidentität der durch die Marke gekennzeichneten Ware/Dienstleistung zu gewährleisten, ein »wesensnotwendiges« Merkmal und demnach eine essentielle Eintragungsvoraussetzung gem. § 8 Abs. 2 Nr. 1 MarkenG bzw. Art. 7 Abs. 1 lit. b UMV darstellt.[381] Nach ständiger EuGH-Rechtsprechung bedarf es der konkreten Eignung einer Marke, die mit ihr beanspruchten Waren oder Dienstleistungen als von einem bestimmten Unternehmen stammend zu kennzeichnen und sie dadurch für den Verkehr von denen anderer Anbieter unterscheidbar zu machen.[382] Anderen Markenfunktionen wie der Qualitäts-, Kommunikations-, Werbe- und Investitionsfunktion, welche im Anschluss an die *L'Oréal* Entscheidung des EuGH[383] unterschieden werden, kommt lediglich eine akzessorische Bedeutung zu.[384] Dieser europäischen Rechtsprechungslinie hat sich der BGH ausdrücklich angeschlossen.[385]

c. Schutzinhalt und Schutzumfang der Individualmarke

119 Mit Erlangung des Markenschutzes wird dem Markeninhaber gem. § 14 Abs. 1 MarkenG bzw. Art. 9 Abs. 1 UMV ein subjektives Ausschließlichkeitsrecht zuteil, welches er grundsätzlich gegenüber jedermann geltend machen kann.[386] Zentrale Normen in Bezug auf die Schutzvoraussetzungen dieses posi-

381 Vgl. BGH, Beschl. v. 27.04.2006 – I ZB 96/05, GRUR 2006, 850, 854, Rn. 18 – *FUSSBALL WM 2006*; BGH, Beschl. v. 15.01.2009 – I ZB 30/06, GRUR 2009, 411, 411, Rn. 8 – *STREETBALL*; BGH, Urt. v. 07.03.2019 – I ZR 195/17, GRUR 2019, 522, 524, Rn. 24 – *SAM*; BeckOK Markenrecht/*Mielke*, Stand: 01.01.2023, § 14 MarkenG, Rn. 125.

382 Vgl. EuGH, Urt. 23.05.1978 – C-102/77, ECLI:EU:C:1978:108, Rn. 7= BeckRS 2004, 70630 = – *Hoffmann-La Roche*; EuGH, Urt. v. 18. 6. 2002 – C-299/99, ECLI:EU:C:2002:377, Rn. 30 = GRUR 2002, 804, 806 – *Philips*; EuGH, Urt. v. 12.01.2006 – C-173/04, ECLI:EU:C:2006:20, Rn. 60 = GRUR 2006, 233, 236 – *Standbeutel*; EuGH, Urt. v. 06.05.2003 – C-104/01, ECLI:EU:C:2003:244, Rn. 62 = GRUR2003, 604, 608 – *Libertel*; BGH, Beschl. v. 13.06.2002 – I ZB 1/00, GRUR 2002, 1070, 1071 – *Bar jeder Vernunft*; *Leister/Romeike* GRUR Int. 2016, 122, 123.

383 EuGH, Urt. v. 18.06.2009 – C-487/07, ECLI:EU:C:2009:378, Rn. 58 = GRUR 2009, 756, 761 – *L'Oréal/Bellure*.

384 BeckOK Markenrecht/*Kur*, Stand: 01.01.2023, MarkenG Einleitung Markenrecht, Rn. 121.

385 BGH, Beschl. v. 13.06.2002 – I ZB 1/00, GRUR 2002, 1070, 1071 – *Bar jeder Vernunft*.

386 BeckOK Markenrecht/*Weiler*, Stand: 01.01.2023, § 4 MarkenG, Rn. 9; BeckOK Markenrecht/*Grundmann*, Stand: 01.01.2023, Art. 9 UMV 2017, Rn. 1, 6; *Fezer*,

tiven Benutzungsrechts bzw. negativen Abwehrrechts stellen hierbei § 14 Abs. 2 MarkenG bzw. Art. 9 Abs. 2 UMV dar.[387] Sie legitimieren ein Vorbringen von Rechtsansprüchen des Markeninhabers gegenüber Dritten, die im geschäftlichen Verkehr unzulässige Zeichenbenutzungen ohne seine Zustimmung vornehmen.[388] In sachlicher Hinsicht wird zwischen drei Kollisionstatbeständen unterschieden: der Doppelidentität, § 14 Abs. 2 Nr. 1 MarkenG bzw. Art. 9 Abs. 2 lit. a UMV, der Verwechslungsgefahr, § 14 Abs. 2 Nr. 2 MarkenG bzw. Art. 9 Abs. 2 lit. b UMV, und des erweiterten Schutzes bekannter Marken, § 14 Abs. 2 Nr. 3 MarkenG bzw. Art. 9 Abs. 2 lit. c UMV.[389]

Diesen Verletzungshandlungen kann der nationale Markeninhaber u. a. mit 120
einem Unterlassungsanspruch gem. § 14 Abs. 5 MarkenG sowie einem Schadensersatzanspruch gem. § 14 Abs. 6 MarkenG begegnen.[390] Außerdem kann er sich im Hinblick auf die im Besitz oder Eigentum des Verletzers befindlichen, widerrechtlich gekennzeichneten Waren eines Vernichtungsanspruchs gem. § 18 Abs. 1 MarkenG bedienen und im Hinblick auf unzulässig in Vertrieb geratene Waren einen Rückrufanspruch gem. § 18 Abs. 2 Alt. 1 MarkenG oder einen Entfernungsanspruch gem. § 18 Abs. 2 Alt. 2 MarkenG geltend machen. Unabhängig davon kann der Markeninhaber vom Verletzer selbst, § 19 Abs. 1 MarkenG, oder von einem unbeteiligten Dritten, § 19 Abs. 2 S.1 MarkenG, eine detaillierte Auskunft über die Markenrechtsverletzung verlangen.[391] Gegen bereits eingetragene, kollidierende Zeichen besteht die Möglichkeit der Ausübung eines Löschungsanspruchs im Widerspruchsverfahren vor dem DPMA, § 42 i. V. m. § 43 Abs. 2 MarkenG oder im Wege einer Löschungsklage wegen Verfalls oder Nichtigkeit vor den ordentlichen Gerichten, § 49 MarkenG bzw. § 51 MarkenG.[392]

Mit Ausnahme des Unterlassungsanspruchs, welcher selbständig in 121
Art. 130 Abs. 1 S. 1 i. V. m. Art. 9 Abs. 2, 3 UMV geregelt ist,[393] stehen euro-

Markenrecht, 2009, § 14 MarkenG, Rn. 9; Ströbele/Hacker/Thiering/*Hacker*, MarkenG, 2020, § 14 MarkenG, Rn. 8.

387 *Götting*, Gewerblicher Rechtsschutz, 2020, § 56, Rn. 1 f.; Ströbele/Hacker/Thiering/*Hacker*, MarkenG, 2020, § 14 MarkenG, Rn. 8.

388 BeckOK Markenrecht/*Grundmann*, Stand: 01.01.2023, Art. 9 UMV 2017, Rn. 5, 15; *Götting*, Gewerblicher Rechtsschutz, 2020, § 56, Rn. 1; *Hacker,* Markenrecht, 2023, B., Rn. 412 ff.

389 BeckOK Markenrecht/*Grundmann*, Stand: 01.01.2023, Art. 9 UMV 2017, Rn. 1; *Fezer*, Markenrecht, 2009, § 14 MarkenG, Rn. 13; *Götting*, Gewerblicher Rechtsschutz, 2020, § 56, Rn. 3; Hildebrandt, Marken und andere Kennzeichen, 2019, § 10, Rn. 1.

390 BeckOK Markenrecht/*Eckhartt*, Stand: 01.01.2023, § 14 MarkenG, Rn. 555, 684; *Hacker*, Markenrecht, 2023, E., 667.

391 BeckOK Markenrecht/*Eckhartt*, Stand: 01.01.2023, § 19 MarkenG, vor Rn. 1; *Hacker*, Markenrecht, 2023, E., 788 ff.

392 *Götting*, Gewerblicher Rechtsschutz, 2020, § 56, Rn. 1.

393 BeckOK Markenrecht/*Grüger*, Stand: 01.01.2023, Art. 130 UMV 2017, Rn. 3.

päischen Markeninhabern sämtliche weiteren Ansprüche unter Rückgriff auf die nationalen Anspruchsgrundlagen i. V. m. § 125 lit. b Nr. 2 MarkenG, Art. 17 Abs. 1 S. 2, Art. 129 Abs. 2, Art. 130 Abs. 2 UMV zu.[394]

3. Kollektivmarke

122 Die Kollektivmarke unterliegt sowohl in der UMV in Kapitel 8, Abschnitt 1, Art. 74-82 UMV, als auch im MarkenG in Teil 4, §§ 97-106 MarkenG speziellen, markenrechtlichen Bestimmungen. Die allgemeinen Vorschriften der Teile 1-3 und 6-9 des MarkenG sowie der Kapitel 1-7 und 9-14 der UMV finden auf die Kollektivmarke – nur soweit keine speziellen Regelungen einschlägig sind – gemäß § 97 Abs. 2 MarkenG bzw. Art. 74 Abs. 3 UMV Anwendung. Ursächlich dafür ist die, von der Individualmarke abweichende, Ausprägung der Herkunftsfunktion.[395] Die spezielle Markenkategorie dient der Abgrenzung von Waren und Dienstleistungen der Mitglieder eines Unternehmensverbandes als Inhaber der Kollektivmarke von den Produkten anderer, nicht dem Kollektiv angehöriger Unternehmen.[396]

a. Schutzerlangung der Kollektivmarke

123 Im Hinblick auf die Erlangung eines Zeichenschutzes verweisen die Bestimmungen zur Kollektivmarke auf die allgemeinen Vorschriften des Markenregeltypus.[397] Somit ist die Vornahme einer Differenzierung zwischen nationalem und unionsrechtlichem Entstehungshergang des Markenschutzes auch auf die spezifische Markenkategorie zu erstrecken. Harmonisierte Einheitlichkeit besteht allerdings bei den besonderen Anmeldevoraussetzungen wie der expliziten Bezeichnung als Kollektivmarke gem. § 97 Abs. 1 S. 2 MarkenG bzw. Art. 74 Abs. 1 S. 1 UMV und der Einreichung einer Markensatzung gem. § 102 Abs. 1 MarkenG bzw. Art. 75 Abs. 1 UMV.[398] Darüber hinaus ist im Zuge der Markenrechtsreform sowohl auf nationaler als auch auf unionsrechtlicher Ebene das Vorliegen einer Irreführungsgefahr über den Charakter oder die Bedeutung der Marke als zusätzlicher spezifischer Zurückweisungsgrund der Mar-

394 BeckOK Markenrecht/*Eckhartt*, Stand: 01.01.2023, Art. 17 UMV 2017, Rn. 1; BeckOK Markenrecht/*Grüger*, Stand: 01.01.2023, Art. 129 UMV 2017, Rn. 7, 11.

395 *Fezer*, Markenrecht, 2009, § 3 MarkenG, Rn. 29 ff; *Ingerl/Rohnke/Nordemann/A. Nordemann*, MarkenG, 2023, Vorbemerkung zu §§ 97-106 MarkenG, Rn. 3.

396 BeckOK Markenrecht/*Schoene*, Stand: 01.01.2023, § 97 MarkenG, Rn. 8; *Fezer*, Markenrecht, 2009, § 97 MarkenG, Rn. 1.

397 BeckOK Markenrecht/*Miosga*, Stand: 01.01.2023, Art. 74 UMV 2017, Rn. 1.

398 BeckOK Markenrecht/*Schoene*, Stand: 01.01.2023, § 97 MarkenG, Rn. 5, 7; BeckOK Markenrecht/*Miosga*, Stand: 01.01.2023, Art. 74 UMV 2017, Rn. 3, 4.

kenanmeldung eingeführt worden, § 103 Abs. 2 MarkenG bzw. Art. 85 Abs. 2 UMV.[399]

aa. Entstehung des nationalen Markenschutzes

Die speziellen nationalen Normen zur Kollektivmarke, §§ 97 ff. MarkenG, sehen ausdrücklich nur die Schutzerlangung durch Eintragung vor.[400] Nach § 97 Abs. 2 MarkenG kommen jedoch auch die allgemeinen Entstehungstatbestände der Benutzung[401] und der notorischen Bekanntheit zur Anwendung.[402] Nähere Ausführungen zur Registermarke und ihren formalen sowie materiellen Entstehungserfordernissen sind dem Teil 3 B. I. 2. a. aa. (1) zur Individualmarke zu entnehmen. 124

Der nationale Markenschutz einer Benutzungskollektivmarke weicht insofern von dem der Benutzungsindividualmarke ab, als ein verwendetes Zeichen – entsprechend der Hauptmarkenfunktion –von einem nicht unerheblichen Teil der beteiligten Verkehrskreisen als Kollektivmarke, also als Hinweis auf die Herkunft aus einem wirtschaftlich miteinander verbundenen Kollektiv, wahrgenommen wird.[403] Einer Zeichensatzung bedarf es für die Entstehung einer Benutzungsmarke, anders als bei der Entstehung einer einzutragenden Registermarke, nicht.[404] 125

399 BeckOK Markenrecht/*Miosga*, Stand: 01.01.2023, Art. 76 UMV 2017, Rn. 3; BeckOK Markenrecht/*Schoene*, Stand: 01.01.2023, § 97 MarkenG, Rn. 12.

400 BeckOK Markenrecht/*Schoene*, Stand: 01.01.2023, § 97 MarkenG, Rn. 20; *Lange*, Marken- und Kennzeichenrecht, 2012, § 3, Rn. 1352.

401 Ein Rückgriff auf die zu § 25 WZG erfolgte Rechtsprechung zur Benutzungskollektivmarke geht mit den Vorgaben der MRRL 2015 konform: BeckOK Markenrecht/*Schoene*, Stand: 01.01.2023, § 97 MarkenG, Rn. 21, Büscher/Dittmer/Schiwy/*Büscher*, GewRS - UrheberR - MedienR, 2015, § 97 MarkenG, Rn. 12; § 97 MarkenG, Rn. 17; *Lange*, Marken- und Kennzeichenrecht, 2012, § 3, Rn. 1352 ff.; a. A.: das MarkenG sieht keine Benutzungskollektivmarke vor und ist aufgrund der von Amts wegen durchgeführten Überprüfung der Kollektivmarkensatzung nicht praktikabel: *Fezer*, Markenrecht, 2009, § 97 MarkenG, Rn. 12; Ströbele/Hacker/Thiering/*Hacker*, MarkenG, 2020, § 97 MarkenG, Rn. 2.

402 BeckOK Markenrecht/*Schoene*, Stand: 01.01.2023, § 97 MarkenG, Rn. 21 f.; *Lange*, Marken- und Kennzeichenrecht, 2012, § 3, Rn. 1352; a. A. Ingerl/Rohnke/Nordemann/*A. Nordemann*, MarkenG, 2023, Vorbemerkung zu §§ 97-106 MarkenG, Rn. 7, § 97 MarkenG, Rn. 17.

403 BeckOK Markenrecht/*Schoene*, Stand: 01.01.2023, § 97 MarkenG, Rn. 21 f.; Büscher/Dittmer/Schiwy/*Büscher*, GewRS - UrheberR - MedienR, 2015, § 97 MarkenG, Rn. 12; *Lange*, Marken- und Kennzeichenrecht, 2012, § 3, Rn. 1352 ff.

404 BeckOK Markenrecht/*Schoene*, Stand: 01.01.2023, § 97 MarkenG, Rn. 24; Büscher/Dittmer/Schiwy/*Büscher*, GewRS - UrheberR - MedienR, 2015, § 97 MarkenG, Rn. 12.

bb. Entstehung des unionsrechtlichen Markenschutzes

126 Im Gegensatz zur Entstehungspluralität des nationalen Markenschutzes sieht das Unionsmarkenrecht eine Schutzerlangung aufgrund von Benutzung nicht vor, sondern gewährt ausschließlich einen unionrechtlichen Kollektivmarkenschutz durch Eintragung in das Unionsmarkenregister, Art. 74 Abs. 1, 3 i. V. m. Art. 6 UMV.[405]

b. Rechtskonstitutives Merkmal der Kollektivmarke

127 Das rechtskonstitutive Merkmal einer Kollektivmarke weicht von der des Regeltypus einer Individualmarke wesensbedingt dahingehend ab, dass nicht die Herkunft der Ware oder Dienstleistung aus einem bestimmten Geschäftsbetrieb, sondern aus einem dem Kollektiv zugehörigen Unternehmen kenntlich gemacht wird.[406] Konkretisierung erfährt die Herkunftsfunktion gem. § 97 Abs. 1 S. 1 MarkenG insoweit, dass Produkte nicht nur aufgrund ihrer betrieblichen Herkunft, sondern auch aufgrund ihrer geografischen Herkunft, Art, Qualität oder sonstigen Eigenschaften Schutz als unterscheidungskräftige Kollektivmarken genießen können.[407] Auf nationaler und unionsrechtlicher Ebene besonders hervorzuheben ist die als Ausnahmeregelung zu § 8 Abs. 2 Nr. 2 MarkenG sowie Art. 7 Abs. 1 lit. c UMV ausgestaltete Eintragungsfähigkeit von Zeichen oder Angaben, die ausschließlich geografischer Herkunft sind, § 97 Abs. 1 S. 1, § 99 MarkenG bzw. Art. 74 Abs. 2 S. 1 UMV.[408]

c. Schutzinhalt und Schutzumfang der Kollektivmarke

128 Der Inhaber einer Kollektivmarke kann sich gem. § 97 Abs. 2 MarkenG bzw. Art. 74 Abs. 3 UMV grundsätzlich auf die allgemeinen Vorschriften des MarkenG berufen, soweit die spezifischen Normen, §§ 106a-h MarkenG bzw. Art. 74 ff. UMV, nichts anderes regeln.[409] Folglich umfasst der Kollektivmarkenschutz gleichermaßen eine Anspruchsgeltendmachung wegen unzulässi-

405 BeckOK Markenrecht/*Miosga*, Stand: 01.01.2023, Art. 74 UMV 2017, Rn. 3; *Lange*, Marken- und Kennzeichenrecht, 2012, § 3, Rn. 1358.

406 Vgl. BGH, Beschl. v. 21.07.2016 – I ZB 52/16, WRP 2016, 1364, 1366, Rn. 16 – *Sparkassen-Rot*; BGH, Beschl. v. 30.11.1995 – I ZB 32/93, GRUR 1996, 270, 271 – *MADEIRA;* HK-Markenrecht/Jansen, 2019, Bd. 1, § 97 MarkenG, Rn. 15; BeckOK Markenrecht/*Schoene*, Stand: 01.01.2023, § 97 MarkenG, Rn. 8.

407 Beschl. v. 30.11.1995 – I ZB 32/93, Rn. 13 = GRUR 1996, 270, 271 – *MADEIRA;* BeckOK Markenrecht/*Schoene*, Stand: 01.01.2023, § 97 MarkenG, Rn. 8; *Fezer*, Markenrecht, 2009, § 97 MarkenG, Rn. 2.

408 BeckOK Markenrecht/*Miosga*, Stand: 01.01.2023, Art. 74 UMV 2017, Rn. 12; BeckOK Markenrecht/*Schoene*, Stand: 01.01.2023, § 99 MarkenG, Rn. 1.

409 BeckOK Markenrecht/*Miosga*, Stand: 01.01.2023, Art. 74 UMV 2017, Rn. 1; Ströbele/Hacker/Thiering/*Hacker*, MarkenG, 2020, § 97 MarkenG, Rn. 15.

ger oder kollidierender Zeichennutzung. Der Schutzumfang erfährt durch die speziellen Vorschriften eine dahingehende Ergänzung, als dass die Irreführung des Publikums über den Charakter oder die Bedeutung einer Marke als zusätzlicher Verfalls- sowie Nichtigkeitsgrund normiert ist, § 105 Abs. 1 Nr. 3 MarkenG bzw. Art. 81 lit. b UMV sowie § 106 Abs. 1 S. 1 MarkenG bzw. Art. 82 UMV.[410]

4. Gewährleistungsmarke

Die Gewährleistungsmarke unterliegt sowohl im MarkenG in Teil 5, §§ 106a-106h MarkenG als auch in der UMV in Kapitel 8, Abschnitt 2, Art. 83-93 UMV, speziellen markenrechtlichen Bestimmungen. Die allgemeinen Vorschriften der Teile 1-3 und 6-9 des MarkenG sowie der Kapitel 1-7 und 9-14 der UMV finden auf die Gewährleistungsmarke – nur soweit keine speziellen Regelungen einschlägig sind – gemäß § 106a Abs. 2 MarkenG bzw. Art. 83 Abs. 3 UMV Anwendung. Ursächlich dafür ist die, von den bisherigen klassischen Marken abweichende, Ausprägung der Unterscheidungsfunktion[411]. Die spezielle Markenkategorie dient der Gewährleistung von bestimmten Waren- oder Dienstleistungseigenschaften.[412] Demnach werden Waren und Dienstleistungen des Markeninhabers anhand konkreter Qualitätsmerkmale von Waren und Dienstleistungen anderer Markeninhaber abgegrenzt.[413] 129

a. Begriffsbestimmung

Das Bedürfnis nach einer präzisen europäischen sowie nationalen Begriffsbestimmung der Gewährleistungsmarke bestand insbesondere unter dem Gesichtspunkt, dass die mitgliedstaatlichen Markensysteme bereits eine Vielzahl divergierender Begrifflichkeiten vorsahen, die in ihrem Sinngehalt häufig ähnlich oder sogar gleichbedeutend waren.[414] So wurden in Deutschland die Begriffe der Garantiemarke, der Zertifizierungsmarke oder auch des Gütezeichens häufig in einen synonymen Kontext gesetzt.[415] 130

410 BeckOK Markenrecht/*Miosga*, Stand: 01.01.2023, Art. 81 bzw. 82 UMV 2017, vor Rn. 1; BeckOK Markenrecht/*Schoene*, Stand: 01.01.2023, § 97 MarkenG, Rn. 13; *Götting*, Gewerblicher Rechtsschutz, 2020, § 60, Rn. 5; Ströbele/Hacker/Thiering/*Hacker*, MarkenG, 2020, § 97 MarkenG, Rn. 16.
411 Siehe zur Unterscheidungsfunktion: Teil 3 B. S. 54.
412 BeckOK Markenrecht/*Vohwinkel*, Stand: 01.01.2023, § 106a MarkenG, Rn. 2; Ingerl/Rohnke/Nordemann/*Jaworski*, MarkenG, 2023, §106a MarkenG, Rn. 1.
413 BeckOK Markenrecht/*Vohwinkel*, Stand: 01.01.2023, § 106a MarkenG, Rn. 2; Ingerl/Rohnke/Nordemann/*Jaworski*, MarkenG, 2023, §106a MarkenG, Rn. 1, 5.
414 BeckOK Markenrecht/*Slopek*, Stand: 01.01.2023, Art. 83 UMV, Rn. 13.
415 BeckOK Markenrecht/*Slopek*, Stand: 01.01.2023, Art. 83 UMV, Rn. 13; Beispiel der parallelen Verwendung von Garantie- und Zertifizierungsmarke sowie Gütezei-

131 Zur Schaffung von Rechtsklarheit wurde den neu eingeführten Regelungen zur Gewährleistungsmarke auf europäischer Ebene eine entsprechende Legaldefinition vorangestellt, Art. 27 lit. a MRRL und Art. 83 Abs. 1 UMV.[416] Danach bezeichnet eine Gewährleistungsmarke bzw. das entsprechende Synonym Garantiemarke eine Marke, »die bei der Anmeldung als solche bezeichnet wird und geeignet ist, Waren oder Dienstleistungen, für die der Inhaber der Marke das Material, die Art und Weise der Herstellung der Waren oder der Erbringung der Dienstleistungen, die Qualität, Genauigkeit oder andere Eigenschaften – mit Ausnahme der geografischen Herkunft – gewährleistet, von solchen zu unterscheiden, für die keine derartige Gewährleistung besteht.«[417] Der deutsche Gesetzgeber hat die in der MRRL fakultativ vorgegebene Begriffsbestimmung nicht in identischer Weise übernommen, sondern sie stattdessen in einen allgemeinen Normtext umgewandelt.[418] Dabei wurden systematische sowie teilweise inhaltliche Änderungen vorgenommen. So erstreckt sich die Begriffsbestimmung in distrahierter Ausgestaltung auf verschiedene Absätze:[419] Während in § 106a S. 1 MarkenG die Gewährleistung einzelner Waren- und Dienstleistungseigenschaften durch den Markeninhaber normiert ist, regelt § 106a Abs. 1 S. 2 MarkenG die Unterscheidungseignung der Gewährleistungsmarke und § 106a Abs. 1 S. 3 MarkenG fordert die Verwendung des Terminus Gewährleistungsmarke im Rahmen der Anmeldung. Zudem weist die Aufzählung der zu gewährleistenden Eigenschaften einen inhaltlichen Unterschied dahingehend auf, dass im Vergleich zu den europäischen Vorschriften vom »Vorliegen einer oder mehrerer der folgenden Eigenschaften« die Rede ist. Die sprachlich abweichende Feinheit suggeriert eine nebeneinander bestehende Pluralität der Eigenschaften.[420] Diesen Unterschieden zwischen nationalem und europäischem Recht ist jedoch keine Bedeutung für die Beantwortung der hiesigen Arbeitsthese beizumessen. Daher wird im weiteren Verlauf eine einheitliche Begriffsbestimmung zugrunde gelegt.

b. Schutzerlangung der Gewährleistungsmarke

132 Die Schutzerlangung der Gewährleistungsmarke als weitere spezifische Markenkategorie orientiert sich ebenfalls am markenrechtlichen Regeltypus und ist somit in einen nationalen und unionsrechtlichen Entstehungsablauf aufzugliedern.

chen: *Slopek/Leister* GRUR 2013, 356, 359; *Leister/Romeike* GRUR Int. 2016, 122, 123 f.

416 *Fezer* GRUR 2017, 1188, 1190; Ströbele/Hacker/Thiering/*Hacker*, MarkenG, 2020, § 106a MarkenG, Rn. 4.

417 Art. 83 Abs. 1 UMV.

418 *Fezer* GRUR 2017, 1188, 1190.

419 *Fezer* GRUR 2017, 1188, 1190.

420 *Fezer* GRUR 2017, 1188, 1190.

aa. Entstehung des nationalen Markenschutzes

Der Wortlaut sowie die Systematik der speziellen Vorschriften der Gewährleistungsmarke indizieren, dass auch für diese Markenkategorie verschiedene Möglichkeiten einer Schutzerlangung bestehen. Der Gesetzgeber normiert ausdrücklich den Entstehungstatbestand der Registereintragung, aus welcher die Markenkategorie Gewährleistungsmarke explizit hervorzugehen hat, § 106a Abs. 1 S. 3 MarkenG.[421] Zudem verweist § 106a Abs. 2 MarkenG – grammatikalisch und systematisch parallel zur Kollektivmarke – auf die allgemeinen Vorschriften des MarkenG.[422] Der vergleichbare strukturelle Aufbau der spezifischen Markenkategorien lässt die Annahme zu, dass die Entstehungstatbestände des § 4 MarkenG ebenfalls zur Anwendung kommen.[423] Die Voraussetzungen einer Benutzungsgewährleistungsmarke unterscheiden sich von denen der Kollektivmarke dahingehend, dass das verwendete Zeichen von einem nicht unwesentlichen Teil der beteiligten Verkehrskreise gemäß seiner Hauptmarkenfunktion als Hinweis auf eine vom Markeninhaber gewährleisteten Eigenschaft verstanden werden muss, um die entsprechende Verkehrsgeltung zu erlangen.[424] 133

bb. Entstehung des unionsrechtlichen Markenschutzes

Dieser Pluralismus an Entstehungsmöglichkeiten eines Markenschutzes ist ausschließlich im nationalen Recht zu verorten, wohingegen das Unionsrecht auch für die Gewährleistungsmarke keine Schutzerlangung aufgrund von Benutzung vorsieht und eine Inhaberstellung ausschließlich durch Eintragung in das Markenregister gewährt, Art. 83 Abs. 1, 3 i. V. m. Art. 6 UMV.[425] 134

c. Rechtskonstitutive Merkmale der Gewährleistungsmarke

Die Eintragung in das europäische bzw. nationale Markenregister erfolgt unter Wahrung der spezifischen rechtskonstitutiven Merkmale der Gewährleistungsmarke. Als rechtsbegründende Voraussetzungen sind die markenrechtliche Ge- 135

421 BeckOK Markenrecht/*Vohwinkel*, Stand: 01.01.2023, § 106a MarkenG, Rn. 11; Ingerl/Rohnke/Nordemann/*Jaworski*, MarkenG, 2023, § 106a MarkenG, Rn. 7.
422 BeckOK Markenrecht/*Vohwinkel*, Stand: 01.01.2023, § 106a MarkenG, Rn. 12; MAH GewRS/*Raab/Tenkhoff*, 2022, § 32 Markenrecht, Rn. 465.
423 Siehe zur Parallelvorschrift der Kollektivmarke: BeckOK Markenrecht/*Schoene*, Stand: 01.01.2023, § 97 MarkenG, Rn. 21 f.; *Lange*, Marken- und Kennzeichenrecht, 2012, § 3, Rn. 1352; a. A. in Bezug auf die Benutzungskollektivmarke: Ingerl/Rohnke/Nordemann/*A. Nordemann*, MarkenG, 2023, Vorbemerkung zu §§ 97-106 MarkenG, Rn. 7, § 97 MarkenG, Rn. 17.
424 Vgl. im Ergebnis dazu *Ahrens* GRUR 2020, 809, 816.
425 Vgl. Ausführungen zur Kollektivmarke: BeckOK Markenrecht/*Miosga*, Stand: 01.01.2023, Art. 74 UMV, Rn. 3; *Lange*, Marken- und Kennzeichenrecht, 2012, § 3, Rn. 1358.

währleistung von bestimmten Eigenschaften, die gewährleistungsspezifische Unterscheidungseignung der Gewährleistungsmarke und die gewährleistungsbezogene Neutralität des Markeninhabers zu erachten.[426]

aa. Markenrechtliche Gewährleistung von bestimmten Eigenschaften

136 Die Gewährleistungsmarke sieht vor, dass der Markeninhaber den beteiligten inländischen Verkehrskreisen das Vorliegen einer (oder ggf. mehrerer)[427] Waren- und Dienstleistungseigenschaften sicherzustellen hat.[428] Dabei wirkt eine möglichst konkrete Definierung der Eigenschaft einer Fehlvorstellung von Markenanwendern und beteiligten Verkehrskreisen entgegen.[429]

(1) Gewährleistungsfähige Eigenschaften

137 Exemplarisch für gewährleistungsfähige Eigenschaften sind in § 106a Abs. 1 S. 1 Nr. 1-3 MarkenG bzw. Art. 83 Abs. 1 UMV das Material, die Art und Weise der Herstellung der Waren oder der Erbringung der Dienstleistungen, die Qualität sowie die Genauigkeit angeführt. Der Normzusatz »andere Eigenschaften« umfasst jedoch weitere, nicht ausdrücklich normierte, Eigenschaften.[430]

(2) Schutzverwehrung für geografische Herkunftsangaben

138 Die Gewährleistung der geografischen Herkunft von Waren und Dienstleistungen ist nach derzeitigem Gesetzesstand explizit gem. § 106a Abs. 1 S. 1 Nr. 3 MarkenG bzw. Art. 83 Abs. 1 UMV ausgenommen. Der Schutz geografischer Herkunftsangaben ist der Gewährleistungsmarke folglich verwehrt. Auf die entsprechenden Begründungen der Gesetzgeber, die Konsequenzen des Tatbestandsausschlusses für Markeninhaber und Verbraucher sowie die Anregungen zu einer diesbezüglichen Gesetzesänderung wird in Teil 5 dieser Arbeit näher eingegangen.

426 *Fezer* GRUR 2017, 1188, 1188.
427 Siehe zum abweichenden deutschen Gesetzeswortlaut »einer oder mehrerer Eigenschaften«: ebenda.
428 BT-Drs. 19/2898, S. 89.
429 *Schmidt*, Die Unionsgewährleistungsmarke, 2021, S. 191.
430 Beck OK UMV/*Bartos*, Stand: 15.05.2020, Art. 83 UMV, Rn. 4.

bb. Gewährleistungsspezifische Unterscheidungseignung

Die allgemeine Schutzvoraussetzung der (abstrakten) Unterscheidungseignung gem. § 3 Abs. 1 MarkenG bzw. Art. 4 lit. a UMV erfährt durch die Implementierung von § 106a Abs. 1 S. 2 MarkenG bzw. Art. 83 Abs. 1 UMV eine – auf die Gewährleistungsmarke zugeschnittene – Modifizierung.[431] Dem Gesetzeswortlaut zufolge, unterscheidet die Gewährleistungsmarke Waren und Dienstleistungen mit (einer) bestimmten, vom Markeninhaber gewährleisteten Eigenschaft(en), von anderen Waren und Dienstleistungen, ohne eine derartige Gewährleistung.[432] Somit wird im Vergleich zur Individual- bzw. Kollektivmarke nicht die (kollektive) Herkunftsfunktion, sondern die Garantiefunktion in den Fokus gerückt.[433] 139

cc. Gewährleistungsbezogene Neutralität des Markeninhabers

Ein weiterer Unterschied zur Individual- und Kollektivmarke besteht darin, dass die Inhaberschaft einer Gewährleistungsmarke eine gleichzeitige Zeichennutzung gem. § 106b Abs. 1 MarkenG bzw. Art. 83 Abs. 2 UMV explizit ausschließt.[434] Demnach fungiert der Markeninhaber ausschließlich als Zertifizierer und ist weder in den Herstellungs- bzw. Erbringungsprozess noch in den Lieferungsprozess gewährleisteter Waren und Dienstleistungen eingebunden.[435] Die Prüfungsrichtlinien des EUIPO lassen zudem erkennen, dass diese »Neutralitätspflicht« bereits bei einer wirtschaftlichen Verbundenheit zu einem solchen Unternehmen angenommen werden soll und somit weit auszulegen ist.[436] Ziel dieses Neutralitätsgrundsatzes ist die Sicherstellung einer von wirtschaftlichen 140

431 BeckOK Markenrecht/*Vohwinkel*, Stand: 01.01.2023, § 106a MarkenG, Rn. 8.

432 BeckOK Markenrecht/*Vohwinkel*, Stand: 01.01.2023, § 106a MarkenG, Rn. 2; *Dissmann/Somboonvong* GRUR 2016, 657, 65; *Dröge* GRUR 2017, 1198, 1198; *Thünken* GRUR-Prax 2016, 494, 494.

433 BT-Drs. 19/2898, S. 52, 89; BeckOK Markenrecht/*Vohwinkel*, Stand: 01.01.2023, § 106a MarkenG, Rn. 2; *Dissmann/Somboonvong* GRUR 2016, 657, 658; *Dröge* GRUR 2017, 1198, 1198; *Fezer* GRUR 2017, 1188, 1195; *Schmidt*, Die Unionsgewährleistungsmarke, 2021, S. 163 f.; *Thünken* GRUR-Prax 2016, 494, 494.

434 BT-Drs. 19/2898, S. 52; BeckOK Markenrecht/*Vohwinkel*, Stand: 01.01.2023, § 106a MarkenG, Rn. 3.

435 BT-Drs. 19/2898, S. 52, 88 f.; BeckOK Markenrecht/*Vohwinkel*, Stand: 01.01.2023, § 106a MarkenG, Rn. 3; *Dissmann/Somboonvong* GRUR 2016, 657, 658; *Dröge* GRUR 2017, 1198, 1199; *Schmidt*, Die Unionsgewährleistungsmarke, 2021, S. 167 f., 176 f.; *Thünken* GRUR-Prax 2016, 494, 494.

436 Prüfungsrichtlinien des EUIPO v. 31.03.2023. Teil B, Abschnitt 4: Absolute Eintragungshindernisse, Kapitel 16, S. 789.

Eigeninteressen unabhängigen Vermarktung der gewährleisteten Eigenschaften.[437]

d. Weitere Voraussetzungen der Gewährleistungsmarke

141 Die weiteren Voraussetzungen der Gewährleistungsmarke ähneln in ihrer Konzeption den Voraussetzungen der Kollektivmarke, sodass sie grundsätzlich eine entsprechende Angleichung erfahren.[438] Abweichende Spezifikationen der Gewährleistungsmarken – z. B. im Hinblick auf den Personenkreis der Inhaberschaft – sind dabei jedoch zu berücksichtigen.[439]

aa. Inhaberschaft

142 Die Inhaberschaft einer angemeldeten bzw. eingetragenen Gewährleistungsmarke kann gem. § 106b Abs. 1 MarkenG bzw. Art. 83 Abs. 2 UMV jeder natürlichen oder juristischen Person einschließlich Einrichtungen, Behörden und juristischen Personen des öffentlichen Rechts zuteilwerden. Damit unterscheidet sich der Kreis an zugelassenen Rechtsformen von dem der Individualmarke dahingehend, dass die Inhaberschaft anstelle von »rechtsfähigen Personengesellschaften«, § 7 Nr. 3 MarkenG, bzw. »Körperschaften des öffentlichen Rechts«, Art. 5 UMV, den »Einrichtungen, Behörden und juristischen Personen des öffentlichen Rechts« gewährt wird.[440] Im Unterschied zu Kollektivmarken werden (Dach-, bzw. Spitzen-)Verbänden keine Inhaberschaftsrechte eingeräumt, § 98 S. 1 MarkenG bzw. Art. 74 Abs. 1 S. 2 UMV und stattdessen natürliche Personen als Rechtsform zugelassen.[441]

bb. Transparenzgebot der Markensatzung

143 Des Weiteren ist Transparenz dahingehend geboten, dass Angaben zur Inhaberschaft, die zu gewährleistenden Eigenschaften, die Nutzungsbedingungen der Gewährleistungsmarke etc. in der Gewährleistungsmarkensatzung nach § 106d Abs. 2 Nr. 6 MarkenG bzw. Art. 84 Abs. 2 S. 2 UMV festzuschreiben sind.[442]

437 BeckOK Markenrecht/*Vohwinkel*, Stand: 01.01.2023, § 106a MarkenG, Rn. 3; *Dissmann/Somboonvong* GRUR 2016, 657, 658; *Dröge* GRUR 2017, 1198, 1199; *Schmidt*, Die Unionsgewährleistungsmarke, 2021, S. 167 f.
438 BT-Drs. 19/2898, S. 88.
439 BT-Drs. 19/2898, S. 88.
440 Vgl. BeckOK Markenrecht/*Vohwinkel*, Stand: 01.01.2023, § 106b MarkenG, Rn. 1.
441 Vgl. *Dissmann/Somboonvong* GRUR 2016, 657, 658.
442 BT-Drs. 19/2898, S. 52, 88, 90; BeckOK Markenrecht/*Vohwinkel*, Stand: 01.01.2023, § 106a MarkenG, Rn. 4; Beck OK UMV/*Bartos*, Stand: 15.05.2020, Art. 84 UMV, Rn. 1 ff.

cc. Prüf- und Kontrollpflichten des Markeninhabers

Gemäß den Satzungsanforderungen einer entsprechenden Anmeldung als Gewährleistungsmarke treffen den Markeninhaber sog. Prüf- und Kontrollpflichten. Demnach ist bei Lizenzvergabe eine Überprüfung der einzuhaltenden Satzungsanforderungen im Hinblick auf die betreffenden Waren oder Dienstleistungen durchzuführen.[443] Zudem bedarf die Beibehaltung einer satzungskonformen Markenbenutzung einer kontinuierlichen Überwachung.[444] Diesen Pflichten hat sich nach § 106d Abs. 1 Nr. 8 MarkenG ausdrücklich der Markeninhaber anzunehmen, wohingegen der Wortlaut des Art. 84 Abs. 2 S. 1 UMV Interpretationsspielräume in Bezug auf den Einsatz unabhängiger Dritte als Erfüllungsgehilfen lässt.[445] Die konkrete Art und Weise der Prüfung sowie der Überwachung sind in der Markensatzung festzuschreiben.[446] 144

e. Schutzinhalt und Schutzumfang

Der Inhaber einer Gewährleistungsmarke kann sich gem. § 106a Abs. 2 MarkenG bzw. Art. 83 Abs. 3 UMV grundsätzlich auf die allgemeinen Vorschriften des MarkenG berufen, soweit die spezifischen Regelungen der §§ 106a-h MarkenG bzw. Art. 83-93 UMV nicht im Widerspruch dazu stehen.[447] Schutzinhalt stellen demnach auch die ausschließlichen Rechte des allgemeinen Teils gem. §§ 14 ff. MarkenG bzw. Art. 9 ff. UMV und die damit einhergehenden Löschungsansprüche wegen Nichtigkeit oder Verfalls eines angemeldeten oder eingetragenen, kollidierenden Zeichens, § 42 i. V. m. § 43 Abs. 2,49 ff. MarkenG bzw. Art. 46 i. V. m. Art. 47 Abs. 5, 58 ff. UMV, dar. Der Tatbestand der Irreführung des Publikums über den Charakter oder die Bedeutung einer Marke, §§ 106e Abs. 1 Nr. 3, 106h Abs. 1 S. 1 MarkenG bzw. Art. 85 Abs. 2, 91 lit. c, 92 UMV, erweitert den Schutzumfang eines Zeichens um einen weiteren Zurückweisungs- bzw. Löschungsgrund.[448] Eine Änderung erfährt der Schutzumfang im Hinblick auf die zu prüfenden Voraussetzungen der Kollisions- bzw. Verletzungstatbestände, §§ 9 Abs. 1, 14 Abs. 2 S. 1 MarkenG bzw. Art. 8 Abs. 1, 9 Abs. 2 UMV.[449] So richtet sich die Beurteilung der Ähnlichkeit von 145

443 *Figge/Techert* MarkenR 2016, 181 187; *Schmidt*, Die Unionsgewährleistungsmarke, 2021, S. 192 f.

444 *Figge/Techert* MarkenR 2016, 181 187; *Schmidt*, Die Unionsgewährleistungsmarke, 2021, S. 192 f.

445 Vgl. *Dröge* GRUR 2017, 1198, 1200; *Figge/Techert* MarkenR 2016, 181, 187; *Schmidt*, Die Unionsgewährleistungsmarke, 2021, S. 192 f.

446 *Dröge* MarkenR 2016, 549, 554; *Schmidt*, Die Unionsgewährleistungsmarke, 2021, S. 192; *Thünken* GRUR-Prax 494, 495.

447 BeckOK Markenrecht/*Vohwinkel*, Stand: 01.01.2023, § 106a MarkenG, Rn. 12; Ströbele/Hacker/Thiering/*Hacker*, MarkenG, 2020, § 106a MarkenG, Rn. 12, 16.

448 Vgl. Ströbele/Hacker/Thiering/*Hacker*, MarkenG, 2020, § 106a MarkenG, Rn. 13.

449 Ströbele/Hacker/Thiering/*Hacker*, MarkenG, 2020, § 106a MarkenG, Rn. 14.

Zertifizierungswaren und -dienstleistungen aufgrund abweichender Hauptmarkenfunktion dieser spezifischen Markenkategorie nicht nach der herkunftsorientierten Ähnlichkeit von Waren und Dienstleistungen, sondern nach der Ähnlichkeit der vorgenommenen Zertifizierungshandlungen.[450]

II. Zwischenergebnis

146 Mit Kodifizierung der Gewährleistungsmarke eröffnet sich eine neue markenrechtliche Schutzoption des Gütezeichens. Diese unterscheidet sich signifikant von den bisherigen klassischen Marken. Wesentliche Abweichungen ergeben sich in Bezug auf die Ausprägung der Unterscheidungsfunktion. Diese ist bei Individual- und Kollektivmarken dahingehend ausgestaltet, dass sie auf die Herkunft von Waren und Dienstleistungen aus einem bestimmten Unternehmen bzw. Unternehmenskollektiv hinweisen. Im Gegensatz dazu ist die Gewährleistungsmarke vom europäischen und nationalen Gesetzgeber als Maßanfertigung für das Gütezeichen und seine Schutzzwecke ausgestaltet.[451] So erfährt die Unterscheidungsfunktion der Gewährleistungsmarke eine dahingehende Ausprägung, dass sie Waren und Dienstleistungen des Markeninhabers im Hinblick auf ihre Güte von denen anderer angrenzen.[452] Außerdem werden konkrete Anforderungen, insbesondere an die Neutralität des Gütezeicheninhabers, gesetzlich festgeschrieben. Dadurch verleihen die spezifischen Gewährleistungsvorschriften den Wesenszügen des Gütezeichens einen Normcharakter, wodurch das Gütezeichen – in die Gewährleistungsmarke gekleidet – erstmals eine gesetzliche Begriffsbestimmung erfährt.

147 Die Gewährleistungsmarke schafft zudem mehr Klarheit über die mögliche Gütezeichenqualität von Waren und Dienstleistungen, indem sie die wesentlichen Güteeigenschaften explizit auflistet, § 106a Abs. 1 S. 1 MarkenG bzw. Art. 83 Abs. 1 UMV. Außerdem spezifizieren die Normen der Gewährleistungsmarke den zu erfüllenden objektiven Qualitätsmaßstab eines Gütezeichens. Nach § 106b Abs. 1 MarkenG bzw. Art. 83 Abs. 2 UMV ist die an ein Gütezeichen geknüpfte Inhaberschaft einem Neutralitätsgebot unterworfen und dabei nicht mehr Gütegemeinschaften, sondern natürlichen und juristischen Personen vorbehalten. Demzufolge ist eine Zeichennutzung bei gleichzeitiger Inhaberstellung *expressis verbis* ausgeschlossen. Zur Sicherstellung eines objektiven Qualitätsstandards vermag der Marken- bzw. Gütezeicheninhaber ausschließlich als

450 Ströbele/Hacker/Thiering/*Hacker*, MarkenG, 2020, § 106a MarkenG, Rn. 15.

451 *Ahrens* GRUR 2020, 809, 810; Ingerl/Rohnke/Nordemann/*A. Nordemann*, MarkenG, 2023, § 97 MarkenG, Rn. 10a.

452 BT-Drs. 19/2898, S. 52, 88 f.; BeckOK Markenrecht/*Vohwinkel*, Stand: 01.01.2023, § 106a MarkenG, Rn. 3; *Dissmann/Somboonvong* GRUR 2016, 657, 658; *Dröge* GRUR 2017, 1198, 1199; *Schmidt*, Die Unionsgewährleistungsmarke, 2021, S. 167 f., 176 f.; *Thünken* GRUR-Prax 2016, 494, 494.

Zertifizierer fremder Waren und Dienstleistungen tätig sein.[453] Somit ist eine Eingebundenheit in den Herstellungs- bzw. Erbringungsprozess bzw. in den Lieferungsprozess gewährleisteter Waren und Dienstleistungen ausgeschlossen.

Zusammenfassend ist festzuhalten, dass die Gewährleistungsmarke in ihren rechtskonstitutiven Merkmalen dem Gütezeichen angeglichen und somit passgenau auf eine ebensolche Verwendung zugeschnitten ist. In diesem Zusammenhang sind insbesondere die gütehinweisende Hauptmarkenfunktion sowie die Neutralitätspflicht des Markeninhabers als wesentliche Unterschiede der Gewährleistungsmarke zu der Individual- und Kollektivmarke hervorzuheben. 148

453 BT-Drs. 19/2898, S. 52, 88 f.; BeckOK Markenrecht/*Vohwinkel*, Stand: 01.01.2023, § 106a MarkenG, Rn. 3; *Dissmann/Somboonvong* GRUR 2016, 657, 658; *Dröge* GRUR 2017, 1198, 1199; *Schmidt*, Die Unionsgewährleistungsmarke, 2021, S. 167 f., 176 f.; *Thünken* GRUR-Prax 2016, 494, 494.

Teil 4 Das Gütezeichen im neuen Gewand der Gewährleistungsmarke – Auswirkungen auf das bisherige Markenrechtssystem

In jüngster Vergangenheit wurde sich bereits intensiv der Implementierung der Unionsgewährleistungsmarke[454] sowie der nationalen Gewährleistungsmarke[455] mitsamt ihren Entstehungsgeschichten, Rechtsgrundlagen und Voraussetzungen gewidmet. Die vorliegende Untersuchung behandelt – aufsetzend auf den bisherigen wissenschaftlichen Erkenntnissen – die Einordnung der Gewährleistungsmarke in das europäische und deutsche Markenrechtssystem. Hierbei richtet sich der Blick auf die Einkleidung des Gütezeichens in das neue Gewand der Gewährleistungsmarke und die damit einhergehenden Folgen für den markenrechtlichen Gütezeichenschutz als Individual- und Kollektivmarke. Die im Gewand der Gewährleistungsmarke vorgenommenen Konkretisierungen bzw. Modifizierungen des Gütezeichenbegriffs werfen die noch ungeklärte Frage nach dem Abgrenzungsverhältnis der Gewährleistungsmarke zu den bisherigen Markenkategorien im Hinblick auf ihre gegenwärtige und künftige Verwendung als Gütezeichen auf.[456] Genügen Individual- und Kollektivmarken den neuen, strengen Anforderungen an ein Gütezeichen oder vermögen sie lediglich eine subjektive – mit der Herkunft der Marke verknüpfte – Qualität von Waren und Dienstleistungen zu gewährleisten? 149

Vor diesem Hintergrund bedarf es einer Vergegenwärtigung der eingangs aufgestellten These: 150

Die Gewährleistungsmarke stellt keine zusätzliche, ergänzende Eintragungsoption für Gütezeichen dar; vielmehr kommt dieser Markenkategorie künftig eine Monopolstellung in Bezug auf Gütekennzeichnungen von Waren und Dienstleistungen zu.

454 Siehe dazu: *Bathelt*, Die Unionsgewährleistungsmarke, 2021, S. 1-314; BeckOK Markenrecht/*Slopek*, Stand: 01.01.2023, Art. 83 ff. UMV 2017; BeckOK UMV/*Bartos*, Stand: 15.05.2020, Art. 83 UMV ff.; *Dissmann/Somboonvong* GRUR 2016, 657; *Dröge* GRUR 2017, 1198; *Fezer* GRUR 2017, 1188; *Leister/Romeike* GRUR Int. 2016, 122; *Schmidt*, Die Unionsgewährleistungsmarke, 2021, S. 1-379; *Thünken* GRUR-Prax 2016, 494.

455 Siehe dazu: BeckOK Markenrecht/*Vohwinkel*, Stand: 01.01.2023, §§ 106a ff. MarkenG; *Buckstegge*, Die nationale Gewährleistungsmarke, 2018, S. 23-279; Ströbele/Hacker/Thiering/*Hacker*, MarkenG, 2020, §§ 106a MarkenG ff.

456 Vgl. zur Kurzdarstellung des Problemaufrisses: *Buckstegge*, Die nationale Gewährleistungsmarke, 2018, S. 228 ff.

Die Be- oder Wiederlegung dieser These zielt darauf ab, sich intensiv damit auseinanderzusetzen, ob Gütezeichen auch weiterhin als Individual- bzw. Kollektivmarke markenrechtlich geschützt werden können oder die Gewährleistungsmarke künftig als eine Art »Gütezeichen-Monopol« anzusehen ist.

151 Hierfür werden in Teil 4 A. zunächst die rechtsdogmatischen Einwände zum bisherigen markenrechtlichen Gütezeichenschutz dargelegt. Es werden bestehende Diskrepanzen zwischen dem Gütezeichencharakter und dem Charakter der Individual- und Kollektivmarke herausgearbeitet. Anschließend wird sich in Teil 4 B. – unter Zugrundelegung der oben genannten These – den Folgen der Einführung der Gewährleistungsmarke für den bisherigen markenrechtlichen Gütezeichenschutz gewidmet.

A. Rechtsdogmatische Einwände zum bisherigen markenrechtlichen Gütezeichenschutz

152 Aus rechtsdogmatischer Sicht sind Gütezeichen nicht als klassische Marken i. S. d. MarkenG bzw. UMV zu qualifizieren.[457] Dies erklärt, warum der deutsche Gesetzgeber in seiner Gesetzesbegründung zum MaMoG von »etwaigen Rechtsunsicherheiten im Zusammenhang mit bisher bestehenden Gütezeichen«[458] und die Vertreter der Literatur von einem Zurückgreifen auf »Hilfsmittel«[459] sprechen. In der Zeichenpraxis wurde dem Bedürfnis nach einem Gütezeichenschutz bislang damit Abhilfe geleistet, Individualmarken bzw. Kollektivmarken als Gütezeichen zu benutzen.[460] Gleichwohl ist die Vereinbarkeit dieses tradierten markenrechtlichen Schutzes des Gütezeichens mit den Rechtsdogmen des europäischen Markenrechts in Zweifel zu ziehen.[461]

457 Vgl. zur bisherigen markenrechtlichen Nichtregelung des Gütezeichens: EuG, Urt. v. 07.10.2015 – T-292/14, T-293/14, ECLI:EU:T:2015:752, Rn. 35, 46 – *Republic of Cyprus/OHIM [Halloumi]*; *Ahrens* GRUR 2020, 809, 810; *Fezer*, Markenrecht, 2009, § 97 MarkenG, Rn. 16; *Slopek/Leister* GRUR 2013, 356, 359.

458 BT-Drs. 19/2898, S. 52.

459 *Ahrens* GRUR 2020, 809, 810; vgl. Kritikäußerung zur Hilfskonstruktion des »Gütezeichens« als Verbandzeichens *Dissmann/Somboonvong* GRUR 2016, 657, 660; *Fezer* GRUR 2017, 1188, 1188.

460 *Dissmann/Somboonvong* GRUR 2016, 657, 657; *Slopek/Leister* GRUR 2013, 356, 359.

461 Vgl. Ref-E des Bundesministeriums der Justiz und für Verbraucherschutz v. 31.01.2017/06.03.2017 zu einem Entwurf eines Gesetzes zur Umsetzung der Richtlinie (EU) 2015/2436 des Europäischen Parlaments und des Rates vom 16.12.2015 zur Angleichung der Rechtsvorschriften der Mitgliedstaaten über die Marken - Markenrechtsmodernisierungsgesetz (MaMoG), S. 92; *Dissmann/Somboonvong* GRUR 2016, 657, 661; *Fezer* GRUR 2017, 1188, 1188; *Slopek/Leister* GRUR 2013, 356, 359.

Gütezeichen treffen eine Sachaussage über die Qualität einer Ware oder Dienstleistung und dienen nicht als Herkunftshinweis auf ein bestimmtes Unternehmen bzw. auf einen Unternehmensverband.[462] Der Verkehr geht bei Verwendung eines Gütezeichens davon aus, dass dem Charakteristikum einer neutralen und fachkundigen Qualitätskontrolle der Waren bzw. Dienstleistungen sowie deren fortlaufenden Überwachung Rechnung getragen wird.[463] Individual- und Kollektivmarken mangelt es jedoch bereits an einer strikten Trennung zwischen Markeninhaber und Markennutzer.[464] So ist der Inhaber einer Individualmarke in der Regel gleichzeitig ihr Benutzer[465]. Der Verband als Inhaber einer Kollektivmarke ist dagegen im Grundsatz nicht mit dem Markenbenutzer gleichzusetzen.[466] Eine Einbindung in den Herstellungs- bzw. Lieferungsprozess von Produkten bzw. die Verfolgung eigener wirtschaftlicher Interessen am Vertrieb der betroffenen Waren und Dienstleistungen ist allerdings nicht gesetzlich ausgeschlossen.[467] Folglich sind Individual- bzw. Kollektivmarken grundsätzlich nicht als neutralitätsbasierendes Schutzinstrument ausgestaltet. Sie sichern den beteiligten Verkehrskreisen stattdessen aus sich heraus geschaffene, subjektive Qualitätsmerkmale zu, die in unmittelbarem Zusammenhang mit dem Hinweis auf die betriebliche Herkunft von Waren und Dienstleistungen stehen.[468] Die Einstufung des sich daraus ergebenen Qualitätsniveaus erfolgt zwar erst durch die positiven oder negativen Produkterfahrungen der Verbraucher selbst.[469] Die Markeninhaber haben jedoch ein eigenes wirtschaftliches Interesse daran, diese Einstufung mittels Werbekampagnen und Marketingstrategien gezielt zu beeinflussen.[470] Diese Nichteinhaltung des Neutralitätsgebotes wird bei der Individualmarke durch das gesetzlich nicht vorgesehene Kriterium einer Markensatzung untermauert.[471] 153

Mit Einführung der Gewährleistungsmarke als neue Markenkategorie werden ebendiese Unvereinbarkeiten offengelegt und das Erfordernis einer rechtsinhalt- 154

462 *Slopek/Leister* GRUR 2013, 356, 359.
463 BPatG, Beschl. v. 25.06.1986 – 29 W (pat) 156/84; BPatGE 28, 139, 143 – *Yacht Charter e. V.*
464 BT-Drs. 19/2898, S. 52; BeckOK Markenrecht/*Vohwinkel*, Stand: 01.01.2023, § 106a MarkenG, Rn. 1.
465 BeckOK Markenrecht/*Vohwinkel*, Stand: 01.01.2023, § 106a MarkenG, Rn. 1; HK-Markenrecht/*Jansen*, 2019, Bd. 1, § 97 MarkenG, Rn. 16.
466 *Leister/Romeike* GRUR Int. 2016, 122, 123.
467 BeckOK Markenrecht/*Vohwinkel*, Stand: 01.01.2023, § 106a MarkenG, Rn. 1; HK-Markenrecht/*Jansen*, 2019, Bd. 1, § 97 MarkenG, Rn. 16, 24.
468 BeckOK Markenrecht/*Vohwinkel*, Stand: 01.01.2023, § 106a MarkenG, Rn. 1; *Slopek/Leister* GRUR 2013, 356, 358 f.
469 *Wagner*, Die Gewährleistungsmarke – Eine Chance für mehr Wettbewerbsvielfalt, S. 63.
470 *Wagner*, Die Gewährleistungsmarke – Eine Chance für mehr Wettbewerbsvielfalt, S. 63.
471 BeckOK Markenrecht/*Vohwinkel*, Stand: 01.01.2023, § 106a MarkenG, Rn. 1.

lichen Überarbeitung des bisherigen markenrechtlichen Gütezeichenschutzes evident.[472] Vor diesem Hintergrund widmeten sich nationale sowie europäische Gerichte in jüngerer Vergangenheit vermehrt der Untersuchung der markenmäßigen Benutzung von Individual- bzw. Kollektivmarken als Gütezeichen.[473]

B. Folgen der Einführung der Gewährleistungsmarke für den markenrechtlichen Gütezeichenschutz

155 Im neugefassten europäischen bzw. nationalen Gesetzestext finden sich nach Implementierung der Gewährleistungsmarke weder gesonderte Regelungen zur Verfahrensweise mit bereits eingetragenen und als Gütezeichen in Benutzung befindlichen Individual- und Kollektivmarken, noch Vorschriften zu deren künftiger Eintragungs- und Benutzungsmöglichkeit als Gütezeichen.[474] Dabei ist, nach Einkleidung des Gütezeichens in das neue Gewand der Gewährleistungsmarke und ihren spezifischen Voraussetzungen, deren Eignung als Schutzinstrumente in Frage zu stellen.

156 Die Folgen für den (bisherigen) markenrechtlichen Gütezeichenschutz werden anhand zweier markenrechtlicher Schutzmechanismen aufgezeigt: der markenmäßigen Benutzung einer Marke (Teil 4 B. I.) und der Irreführungsgefahr über den Charakter oder die Bedeutung einer Marke (Teil 4 B. II.).

157 Zu Untersuchungszwecken der bisherigen Klassifizierung des markenrechtlichen Gütezeichenschutzes muss deshalb die höchstrichterliche Rechtsprechung herangezogen werden.

I. Markenmäßige Benutzung einer Marke als Gütezeichen

158 Nach der bisherigen Rechtsprechung des EuGH und BGH wird im Eintragungs- bzw. Widerspruchs-[475], im Verletzungs-[476] sowie im Verfallsverfahren [477] eine

472 Vgl. *Fezer* GRUR 2017, 1188, 1189.

473 Siehe Rn. 33.

474 *Ahrens* GRUR 2020, 809, 810; BeckOK UMV/*Bartos*, Stand: 15.05.2020, Art. 74 UMV, Rn. 11.

475 Rspr. zur markenmäßigen Benutzung im Eintragungs-bzw. Widerspruchsverfahren: BGH, Beschl. v. 30.1.2020 – I ZB 61/17, GRUR 2020, 411, 412, Rn. 10 – *#darferdas? II*; EuGH, Urt. v. 04.05.1999 – C-108/97 und C-109/97, Slg. 1999, I-2779, Rn. 46 = GRUR Int. 1999, 727, 731 – *Chiemsee*; EuGH, Urt. v. 18.06.2002 – C-299/99, Slg. 2002, I-5475, Rn. 64 = GRUR 2002, 804, 808 – *Philips*; EuGH, Urt. v. 07.07.2005 – C-353/03, ECLI:EU:C:2005:432, Rn. 26 = GRUR 2005, 763, 764 – *Nestlé/Mars*; EuGH, Urt. v. 19.6.2014 – C-217/13 und C-218/13, Rn. 38 = GRUR 2014, 776, 778 – *Deutscher Sparkassen- und Giroverband/Banco Santander [Spar-*

markenmäßige Benutzung, also die Verwendung der Marke »als Marke«, vorausgesetzt. Die zu Untersuchungszwecken herangezogene höchstrichterliche Rechtsprechungslinie beschäftigt sich mit der markenmäßigen Benutzung von eingetragenen Individual- und Kollektivmarken als Gütezeichen.[478] Dies entspricht einer herkunftshinweisenden Benutzung des Zeichens gemäß seiner Hauptfunktion, die es den angesprochenen Verkehrskreisen ermöglicht, Waren und Dienstleistungen eines Unternehmens von solchen anderer Unternehmen zu unterscheiden.[479] Dabei ist das Kriterium der markenmäßigen Benutzung in den

kassen-Rot]; BGH, Beschl. v. 21.07.2016 – I ZB 52/15, GRUR 2016, 1167, 1170 f., Rn. 24, 31 – *Sparkassen-Rot*; EuGH, Urt. v. 20.09.2017 – C-673/15 P bis C-676/15 P, ECLI:EU:C:2017:702 = GRUR 2017, 1257 – *The Tea Board/EUIPO - Delta Lingerie [Darjeeling]*; EuGH, Urt. v. 12.09.2019 – C-541/18, ECLI: EU:C:2019:725, Rn. 17 = WRP 2019,1444, 1444 f. – *AS/DPMA [#darferdas?]*; EuGH, Urt. v. 05.03.2020 – C-766/18 P, ECLI:EU:C:2020:170 = GRUR-RR 2020, 199 – *BBQLOUMI/HALLOUMI*; BeckOK UMV/*Büscher/Kochendörfer*, Stand: 15.11.2022, Art. 8 UMV, Rn. 78.

476 Rspr. zur markenmäßigen Benutzung im Verletzungsverfahren: BGH, Urt. v. 11.04.2013 – I ZR 214/11, GRUR 2013, 1239, 1240 – *VOLKSWAGEN/ Volks.Inspektion*; BGH, Urt. v. 15.02.2018 – I ZR 138/16, GRUR 2018, 924, 926, Rn. 25 – *ORTLIEB*; BGH, Urt. v. 07.03.2019 – I ZR 195/17, GRUR 2019, 522, 524, Rn. 25 – *SAM*; EuGH, Urt. v. 25.01.2007 – C-48/05, ECLI:EU:C:2007:55, Rn. 16 = GRUR 2007, 318, 319 – *Adam Opel*; EuGH, Urt. v. 22.09.2016 – C-223/15, ECLI:EU:C:2016:719, Rn. 27 = GRUR 2016, 1166, 1166 f. – *combit Software [combit/Commit]*; EuGH, Urt. v. 20.07.2017 – C-93/16, ECLI:EU:C:2017:571, Rn. 29 = GRUR 2017, 1132, 1133 – *Ornua/T&S [KERRYGOLD];* EuGH, Urt. v. 11.04.2019 – C-690/17, ECLI:EU:C:2019:317, Rn. 31 = GRUR 2019, 621, 623 – *ÖKO-Test Verlag/Dr. Liebe.*

477 Rspr. zur markenmäßigen Benutzung im Verfallsverfahren: BGH, Urt. v. 21.07.2005 – I ZR 293/02, GRUR 2005, 1047, 1049 – *OTTO*; EuGH, Urt. v. 11.03.2003 – C-40/01, ECLI:EU:C:2003:145, Rn. 36 = GRUR 2003, 425, 427 – *Ansul/Ajax;* EuGH, Urt. v. 08.06.2017 – C-689/15, ECLI:EU:C:2017:434, Rn. 51 = GRUR Int. 2017, 630, 634 – *Gözze/VBB [Internationales Baumwollzeichen];* EuGH, Urt. v. 17.10.2019 – C-514/18 P, ECLI:EU:C:2019:878, Rn. 48, 53-57 = GRUR-RR 2020, 100, 102 – *Steirisches Kürbiskernöl.*

478 EuGH, Urt. v. 08.06.2017 – C-689/15, ECLI:EU:C:2017:434 = GRUR Int. 2017, 630 – *Gözze/VBB [Internationales Baumwollzeichen]*; EuGH, Urt. v. 17.10.2019 – C-514/18 P, ECLI:EU:C:2019:878 = GRUR-RR 2020, 100 – *Steirisches Kürbiskernöl;* EuGH, Urt. v. 20.09.2017 – C-673/15 P bis C-676/15 P, ECLI:EU: C:2017:702 = GRUR 2017, 1257 – *The Tea Board/EUIPO - Delta Lingerie [Darjeeling]*; EuGH, Urt. v. 12.12.2019 – C-143/19 P, ECLI:EU:C:2019:1076 = GRUR-RR 2020, 250– *Der Grüne Punkt/EUIPO*; EuGH, Urt. v. 05.03.2020 – C-766/18 P, ECLI:EU:C:2020:170 = GRUR-RR 2020, 199 – *BBQLOUMI/ HALLOUMI.*

479 Rechtsprechung ebenda; BeckOK Markenrecht/*Bogatz*, Stand: 01.01.2023, § 26 MarkenG, Rn. 40; BeckOK Markenrecht/*Fuhrmann*, Stand: 01.01.2023, Art. 18 UMV, Rn. 14; BeckOK UMV/*Müller*, Stand: 15.02.2022, Art. 9 UMV, Rn. 27; *Pohlmann*, Das Recht der Unionsmarke, 2018, §11 MarkenG, Rn. 10.

jeweiligen Verfahrensstadien begrifflich unterschiedlich ausgestaltet.[480] Im Rahmen der Eintragungs- und Widerspruchphase einer Marke wird ein Zeichen auf ihre »(originäre) Unterscheidungs-« bzw. auf ihrer »(originäre) Kennzeichnungskraft« untersucht, § 8 Abs. 2 Nr. 1 MarkenG bzw. § 9 Abs. 1 MarkenG, Art. 7 Abs. 2 lit. b UMV bzw. Art. 8 Abs. 2 UMV sowie Art. 4 Abs. 1 lit. b MRRL bzw. Art. 5 Abs. 1 MRRL.[481] Danach ist zu prüfen, ob sich ein Zeichen zum Zeitpunkt der Anmeldung zur Ausübung einer entsprechend herkunftshinweisenden Funktion, eignet.[482] Im Rahmen eines Verletzungs- bzw. im Verfallsverfahrens wird stattdessen die konkrete herkunftshinweisende Benutzung eines eingetragenen Zeichens in den Blick genommen.[483] Dabei ist das Kriterium der markenmäßigen Benutzung bei einer Prüfung der Verwechslungsgefahr zweier Zeichen gem. § 14 Abs. 2 MarkenG, Art. 9 Abs. 2 UMV sowie Art. 17 MRRL in das ungeschriebene Tatbestandmerkmal der »Kennzeichnungskraft« eingebettet.[484] Im Verfallverfahren ist das Kriterium begrifflich als »ernsthafte Benutzung« einer Marke, siehe § 26 MarkenG, Art. 18 UMV sowie Art. 19 MRRL, ausgestaltet.[485]

159 Nachfolgend soll die jüngere EuGH-Rechtsprechung grundlegenden Aufschluss über das Zusammenspiel von Gütezeichenfunktion und Hauptfunktion der klassischen Marken geben. Es gilt zu untersuchen, ob als Gütezeichen eingetragene Individual- bzw. Kollektivmarke an einer fehlenden markenmäßigen Benutzung scheitern. Im Zuge dessen soll das Kriterium der markenmäßigen Benutzung auf seine Allgemeingültigkeit in Bezug auf sämtliche Markenkategorien überprüft werden. Dabei wird der Frage nachgegangen, ob dieses Kriterium den divergierenden Charakteren bzw. Bedeutungen der Markenarten hinreichend gerecht wird oder ob es Rechtsunsicherheiten für die Praxis birgt.

1. Abgrenzung der Individualmarke von der Gewährleistungsmarke

160 Bereits vor Inkrafttreten der UMV und somit vor Kodifizierung der neuen Markenkategorie verschaffte der EuGH Klarheit über das Verhältnis der Gewähr-

480 Siehe Rn. 482-484 zu verwendeten Termini in der Rechtsprechung.

481 BeckOK UMV/*Büscher/Kochendörfer*, Stand: 15.11.2022, Art. 8 UMV, Rn. 78.

482 BeckOK Markenrecht/*Eichelberger*, Stand: 01.01.2023, § 8 MarkenG, Rn. 96, 137; BeckOK UMV/*Büscher*, Stand: 15.11.2022, Art. 7 UMV, Rn. 107 ff.

483 Vgl. Unterschiede zwischen Widerspruchs- und Verletzungsverfahren: BeckOK UMV/*Büscher/Kochendörfer*, Stand: 15.11.2022, Art. 8 UMV, Rn. 11; BeckOK UMV/*Müller*, Stand: 15.02.2022, Art. 9 UMV, Rn. 27.

484 BeckOK UMV/*Müller*, Stand: 15.02.2022, Art. 9 UMV, Rn. 27; *Fezer*, Markenrecht, 2009, § 23 MarkenG, Rn. 12.

485 BeckOK Markenrecht/*Thalmaier*, Stand: 01.01.2023, § 14 MarkenG, Rn. 275; *Fezer*, Markenrecht, 2009, § 23 MarkenG, Rn. 12.

leistungsmarke zur Individualmarke.[486] Im Anschluss an die Novellierungen der Markenrechtsreform bestätigte der EuGH in anderer Rechtssache diese zuvor getätigte Abgrenzung beider Markenkategorien.[487]

Zwar liegt den nachfolgenden Entscheidungen die aufgehobene GMV zu- 161
grunde,[488] jedoch lässt die in Kraft getretene MRRL sowie die UMV mitsamt der neu eingeführten Gewährleistungsmarke die Stringenz der Urteilsbegründungen nicht entfallen. Grund dafür ist, dass sämtliche relevanten Vorschriften keine wesentlichen inhaltlichen Abänderungen erfahren haben und deren Rechtsauslegung somit auf die UMV übertragen werden kann.[489]

a. Grundsatzentscheidung des EuGH *Gözze/VBB [Internationales Baumwollzeichen]*

Der EuGH bezog in seiner Grundsatzentscheidung *Gözze/VBB [Internationales* 162
Baumwollzeichen][490] zu der Frage der markenmäßigen Benutzung einer Unionsindividualmarke als Gütezeichen Stellung.[491] Dem Urteil lag folgender Sachverhalt zugrunde:

Der Verein Bremer Baumwollbörse (im Folgenden: VBB) ist ein Verein, der 163
verschiedene Tätigkeiten im Zusammenhang mit Baumwolle ausübt. So vergibt er auch Lizenzen an der Unionsbildmarke (im Folgenden: »Baumwollblüte«) als »Internationales Baumwollzeichen« an Unternehmen der Textilbranche, die sich verpflichten müssen, das Zeichen nur für Erzeugnisse aus neuen Baumwollfasern guter Qualität zu verwenden.

Die W.F. Gözze Frottierweberei GmbH (im Folgenden: Gözze), mit deren al- 164
leiniger Geschäftsführung Herr Gözze betraut ist, stellt ebenfalls Textilien aus Baumwollfasern unter der Verwendung des Zeichens »Baumwollblüte« her. Dabei besteht weder eine Vereinsangehörigkeit noch ein Lizenzvertrag mit dem VBB.

486 EuGH, Urt. v. 08.06.2017 – C-689/15, ECLI:EU:C:2017:434 = GRUR Int. 2017, 630 – *Gözze/VBB [Internationales Baumwollzeichen]*.

487 EuGH, Urt. v. 17.10.2019 – C-514/18 P, ECLI:EU:C:2019:878 = GRUR-RR 2020, 100 – *Steirisches Kürbiskernöl*.

488 EuGH, Urt. v. 20.09.2017 – C-673/15 P bis C-676/15 P, ECLI:EU:C:2017:702, Rn. 4-8 = GRUR 2017, 1257 – *The Tea Board/EUIPO - Delta Lingerie [Darjeeling]*; EuGH, Urt. v. 05.03.2020 – C-766/18 P, ECLI:EU:C:2020:170, Rn. 2-7 = GRUR-RR 2020, 199 – *BBQLOUMI/HALLOUMI*.

489 Vgl. EuGH, Urt. v. 05.03.2020 – C-766/18 P, ECLI:EU:C:2020:170, Rn. 7 = GRUR-RR 2020, 199 – *BBQLOUMI/HALLOUMI*.

490 EuGH, Urt. v. 08.06.2017 – C-689/15, ECLI:EU:C:2017:434 = GRUR Int. 2017, 630 – *Gözze/VBB [Internationales Baumwollzeichen]*.

491 Vgl. *Fezer* GRUR 2017, 1188, 1194; *Dissmann/Somboonvong* GRUR 2017, 777, 779.

165 Am 11.02.2014 erhob der VBB beim zuständigen Unionsmarkengericht, dem LG Düsseldorf, Klage wegen Verletzung seiner Unionsbildmarke durch Gözze und ihren alleinigen Geschäftsführer. Anlass hierfür bot die Anbringung des Zeichens »Baumwollblüte« auf Handtüchern, die von Gözze vertrieben wurden. Daraufhin erhob Gözze am 14.04.2014 Widerklage auf Nichtigerklärung der Marke »Baumwollblüte« bzw. hilfsweise auf Erklärung des Verfalls der Marke unter Berufung auf eine fehlende markenmäßige Benutzung. Mit Urteil vom 19.11.2014 gab das LG Düsseldorf der Klage des VBB statt und wies die Widerklage von Gözze ab.[492] Zur Begründung führte es an, dass die klägerische Marke herkunftshinweisend und somit markenmäßig im Sinne des gem. Art. 9 Abs. 1 lit. b GMV[493] (Art. 9 Abs. 2 lit. b UMV)[494] bzw. Art. 15 Abs. 1 GMV (Art. 18 Abs. 1 UMV) verwendet werde.[495] Daraufhin legten die Beklagten Berufung beim OLG Düsseldorf ein. Das Berufungsgericht sah im Gegensatz zur Vorinstanz weder den Verwechslungstatbestand noch eine mangelnde, ernsthafte Benutzung der Klagemarke als eindeutig gegeben an und wandte sich deshalb in einem Vorabentscheidungsverfahren nach Art. 267 AEUV an den EuGH.[496] Das OLG stellte insbesondere die Beurteilung des LG Düsseldorf in Frage, dass eine Unionsindividualmarke, welche als Gütezeichen zur Kennzeichnung von Waren verwendet wird, ihre wesensbedingte Hauptfunktion erfüllt.[497] Nach Auffassung des Senats könne jedoch bei entsprechender Übertragung der Grundsätze zur Wahrung des Herkunftshinweises einer Unionskollektivmarke als Gütezeichen von einer markenmäßigen Benutzung einer Individualmarke als Gütezeichen ausgegangen werden.[498] So sei die Herkunftsfunktion einer Kollektivmarke als verwirklicht anzusehen, wenn in gleichem Maße auf eine bestimmte Güte der Ware sowie auf deren Herkunft aus einem

492 LG Düsseldorf, Urt. v. 19.11.2014 – 2a O 55/14, ECLI:DE:LGD:2014:1119.2A.O 55.14.00, Rn. 27, 28 = BeckRS 2014, 122819 – *Internationales Baumwollzeichen.*

493 Verordnung (EG) Nr. 207/2009 des Rates vom 26.02.2009 über die Gemeinschaftsmarke, kurz: GMV.

494 Verordnung (EU) 2017/1001 des Europäischen Parlaments und des Rates vom 14.06.2017 über die Unionsmarke, kurz UMV.

495 LG Düsseldorf, Urt. v. 19.11.2014 – 2a O 55/14, ECLI:DE:LGD:2014:1119.2A.O 55.14.00, Rn. 34, 38 = BeckRS 2014, 122819 – *Internationales Baumwollzeichen.*

496 OLG Düsseldorf, Beschl. v. 15.12.2015 – I-20 U 222/14, GRUR 2016, 386 – *Gözze/VBB [Internationales Baumwollzeichen].*

497 LG Düsseldorf, Urt. v. 19.11.2014 – 2a O 55/14, BeckRS 2014, 122819, Rn. 39 ff. – *Baumwollzeichen*; OLG Düsseldorf, Beschl. v. 15.12.2015 – I-20 U 222/14, GRUR 2016, 386, 387, Rn. 10 – *Gözze/VBB [Internationales Baumwollzeichen]*; vgl. *Dissmann/Somboonvong* GRUR 2017, 777, 779.

498 OLG Düsseldorf, Beschl. v. 15.12.2015 – I-20 U 222/14, GRUR 2016, 386, 387 f., Rn. 12 – *Gözze/VBB [Internationales Baumwollzeichen];* siehe auch *Dissmann/Somboonvong* GRUR 2017, 777, 778.

verbandsangehörigen, der Gütesicherung verpflichteten und entsprechend überwachten, Betrieb hingewiesen werde.[499]

166 Im Anschluss war der EuGH angehalten, sich zur markenmäßigen Benutzung einer als Gütezeichen verwendeten Unionsindividualmarke im Sinne einer ernsthaften Benutzung nach Art. 15 Abs. 1 GMV (Art. 18 Abs. 1 UMV) zu äußern, dessen Begriffsauslegung die fortwährende Ausübung des Ausschließlichkeitsrechtes gem. Art. 9 Abs. 1 GMV (Art. 9 Abs. 2 UMV) bedingt.[500] Der EuGH beantwortete die zentrale Rechtsfrage des Vorabentscheidungsersuchens dahingehend, dass, »die durch den Inhaber oder mit seiner Zustimmung erfolgende Anbringung einer Unionsindividualmarke auf Waren als Gütezeichen keiner markenmäßigen Benutzung entspreche, die unter den Begriff ernsthafte Benutzung i. S. d. Art. 15 Abs. 1 GMV (§ 18 Abs. 1 UMV) [zu subsumieren sei]«.[501] Er begründete dies wie folgt:

167 Zunächst verwies der EuGH auf seine ständige Rechtsprechung, gemäß derer eine Marke nach Art. 15 Abs. 1 GMV (Art. 18 Abs. 1 UMV) ernsthaft benutzt werde, wenn sie im Rahmen der Erschließung oder Sicherung eines Absatzmarktes entsprechend ihrer Hauptfunktion benutzt wird.[502] Daran anknüpfend führte der EuGH als weiteren, der Beantwortung der Vorlagefrage zugrundeliegenden Rechtsgrundsatz an, dass die Hauptfunktion einer Individualmarke in dem Herkunftshinweis von Waren und Dienstleistungen zu sehen sei.[503] So könne die Marke zwar auch entsprechend anderer Funktionen wie der Gewährleistung der Qualität oder der Kommunikations-, Investitions- oder Werbefunktion benutzt werden, Sanktionen nach Art. 15 Abs. 1 GMV (Art. 18 Abs. 1 UMV) seien jedoch nur an die Nichtbenutzung einer Marke entsprechend ihrer

499 OLG Düsseldorf, Beschl. v. 15.12.2015 – I-20 U 222/14, GRUR 2016, 386, 387 f., Rn. 12 – *Gözze/VBB [Internationales Baumwollzeichen]*; BGH, Beschl. v. 03.11.1976 – I ZB 11/75, GRUR 1977, 488, 489 – *DIN-GEPRÜFT*; OLG Frankfurt, Urt. v. 07.09.2006 – 6 U 66/06, Rn. 11 = BeckRS 2011, 25415 – *Reformhaus*.

500 OLG Düsseldorf, Beschl. v. 15.12.2015 – I-20 U 222/14, GRUR 2016, 386, 387 Rn. 7, 10 – *Gözze/VBB [Internationales Baumwollzeichen]*.

501 EuGH, Urt. v. 08.06.2017 – C-689/15, ECLI:EU:C:2017:434, Rn. 51 = GRUR Int. 2017, 630, 634 – *Gözze/VBB [Internationales Baumwollzeichen]*.

502 EuGH, Urt. v. 08.06.2017 – C-689/15, ECLI:EU:C:2017:434, Rn. 37 = GRUR Int. 2017, 630, 633 – *Gözze/VBB [Internationales Baumwollzeichen]*; zur Begriffsauslegung »ernsthafte Benutzung« vgl. EuGH, Urt. v. 11.03.2003 – C-40/01, EU:C:2003:145, Rn. 43 = GRUR 2003, 425, 428 – *Ansul/Ajax*; EuGH, Urt. v. 13.09.2007 – C-234/06 P, EU:C:2007:514, Rn. 72 = GRUR 2008, 343, 346 – *Il Ponte Finanziaria/HABM*; EuGH, Urt. v. 19.12.2012 – C-149/11, EU:C:2012:816, Rn. 29 = GRUR 2013, 182, 183 – *Leno Merken*.

503 EuGH, Urt. v. 08.06.2017 – C-689/15, ECLI:EU:C:2017:434, Rn. 41 = GRUR Int. 2017, 630, 633 – *Gözze/VBB [Internationales Baumwollzeichen]*.

Hauptfunktion innerhalb eines ununterbrochenen Zeitraums von fünf Jahren geknüpft.[504]

168 Anschließend setzte sich der EuGH mit der konkreten Vorlagefrage auseinander, ob die Verwendung einer Unionsindividualmarke als Gütezeichen mit einer Benutzung entsprechend ihrer Hauptfunktion in Einklang zu bringen ist.[505] Dies verneinte er und führte hierzu aus, dass Unionsindividualmarken, welche lediglich die Qualität von Waren und Dienstleistungen gewährleisten, ohne zugleich auf deren Herkunft aus einem einzigen Unternehmen und die damit einhergehende Kontrolle über den Herstellungsprozess sowie die Verantwortlichkeit in Bezug auf die Qualität der Produkte hinzuweisen, nicht entsprechend ihrer Hauptfunktion benutzt würden.[506] Im Umkehrschluss dazu liege eine ernsthafte Benutzung nach Art. 15 Abs.1 GMV (Art. 18 Abs. 1 UMV) vor, wenn neben der Qualitätsfunktion zugleich die Herkunftsfunktion erfüllt sei.[507]

169 In diesem Zusammenhang konstatierte der EuGH, dass Individual-, Kollektiv- und Gewährleistungsmarken divergierende Herkunftsfunktionen erfüllen und somit, entgegen der Auffassung des OLG Düsseldorf, gegenseitig nicht zur entsprechenden Anwendung herangezogen werden können.[508] So beziehe sich der Herkunftshinweis einer Kollektivmarke auf die Mitglieder des Kollektivverbands, Art. 66 GMV (Art. 74 UMV), während der Herkunftshinweis einer Individualmarke lediglich einem einzigen Unternehmen diene.[509] Die Gewährleistungsmarke wiederum komme dem Erfordernis eines Herkunftshinweises nach, indem sie ihre – mit garantierten Eigenschaften ausgestatteten – Waren und Dienstleistungen von solchen ohne diese Gewährleistung unterscheide.[510]

504 EuGH, Urt. v. 18.06.2009 – C-487/07, ECLI:EU:C:2009:378, Rn. 58 = GRUR 2009, 756, 761 – *L'Oréal/Bellure*; EuGH, Urt. v. 22.09.2011 – C-323/09, EU:C:2011:604, Rn. 38 = GRUR Int. 2011, 1050, 1054 – *Interflora und Interflora British Unit*; EuGH, Urt. v. 08.06.2017 – C-689/15, ECLI:EU:C:2017:434, Rn. 42 = GRUR Int. 2017, 630, 633 f. – *Gözze/VBB [Internationales Baumwollzeichen]*.

505 EuGH, Urt. v. 08.06.2017 – C-689/15, ECLI:EU:C:2017:434, Rn. 43 = GRUR Int. 2017, 630, 633 – *Gözze/VBB [Internationales Baumwollzeichen]*.

506 EuGH, Urt. v. 08.06.2017 – C-689/15, ECLI:EU:C:2017:434, Rn. 45 = GRUR Int. 2017, 630, 633 f. – *Gözze/VBB [Internationales Baumwollzeichen]*.

507 EuGH, Urt. v. 08.06.2017 – C-689/15, ECLI:EU:C:2017:434, Rn. 51 = GRUR Int. 2017, 630, 634 – *Gözze/VBB [Internationales Baumwollzeichen]*.

508 EuGH, Urt. v. 08.06.2017 – C-689/15, ECLI:EU:C:2017:434, Rn. 50 = GRUR Int. 2017, 630, 634 – *Gözze/VBB [Internationales Baumwollzeichen]*; OLG Düsseldorf, Beschl. v. 15.12.2015 – I-20 U 222/14, GRUR 2016, 386, 387 Rn. 12 – *Gözze/VBB [Internationales Baumwollzeichen]*.

509 EuGH, Urt. v. 08.06.2017 – C-689/15, ECLI:EU:C:2017:434, Rn. 50 = GRUR Int. 2017, 630, 634 – *Gözze/VBB [Internationales Baumwollzeichen]*.

510 EuGH, Urt. v. 08.06.2017 – C-689/15, ECLI:EU:C:2017:434, Rn. 50 = GRUR Int. 2017, 630, 634 – *Gözze/VBB [Internationales Baumwollzeichen]*.

b. Umsetzung in OLG-Folgeurteil *Gözze/VBB [Internationales Baumwollzeichen]*

Die vom EuGH konstatierten Rechtsauslegungen wurden, bezogen auf den kon- 170
kreten Einzelfall der Marke »Baumwollzeichen«, vom OLG Düsseldorf[511] umgesetzt.[512] Im Rahmen seiner Begründung wies es darauf hin, dass die Ausführungen des EuGH zur fehlenden markenmäßigen Benutzung einer Unionsindividualmarke als Gütezeichen definitionsgemäß in gleichem Maße bei der Prüfung der ernsthaften Benutzung als auch bei der Prüfung der Unterscheidungskraft zu berücksichtigen seien.[513] Vorliegend sei die Klagemarke mangels Unterscheidungskraft, Art. 100 Abs. 1, Art. 5 Abs. 1 lit. a GMV i. V. m. Art. 7 Abs. 1 lit. b GMV (Art. 128 Abs. 1, Art. 59 Abs. 1 lit. a UMV i. V. m. Art. 7 Abs. 1 lit. b UMV) – von Anfang an, Art. 55 Abs. 2 GMV (Art. 62 Abs. 2 UMV) – für nichtig zu erklären. Das Baumwollzeichen wiese als grafisches Gütezeichen zwar auf die Baumwollqualität der Ware und dessen Kontrolle durch eine Prüfstelle hin, jedoch ordne der Verkehr die Kontrolle über die Herstellung sowie die Verantwortlichkeit für die Warenqualität nicht dem Markeninhaber zu.[514] Somit sei der erforderliche Hinweis auf ein einziges bestimmtes Unternehmen entsprechend der Herkunftsfunktion einer Unionsindividualmarke nicht erfüllt.[515]

In diesem Zusammenhang betonte der Senat unter Bezugnahme auf die vom 171
EuGH vorgenommene Gegenüberstellung der verschiedenen Markenkategorien, dass seine vorherigen Ausführungen ausdrücklich nicht die Herkunftsfunktion einer Kollektiv- und Gewährleistungsmarke betreffen.[516]

511 Nach h. M. sind das vorlegende Gericht und die anderen mit demselben Verfahrensgegenstand befassten Gerichte an die vom Gerichtshof vorgenommene Auslegung gebunden. (GHN AUEV/*Karpenstein*, Das Recht der Europäischen Union, 2020, Art. 267 AUEV, Rn. 102; Streinz/*Ehricke*, EUV/AEUV, 2018, Art. 267 AEUV, Rn. 69; MüKo UWG/*Leible*, 2020, Bd. 1, A. Teil IV. Vorabentscheidungsverfahren, Rn. 104 ff.

512 OLG Düsseldorf, Urt. v. 30.11.2017 – I-20 U 222/14, GRUR-RR 2018, 193 – *Gözze/VBB* [*Internationales Baumwollzeichen]*.

513 OLG Düsseldorf, Urt. v. 30.11.2017 – I-20 U 222/14, GRUR-RR 2018, 193, 194, Rn. 16 – *Gözze/VBB* [*Internationales Baumwollzeichen]*.

514 OLG Düsseldorf, Urt. v. 30.11.2017 – I-20 U 222/14, GRUR-RR 2018, 193, 194, Rn. 16 – *Gözze/VBB* [*Internationales Baumwollzeichen]*.

515 OLG Düsseldorf, Urt. v. 30.11.2017 – I-20 U 222/14, GRUR-RR 2018, 193, 194, Rn. 13, 16 – *Gözze/VBB* [*Internationales Baumwollzeichen]*.

516 OLG Düsseldorf, Urt. v. 30.11.2017 – I-20 U 222/14, GRUR-RR 2018, 193, 194, Rn. 16 – *Gözze/VBB* [*Internationales Baumwollzeichen]*.

c. Bestätigung in EuGH Entscheidung *Steirisches Kürbiskernöl*

172 Im Jahr 2018 hatte sich der EuGH in der Rechtssache *Steirisches Kürbiskernöl*[517] erneut mit der markenmäßigen Benutzung einer Unionsindividualmarke zu beschäftigen, und zwar im Hinblick auf deren rechtserhaltende Verwendung als Gütezeichen in Form einer geografischen Herkunftsangabe[518].

173 Die Entscheidung erging im Rahmen eines Rechtsstreits zwischen der Landeskammer für Land- und Forstwirtschaft der Steiermark und der Beklagten, Frau Schmid, über den Verfall der Unionsindividualmarke (im Folgenden: »Steirisches Kürbiskernöl«), deren Inhaberschaft der Körperschaft des öffentlichen Rechts zukam. Diesem Rechtsstreit ging die Eintragung der streitgegenständlichen Unionsindividualmarke beim EUIPO am 15.10.2007 voraus. Am 18.10.2013 beantragte die Beklagte beim EUIPO gem. Art. 51 Abs. 1 lit. a GMV (Art. 58 Abs. 1 lit. a UMV) die genannte Bildmarke aufgrund fehlender ernsthafter Benutzung nach Art. 15 Abs. 1 GMV (Art. 18 Abs. 1 UMV) für verfallen zu erklären.

174 Die darauffolgende Verfallserklärung der Nichtigkeitsabteilung des EUIPO wurde jedoch im Zuge einer Beschwerde der Landeskammer für Land- und Forstwirtschaft durch die Vierte Beschwerdekammer des EUIPO aufgehoben. Daraufhin erhob die Beklagte vor dem EuG auf Abänderung der streitigen Entscheidung und auf Erklärung des Verfalls oder hilfsweise auf Aufhebung der streitigen Entscheidung und Zurückverweisung der Sache an das EUIPO.

175 Im Rahmen seiner Begründung zog das EuG die Rechtsauslegungen des EuGH in der Rechtssache *Gözze/VBB [Internationales Baumwollzeichen]* heran und schlussfolgerte in Anwendung auf den konkreten Sachverhalt, dass die vorliegende Unionsindividualmarke »Steirisches Kürbiskernöl« nicht entsprechend ihrer Hauptfunktion benutzt werde.[519] So diene ihre Anbringung auf Waren lediglich der Identifizierung der geografischen Herkunft und der damit verbundenen Eigenschaften, folglich hauptsächlich ihrer Qualitätsfunktion, wohingegen ihre Funktion als Herkunftshinweis auf ein bestimmtes einzelnes Unternehmen nicht erfüllt werde.[520] Der von der Landeskammer für Land- und Forstwirtschaft aufgezeigte Unterschied – eines vollständigen Kontrollbesitzes über den Her-

517 EuGH, Urt. v. 17.10.2019 – C-514/18 P, ECLI:EU:C:2019:878 = GRUR-RR 2020, 100 – *Steirisches Kürbiskernöl.*

518 Diese Güteangaben können als Kollektivmarke, in Ausnahmefällen auch als Individualmarke Markenschutz erlangen (siehe BeckOK Markenrecht/*Weiler*, Stand: 01.01.2023, § 1 MarkenG, Rn. 11 f.; Fezer/Büscher/Obergfell/*Marx*, UWG, 2016, Bd. 1, 2. Teil, Geografische Herkunftsangaben (S. 10), Rn. 217 f., 219 ff.

519 EuG, Urt. v. 07.06.2018 – T-72/17, ECLI:EU:T:2018:335, Rn. 52 = BeckRS 2018, 18695 – *Steirisches Kürbiskernöl.*

520 EuG, Urt. v. 07.06.2018 – T-72/17, ECLI:EU:T:2018:335, Rn. 48 ff. = BeckRS 2018, 18695 – *Steirisches Kürbiskernöl.*

stellungsprozess – ändere nichts an der fehlenden Erkennbarkeit einer Qualitätsverantwortung eines einzigen Unternehmens für die Verbraucher.[521] Im Ergebnis hob das EuG, mangels Abänderungsbefugnis, die angefochtene Entscheidung der Vierten Beschwerdekammer des EUIPO auf und wies die Sache zurück.[522]

Im Anschluss bestätigte der EuGH in einem durch die Körperschaft des öffentlichen Rechts initiierten Rechtsmittelverfahren ebendiese Ausführungen. So habe das Gericht die Rechtsprechung des Urteils *Gözze/VBB [Internationales Baumwollzeichen]* fehlerfrei angewandt, ohne dem Vorbringen einer differenzierten, weiten Auslegung des Art. 15 Abs. 1 GMV (Art. 18 Abs. 1 UMV) der Landeskammer für Land- und Forstwirtschaft zu folgen.[523] Ergänzend führte der EuGH aus, dass der Herkunftshinweis auf ein bestimmtes Unternehmen ausschließlich durch die fragliche Marke und nicht durch die Anbringung eines zusätzlichen Etiketts, mit deren Hilfe ein Verbraucher auf der Internetseite dieses Vereins Details zur fraglichen Ware – wie beispielsweise ihre betriebliche Herkunft, die Erntezeit der Kürbiskerne und die Flaschengröße – einsehen kann, zu erfolgen habe.[524] Zudem widerlegte der EuGH die als weiteren Rechtsmittelgrund angeführte Unmöglichkeit einer Schutzerlangung des in Rede stehenden Zeichens mittels eines Verweises auf die Eintragbarkeit als Unionskollektivmarke.[525] Im Gegensatz zur Schutzverwehrung als Unionsindividualmarke sowie Unionsgewährleistungsmarke, könnten Verbände oder juristische Personen gem. Art. 66 Abs. 1 GMV (Art. 74 Abs. 1 S. 1, 2 UMV) eine geografische Herkunftsangabe als Zeichen, Art. 66 Abs. 2 GMV (Art. 74 Abs. 2 UMV), eintragen lassen.[526] Des Weiteren schloss sich der Gerichtshof der Ansicht des EuG an, dass die Rechtsnatur des Benutzers einer Marke, also öffentlich oder privatrechtlich, keine Relevanz für die Bestimmung der Herkunftsfunktion habe. Es sei allein darauf abzustellen, »ob die Verbraucher aufgrund dieser Benutzung erkennen können, dass die Waren aus einem einzigen Unternehmen stammen, das für die Warenqualität verantwortlich gemacht werden kann«.[527] 176

521 EuG, Urt. v. 07.06.2018 – T-72/17, ECLI:EU:T:2018:335, Rn. 53 = BeckRS 2018, 18695 – *Steirisches Kürbiskernöl.*

522 EuG, Urt. v. 07.06.2018 – T-72/17, ECLI:EU:T:2018:335, Rn. 60 ff. = BeckRS 2018, 18695 – *Steirisches Kürbiskernöl.*

523 EuGH, Urt. v. 17.10.2019 – C-514/18 P, ECLI:EU:C:2019:878, Rn. 40 f. = GRUR-RR 2020, 100, 101 – *Steirisches Kürbiskernöl.*

524 EuGH, Urt. v. 17.10.2019 – C-514/18 P, ECLI:EU:C:2019:878, Rn. 42 = GRUR-RR 2020, 100, 101 – *Steirisches Kürbiskernöl.*

525 EuGH, Urt. v. 17.10.2019 – C-514/18 P, ECLI:EU:C:2019:878, Rn. 44 = GRUR-RR 2020, 100, 101 – *Steirisches Kürbiskernöl.*

526 EuGH, Urt. v. 17.10.2019 – C-514/18 P, ECLI:EU:C:2019:878, Rn. 45 = GRUR-RR 2020, 100, 101 f. – *Steirisches Kürbiskernöl.*

527 EuGH, Urt. v. 17.10.2019 – C-514/18 P, ECLI:EU:C:2019:878, Rn. 48 = GRUR-RR 2020, 100, 102 – *Steirisches Kürbiskernöl.*

177 In der Folge wies der EuGH das Rechtsmittel der Landeskammer für Land- und Forstwirtschaft zurück und sah von einer Aufhebung des EuG-Urteils mit der Begründung einer rechtsfehlerfreien Prüfung der ernsthaften Benutzung gem. Art. 15 Abs. 1 GMV (Art. 18 Abs. 1 UMV) unter Anwendung der Rechtsgrundsätze in *Gözze/VBB [Internationales Baumwollzeichen]* ab.[528]

d. Zusammenfassung der Kernaussagen des EuGH

178 *Summa summarum* weist eine Unionsindividualmarke als Gütezeichen dem EuGH zufolge nicht auf die Herkunft der gekennzeichneten Ware aus einem bestimmten Unternehmen im Sinne eines unterscheidungskräftigen sowie ernsthaft benutzten Zeichens hin. In Konsequenz dessen kommt sie ihrer entsprechenden Herkunftsfunktion und somit ihrer markenmäßigen Benutzung nicht hinreichend nach.[529] Als Rechtsgrundlage diente den Urteilen die GMV, die anders als die UMV keinen Schutz von Unionsgewährleistungsmarken vorsah.[530] Dennoch zog der EuGH in seiner Entscheidung *Gözze/VBB [Internationales Baumwollzeichen]* als herkunftsvergleichende Markenkategorie nicht nur die Unionskollektiv-, sondern auch die Unionsgewährleistungsmarke heran.[531] Im Unterschied zu den klassischen Marken ist der Herkunftshinweis der neu implementierten Markenkategorie dahingehend ausgestaltet, dass die Unterscheidung von Waren des Markeninhabers anhand ihrer Qualitätseigenschaften vorgenommen wird.[532] Diese vom EuGH herausgearbeitete, divergierende Ausprägung der Unterscheidungsfunktion folgt aus der Stellung des Qualitätshinweises als Hauptmarkenfunktion der Gewährleistungsmarke.[533] Eine Bestä-

528 EuGH, Urt. v. 17.10.2019 – C-514/18 P, ECLI:EU:C:2019:878, Rn. 53-57 = GRUR-RR 2020, 100, 102 – *Steirisches Kürbiskernöl.*

529 EuGH, Urt. v. 08.06.2017 – C-689/15, ECLI:EU:C:2017:434, Rn. 51 = GRUR Int. 2017, 630, 634 – *Gözze/VBB* [*Internationales Baumwollzeichen];* OLG Düsseldorf, Urt. v. 30.11.2017 – I-20 U 222/14, GRUR-RR 2018, 193, 194, Rn. 16 – *Gözze/VBB* [*Internationales Baumwollzeichen].*

530 EuGH, Urt. v. 08.06.2017 – C-689/15, ECLI:EU:C:2017:434, Rn. 1, 3 ff. = GRUR Int. 2017, 630, 630 – *Gözze/VBB* [*Internationales Baumwollzeichen];* OLG Düsseldorf, Urt. v. 30.11.2017 – I-20 U 222/14, GRUR-RR 2018, 193, 194, Rn. 11 – *Gözze/VBB* [*Internationales Baumwollzeichen];* siehe dazu auch *Fezer* GRUR 2017, 1188, 1194; EuGH, Urt. v. 17.10.2019 – C-514/18 P, ECLI:EU:C:2019:878, Rn. 15 = GRUR-RR 2020, 100 – *Steirisches Kürbiskernöl.*

531 EuGH, Urt. v. 08.06.2017 – C-689/15, ECLI:EU:C:2017:434, Rn. 50 = GRUR Int. 2017, 630, 634 – *Gözze/VBB* [*Internationales Baumwollzeichen].*

532 EuGH, Urt. v. 08.06.2017 – C-689/15, ECLI:EU:C:2017:434, Rn. 50 = GRUR Int. 2017, 630, 634 – *Gözze/VBB* [*Internationales Baumwollzeichen].*

533 BT-Drs. 19/2898, S. 52, 89; BeckOK Markenrecht/*Vohwinkel*, Stand: 01.01.2023, § 106a MarkenG, Rn. 2; *Dissmann/Somboonvong* GRUR 2016, 657, 658; *Dröge* GRUR 2017, 1198, 1198; *Fezer* GRUR 2017, 1188, 1195; *Schmidt*, Die Unionsgewährleistungsmarke, 2021, S. 163 f.; *Thünken* GRUR-Prax 2016, 494, 494.

tigung dieser Rechtsauslegung folgte in der Rechtssache *Steirisches Kürbiskernöl* in Bezug auf die Verwendung eines Gütezeichens in Form einer geografischen Herkunftsangabe als Unionsindividualmarke.[534] Danach darf der geografische Herkunftshinweis mitsamt verbundenen Qualitätseigenschaften nicht anstelle des betrieblichen Herkunftshinweises als Hauptfunktion einer Unionsindividualmarke fungieren.[535] Der EuGH kam zu dem Schluss, dass geografischen Herkunftsangaben zwar der Schutz als Unionsindividualmarke verwehrt werde und der Schutz als Unionsgewährleistungsmarke gesetzlich ausgeschlossen sei, jedoch die Möglichkeit einer Eintragung sowie Nutzung als Unionskollektivmarke bestehe.[536] Insgesamt attestiert der EuGH der Individualmarke eine Inkongruenz zwischen markenmäßiger Benutzung und gleichzeitig verwirklichtem Gütezeichencharakter.

e. Würdigung der EuGH Rechtsprechungslinie

Die markenmäßige Benutzung eine Marke als Gütezeichen und dessen Ver- 179
kehrsverständnis beurteilt sich – wie die konkrete Unterscheidungskraft[537] eines Zeichens auch – nach den konkret beanspruchten Waren und Dienstleistungen.[538]

Analysiert man die EuGH Rechtsprechung dem Wortlaut nach, wird zunächst 180
keine differenzierte Beurteilung der markenmäßigen Benutzung einer Unionsindividualmarke anhand von Waren- und Dienstleistungsklassen vorgenommen. So spricht der Gerichtshof Unionsindividualmarken bei deren Anbringung auf Waren als Gütezeichen zunächst in verallgemeinernder Weise ihre markenmäßige Benutzung ab.[539] Im Hinblick auf die Erfordernisse einer entsprechenden ernsthaften und somit markenmäßigen Benutzung konzentriert sich der EuGH jedoch auf eine, der Kennzeichnung von Waren dienende, Unionsindividualmarke. Diese erfordert einen zusätzlichen Herkunftshinweis auf ein konkre-

534 EuGH, Urt. v. 17.10.2019 – C-514/18 P, ECLI:EU:C:2019:878, Rn. 39, 41, 55 = GRUR-RR 2020, 100, 101 f. – *Steirisches Kürbiskernöl;* BGH, Urt. v. 04.07.2019 – I ZR 161/18, GRUR 2020, 299, 302, Anmerkung von Wolfgang Berlit, 4. – *IVD-Gütesiegel.*

535 EuGH, Urt. v. 17.10.2019 – C-514/18 P, ECLI:EU:C:2019:878, Rn. 39 = GRUR-RR 2020, 100, 101 – *Steirisches Kürbiskernöl.*

536 EuGH, Urt. v. 17.10.2019 – C-514/18 P, ECLI:EU:C:2019:878, Rn. 44 f. = GRUR-RR 2020, 100, 101 – *Steirisches Kürbiskernöl.*

537 Siehe Erläuterungen zu konkreter Unterscheidungskraft eines Zeichens in Teil 3 B. I. 2. a. aa. (1) (b) (bb), Rn. 352.

538 BeckOK Markenrecht/*Eichelberger*, Stand: 01.01.2023, § 8 MarkenG, Rn. 114 ff.; *Lange*, Marken- und Kennzeichenrecht, 2012, § 2, Rn. 398.

539 EuGH, Urt. v. 08.06.2017 – C-689/15, ECLI:EU:C:2017:434, Rn. 51 = GRUR Int. 2017, 630, 634 – *Gözze/VBB [Internationales Baumwollzeichen.*

tes Unternehmen, »unter dessen Kontrolle die Waren hergestellt werden und das für ihre Qualität verantwortlich gemacht werden kann.«[540]

181 Demgemäß divergierend fällt auch die Würdigung für Unionsindividualmarken im Hinblick auf Waren- und Dienstleistungsklassen aus.

aa. Unvereinbarkeit von markenmäßiger Benutzung und Gütezeichencharakter als Individualwarenmarke

182 Nach den Ausführungen des EuGH scheidet die Unionsindividualmarke als geeignete Markenkategorie für Gütezeichen im Hinblick auf die Kennzeichnung von Waren aus.[541] Dabei verwendet der EuGH jedoch widersprüchliche Formulierungen. Er verneint zunächst die markenmäßige Benutzung einer angebrachten Unionsindividualmarke auf Waren als Gütezeichen, lässt aber im Anschluss eine vermeintliche Ausnahmeregelung zu. Diese Regelung sieht vor, dass bei gleichzeitiger Garantie des betrieblichen Herkunftshinweises eine markenmäßige Benutzung in Form eines Gütezeichens vorliegt.[542] Ein daraus geschlussfolgertes gleichrangiges Nebeneinander von Herkunfts- und Qualitätshinweis würde jedoch einen Widerspruch in sich darstellen. So ist die Wahrung des betrieblichen Herkunftshinweises als Hauptfunktion einer Individualmarke unvereinbar mit der Gewährleistung der Neutralität eines Gütezeicheninhabers. Ein Gütezeicheninhaber hat die Waren nach objektiven und aussagekräftigen Kriterien auf die Erfüllung von Mindestanforderungen zu prüfen. Demzufolge können Markeninhaber in Bezug auf Waren lediglich einem der sich gegenseitig ausschließenden Erfordernisse, Herkunfts- oder Gütezeichenfunktion, als Hauptfunktion nachkommen. Insofern ist die Formulierung des EuGH eng auszulegen und dahingehend zu verstehen, dass eine mit der Herkunft verbundene Güte zusätzlich als Nebenfunktion gewährleistet sein kann. In diesem Fall entspricht der nach dem Verkehrsverständnis herausgebildete Qualitätsmaßstab[543] nicht dem eines Gütezeichens, sodass lediglich von einer Marke im klassischen Sinne gesprochen werden kann.

183 Somit ist festzuhalten, dass die markenmäßige Benutzung einer Unionsindividualmarke mit einem gleichzeitig verwirklichten Gütezeichencharakter unvereinbar ist. Dennoch können Unionsindividualmarken, die der herkunftshinweisenden Kennzeichnung von Waren dienen, einen gewissen Grad an Güte

540 EuGH, Urt. v. 08.06.2017 – C-689/15, ECLI:EU:C:2017:434, Rn. 51 = GRUR Int. 2017, 630, 634 – *Gözze/VBB [Internationales Baumwollzeichen.*

541 EuGH, Urt. v. 08.06.2017 – C-689/15, ECLI:EU:C:2017:434, Rn. 45 f. = GRUR Int. 2017, 630, 633 f. – *Gözze/VBB [Internationales Baumwollzeichen]*; EuGH, Urt. v. 17.10.2019 – C-514/18 P, ECLI:EU:C:2019:878, Rn. 43 f. = GRUR-RR 2020, 100, 101 – *Steirisches Kürbiskernöl.*

542 EuGH, Urt. v. 08.06.2017 – C-689/15, ECLI:EU:C:2017:434, Rn. 51 = GRUR Int. 2017, 630, 634 – *Gözze/VBB [Internationales Baumwollzeichen.*

543 Siehe zum Gütezeichenbegriff und dessen Verkehrsverständnis: Teil 2, C.

innehaben. Sie erfüllen damit zwar nicht die Funktion eines Gütezeichens, dienen jedoch als Qualitätsnachweis in Bezug auf ein bestimmtes Unternehmen, welches mit der Kontrollausübung über die Herstellung der Waren sowie mit der entsprechenden Verantwortung über gleichbleibende Qualitätsstandards betraut ist.[544]

Zu Veranschaulichungszwecken soll beispielhaft auf die Unionsindividual- 184
marke Bioland[545] hingewiesen werden, welche in den Warenklassen 04, 18, 19, 20, 22, 24, 29, 30, 31, 32, 33 für diverse Rohstoffe, land-, garten- und forstwirtschaftliche Erzeugnisse, Lebensmittel und Getränke eingetragen ist. Sie weist vorrangig darauf hin, dass die Waren aus dem Verein »Bioland e. V.« herrühren. Zweitrangig deklariert das Wort-/Bildzeichen die Einhaltung eines (subjektiven) Qualitätsmaßstabs in Bezug auf ihre Produkte. Dieser entspricht jedoch nicht den mit Einführung der Gewährleistungsmarke kodifizierten Voraussetzungen an die Verwendung eines Gütezeichens. Die angesprochenen Verkehrskreise überzeugen sich durch eigene positive oder negative Erfahrungen von der Produktqualität und setzen diese unmittelbar mit dem Markeninhaber »Bioland e. V.« in Verbindung. Im Gegensatz dazu liegt die Produktqualität eines Gütezeichens – angelehnt an das Zeichenbeispiel beispielsweise »bio« – für die Verkehrskreise außerhalb des nach eigener Expertise Überprüfbaren. Ein Gütezeichen dient aus sich heraus als ein verlässlicher und objektiver Qualitätsmaßstab, den der Verbraucher als Informationsquelle in seine Kaufentscheidung miteinbeziehen kann.[546] Ein Hinweis auf die betriebliche Herkunft der Waren – wie er bei der Marke »Bioland« vorliegt – steht der Gewährleistung einer neutralen, herkunftsungebundenen Produktqualität entgegen.

Ebendiese Differenzierung zwischen objektivem und subjektivem Gütemaß- 185
stab ist auf die vom Gesetzgeber geschaffene funktionelle Abgrenzung von Individual- und Gewährleistungsmarke zurückzuführen. Die Garantiefunktion als Hauptfunktion der Gewährleistungsmarke generiert anders als die Herkunftsfunktion eine Rechtsicherheit und Transparenz im Hinblick auf die Einhaltung der an die Begrifflichkeit des Gütezeichens geknüpften Voraussetzungen.[547]

544 Vgl. zur (subjektiven) Ausprägung der Qualitätsfunktion einer Individualmarke: Ingerl/Rohnke/Nordemann/*A. Nordemann*, MarkenG, 2023, Einleitung MarkenG, Rn. 23.

545 »Bioland«, DPMA Registernr.: 009233677, Stand: 01.05.2023.

546 *Wagner*, Die Gewährleistungsmarke – Eine Chance für mehr Wettbewerbsvielfalt, S. 63.

547 Vgl. BT-Drs. 19/2898, S. 88.

bb. Restriktive Vereinbarkeit von markenmäßiger Benutzung und Gütezeichencharakter als Individualdienstleistungsmarke

186 Anders als bei Waren ist die Verwendung von Gütezeichen in Form einer der Kennzeichnung von Dienstleistungen dienenden Unionsindividualmarke zu betrachten. Wie oben dargelegt, nimmt die bisherige europäische Rechtsprechung ausschließlich Bezug auf für Waren eingetragene Unionsindividualmarken und deren erforderlichen Herkunftshinweis auf ein Unternehmen. Sie lässt somit die Frage nach der markenmäßigen Benutzung einer Unionsindividualmarke für Dienstleistungen als Gütezeichen offen.[548] Für deren Beantwortung können jedoch die Ausführungen zur Kollision von Herkunfts- und Gütezeichenfunktion in Bezug auf Warenmarken[549] herangezogen und entsprechend auf Dienstleistungsmarken übertragen werden. Zu beachten ist, dass Dienstleistungsmarkeninhaber ihre Marke naturgemäß nicht anbringen und folglich keine körperliche Verbindung zwischen Marke und Dienstleistung herbeiführen können.[550] Stattdessen wird im Dienstleistungssektor mit mittelbaren Verwendungspraktiken auf Bezugsobjekten agiert, wie beispielsweise die Anbringung der Marke auf Waren oder die Verwendung der Marke bei Werbemaßnahmen auf Geschäftspapieren, Berufsbekleidung oder Gegenständen, die bei der Erbringung der Dienstleistung zum Einsatz gelangen, z. B. Autos, Verpackungsmaterial, Preislisten und Rechnungen.[551] Diese unkörperliche Verbindung vermag jedoch die Unvereinbarkeit des Herkunftshinweises auf ein bestimmtes Unternehmen mit der Ausweisung einer neutralen Güte in Bezug auf den Großteil eingetragener Dienstleistungen nicht zu unterlaufen. Einzige Ausnahme bilden Zertifizierungszeichen der Klasse 42 der Nizza-Klassifikation[552]. Die formale Auswei-

548 Vgl. BeckOK Markenrecht/*Schoene*, Stand: 01.01.2023, § 97 MarkenG, Rn. 10.1.

549 Vgl. EuGH, Urt. v. 08.06.2017 – C-689/15, ECLI:EU:C:2017:434, Rn. 51 = GRUR Int. 2017, 630, 634 – *Gözze/VBB [Internationales Baumwollzeichen.*

550 EuG, Urt. v. 13.04.2011 – T-209/09, ECLI:EU:T:2011:169, Rn. 46 = GRUR Int. 2011, 619, 621 – *Alder Capital/OHMI [ALDER CAPITAL]*; BGH, Urt. v. 18.10.2007 – I ZR 162/04, GRUR 2008, 616, 617, Rn. 13 – *AKZENTA*; BGH, Beschl. v. 29.07.2009 – I ZB 83/08, GRUR 2010, 270, 271, Rn. 17 – *ATOZ III*; BPatG, Beschl. v. 16.10.1991 – 26 W (pat) 72/89, GRUR 1992, 392, 393 – *Parkhotel Landenberg*; BPatG, Beschl. v. 15.03.2017 – 25 W (pat) 503/15, BeckRS 2017, 106531, Rn. 18; *Baldauf*, Werbung mit Gütesiegeln und Testergebnissen, 2011, S. 142; BeckOK Markenrecht/*Bogatz*, Stand: 01.01.2023, § 26 MarkenG, Rn. 59; BeckOK UMV/*Müller*, Stand: 15.02.2022, Art. 18 UMV, Rn. 183 ff.; *Fezer*, Markenrecht, 2009, § 26 MarkenG, Rn. 66.

551 Ebenda.

552 Abkommens von Nizza über die internationale Klassifikation von Waren und Dienstleistungen für die Eintragung von Marken vom 15. Juni 1957 in revidierter und geänderter Fassung (siehe https://www.dpma.de/marken/klassifikation/waren_dienstleistungen/nizza/index.html).

sung der Zertifizierungseigenschaft ermöglicht ihren Markeninhabern ein rechtsicheres Auftreten als unabhängige Dritte. So vermögen Zertifizierungsdienstleister, bei den mit ihrer Marke versehenen Produkten eine neutrale Qualität ausloben und gleichzeitig die Herkunftsfunktion erfüllen, indem sie auf die Herkunft der Zertifizierungsdienstleitung aus ihrem Unternehmen hinweisen.[553]

Exemplarisch sei auf die Unionsindividualmarke [554] hingewiesen. Diese 187
Marke ist in Klasse 42 der Nizza-Klassifikation für folgende Dienstleistungen eingetragen:
»[…]; Erstellen und Prüfen von Normen, Zertifizierungskriterien und Zertifizierungsrichtlinien; Dienstleistungen in Bezug auf die Umsetzung von Zertifizierungssystemen, nämlich die Ausstellung von Zertifizierungen, die Bewertung, Verifizierung, Prüfung und Überwachung der Einhaltung von Standards, die Bewertung und Prüfung gemeinsamer Programme und Projekte mit dem Einzelhandel, mit Unternehmen und Marken; Überprüfung und Beurteilung von Unternehmen, die am Zertifizierungsprogramm teilnehmen; Information und Beratung der Teilnehmer in Bezug auf das Zertifizierungsprogramm; Beratung in Bezug auf Qualitätsmanagement, Qualitätskontrolle und Qualitätssicherung; Vergabe von Erklärungen, Zertifikaten und ähnlichen Dokumenten nach bestimmten Zertifizierungskriterien; Qualitätsmanagementsystem; […]«[555].

Das Wort-/Bildzeichen vermag eine neutrale und anhand objektiver Kriterien 188
geprüfte Vergabe von Fairtrade-Siegeln mittels Eintragung für Qualitätssicherungs- und Zertifizierungsdienstleistungen sicherzustellen. Andererseits erbringt es einen Hinweis auf die betriebliche Herkunftszugehörigkeit dieser Zertifizierung zum eingetragenen Verein: »Fairtrade Labelling Organizations International e. V.«.

Unter Zugrundelegung dieser funktionalen Abgrenzung zur Gewährleis- 189
tungsmarke und deren neutralen Qualitätsmaßstab ist der Unionsindividualmarke ihre markenmäßige Benutzung abzusprechen, wenn sie gleichzeitig einen Gütezeichencharakter für Waren und/oder Dienstleistungen ausweist. Lediglich unter den restriktiven Zeichen- sowie Satzungsvoraussetzungen einer Qualitätssicherungs- und Zertifizierungsdienstleistungsmarke der Klasse 42 vermögen Herkunfts- und Gütezeichenfunktion in Einklang gebracht und eine Unionsindividualmarke somit markenmäßig benutzt werden.[556]

553 Vgl. *Baldauf*, Werbung mit Gütesiegeln und Testergebnissen, 2011, S. 143; BeckOK Markenrecht/*Schoene*, Stand: 01.01.2023, § 97 MarkenG, Rn. 10.1.

554 »Fairtrade«, DPMA Registernr.: 018039409, Stand: 01.05.2023.

555 »Fairtrade«, DPMA Registernr.: 018039409, Stand: 01.05.2023.

556 Vgl. im Ergebnis dazu *Baldauf*, Werbung mit Gütesiegeln und Testergebnissen, 2011, S. 143; BeckOK Markenrecht/*Schoene*, Stand: 01.01.2023, § 97 MarkenG, Rn. 10.1, 13.1; *Thünken* GRUR-Prax 2016, 494, 495.

cc. Rechtsfolgen im Hinblick auf die zeichenrechtliche Bestandskraft eines Gütezeichens im Gewand der Individualmarke

190 Die Rechtsfolgen einer bereits erfolgten oder künftigen Eintragung und/oder Benutzung eines Gütezeichens in Gestalt einer Unionsindividualmarke sind im Hinblick auf deren zeichenrechtliche Bestandskraft unterschiedlich ausgestaltet. Bestehende Unionsindividualmarken können – im Falle eines vollständigen Ausbleibens eines Hinweises auf die betriebliche Herkunft – wegen des zum Zeitpunkt der Eintragung existierenden absoluten Schutzhindernisses der fehlenden konkreten Unterscheidungskraft, Art. 7 Abs. 1 lit. b UMV, auf Antrag nach 59 Abs. 1 lit. a UMV für nichtig erklärt und gelöscht werden. Hierbei ist allerdings zu berücksichtigen, dass ein Zeichen oft erst nach Anmeldung bzw. Eintragung eine primär herkunfts- oder gütehinweisende Funktion durch den Markeninhaber zugewiesen bekommt, indem dieses auf inhabereigenen oder inhaberfremden Produkten angebracht wird. Dementsprechend sind im Eintragungsstadium nur die offensichtlich neutralen Gütehinweise, die zumeist Wörter wie »zertifiziert« oder »garantiert« beinhalten, als nicht unterscheidungskräftig und somit nicht markenmäßig zu klassifizieren. Dasselbe gilt für künftig anzumeldende Unionsindividualmarken, denen nur bei augenscheinlichem Gütecharakter von Amts wegen nach Art. 7 Abs. 1 lit. b UMV der Antrag auf Eintragung verwehrt werden kann. Im Gegensatz dazu wird ein Zeichen in der Benutzungsphase bereits entsprechend ihrer Widmung verwendet, sodass eine Kollision von Gütezeichencharakter und herkunftshinweisender Funktion eindeutig aus der tatsächlichen Zeichennutzung hervorgeht. Für einen solchen Fall sieht das Gesetz nach einem Zeitraum von fünf Jahren die Option vor, eine als Gütezeichen verwendeten Unionsindividualmarke gem. Art. 58 Abs. 1 lit. a UMV aufgrund mangelnder ernsthafter Benutzung für verfallen zu erklären und in der Folge löschen zu lassen.

2. Abgrenzung der Kollektivmarke von der Gewährleistungsmarke

191 Auf die Frage nach der markenmäßigen Benutzung einer Kollektivmarke als Gütezeichen ist der EuGH in jüngster Vergangenheit in mehreren Urteile eingegangen.[557] Wie bereits in Teil 4 B. 1. erläutert, ist ebenfalls darauf hinzuweisen, dass die Ausführungen und Rechtsauslegungen des EuGH, die sich auf Vorschriften der bereits aufgehobenen und ersetzten GMV beziehen, auf die inhaltlich unveränderten Vorschriften der UMV übertragen werden können.[558]

557 EuGH, Urt. v. 08.06.2017 – C-689/15, ECLI:EU:C:2017:434 = GRUR Int. 2017, 630 – *Gözze/VBB [Internationales Baumwollzeichen];* EuGH, Urt. v. 20.09.2017 – C-673/15 P bis C-676/15 P, ECLI:EU:C:2017:702 = GRUR 2017, 1257 – *The Tea Board/EUIPO - Delta Lingerie [Darjeeling];* EuGH, Urt. v. 05.03.2020 – C-766/18 P, ECLI:EU:C:2020:170 = GRUR-RR 2020, 199 – *BBQLOUMI/HALLOUMI.*

558 Siehe Fußnote 488 f.

a. Grundsatzentscheidung des EuGH *Gözze/VBB [Internationales Baumwollzeichen]*

Der Urteilsbegründung des EuGH in der Rechtssache *Gözze/VBB* [*Internationales Baumwollzeichen]* ist zu entnehmen, dass Unionskollektiv- und Unionsgewährleistungsmarken – im Gegensatz zu Unionsindividualmarken – bei ihrer Verwendung als Gütezeichen ihre Herkunftsfunktion trotz fehlenden Hinweises auf ein bestimmtes Unternehmen gegebenenfalls erfüllen können.[559] Im Rahmen der Umsetzung der EuGH Entscheidung verwies das OLG Düsseldorf auf ebendiesen Vergleich der Markenkategorien und betonte im Zuge dessen, dass sämtliche Ausführungen zur fehlenden Herkunftsfunktion in ihrer Geltung auf Unionsindividualmarken begrenzt seien.[560] 192

Daraus lässt sich schließen, dass die markenmäßige Benutzung von Unionskollektivmarken als Gütezeichen durch den EuGH grundsätzlich als zulässig erachtet wurde. Eine explizite Überprüfung des Verhältnisses zwischen Kollektiv- und Gewährleistungsmarke hat der EuGH in dem Urteil jedoch nicht vorgenommen. Die Abgrenzung bleibt insoweit einem gesonderten Gerichtsverfahren vorbehalten. 193

b. Konkretisierung in EuGH Entscheidung *Darjeeling*

Eine Konkretisierung dieses Grundsatzes nahm der EuGH in seiner D*arjeeling* Entscheidung[561] am Beispiel der als Gütezeichen in Form einer (mittelbaren) geografischen Herkunftsangabe[562] eingetragenen Unionskollektivmarke vor. Dem Urteil zufolge müssen Zeichen oder Angaben, die im Verkehr zur Bezeichnung der geografischen Herkunft von Waren dienen, einen kollektiven be- 194

559 EuGH, Urt. v. 08.06.2017 – C-689/15, ECLI:EU:C:2017:434, Rn. 50 = GRUR Int. 2017, 630, 634 – *Gözze/VBB* [*Internationales Baumwollzeichen].*

560 OLG Düsseldorf, Urt. v. 30.11.2017 – I-20 U 222/14, GRUR-RR 2018, 193, 194, Rn. 16 – *Gözze/VBB* [*Internationales Baumwollzeichen].*

561 EuGH, Urt. v. 20.09.2017 – C-673/15 P bis C-676/15 P, ECLI:EU:C:2017:702 = GRUR 2017, 1257 – *The Tea Board/EUIPO - Delta Lingerie [Darjeeling].*

562 Im Gegensatz zu unmittelbaren geografische Herkunftsangaben, die ihren Namen zufolge direkt auf die örtliche Herkunft eines Produktes aus einem Ort, einer Gegend, einem Gebiet, einer Region, einem Land oder gar einem Erdteil hinweisen, können anhand von mittelbaren geografischen Herkunftsangaben indirekt Rückschlüsse auf die entsprechende geografische Herkunft gezogen werden. Diese Angaben vermögen neben anderen Produkteigenschaften, wie der Qualität eines Produktes, als Kollektivmarke, in Ausnahmefällen auch als Individualmarke Markenschutz erlangen (siehe BeckOK Markenrecht/*Weiler*, Stand: 01.01.2023, § 1 MarkenG, Rn. 11; BeckOK Markenrecht/*Schulteis*, Stand: 01.01.2023, § 126 MarkenG, Rn. 18 ff.; Fezer/Büscher/Obergfell/*Marx*, UWG, 2016, Bd. 1, 2. Teil, Geografische Herkunftsangaben (S. 10), Rn. 49, 217, 219.

trieblichen Herkunftshinweis erbringen, um markenmäßig benutzt werden zu können.[563]

195 Zur Vorgeschichte lässt sich Folgendes anführen: Am 21./22.10.2010 meldete Delta Lingerie die Unionsindividualmarken aus folgenden Wort- und Bildbestandteilen Darjeeling, Darjeeling, Darjeeling, Darjeeling in den Klassen 25, 35 und 38 der Nizza-Klassifikation u. a. für »Damenunterwäsche« und mit deren Vertrieb in Zusammenhang stehenden Einzelhandelsdienstleistungen beim EUIPO an.

196 Am 07.04.2011 erhob The Tea Board, eine durch das indische Teegesetz errichtete und zur Verwaltung der Teeproduktion ermächtigte Organisation, Widerspruch gegen die Eintragung der angemeldeten Marken wegen relativer Eintragungshindernisse gem. Art. 8 Abs. 1 lit. b, Abs. 5 GMV (Art. 8 Abs. 1 lit. b, Abs. 5 UMV). Dabei stützte sich The Tea Board auf die ältere, vom Ort Darjeeling in Indien herzuleitende Unionskollektivwortmarke »DARJEELING« und die mit demselben Wortbestandteil versehene Unionskollektivbildmarke . Die daraufhin erfolgte Zurückweisung der Widersprüche durch die Widerspruchsabteilung des EUIPO in vier separaten Entscheidungen wurde jedoch von der Zweiten Beschwerdekammer des EUIPO mit der Begründung einer fehlenden Verwechslungsgefahr bestätigt; mit der Folge, dass auch die von The Tea Board eingelegten Beschwerden zurückgewiesen wurden.

197 Im Anschluss daran erhob The Tea Board am 25.11.2013 vier Klagen auf Aufhebung der vier streitigen Entscheidungen des EUIPO. The Tea Board berief sich dabei auf die Missachtung der modifizierten Herkunftsfunktion von geografischen Unionskollektivmarken, gemäß derer ein Hinweis auf eine bestimmte geografische Herkunft genüge. Das EuG wies diesen Klagegrund in seinen Urteilen als unbegründet zurück. Es betonte, dass die wesentliche Funktion von geografischen Unionskollektivmarken nicht vom Grundmarkentypus der Unionskollektivmarke abweiche und somit gleichermaßen in dem kollektiven betrieblichen Hinweis liege. Unter diesem Gesichtspunkt sei nach den Kriterien für die Beurteilung einer Identität oder Ähnlichkeit keine Verwechslungsgefahr gegeben.[564]

563 EuGH, Urt. v. 20.09.2017 – C-673/15 P bis C-676/15 P, ECLI:EU:C:2017:702, Rn. 63 = GRUR 2017, 1257, 1260 – *The Tea Board/EUIPO - Delta Lingerie [Darjeeling]*.

564 EuG, Urt. v. 02.10.2015 – T-624/13, EU:T:2015:743, Rn. 43, 49, 58, 63 = BeckEuRS 2013, 750498 – *The Tea Board/HABM - Delta Lingerie [Darjeeling];* EuG, Urt. v. 02.10.2015, T-625/13, nicht veröffentlicht, EU:T:2015:742 – *The Tea Board/HABM - Delta Lingerie [Darjeeling collection de lingerie]*, EuG, Urt. v. 02.10.2015, T-626/13, nicht veröffentlicht, EU:T:2015:741 – *The Tea Board/HABM - Delta Lingerie [DARJEELING collection de lingerie];* EuG, Urt. v.

The Tea Board beantragte jeweils das angefochtene Urteil in Bezug auf die abgewiesenen Klagegründe aufzuheben oder falls erforderlich, die Sache an das Gericht zurückzuverweisen.[565] Daraufhin bezog der EuGH in einem gebündelten Urteil zu allen vier angefochtenen Entscheidungen des EuG sowie den dagegen eingelegten Rechtsmitteln wie folgt Stellung:[566] 198

Ausführlich widmete er sich dem von The Tea Board vorgebrachten vermeintlichen Rechtsfehler des EuG in Bezug auf die Annahme des Herkunftshinweises als Hauptfunktion einer Unionskollektivmarke, welche als geografische Herkunftsangabe i. S. d. Art. 66 Abs. 2 GMV (Art. 74 Abs. 2 UMV) verwendet wird.[567] 199

So verwies der EuGH auf den Wortlaut des Art. 66 Abs. 2 S. 1 GMV (Art. 74 Abs. 2 S. 1 UMV), demzufolge Zeichen oder Angaben, die im Verkehr zur Bezeichnung der geografischen Herkunft der Waren oder Dienstleistungen dienen können[568], gleichermaßen Unionskollektivmarken i. S. d. Art. 66 Abs. 1 GMV (Art. 74 Abs. 1 UMV) darstellen. Demgemäß werden nur solche Zeichen als Unionskollektivmarken eingetragen, die der Unterscheidung von Waren und Dienstleistungen der Mitglieder des markeninnehabenden Verbands von denen anderer Unternehmen dienen können.[569] Des Weiteren führte der EuGH die Vorschrift des Art. 4 GMV (Art. 4 UMV) und dessen normierte allgemeine Markenvoraussetzung der Unterscheidungseignung der betrieblichen Herkunft von Waren und Dienstleistungen an, die gem. Art. 66 Abs. 3 GMV 200

02.10.2015, T-627/13, nicht veröffentlicht, EU:T:2015:740 – *The Tea Board/HABM - Delta Lingerie [Darjeeling]*.

565 EuGH, Urt. v. 20.09.2017 – C-673/15 P bis C-676/15 P, ECLI:EU:C:2017:702, Rn. 28 = GRUR 2017, 1257 – *The Tea Board/EUIPO - Delta Lingerie [Darjeeling]*.

566 EuGH, Urt. v. 20.09.2017 – C-673/15 P bis C-676/15 P, ECLI:EU:C:2017:702, Rn. 29 = GRUR 2017, 1257 – *The Tea Board/EUIPO - Delta Lingerie [Darjeeling]*.

567 EuGH, Urt. v. 20.09.2017 – C-673/15 P bis C-676/15 P, ECLI:EU:C:2017:702, Rn. 43 ff. = GRUR 2017, 1257, 1258 f. – *The Tea Board/EUIPO - Delta Lingerie [Darjeeling]*; EuG, Urt. v. 02.10.2015, T-624/13, EU:T:2015:743, Rn. 41-43, 49, 58 = BeckEuRS 2013, 750498 – *The Tea Board/HABM - Delta Lingerie [Darjeeling];* EuG, Urt. v. 02.10.2015, T-625/13, nicht veröffentlicht, EU:T:2015:742 – *The Tea Board/HABM - Delta Lingerie [Darjeeling collection de lingerie]*, EuG, Urt. v. 02.10.2015, T-626/13, nicht veröffentlicht, EU:T:2015:741 – *The Tea Board/HABM - Delta Lingerie [DARJEELING collection de lingerie];* EuG, Urt. v. 02.10.2015, T-627/13, nicht veröffentlicht, EU:T:2015:740 – *The Tea Board/HABM - Delta Lingerie [Darjeeling]*.

568 Darunter sind sowohl Angaben, die bereits als geschützte geografische Angabe oder geschützte Ursprungsbezeichnung eingetragen sind, aber auch sonstige geografische Bezeichnungen zu subsumieren (BeckOK Markenrecht/*Miosga*, Stand: 01.01.2023, Art. 74 UMV, Rn. 15.

569 EuGH, Urt. v. 20.09.2017 – C-673/15 P bis C-676/15 P, ECLI:EU:C:2017:702, Rn. 50 = GRUR 2017, 1257, 1259 – *The Tea Board/EUIPO - Delta Lingerie [Darjeeling]*.

(Art. 74 Abs. 3 UMV) auch auf Kollektivmarken ihre Anwendung finde.[570] Infolgedessen wiederholte der EuGH seine bereits in vorherigen Urteilen geäußerte Rechtsauffassung, »dass die Hauptfunktion der Marke darin best[ehe], den Verbrauchern die Herkunft der Ware zu garantieren, indem sie es ermöglich[e], die mit der Marke gekennzeichnete Ware oder Dienstleistung als von einem bestimmten Unternehmen stammend zu identifizieren und damit von denjenigen anderer Unternehmen zu unterscheiden«.[571] Dieser Hauptfunktion würde es nach Auffassung des EuGH zuwiderlaufen, die wesentliche Funktion einer Unionskollektivmarke nach Art. 66 Abs. 2 GMV (Art. 74 Abs. 2 UMV) stattdessen in dem Hinweis auf die geografische Herkunft der unter einer Marke angebotenen Waren und Dienstleistungen zu sehen.[572] Für eine solche Annahme spreche auch nicht der Umstand, dass Art. 66 Abs. 2 GMV (Art. 74 Abs. 2 UMV) einen naturbedingten Ausnahmetatbestand der Kollektivmarken gegenüber dem absoluten Eintragungshindernis nach Art. 7 Abs. 1 lit. c GMV (Art. 7 Abs. 1 lit. c UMV) darstelle.[573] Der im Allgemeininteresse liegende Schutzzweck dieser Vorschrift, dass beschreibende Zeichen von jeder Person verwendet werden können und nicht einem bestimmten Unternehmen vorbehalten sind, werde nämlich durch die Vorschriften zur Unionskollektivmarke, Art. 66-74 GMV (Art. 74-82 UMV), gewahrt. Zum einen dürfe der Inhaber einer solchen Unionskollektivmarke gem. Art. 66 Abs. 2 S. 2 GMV (Art. 74 Abs. 2 S. 2 UMV) einem Dritten die Benutzung der geografischen Bezeichnung im geschäftlichen Verkehr nicht verbieten, sofern diese den anständigen Gepflogenheiten in Gewerbe oder Handel entspräche. Zum anderen müsse der Verband als Inhaber einer Marke nach Art. 66 Abs.2 GMV (Art. 74 Abs. 2 UMV) den Satzungsanforderungen zufolge jeder Person, deren Waren oder Dienstleistungen aus dem betreffenden geografischen Gebiet stammen, eine Mitgliedschaft gestatten, Art. 67 Abs.2 S. 2 GMV (Art. 75 Abs. 2 S. 2 UMV).[574] Anschließend ging der

570 EuGH, Urt. v. 20.09.2017 – C-673/15 P bis C-676/15 P, ECLI:EU:C:2017:702, Rn. 51 = GRUR 2017, 1257, 1259 – *The Tea Board/EUIPO - Delta Lingerie [Darjeeling]*.

571 EuGH, Urt. v. 20.09.2017 – C-673/15 P bis C-676/15 P, ECLI:EU:C:2017:702, Rn. 52 = GRUR 2017, 1257, 1259 – *The Tea Board/EUIPO - Delta Lingerie [Darjeeling]*, EuGH, Urt. v. 06.03.2014 – C-409/12, Rn. 20 = GRUR Int. 2014, 362, 364 – *Kornspitz*; EuGH, Urt. v. 23.03.2010 – C-236/08 bis C-238/08, Rn. 77 = GRUR 2010, 445, 448 – *Google France und Google*.

572 EuGH, Urt. v. 20.09.2017 – C-673/15 P bis C-676/15 P, ECLI:EU:C:2017:702, Rn. 54 = GRUR 2017, 1257, 1259 – *The Tea Board/EUIPO - Delta Lingerie [Darjeeling]*.

573 EuGH, Urt. v. 20.09.2017 – C-673/15 P bis C-676/15 P, ECLI:EU:C:2017:702, Rn. 57-60 = GRUR 2017, 1257, 1260 – *The Tea Board/EUIPO - Delta Lingerie [Darjeeling]*.

574 EuGH, Urt. v. 20.09.2017 – C-673/15 P bis C-676/15 P, ECLI:EU:C:2017:702, Rn. 60 = GRUR 2017, 1257, 1260 – *The Tea Board/EUIPO - Delta Lingerie [Darjeeling]*.

EuGH auf die von The Tea Board zur Begründung seiner Auffassung herangezogenen Schutzvorschriften zu geschützten geografischen Angaben, Art. 13 Abs. lit. c, d VO (EU) Nr. 1151/2012 und Art. 22 des TRIPS-Übereinkommens[575] ein. Hierzu stellte der EuGH die Unanwendbarkeit dieser Irreführungsnormen heraus, indem er auf die unterschiedlichen Regelungssysteme sowie die verschiedenen Schutzzwecke der geschützten geografischen Angaben nach Art 5 Abs. 2 VO (EU) Nr. 1151/2012 und der Unionskollektivmarken gem. Art. 4 GMV (Art. 4 UMV) verwies.[576] Diese herausgearbeiteten Unterschiede zwischen Markenrecht und sui generis EU-Recht seien auch bei Unionsmarken, die aus Zeichen oder Angaben bestehen, welche im Verkehr zur Bezeichnung der geografischen Herkunft der Waren und Dienstleistungen dienen können, einzuhalten.[577]

Somit kam der EuGH nach Prüfung der Rechtsmittel und der zugrundeliegenden Urteile zu dem Schluss, dass in der Konstatierung des Herkunftshinweises als wesentliche Funktion einer Unionskollektivmarke kein Rechtsfehler des EuG zu sehen sei.[578] Stattdessen erweise sich die geografische Herkunft im Rahmen der Prüfung einer Verwechslungsgefahr gem. Art. 8 Abs. 1 lit. b GMV (Art. 8 Abs. 1 lit. b UMV) als irrelevanter Faktor.[579] So beurteile sich die Waren- und Dienstleistungsidentität bzw. die Waren- und Dienstleistungsähnlichkeit von einander gegenüberstehenden Zeichen nicht anhand ihrer geografischen, sondern anhand ihrer betrieblichen (kollektiven) Herkünfte.[580] In der Folge wies der Gerichtshof den Rechtsmittelgrund unter Bezugnahme auf eine fehlende Ähnlichkeit der betrieblichen, kollektiven Warenherkunft der einander gegenüberstehenden Zeichen zurück.[581] 201

575 Übereinkommen über handelsbezogene Aspekte der Rechte des geistigen Eigentums (TRIPS) v. 15.04.1994, BGBl. 1994 II S. 1730, zuletzt geändert durch Änd. v. 06.12.2005, ABl. 2007 L 311 S. 37.

576 EuGH, Urt. v. 20.09.2017 – C-673/15 P bis C-676/15 P, ECLI:EU:C:2017:702, Rn. 61 f. = GRUR 2017, 1257, 1260 – *The Tea Board/EUIPO - Delta Lingerie [Darjeeling]*.

577 EuGH, Urt. v. 20.09.2017 – C-673/15 P bis C-676/15 P, ECLI:EU:C:2017:702, Rn. 62 = GRUR 2017, 1257, 1260 – *The Tea Board/EUIPO - Delta Lingerie [Darjeeling]*.

578 EuGH, Urt. v. 20.09.2017 – C-673/15 P bis C-676/15 P, ECLI:EU:C:2017:702, Rn. 63 = GRUR 2017, 1257, 1260 – *The Tea Board/EUIPO - Delta Lingerie [Darjeeling]*.

579 EuGH, Urt. v. 20.09.2017 – C-673/15 P bis C-676/15 P, ECLI:EU:C:2017:702, Rn. 64 = GRUR 2017, 1257, 1260 – *The Tea Board/EUIPO - Delta Lingerie [Darjeeling]*.

580 EuGH, Urt. v. 20.09.2017 – C-673/15 P bis C-676/15 P, ECLI:EU:C:2017:702, Rn. 62 ff. = GRUR 2017, 1257, 1260 – *The Tea Board/EUIPO - Delta Lingerie [Darjeeling]*.

581 EuGH, Urt. v. 20.09.2017 – C-673/15 P bis C-676/15 P, ECLI:EU:C:2017:702, Rn. 63 ff. = GRUR 2017, 1257, 1260 – *The Tea Board/EUIPO - Delta Lingerie [Dar-*

c. Bestätigung in EuGH Entscheidung *Der Grüne Punkt*

202 Die Konkretisierung im Hinblick auf die Verwendung einer Unionskollektivmarke als Gütezeichen wurde in der Rechtssache *Der Grüne Punkt*[582] aufgegriffen und entsprechend auf den gegenständlichen Rechtsstreit angewendet. Darüber hinaus thematisierte der EuGH den anzulegenden Prüfungsmaßstab in Bezug auf den Erhalt oder den Zugewinn von Marktanteilen für die durch die Marke geschützten Waren und/oder Dienstleistungen.[583] Ausführungen dazu werden in gebotener Kürze als Kriterium der ernsthaften Benutzung einer Kollektivmarke abgehandelt, werden jedoch im weiteren Verlauf der Arbeit aufgrund des hiesigen Themenschwerpunkts nicht weiter beleuchtet.

203 Der Grüne Punkt – Duales System Deutschland GmbH (im Folgenden: die Klägerin) ist Inhaberin der Unionskollektivmarke »Der Grüne Punkt«, die im Jahr 1999 für Waren in den Klassen 1-34, u. a. für Lebensmittel, Getränke und Körperpflegemittel sowie für Dienstleistungen wie »Werbung«, »Abfallentsorgung« und »Transportwesen« eingetragen wurde. Das Verfahren gründete auf einem Antrag der Halston Properties, s. r. o. vom 02.11.2012 auf Erklärung des Verfalls der Unionskollektivmarke »Der Grüne Punkt« für sämtliche eingetragene Waren. Vom Antrag explizit ausgenommen waren die von der Marke erfassten Dienstleistungen.[584] Hierbei berief sich die Gesellschaft auf den Verfallsgrund einer fehlenden ernsthaften Benutzung gem. Art. 51 Abs. 1 lit. a GMV (Art. 58 Abs. 1 lit. a UMV). Daraufhin erklärte die Löschungsabteilung des EUIPO diese Marke im Hinblick auf die streitgegenständlichen Waren für verfallen. Die daraufhin eingereichte Beschwerde der Klägerin wurde von der Fünften Beschwerdekammer des EUIPO zurückgewiesen.[585] Letztinstanzlich richtete sich die Klägerin gegen die Zurückweisung der Klage auf Aufhebung

jeeling]; EuG, Urt. v. 02.10.2015 – T-624/13, EU:T:2015:743, Rn. 43, 49, 58, 63 = BeckEuRS 2013, 750498 – *The Tea Board/HABM - Delta Lingerie [Darjeeling];* EuG, Urt. v. 02.10.2015, T-625/13, nicht veröffentlicht, EU:T:2015:742 – *The Tea Board/HABM - Delta Lingerie [Darjeeling collection de lingerie],* EuG, Urt. v. 02.10.2015, T-626/13, nicht veröffentlicht, EU:T:2015:741 – *The Tea Board/HABM - Delta Lingerie [DARJEELING collection de lingerie];* EuG, Urt. v. 02.10.2015, T-627/13, nicht veröffentlicht, EU:T:2015:740 – *The Tea Board/HABM - Delta Lingerie [Darjeeling].*

582 EuGH, Urt. v. 12.12.2019 – C-143/19 P, ECLI:EU:C:2019:1076 = GRUR-RR 2020, 250, 253 f. – *Der Grüne Punkt/EUIPO.*

583 EuGH, Urt. v. 12.12.2019 – C-143/19 P, ECLI:EU:C:2019:1076, Rn. 67 ff., 78 = GRUR-RR 2020, 250, 253 f. – *Der Grüne Punkt/EUIPO.*

584 EuG, Urt. v. 12.12.2018 – T-253/17, ECLI:EU:T:2018:909, Rn. 7 = GRUR-RS 2018, 31767 – *Der Grüne Punkt/EUIPO*; EuGH, Urt. v. 12.12.2019 – C-143/19 P, ECLI:EU:C:2019:1076, Rn. 15= GRUR-RR 2020, 250, 251– *Der Grüne Punkt/EUIPO.*

585 Rechtssache 1357/2015-5, https://euipo.europa.eu/eSearchCLW/#basic/*///number/1357%2F2015-5.

der Entscheidungen der Beschwerdekammer durch das EuG. Das Gericht pflichtete der Annahme der Beschwerdekammer bei, dass in der Anbringung der Unionskollektivmarke »Der Grüne Punkt« auf Verpackungen keine ernsthafte Benutzung i. S. d. Art. 15 Abs. 1 GMV (Art. 18 Abs. 1 UMV) zu sehen sei.

Zur Begründung führte das EuG aus, dass die streitgegenständliche Marke 204
keinen Absatzmarkt für die verpackten Produkte, sondern lediglich für die Verpackungen sichere oder generiere.[586] Letztinstanzlich wurde das angefochtene EuG-Urteil einer Würdigung durch den Europäischen Gerichtshof unterzogen.[587] Hierbei stützte die Klägerin ihr zum EuGH eingelegtes Rechtsmittel auf einen Verstoß gegen Art. 15 Abs. 1 i. V. m Art. 66 GMV (Art. 18 Abs. i. V. m. Art. 74 UMV).

Der EuGH stellte zunächst fest, dass sich die Beurteilung des Vorliegens ei- 205
ner ernsthaften Benutzung der streitgegenständlichen Unionskollektivmarke nach dessen Hauptfunktion richte.[588] Diese bestehe – unter Verweis auf die *Darjeeling* Entscheidung – in der Unterscheidung von Waren oder Dienstleistungen der Mitglieder des markeninnehabenden Verbands von denen anderer Unternehmen.[589] Im Unterschied zur Unionsindividualmarke weise die Unionskollektivmarke nicht auf die »Ursprungsidentität« der Waren oder Dienstleistungen, sondern auf die Verbandsmitgliedschaft hin. Demnach haben die Kontrolle und das Auftreten der Verbandmitglieder nicht einheitlich ausgestaltet zu sein. Der Gerichtshof betonte jedoch, dass zum Zwecke jeweils unterschiedlicher Herkunftshinweise ein Auftreten der Verbandsmitglieder als Inhaber beider Markenarten möglich sei.[590] Die streitgegenständliche Unionskollektivmarke komme ihrer Herkunftsfunktion dahingehend nach, als sie die lizenzvertragliche Zugehörigkeit der Verbandsmitglieder zu dem Abfallentsorgungssystem der »Der Grüne Punkt – Duales System Deutschland GmbH« verdeutliche.[591] Daran hindere sie auch nicht der vom EuG angemerkte mitverwirklichte Hinweis auf

586 EuG, Urt. v. 12.12.2018 – T-253/17, ECLI:EU:T:2018:909, Rn. 39 ff, 45 = GRUR-RS 2018, 31767 – *Der Grüne Punkt/EUIPO*.

587 EuGH, Urt. v. 12.12.2019 – C-143/19 P, ECLI:EU:C:2019:1076, Rn. 36, 49 ff. = GRUR-RR 2020, 250, 251 f. – *Der Grüne Punkt/EUIPO*.

588 EuGH, Urt. v. 12.12.2019 – C-143/19 P, ECLI:EU:C:2019:1076, Rn. 51 f. = GRUR-RR 2020, 250, 252 – *Der Grüne Punkt/EUIPO*.

589 EuGH, Urt. v. 20.09.2017 – C-673/15 P bis C-676/15 P, ECLI:EU:C:2017:702, Rn. 50 = GRUR 2017, 1257, 1259 – *The Tea Board/EUIPO - Delta Lingerie [Darjeeling];* EuGH, Urt. v. 12.12.2019 – C-143/19 P, ECLI:EU:C:2019:1076, Rn. 52, 57 f. = GRUR-RR 2020, 250, 252 – *Der Grüne Punkt/EUIPO*.

590 EuGH, Urt. v. 12.12.2019 – C-143/19 P, ECLI:EU:C:2019:1076, Rn. 54 = GRUR-RR 2020, 250, 252 – *Der Grüne Punkt/EUIPO*.

591 EuGH, Urt. v. 12.12.2019 – C-143/19 P, ECLI:EU:C:2019:1076, Rn. 59 = GRUR-RR 2020, 250, 252 – *Der Grüne Punkt/EUIPO*.

ein »bestimmtes ökologisches Verhalten« der einzelnen Unternehmen des Kollektivs.[592]

206 Als weiteres Kriterium führte der EuGH die mit der Markenbenutzung intendierte Erschließung oder Sicherung eines Absatzmarktes an.[593] Diesbezüglich habe das EuG die Rechtsprechung des Gerichtshofs in Bezug auf Unionsindividualmarken[594] in zutreffender Weise auf die Unionskollektivmarke übertragen.[595] Die Anwendung dieses Kriteriums auf die streitgegenständliche Unionskollektivmarke misslinge dem EuG wiederum.[596] So mangele es der Prüfung des Gerichts an einer Berücksichtigung des betreffenden Wirtschaftszweigs und dessen Besonderheiten im Hinblick auf die Art der Waren bzw. die Eigenschaften der Absatzmärkte. Die Absatzmärkte von Verpackungen und Produkten seien für die in Rede stehende Marke keineswegs losgelöst voneinander zu betrachten.[597] Stattdessen sei zu untersuchen, ob die auf der Verpackung angebrachte Unionskollektivmarke einen – für den betreffenden Wirtschaftszweig rechtfertigenden – Beitrag für die Erhaltung oder Erschließung eines Absatzmarkts der damit versehenen Waren leiste.[598]

207 In Konsequenz dessen gab der Gerichtshof mit Urteil vom 12.12.2019 der Klage statt und erklärte die angefochtene EuG Entscheidung für nichtig.[599]

592 EuG, Urt. v. 12.12.2018 – T-253/17, ECLI:EU:T:2018:909, Rn. 41 f. = GRUR-RS 2018, 31767 – *Der Grüne Punkt/EUIPO*; EuGH, Urt. v. 12.12.2019 – C-143/19 P, ECLI:EU:C:2019:1076, Rn. 60 = GRUR-RR 2020, 250, 252 – *Der Grüne Punkt/EUIPO*.

593 EuGH, Urt. v. 12.12.2019 – C-143/19 P, ECLI:EU:C:2019:1076, Rn. 55 ff. = GRUR-RR 2020, 250, 252 – *Der Grüne Punkt/EUIPO*.

594 EuGH, Urt. v.11.03.2003 – C-40/01, ECLI:EU:C:2003:145, Rn. 43 = GRUR 2003, 425, 428 – *Ansul BV/Ajax Brandbeveiliging BV [Ansul/Ajax*]; EuGH, Urt. v. 03.07.2019 – C-668/17 P, ECLI:EU:C:2019:557, Rn. 38 = GRUR-RS 2019, 12912 – *Viridis Pharmaceutical/EUIPO*.

595 EuG, Urt. v. 12.12.2018 – T-253/17, ECLI:EU:T:2018:909, Rn. 26 = GRUR-RS 2018, 31767 – *Der Grüne Punkt/EUIPO*; EuGH, Urt. v. 12.12.2019 – C-143/19 P, ECLI:EU:C:2019:1076, Rn. 55 ff. = GRUR-RR 2020, 250, 252 – *Der Grüne Punkt/EUIPO*.

596 EuGH, Urt. v. 12.12.2019 – C-143/19 P, ECLI:EU:C:2019:1076, Rn. 63 = GRUR-RR 2020, 250, 253 – *Der Grüne Punkt/EUIPO*.

597 EuG, Urt. v. 12.12.2018 – T-253/17, ECLI:EU:T:2018:909, Rn. 43 ff. = GRUR-RS 2018, 31767 – *Der Grüne Punkt/EUIPO*; EuGH, Urt. v. 12.12.2019 – C-143/19 P, ECLI:EU:C:2019:1076, Rn. 71 f. = GRUR-RR 2020, 250, 253 – *Der Grüne Punkt/EUIPO*.

598 EuGH, Urt. v. 12.12.2019 – C-143/19 P, ECLI:EU:C:2019:1076, Rn. 62, 71 ff. = GRUR-RR 2020, 250, 253 f. – *Der Grüne Punkt/EUIPO*.

599 EuGH, Urt. v. 12.12.2019 – C-143/19 P, ECLI:EU:C:2019:1076, Rn. 76 ff. = GRUR-RR 2020, 250, 254 – *Der Grüne Punkt/EUIPO*.

d. Fortführung in EuGH Entscheidung *BBQLOUMI/HALLOUMI*

Eine weitere Bestätigung durch den EuGH erfuhren die in der *Darjeeling* Entscheidung getätigten Ausführungen in der Rechtssache *BBQLOUMI/HALLOUMI*[600]. Im Zuge derer verwies der EuGH erneut auf den kollektiven betrieblichen Herkunftshinweis als Hauptfunktion einer eingetragenen Unionskollektivmarke[601] in Form einer (mittelbaren) geografischen Herkunftsangabe. Außerdem zog der Gerichtshof für die Beurteilung der Verwechslungsgefahr ebenfalls die Kriterien der Unionsindividualmarke, und zwar die Identität bzw. Ähnlichkeit der Marken, der gekennzeichneten Waren sowie die Unterscheidungskraft der älteren Marke, entsprechend heran.[602] 208

Der Entscheidung des Gerichtshofs lag ein Rechtsstreit zwischen M. J. Dairies EOOD, einer Gesellschaft mit Sitz in Bulgarien und der Foundation for the Protection of the Traditional Cheese of Cyprus named Halloumi (im Folgenden: Foundation) zugrunde. Die Foundation, Inhaberin der für die Ware »Käse« der Klasse 29 eingetragenen kollektiven Unionsmarke »HALLOUMI«, legte am 12.11.2014 Widerspruch gegen die u. a. für »Käse und Molkereiprodukte« der Klassen 29, 30 und 43 angemeldete Unionsmarke »BBQLOUMI« der M. J. Dairies EOOD ein und stützte sich dabei insbesondere auf den Verwechslungstatbestand gem. Art. 8 Abs. 1 lit. b GMV (Art. 8 Abs. 1 lit. b UMV). Die Widerspruchsabteilung des EUIPO wies den Widerspruch zurück und auch die dagegen gerichtete Beschwerde der Foundation blieb erfolglos. Mit dem angefochtenen Urteil vom 25.09.2018 wies schließlich auch das EuG die Klage gegen die Entscheidung der Beschwerdekammer ab. Die Entscheidungen der Instanzen des EUIPO sowie des Gerichts beruhen im Wesentlichen auf der Erwägung, dass die Marke »HALLOUMI« der Bezeichnung eines bekannten zypriotischen Käses entspreche und somit lediglich eine geringe Unterscheidungs- 209

600 EuGH, Urt. v. 05.03.2020 – C-766/18 P, ECLI:EU:C:2020:170 = GRUR-RR 2020, 199 – *BBQLOUMI/HALLOUMI*.

601 Zum Zeitpunkt der Gerichtsentscheidung war die Bezeichnung »Halloumi/Hellim« keine geschützte geografische Angabe, sondern lediglich eine sonstige geografische Bezeichnung. Somit kommt ihr der damit einhergehende Gütezeichencharakter erst seit erfolgter Eintragung am 13.04.2021 als geschützte Ursprungsbezeichnung nach der VO (EU) Nr. 1151/2012 zu, wonach nun die konkrete Qualität des zypriotischen Käse geschützt ist, siehe dazu: e-Ambrosia, PDO-CY-01243; siehe zur Änderung der Green Line Regulation (VO 866/2004 zu Personen- und Warenverkehr von und nach Nordzypern) für die Sicherung eines EU-Schutzes in Nordzypern, wo die EU-Regelungen grundsätzlich nicht angewendet werden, https://ec.europa.eu/commission/presscorner/detail/de/IP_21_1623.

602 EuGH, Urt. v. 05.03.2020 – C-766/18 P, ECLI:EU:C:2020:170, Rn. 64 f., 69 f. = GRUR-RR 2020, 199, 200 f. – *BBQLOUMI/HALLOUMI*.

kraft aufweise.[603] Im Übrigen würden sich die Zeichen der Marken in Wort, Schrift und Klang hinreichend unterscheiden, sodass insgesamt der Verwechslungstatbestand nicht erfüllt sei.

210 Als letzte Instanz hatte nun der Gerichtshof über das eingelegte Rechtsmittel der Foundation vom 05.12.2018 zu entscheiden. Im Rahmen seiner Würdigung verwies der EuGH in Bezug auf die Prüfung der Verwechslungsgefahr zunächst auf seine Ausführungen der *Darjeeling* und der *Der Grüne Punkt* Entscheidung. So sei die Verwechslungsgefahr bei einer Unionskollektivmarke darin zu sehen, dass der Verkehr auch die von der angegriffenen Marke erfassten Waren und Dienstleistungen als dem Verband oder einem wirtschaftlich mit diesem verbundenen Unternehmen zugehörig einordnen könne.[604] Der betriebliche Herkunftshinweis als Hauptfunktion einer eingetragenen Unionskollektivmarke nach Art. 66 Abs. 1 GMV (Art. 74 Abs.1 UMV) lasse keine andere Bewertung zu, als die Kriterien der Unionsindividualmarke für die Beurteilung einer Verwechslungsgefahr zu übernehmen.[605]

211 In seiner weiteren Begründung widmete sich der Gerichtshof den einzelnen Kriterien des Verwechslungstatbestandes, die unter Berücksichtigung aller Umstände in einer Wechselbeziehung zueinander stünden.[606] Er betonte, dass sich die relevanten Umstände des Einzelfalles aus der Ähnlichkeit der gegenüberstehenden Marken und der mit ihnen gekennzeichneten Waren und Dienstleistungen sowie der Unterscheidungskraft der älteren Marke zusammensetzen.[607]

212 Der EuGH ging dabei insbesondere auf das Kriterium der Unterscheidungskraft ein, um dem Vorbringen der Foundation zu begegnen, die Unterscheidungskraft beurteile sich bei geografischen Unionskollektivmarken gem. Art. 66 Abs. 2 GMV (Art. 74 Abs. 2 UMV) anders als bei Unionsindividualmarken.[608] Im Zuge dessen verwies der Gerichtshof zunächst auf die ständige Rechtsprechung, gemäß derer eine starke Unterscheidungskraft geeignet sei die Verwechslungsgefahr zu erhöhen, eine schwache Unterscheidungskraft hinge-

603 EuG, Urt. v. 25.09.2018 – T-328/17, EU:T:2018:594, nicht veröffentlicht, Rn. 42, 70 – Foundation for the Protection of the Traditional Cheese of Cyprus named Halloumi/EUIPO/ M. J. Dairies [BBQLOUMI].

604 EuGH, Urt. v. 05.03.2020 – C-766/18 P, ECLI:EU:C:2020:170, Rn. 64 = GRUR-RR 2020, 199, 200 f. – *BBQLOUMI/HALLOUMI.*

605 EuGH, Urt. v. 05.03.2020 – C-766/18 P, ECLI:EU:C:2020:170, Rn. 64 f. = GRUR-RR 2020, 199, 201 – *BBQLOUMI/HALLOUMI*; EuGH, Urt. v. 20.09.2017 – C-673/15 P bis C-676/15 P, ECLI:EU:C:2017:702, Rn. 63 = GRUR 2017, 1257, 1260 – *The Tea Board/EUIPO - Delta Lingerie [Darjeeling].*

606 EuGH, Urt. v. 05.03.2020 – C-766/18 P, ECLI:EU:C:2020:170, Rn. 67 ff. = GRUR-RR 2020, 199, 201 – *BBQLOUMI/HALLOUMI.*

607 EuGH, Urt. v. 05.03.2020 – C-766/18 P, ECLI:EU:C:2020:170, Rn. 67 ff. = GRUR-RR 2020, 199, 201 – *BBQLOUMI/HALLOUMI.*

608 EuGH, Urt. v. 05.03.2020 – C-766/18 P, ECLI:EU:C:2020:170, Rn. 70 ff. = GRUR-RR 2020, 199, 201 – *BBQLOUMI/HALLOUMI.*

gen nicht zum Ausschluss der Verwechslungsgefahr führe.[609] Der EuGH betonte, dass Art. 66 Abs. 2 GMV (Art. 74 Abs. 2 UMV) keinen Ausnahmetatbestand zu dieser Rechtsprechung bilde, da Art. 7 Abs. 1 lit. b GMV (Art. 7 Abs. 1 lit. b UMV) und Art. 7 Abs. 3 GMV (Art. 7 Abs. 3 UMV) mangels gegenteiliger Bestimmungen in den Art. 67-74 GMV (Art. 74-82 UMV) zur Anwendung kämen. Gemäß diesen Vorschriften müssen Marken eine originäre oder durch Benutzung erlangte Unterscheidungskraft aufweisen.[610] Somit dürfe es geografischen Unionskollektivmarken trotz, gegenüber Art. 7 Abs. 1 lit. c GMV (Art. 7 Abs. 1 lit. c UMV) abweichender Eintragungsmöglichkeit von Zeichen, die zur Bestimmung der geografischen Herkunft von Waren und Dienstleistungen dienen können, nicht vollständig an Unterscheidungskraft und somit an markenmäßiger Benutzung mangeln.[611] Demzufolge habe das EuG das Kriterium der Unterscheidungskraft der älteren Marke im Rahmen der Beurteilung des Vorliegens einer Verwechslungsgefahr zwischen »BBQLOUMI« und »HALLOUMI« nicht rechtsfehlerhaft berücksichtigt.[612] Zudem lasse die Bewertung des EuG – die Unionskollektivmarke »HALLOUMI« weise neben ihrer geografischen Herkunft Zypern auch in schwachem Maße auf ihre betriebliche Herkunft aus dem Kollektiv hin – keine offensichtlichen Tatsachenverfälschungen erkennen, die den EuGH zu einer entsprechenden Überprüfung befähige.[613] Allerdings kritisierte der Gerichtshof nachfolgend die fehlende bzw. nicht erkennbar vorgenommene Prüfung der Wechselbeziehung zwischen den einzelnen relevanten Kriterien der Verwechslungsgefahr.[614] Dem Urteil könne ent-

609 EuGH, Urt. v. 05.03.2020 – C-766/18 P, ECLI:EU:C:2020:170, Rn. 70 = GRUR-RR 2020, 199, 201 – *BBQLOUMI/HALLOUMI*; EUGH, Urt. v. 08.11.2016 – C-43/15 P, EU:C:2016:837, Rn. 62 = BeckRS 2016, 80461 – *compressor technology/KOMPRESSOR PLUS/KOMPRESSOR/KOMPRESSOR/KOMPRESSOR*; EuGH Urt. v. 12.06.2019 – C-705/17, EU:C:2019:481, Rn. 42 = GRUR 2020, 52, 55 – *Hansson*.

610 EuGH, Urt. v. 05.03.2020 – C-766/18 P, ECLI:EU:C:2020:170, Rn. 73 = GRUR-RR 2020, 199, 201 – *BBQLOUMI/HALLOUMI*.

611 EuGH, Urt. v. 05.03.2020 – C-766/18 P, ECLI:EU:C:2020:170, Rn. 73 = GRUR-RR 2020, 199, 201 – *BBQLOUMI/HALLOUMI*.

612 EuGH, Urt. v. 05.03.2020 – C-766/18 P, ECLI:EU:C:2020:170, Rn. 75 = GRUR-RR 2020, 199, 201 – *BBQLOUMI/HALLOUMI;* EuG, Urt. v. 25.09.2018 – T-328/17, EU:T:2018:594, nicht veröffentlicht – *Foundation for the Protection of the Traditional Cheese of Cyprus named Halloumi/EUIPO/ M. J. Dairies [BBQLOUMI]*.

613 EuGH, Urt. v. 05.03.2020 – C-766/18 P, ECLI:EU:C:2020:170, Rn. 76 f. = GRUR-RR 2020, 199, 201 – *BBQLOUMI/HALLOUMI*.

614 EuGH, Urt. v. 05.03.2020 – C-766/18 P, ECLI:EU:C:2020:170, Rn. 83 f. = GRUR-RR 2020, 199, 202 – *BBQLOUMI/HALLOUMI;* EuG, Urt. v. 25.09.2018 – T-328/17, EU:T:2018:594, nicht veröffentlicht, Rn. 56, 69, 70 f. – *Foundation for the Protection of the Traditional Cheese of Cyprus named Halloumi/EUIPO/ M. J. Dairies [BBQLOUMI]*.

nommen werden, dass das Gericht eine schwache Unterscheidungskraft der älteren Marke im Zusammenhang mit einem geringen Ähnlichkeitsgrad der sich gegenüberstehenden Marken für die Annahme einer fehlenden Verwechslungsgefahr habe ausreichen lassen.[615] Der möglicherweise aufwiegende Grad der Ähnlichkeit der Waren und Dienstleistungen wurde hingegen nicht in die Betrachtung mit einbezogen.[616]

213 Im Ergebnis hob der Gerichtshof daher die Entscheidung des EuG auf und verwies die Sache an das Gericht zur erneuten Prüfung einer Verwechslungsgefahr unter Berücksichtigung der Wechselbeziehung aller relevanten Kriterien, zurück.[617]

214 Daraufhin konstatierte das EuG Anfang 2021, dass auch unter Berücksichtigung aller relevanten Umstände und ihrer Wechselbeziehung keine Verwechslungsgefahr zwischen den Marken »BBQLOUMI« und »HALLOUMI« bestünde.[618]

e. Zusammenfassung der Kernaussagen des EuGH

215 *Summa summarum* bestätigte der EuGH in seiner Folgerechtsprechung die Ausführungen in *Gözze/VBB [Internationales Baumwollzeichen]* zur grundsätzlichen Möglichkeit der Verwirklichung der Herkunftsfunktion von Unionskollektivmarken als Gütezeichen.[619] Dieser Grundsatz hat in der *Darjeeling* Entscheidung eine dahingehende Konkretisierung erfahren, als die kollektive betriebliche Herkunft einer Unionskollektivmarke stets gewährleistet sein muss, um überhaupt als Marke benutzt werden zu können.[620] Demnach erfordert es

615 EuGH, Urt. v. 05.03.2020 – C-766/18 P, ECLI:EU:C:2020:170, Rn. 85 = GRUR-RR 2020, 199, 202 – *BBQLOUMI/HALLOUMI;* EuG, Urt. v. 25.09.2018 – T-328/17, EU:T:2018:594, nicht veröffentlicht, Rn. 71 – *Foundation for the Protection of the Traditional Cheese of Cyprus named Halloumi/EUIPO/ M. J. Dairies [BBQLOUMI].*

616 EuGH, Urt. v. 05.03.2020 – C-766/18 P, ECLI:EU:C:2020:170, Rn. 84, 86 = GRUR-RR 2020, 199, 202 – *BBQLOUMI/HALLOUMI;* EuG, Urt. v. 25.09.2018 – T-328/17, EU:T:2018:594, nicht veröffentlicht, Rn. 71 – *Foundation for the Protection of the Traditional Cheese of Cyprus named Halloumi/EUIPO/ M. J. Dairies [BBQLOUMI].*

617 EuGH, Urt. v. 05.03.2020 – C-766/18 P, ECLI:EU:C:2020:170, Rn. 88. ff. = GRUR-RR 2020, 199, 202 – *BBQLOUMI/HALLOUMI.*

618 EuG Gerichtsmitteilung v. 20.01.2021 – T-328/17 RENV, BeckEuRS 2021, 670247.

619 EuGH, Urt. v. 08.06.2017 – C-689/15, ECLI:EU:C:2017:434, Rn. 50 = GRUR Int. 2017, 630, 634 – *Gözze/VBB* [*Internationales Baumwollzeichen].*

620 EuGH, Urt. v. 20.09.2017 – C-673/15 P bis C-676/15 P, ECLI:EU:C:2017:702, Rn. 54, 63 = GRUR 2017, 1257, 1259 – *The Tea Board/EUIPO - Delta Lingerie [Darjeeling];* EuGH, Urt. v. 12.12.2019 – C-143/19 P, ECLI:EU:C:2019:1076, Rn. 51 f. = GRUR-RR 2020, 250, 252 – *Der Grüne Punkt/EUIPO*; EuGH, Urt. v. 05.03.2020

eine Unterscheidungseignung der Waren und Dienstleistungen verbandsangehöriger Unternehmen von denjenigen anderer Unternehmen.[621] Gütezeichenspezifische Qualitätshinweise, beispielsweise auf ein bestimmtes ökologisches Verhalten eines verbandsangehörigen Unternehmens oder auf die geografische Herkunft von Waren und Dienstleistungen, können darüber hinaus verwirklicht sein, das Erfordernis eines kollektiven Herkunftshinweises als Hauptfunktion jedoch nicht ersetzen.[622] Insgesamt attestiert der EuGH der Kollektivmarke eine mögliche Kongruenz zwischen markenmäßiger Benutzung und gleichzeitig verwirklichtem Gütezeichencharakter.

f. Würdigung der EuGH Rechtsprechungslinie

Die konkreten Tatsachenfeststellungen sowie -würdigungen des EuG im Hinblick auf die Gewährung eines Kollektivmarkenschutzes für Gütezeichen oblagen – aufgrund Nicht-Vorliegens einer offensichtlichen und eindeutigen Aktenwidrigkeit – nicht der Überprüfung des EuGH. Demnach hat sich der EuGH bisher nicht explizit zur Verwendung einer Unionskollektivmarke als Gütezeichen geäußert, wie dies bei der Unionsindividualmarke im Urteil *Gözze/VBB [Internationales Baumwollzeichen]* der Fall gewesen ist. Seine Rechtsprechungslinie lässt jedoch restriktive Tendenzen erkennen. So lässt sich aus seinen auf Rechtsfragen beschränkten Entscheidungen[623] schlussfolgern, dass eine Unionskollektivmarke in Gestalt eines Gütezeichens keineswegs mit einer Änderung der Hauptmarkenfunktion hin zu einem neutralen Qualitätsnachweis[624] 216

– C-766/18 P, ECLI:EU:C:2020:170, Rn. 64, 73 ff. = GRUR-RR 2020, 199, 201 – *BBQLOUMI/HALLOUMI.*

621 EuGH, Urt. v. 20.09.2017 – C-673/15 P bis C-676/15 P, ECLI:EU:C:2017:702, Rn. 54, 63 = GRUR 2017, 1257, 1259 – *The Tea Board/EUIPO - Delta Lingerie [Darjeeling];* EuGH, Urt. v. 12.12.2019 – C-143/19 P, ECLI:EU:C:2019:1076, Rn. 52, 57 f. = GRUR-RR 2020, 250, 252 – *Der Grüne Punkt/EUIPO*; EuGH, Urt. v. 05.03.2020 – C-766/18 P, ECLI:EU:C:2020:170, Rn. 64, 73 ff. = GRUR-RR 2020, 199, 201 – *BBQLOUMI/HALLOUMI.*

622 EuGH, Urt. v. 20.09.2017 – C-673/15 P bis C-676/15 P, ECLI:EU:C:2017:702, Rn. 63 f. = GRUR 2017, 1257, 1260 – *The Tea Board/EUIPO - Delta Lingerie [Darjeeling];* EuG, Urt. v. 12.12.2018 – T-253/17, ECLI:EU:T:2018:909, Rn. 41 f. = GRUR-RS 2018, 31767 – *Der Grüne Punkt/EUIPO*; EuGH, Urt. v. 12.12.2019 – C-143/19 P, ECLI:EU:C:2019:1076, Rn. 60 = GRUR-RR 2020, 250, 252 – *Der Grüne Punkt/EUIPO*; EuGH, Urt. v. 05.03.2020 – C-766/18 P, ECLI:EU:C :2020:170, Rn. 73 f. = GRUR-RR 2020, 199, 201 – *BBQLOUMI/ HALLOUMI.*

623 Gem. Art. 256 Abs. 1 S. 3 AEUV; Grabitz/Hilf/Nettesheim/*Karpenstein/Dingemann*, Das Recht der EU, Stand: 01.2023, Art. 256 AEUV, Rn. 40, 42.

624 BGH, Urt. v. 04.07.2019 – I ZR 161/18, GRUR 2020, 299, 301, Rn. 26 – *IVD-Gütesiegel.*

einhergeht.[625] Eine entsprechend markenmäßige Benutzung steht unter der Prämisse, dass ihre kollektive betriebliche Herkunftsfunktion erfüllt und nicht bloß eine bestimmte Qualität der Waren, z. B. im Zusammenhang mit der Angabe von geografischen Örtlichkeiten,[626] zugesagt wird.[627]

217 Obgleich das Verhältnis Gewährleistungsmarke – Kollektivmarke eine unterschiedliche Ausgestaltung erfährt, ist die Aufgliederung des Markenschutzes in eingetragene Waren und Dienstleistungen entsprechend zum Verhältnis Gewährleistungsmarke – Individualmarke beizubehalten. Grund dafür ist die Eingrenzung des gerichtlichen Prüfungsumfangs auf eine markenmäßige Benutzung im Hinblick auf eingetragene Waren.

aa. Unvereinbarkeit von markenmäßiger Benutzung und Gütezeichencharakter als Kollektivwarenmarke

218 Die Gewährung eines Unionskollektivmarkenschutzes für Gütezeichen ist unter Zugrundelegung des europäischen und nationalen Gesetzgeberwillens sowie der Ausführungen des EuGH in Zweifel zu ziehen. Zum einen kann die Einhaltung der, in das neue Gewand der Unionsgewährleistungsmarke gekleidete, Gütezeichenfunktion im Hinblick auf eine neutrale, nach objektiven Kriterien ausgewiesene Qualitätseigenschaft nicht hinreichend sichergestellt werden. Zurückzuführen ist dies auf die Ausgestaltung der Vorschriften zu Unionskollektivmarken. So ist die Involviertheit des Kollektivmarkeninhabers in den Herstellungs- oder Lieferungsprozess und somit ein fließender Übergang von einer neutralen Qualitätsaussage zu einem subjektiven Qualitätsversprechen gerade nicht *qua* Gesetz ausgeschlossen. Dadurch wird eine Bewusstseinsschaffung in den beteiligten Verkehrskreisen über die Unterscheidung von als Gütezeichen zu betitelnden und klassischen Marken erschwert. Dies läuft jedoch den Bestrebungen des europäischen sowie des nationalen Gesetzgebers zuwider,

625 EuGH, Urt. v. 20.09.2017 – C-673/15 P bis C-676/15 P, ECLI:EU:C:2017:702, Rn. 57 ff. = GRUR 2017, 1257, 1260 – *The Tea Board/EUIPO - Delta Lingerie [Darjeeling];* EuGH, Urt. v. 05.03.2020 – C-766/18 P, ECLI:EU:C:2020:170, Rn. 71 ff. = GRUR-RR 2020, 199, 201 – *BBQLOUMI/HALLOUMI.*

626 siehe zur Einordnung einer geografischen Herkunftsangabe als Qualitätshinweis: *Grabrucker* GRUR 2018, 53, 57.

627 EuGH, Urt. v. 20.09.2017 – C-673/15 P bis C-676/15 P, ECLI:EU:C:2017:702, Rn. 63 f. = GRUR 2017, 1257, 1260 – *The Tea Board/EUIPO - Delta Lingerie [Darjeeling;* EuGH, Urt. v. 12.12.2019 – C-143/19 P, ECLI:EU:C:2019:1076, Rn. 60 = GRUR-RR 2020, 250, 252 – *Der Grüne Punkt/EUIPO*; EuGH, Urt. v. 05.03.2020 – C-766/18 P, ECLI:EU:C:2020:170, Rn. 73 f. = GRUR-RR 2020, 199, 201 – *BBQLOUMI/HALLOUMI.*

einer solchen inhaltlichen Verwässerung des Gütezeichens und einem damit einhergehenden Verlust an begrifflicher Glaubwürdigkeit entgegenzuwirken.[628]

Die im Zuge der Markenrechtsreform eingeführte Unionsgewährleistungsmarke konkretisiert und modifiziert die markenrechtlichen Voraussetzungen für eine Verwendung als Gütezeichen. Damit sollen bestehende Rechtsunsicherheiten der klassischen Marken im Hinblick auf die Sachlichkeit ihrer zugesicherten Güte beseitigt werden.[629] Den beteiligten Verkehrskreisen soll ein bislang nicht vorhandener, verlässlicher Gütezeichenstandard gewährleistet werden, dessen Einhaltung anhand gesetzlich verankerter Bestimmungen im Einzelfall konkret überprüfbar ist.[630] Zum anderen besteht ein Kausalitätszusammenhang zwischen einer als Gütezeichen verwendeten Unionskollektivmarke und ihrer erhöhten Angreifbarkeit bzw. Schutzverwehrung vor Gericht. Festzustellen ist, dass der Grad an ausgelobter Güte mit dem Grad der Verwirklichung des wesensbedingten kollektiven Herkunftshinweises korreliert. Je stärker eine bestimmte Güte aus einem Zeichen hervorgeht, desto schwächer wird auf die wesensbedingte kollektive Herkunft hingewiesen. Dies lässt sich an den qualifizierten geografischen Herkunftsangaben *Darjeeling* und *Halloumi* besonders anschaulich demonstrieren: Die beteiligten Verkehrskreise nehmen die Unterscheidung der eingetragenen Waren anhand der namentlichen Hinweise auf eine spezielle geografische Qualität vor. Entsprechende Hinweise auf ihre betriebliche kollektive Herkunft sind den Zeichen nicht oder nur in geringem Maße zu entnehmen.[631] 219

628 Vgl. Amtliche Begründung, BT-Drs. 19/2898, S. 52, 88, 91; Vgl. Vorschlag der Kommission für eine Richtlinie des Europäischen Parlaments und des Rates zur Angleichung der Rechtsvorschriften der Mitgliedstaaten über die Marken, COM (2013) 162 final v. 27.03.2013, Begründung S. 2, 9; Vorschlag der Kommission für eine Verordnung des Europäischen Parlaments und des Rates zur Änderung der Verordnung (EG) Nr. 207/2009 des Rates über die Gemeinschaftsmarke, COM (2013) 161 final v. 27.03.2013, Begründung S. 2, ErwGr. 36; BeckOK Markenrecht/*Vohwinkel*, Stand: 01.01.2023, § 106e MarkenG, Rn. 2.

629 Vgl. Amtliche Begründung, BT-Drs. 19/2898, S. 2; Zur generellen Erhöhung der Rechtssicherheit: Vorschlag der Kommission für eine Richtlinie des Europäischen Parlaments und des Rates zur Angleichung der Rechtsvorschriften der Mitgliedstaaten über die Marken, COM (2013) 162 final v. 27.03.2013, Begründung S. 2; Vorschlag der Kommission für eine Verordnung des Europäischen Parlaments und des Rates zur Änderung der Verordnung (EG) Nr. 207/2009 des Rates über die Gemeinschaftsmarke, COM (2013) 161 final v. 27.03.2013, Begründung S. 2.

630 Vgl. Amtliche Begründung, BT-Drs. 19/2898, S. 2; Zur generellen Erhöhung der Rechtssicherheit: Vorschlag der Kommission für eine Richtlinie des Europäischen Parlaments und des Rates zur Angleichung der Rechtsvorschriften der Mitgliedstaaten über die Marken, COM (2013) 162 final v. 27.03.2013, Begründung S. 2; Vorschlag der Kommission für eine Verordnung des Europäischen Parlaments und des Rates zur Änderung der Verordnung (EG) Nr. 207/2009 des Rates über die Gemeinschaftsmarke, COM (2013) 161 final v. 27.03.2013, Begründung S. 2.

631 EuG, Urt. v. 02.10.2015 – T-624/13, EU:T:2015:743, Rn. 50 = BeckEuRS 2013, 750498 – *The Tea Board/HABM - Delta Lingerie (Darjeeling)*; EuG, Urt. v.

Somit wird der grundsätzlich (eigenschafts-)beschreibende Anklang eines Gütezeichens dem kollektiven Herkunftshinweis als wesensbedingte Ausprägung der Unterscheidungsfunktion[632] einer Unionskollektivmarke nicht gerecht. Die Unterscheidungsfunktion der Gewährleistungsmarke ist dagegen entsprechend dem beschreibenden Gütezeichencharakter angepasst.[633]

220 In Anbetracht dieser – in Gestalt eines Gütezeichens bestehenden – markenrechtlichen Rechtsunsicherheiten ist die Annahme einer schwachen Schutzgewährung als Unionskollektivmarke durchaus kritisch zu sehen. Wesentlich stringenter erscheint im Hinblick auf für Waren eingetragene Unionskollektivmarken die Annahme einer generellen Schutzversagung als Gütezeichen.[634] Das Kriterium der markenmäßigen Benutzung eignet sich dabei als Kontrollinstrument zur Wahrung des wesensbedingten Herkunftshinweises auf ein Unternehmenskollektiv. Dessen Einhaltung kann mit der Zusage einer gewissen Warenqualität einhergehen. Allerdings steht der von der Verkehrsansicht ausgehende und durch die Einführung der Gewährleistungsmarke verbindlich ausgestaltete Gütezeichencharakter einer Verwirklichung dieses Kriteriums grundsätzlich entgegen. Unter Berücksichtigung eines rechtssicheren und transparenten Gütezeichenschutzes ist daher von einem gleichrangigen Nebeneinanderstehen unterschiedlicher markenrechtlicher Schutzfunktionen Abstand zu nehmen.

221 Deutlich wird dies beispielhaft an der Unionskollektivmarke demeter[635], die in den Waren- und Dienstleistungsklassen 1, 3, 5, 23, 24, 25, 29, 30, 31, 32, 33, 35 u. a. für Lebensmittel, land- und gartenwirtschaftliche Erzeugnisse und Getränke eingetragen ist. Anhand des Zeichens wird eine Zugehörigkeit der Waren und Dienstleistungen zu Unternehmen des Kollektivs offengelegt. Dementspre-

02.10.2015, T-625/13, nicht veröffentlicht, EU:T:2015:742 – *The Tea Board/HABM - Delta Lingerie (Darjeeling collection de lingerie)*, EuG, Urt. v. 02.10.2015, T-626/13, nicht veröffentlicht, EU:T:2015:741 – *The Tea Board/HABM - Delta Lingerie (DARJEELING collection de lingerie);* EuG, Urt. v. 02.10.2015, T-627/13, nicht veröffentlicht, EU:T:2015:740 – *The Tea Board/HABM - Delta Lingerie (Darjeeling)*; EuG, Urt. v. 25.09.2018 – T-328/17, EU:T:2018:594, nicht veröffentlicht, Rn. 70 f. – *Foundation for the Protection of the Traditional Cheese of Cyprus named Halloumi/EUIPO/ M. J. Dairies [BBQLOUMI]*.

632 Unterscheidungsfunktion als Grundfunktion der Marke: siehe Rn. 301.

633 Modifizierung der Unterscheidungsfunktion einer Gewährleistungsmarke: BeckOK Markenrecht/*Vohwinkel*, Stand: 01.01.2023, § 106a MarkenG, Rn. 8 ff.; BeckOK Markenrecht/*Slopek*, Stand: 01.01.2023, Art. 83 UMV 2017; Rn. 14.

634 Vgl. Vorschlag Kollektivmarken als nicht-unterscheidungskräftig zu behandeln: Prof. Dev S Gangjee, GIs within TM law: Separation Anxiety?, 2020, at the Strengthening geographical indications conference, Day 1 Session 3: Panel 2, https://ec.europa.eu/info/sites/default/files/food-farming-fisheries/events/documents/stregthening-gis-session-3-2-dev-gangjee_en.pdf.

635 »Demeter«, DPMA Registernr.: 002098788, Stand: 01.05.2023.

chend kommt die Marke ihrem Hinweis auf die betriebliche kollektive Herkunft nach. Gleichzeitig bringen die beteiligten Verkehrskreise das Zeichen mit der Einhaltung bestimmter biologischer sowie ökologischer Standards in Bezug auf die Herstellung und Produktion von Waren in Verbindung. Diese mit der Erwartungshaltung der Verbraucher verknüpften Qualitätsversprechen sind jedoch weder in Form von Beschreibungen wie »biologisch/ökologisch angebaut« ausdrücklich ausgelobt, noch geht die Innehabung einer neutralen Zertifizierungsfunktion des Verbands (Demeter e. V.) *expressis verbis* aus dem Zeichen hervor. Eine dennoch formale Einhaltung der durch die Gewährleistungsmarke neu geschaffenen Gütezeichenvoraussetzungen, insbesondere des Neutralitätsgebots von Demeter e. V., vermag mit einer Eintragung als Unionskollektivmarke nicht hinreichend sichergestellt werden. Deren Rechtsrahmen ist in unzureichendem Maße auf die zwingende Einhaltung der neuen Gütezeichenvoraussetzungen ausgelegt. In der Folge ist das Wort-/Bildzeichen nicht als Gütezeichen, sondern ausschließlich als klassische Unionskollektivmarke zu qualifizieren, die als akzessorische Funktion einen subjektiven Qualitätsstandard in Bezug auf die Waren der dem Kollektiv angehörigen Unternehmen ausweist.

bb. Restriktive Vereinbarkeit von markenmäßiger Benutzung und Gütezeichencharakter als Kollektivdienstleistungsmarke

Dem als Kontrollinstrument für die Einhaltung des kollektiven betrieblichen Herkunftshinweises fungierenden Kriterium der markenmäßigen Benutzung vermag eine Unionskollektivmarke in Gestalt eines Gütezeichens lediglich unter restriktiven Voraussetzungen nachkommen. Hierfür bedarf es einer Auflösung des Kollisionspotentials einer Unionskollektivmarke zwischen Herkunfts- und Gütezeichenfunktion. Diesem Erfordernis wird durch deren Eintragung in Klasse 42 der Nizza-Klassifikation für »Qualitätskontrollen und Zertifizierungen von Waren und Dienstleistungen« und der Veröffentlichung einer Satzung mit qualitativen Anforderungen entsprochen.[636] In dieser Konstellation tritt ein Unternehmensverband als neutraler Dritter auf, welcher nach entsprechend objektiver Prüfung die Waren oder Dienstleistungen anderer Unternehmen mit seiner Kollektivmarke versieht und zudem gleichermaßen auf seine Herkunft aus einem bestimmten Unternehmenskollektiv hinweist. Dieses besondere Konstrukt kommt naturgemäß durch die unkörperliche Verbindung zwischen Marke und Dienstleistung zustande.[637] Als Konsequenz der im Dienstleistungssektor ausge- 222

636 Siehe dazu BeckOK Markenrecht/*Schoene*, Stand: 01.01.2023, § 97 MarkenG, Rn. 13.1 ff.

637 BGH, Urt. v. 18.10.2007 – I ZR 162/04, GRUR 2008, 616, 617, Rn. 13 – *AKZENTA*; BGH, Beschl. v. 29.07.2009 – I ZB 83/08, GRUR 2010, 270, 271, Rn. 17 – *ATOZ III*; BPatG, Beschl. v. 16.10.1991 – 26 W (pat) 72/89, GRUR 1992, 392 393 – *Parkhotel Landenberg*; BPatG, Beschl. v. 15.03.2017 – 25 W (pat) 503/15,

lagerten Konnexität der Marke schwächt der grundsätzlich gegenläufige, neutrale Gütezeichencharakter einer Zertifizierungsdienstleistung den entsprechend kollektiven Herkunftshinweis des Verbandes nicht ab.

223 Als Beispiel hierfür ist die deutsche Kollektivmarke [638]anzuführen, die u. a. Schutz in Klasse 42 für »technische Beratung zur Förderung des Absatzes regionaler Produkte; Qualitätsprüfung; Qualitätssicherung durch Durchführung von Qualitätskontrollen; Beratung in Bezug auf Qualitätssicherung; Erstellen und Design von Homepages und Webseiten; Beratung bei der Gestaltung von Homepages und Webseiten; Hosting von Webseiten im Internet« erfährt. Danach ist das Wort-/Bildzeichen geeignet, die Qualität von Waren und Dienstleistungen anderer Unternehmen zu zertifizieren und gleichermaßen auf die Landwirtschaftskammer Rheinland-Pfalz als Markeninhaberin bzw. Gütezeicheninhaberin hinzuweisen.

224 Somit stehen die strenge Funktionszuweisung und das Erfordernis der jeweiligen markenmäßigen Benutzung einer Unionskollektivmarke als Gütezeichen für in Klasse 42 eingetragene Qualitätssicherungs- und Zertifizierungsdienstleistungen nicht im Wege. Grund dafür ist die durch die ausgewiesene Zertifizierungsfunktion erreichte Angleichung an den rechtskonstitutiven Schutzgehalt der Gewährleistungsmarke. Die in dem Gewand der Gewährleistungsmarke gesetzlich festgeschriebene neutrale Position des Gütezeicheninhabers ergibt sich aus der Satzung bzw. der Eintragung in die Dienstleistungsklasse 42. Parallel dazu wird der Hauptmarkenfunktion mit dem Hinweis auf die kollektive Herkunft der auf inhaberfremden Waren oder Dienstleistungen angebrachten Gütezeichen nachgekommen. Dementsprechend gründet die Ausgestaltung als Gütezeichen auf einem für die beteiligten Verkehrskreise *qua* Gesetz festgelegten, rechtssicheren Gütestandard, der mit der Einhaltung der Herkunftsfunktion einer Unionskollektivmarke einzugehen vermag.

225 Anders gestaltet sich dies bei Dienstleistungsmarken, die typischerweise mit dem Angebot und Vertrieb eigener Waren oder sonstiger »nicht-zertifizierender« Dienstleistungen einhergehen. Hier ist eine rein objektive Prüfung der gewährleisteten Waren- bzw. Dienstleistungseigenschaften bzw. eine neutrale Kontrolle der Benutzung der Marke wegen des gleichzeitig zu erbringenden kollektiven Herkunftshinweises bereits durch die Satzung bzw. die Eintragung in die Waren- und Dienstleistungsklassen der Nizza-Klassifikation in keinem verlässlichen Maße für die beteiligten Verkehrskreise sichergestellt. Vielmehr bergen diese Unionskollektivmarken Rechtsunsicherheiten im Hinblick auf die persönliche Involviertheit ihrer Markeninhaber, keine neutralen,

BeckRS 2017, 106531, Rn. 18; BeckOK Markenrecht/*Bogatz*, Stand: 01.01.2023, § 26 MarkenG, Rn. 59.

638 »Gesicherte Qualität Rheinland-Pfalz«, DPMA Registernr.: 302018031107, Stand: 01.05.2023.

sondern den eigenen Profitinteressen entsprechende Gütezeichen zu vergeben. Eine subjektive Prüfung von Waren und Dienstleistungen ist jedoch nicht vom Verkehrsverständnis eines Gütezeichens an die Vergabestelle umfasst und darf somit auch nicht in dessen begrifflichen Kontext verwendet werden.

Als Beispiel dafür ist die deutsche Kollektivmarke [639] heranzuziehen, die 226
in den Klassen 4, 5, 19, 20, 24, 29, 30, 31, 32, 33, 35, 41, 43, 44 für diverse land-, garten- und forstwirtschaftliche Erzeugnisse, Lebensmittel und Getränke sowie für die entsprechend verwaltungszugehörigen Dienstleistungen wie Geschäftsführung und Groß- und Einzelhandelsdienstleistungen eingetragen ist. Diese Marke dient zuvorderst als Hinweis auf die kollektive Herkunft der Waren und Dienstleistungen. Nachrangig weist sie einen Qualitätsstandard in Bezug auf den ökologischen Landbau aus.[640] Sie ist jedoch weder ausdrücklich als »biologisch/ ökologisch angebaut« benannt, noch wird deren Zusage »Naturland – Verband für ökologischen Landbau e. V.« als Verband zugeordnet. Eine dennoch formale Einhaltung der Gütezeichenvoraussetzungen, insbesondere des Neutralitätsgebots von »Naturland – Verband für ökologischen Landbau e. V.«, vermag die kollektive Rechtsnatur nicht ohne verbleibende Rechtszweifel sicherzustellen. Demzufolge ist das Wort-/Bildzeichen ausschließlich als klassische Kollektivmarke zu klassifizieren, welcher die Ausgestaltung als Gütezeichen inhaltlich und begrifflich verwehrt ist.

Unter Zugrundelegung dieser funktionalen Abgrenzung der Markenkatego- 227
rien – Kollektivmarke und Gewährleistungsmarke – in Bezug auf ihre zugesicherte Qualität, ist der Unionskollektivmarke ihre markenmäßige Benutzung abzusprechen, sobald sie gleichzeitig einen Gütezeichencharakter für Waren und/oder Dienstleistungen ausweist. Lediglich unter den restriktiven Zeichensowie Satzungsvoraussetzungen einer Qualitätssicherungs- und Zertifizierungsdienstleistungsmarke der Klasse 42 vermag dieser Grundsatz durchbrochen werden.

cc. Rechtsfolgen im Hinblick auf die zeichenrechtliche Bestandskraft eines Gütezeichens im Gewand der Kollektivmarke

Die mit der restriktiven markenmäßigen Benutzung einhergehenden rechtlichen 228
Konsequenzen einer bereits erfolgten oder künftigen Eintragung und/oder Benutzung eines Gütezeichens in Gestalt einer Unionskollektivmarke gleichen denen der Unionsindividualmarke in Teil 4 B. I. 1. e. cc.

Bestehende Unionskollektivmarken können – im Falle eines vollständigen 229
Ausbleibens eines Hinweises auf die betriebliche Herkunft – wegen des zum Zeitpunkt der Eintragung existierenden absoluten Schutzhindernisses der feh-

639 »Naturland«, DPMA Registernr.: 302018026953, Stand: 01.05.2023.
640 Siehe https://www.naturland.de/de/.

lenden konkreten Unterscheidungskraft, Art. 7 Abs. 1 lit. b UMV, auf Antrag nach 59 Abs. 1 lit. a UMV für nichtig erklärt und gelöscht werden. Dies steht unter der Prämisse, dass der Gütezeichencharakter bereits in der Anmelde- bzw. Eintragungsphase so deutlich ausgeprägt ist, dass ein Zeichen als nicht unterscheidungskräftig und somit nicht markenmäßig einzustufen ist. Hiervon sind offensichtlich neutrale Gütehinweise, die zumeist Wörter wie »zertifiziert« oder »garantiert« beinhalten, umfasst. Oftmals erlangt ein Zeichen jedoch erst im nachfolgenden Benutzungsstadium, mittels entsprechender Anbringung auf inhabereigenen oder inhaberfremden Produkten, die von Markeninhaber intendierte herkunfts- oder gütehinweisende Ausrichtung. Künftig anzumeldenden Unionskollektivmarken ist ebenfalls nur bei augenscheinlichem Gütecharakter von Amts wegen nach Art. 7 Abs. 1 lit. b UMV der Antrag auf Eintragung zu verwehren. In der Benutzungsphase ist der Marke bereits ein Verwendungszweck des Markeninhabers zuteilgeworden, sodass eine Kollision von Gütezeichencharakter und herkunftshinweisender Funktion eindeutig aus der tatsächlichen Zeichennutzung hervorgeht. Für einen solchen Fall sieht das Gesetz nach einem Zeitraum von fünf Jahren die Option vor, eine als Gütezeichen verwendeten Unionskollektivmarke gem. Art. 58 Abs. 1 lit. a UMV aufgrund mangelnder ernsthafter Benutzung für verfallen zu erklären und in der Folge löschen zu lassen.

3. Anwendbarkeit der europäischen Rechtsauslegung auf das nationale Recht

230 Die zuvor untersuchten Entscheidungen des EuGH zur markenmäßigen Benutzung einer Individual- bzw. Kollektivmarke als Gütezeichen entfalten nach den Prinzipien der Autonomie und Koexistenz von europäischem und nationalem Markenrecht nur im Hinblick auf die Auslegung europäischer Markenrechtsvorschriften eine Bindungswirkung für nationale Gerichte.[641] Somit sind das DPMA sowie deutsche Rechtsinstanzen grundsätzlich nicht dazu verpflichtet, die dargestellten Rechtsauslegungen in Bezug auf Vorschriften der GMV bzw. UMV auf die Vorschriften des MarkenG zu übertragen.

231 Eine konträre Positionierung der Markengerichte, insbesondere des BGH, zur Rechtsprechung des EuGH ist allerdings nicht anzunehmen. Zum einen dient das MaMoG der nach Art. 4 Abs. 3 EUV, Art. 288 Abs. 3 AEUV i. V. m. Art. 54 Abs. 1 MRRL obligatorischen Umsetzung der MRRL.[642] Bei der Ausge-

641 Zur Bindungswirkung von EuGH-Urteilen im Hinblick auf Unionsrecht: BeckOK Markenrecht/*Kur*, Stand: 01.01.2023, MarkenG Einleitung, Rn. 110; MAH GewRS/*Hasselblatt*, 2022, § 34 Unionsmarkenrecht, Rn. 6; *Suhr*, Richtlinienkonforme Auslegung im Privatrecht und nationale Auslegungsmethodik, 2012, S. 23 ff.

642 BT-Drs. 19/2898, S. 55; vgl. zur Gründung der Pflicht zur richtlinienkonformen Auslegung in Art. 4 Abs. 3 EUV und Art. 288 Abs. 3 AEUV i. V. m. der Richtlinie, str.: *Reimer*, Juristische Methodenlehre, 2020, S. 292, Rn. 657; a. A.: bspw. *Cana-*

staltung des Gesetzes hat sich der Gesetzgeber, insbesondere im Hinblick auf die neu einzuführende Gewährleistungsmarke, an den bereits in Kraft getretenen, mit der MRRL übereinstimmenden Vorschriften der UMV orientiert.[643] Dessen spezifische Bestimmungen über Unionskollektiv- und Unionsgewährleistungsmarken wurden weitgehend kongruent in deutsches Recht umgesetzt[644], sodass der Gesetzgeber eine Abweichung nicht mit einer fehlenden inhaltlichen Übereinstimmung der Vorschriften begründen könnte.

232 Zum anderen stehen die europäische Markenrechtsreform und das MaMoG unter dem erklärten Harmonisierungsziel der Angleichung der autonomen Markenrechtssysteme und der Überführung in ein kohärentes Regelungsgefüge.[645] Vor diesem Hintergrund erscheint es geboten, die nationalen Vorschriften zur Gewährleistungsmarke richtlinienkonform und somit, in den sich überschneidenden, inhaltsgleichen Rechtsbegriffen, entsprechend der vom EuGH entschiedenen Rechtsfragen zur Unionsgewährleistungsmarke auszulegen, um einen Regelungsgleichlauf der Markensysteme zu fördern.[646] Diese Sichtweise steht auch mit den Ausführungen des EuGH im Einklang, die Reichweite des unionsrechtlichen Gebots richtlinienkonformer Auslegung im Falle einer quasi wörtlichen Implementierung in nationales Recht dahingehend auszudehnen, dass eine Richtlinienauslegung des Gerichtshofs umfassende Berücksichtigung auf nationaler Ebene findet.[647]

233 Unter diesen Gesichtspunkten bestehen keine ersichtlichen Hinderungsgründe für die entsprechende Anwendung der dargelegten EuGH-Rechtsprechung durch nationale Gerichte.[648] Folglich sind die im vorangegangenen Abschnitt dargestellten analytischen Auswertungen der EuGH-Urteile auf die Verwen-

ris, Die richtlinienkonforme Auslegung und Rechtsfortbildung im System der juristischen Methodenlehre, in: FS Bydlinski, 2002, 47, 49 ff.: nur Art. 249 Abs. 3 EG a. F. (Art. 288 Abs. 3 AEUV); *Roth* EWS 2005, 385, 358: Art. 249 Abs. 3 EG a. F. (Art. 288 Abs. 3 AEUV) und Art. 10 EG a. F. (Art. 5 AUEV).

643 BT-Drs. 19/2898, S. 52.

644 Vgl. BT-Drs. 19/2898, S. 52; Fezer GRUR 2017, 1188, 1189.

645 BT-Drs. 19/2898, 1, S. 88.

646 Vgl. EuGH, Urt. v. 27.06.2013 – C-320/12, ECLI:EU:C:2013:435, Rn. 35 = GRUR 2013, 919, 921 – *Malaysia Dairy Industries*; EuGH, Urt. v. 29.01.2020 – C-371/18, ECLI:EU:C:2020:45, Rn. 73 = GRUR 2020, 288, 291 – *Sky plc ua/SkyKick UK Ltd ua*; BeckOK Markenrecht/*Weiler*, Stand: 01.01.2023, § 4 MarkenG, Rn. 6; BeckOK UMV/*Kochendörfer*, Stand: 15.11.2022, Art. 1 UMV, Rn. 8; BeckOK UMV/*Büscher*, Stand: 15.05.2022, Art. 7 UMV, Rn. 35.

647 Zur quasi wörtlichen Umsetzung eine Richtlinie: EuGH, Urt. v. 10.10.2013 – C-306/12, Rn. 31 f. = NJW 2014, 44, 45 – *Spedition Welter*; Riesenhuber/*Roth/Jopen*, Europäische Methodenlehre, 2015, §13, Rn. 34.

648 Vgl. zur Übertragbarkeit einer europäischen Normauslegung des EuGH auf die entsprechend nationale Norm in der Halloumi-Entscheidung: BeckOK Markenrecht/*Schoene*, Stand: 01.01.2023, § 100 MarkenG, Rn. 14.

dung nationaler Individual- bzw. Kollektivmarken als Gütezeichen für eingetragene Waren oder Dienstleistungen zu übertragen.[649]

4. Zwischenergebnis

234 Die obigen Ausführungen zeigen eine stringente Rechtsprechungslinie auf, nach welcher die einzelnen Markenkategorien mit ihren divergierenden Hauptfunktionen strikt voneinander abzugrenzen sind. Danach gibt es keine standardisierte markenmäßige Benutzung, sondern es sind je nach Markenart andere Bedingungen daran zu knüpfen.[650] Dies geht jedoch nicht aus der Begrifflichkeit selbst, sondern erst aus den Ausführungen der hierzu entwickelten Rechtsprechung und Literatur hervor, sodass deren kategorischer Gebrauch Rechtsunsicherheiten in Bezug auf die konkret zu prüfenden Voraussetzungen mit sich bringt. Aus diesem Grund ist die Allgemeingültigkeit des Begriffs der markenmäßigen Benutzung anzuzweifeln. Stattdessen sollte eine Marke auf ihre funktionsmäßige Benutzung[651] untersucht werden. Dabei vermag nach Einführung der Gewährleistungsmarke nicht, wie von *Ströbele*[652] und *Schalk*[653] weiterhin angenommen, ausschließlich auf die Herkunftsfunktion einer Marke, also die Unterscheidung von Waren und Dienstleistungen nach ihrer betrieblichen Herkunft, abgestellt werden. Vielmehr wird dadurch ersichtlich, dass – ausgehend von der Funktionenlehre des EuGH[654] – verschiedene Funktionen (Herkunfts- oder Gewährleistungsfunktion) in den Vordergrund treten und die Ausprägung

649 Bestehende Individual- bzw. Kollektivmarken können wegen des zum Zeitpunkt der Eintragung existierenden absoluten Schutzhindernisses der fehlenden Unterscheidungskraft, § 8 Abs. 2 Nr. 1 MarkenG, auf Antrag nach § 50 Abs. 1, Abs. 2 MarkenG für nichtig erklärt und gelöscht werden. Zudem besteht nach fünf Jahren die zusätzliche Option eine solche Marke gem. § 49 Abs. 1 S. 1 MarkenG aufgrund fehlender ernsthafter Benutzung für verfallen zu erklären und in der Folge löschen zu lassen. Künftigen Individualmarken kann schon von Amts wegen nach § 8 Abs. 2 Nr. 1 MarkenG der Antrag auf Eintragung verwehrt werden.

650 Vgl. allgemein zur unterschiedlichen, markenmäßige, Benutzung bei den verschiedenen Markenformen: BeckOK Markenrecht/*Schneider*, Stand: 01.01.2023, § 8 MarkenG, Rn. 1119; vgl. konkret zur markenmäßigen Benutzung von Individual-, Kollektiv- und Gewährleistungsmarke: *Dissmann/Somboonvong* GRUR 2016, 657, 657; *Leistner/Romeike* GRUR Int. 2016, 122, 123 f.

651 Vgl. zur Ablösung der markenmäßigen Benutzung durch die Prüfung einer Beeinträchtigung der Funktionen der Marke: *Pérez* WRP 2019, 1523, 1523 ff.

652 Ströbele/Hacker/Thiering/*Ströbele*, MarkenG, 2020, § 26 MarkenG, Rn. 25.

653 Büscher/Dittmer/Schiwy/*Schalk*, GewRS - UrheberR - MedienR, 2015, § 26 MarkenG, Rn. 3.

654 Nach der Funktionenlehre des EuGH hat eine Marke verschiedene Funktionen: die Herkunfts-, die Gewährleistungs-, die Kommunikations-, die Investitions- und die Werbefunktion: EuGH, Urt. v. 18.06.2009 – C-487/07, ECLI:EU:C:2009:378 = GRUR 2009, 756, – *L'Oréal/Bellure.*

der konkreten Markenkategorie initiieren.[655] In Korrelation mit der jeweiligen Hauptfunktion gewährleisten die Markenarten – Individual-, Kollektiv- und Gewährleistungsmarke – ein unterschiedliches Maß an Güte von Waren und Dienstleistungen.

Individualmarken werden auf europäischer und nationaler Ebene funktions- 235
gemäß als Marke benutzt, indem sie auf die Herkunft der Waren und/oder Dienstleistungen aus einem bestimmten Unternehmen hinweisen. Kollektivmarken wiederum lassen funktionsgemäß die Herkunft von Waren und/oder Dienstleistungen aus einem Kollektiv an Unternehmen erkennen. Die Rechtsfrage nach der Vereinbarkeit von Herkunftshinweis und neutralem Gütehinweis ist vom EuGH im Hinblick auf Individual- und Kollektivmarken unterschiedlich weitgreifend beantwortet worden. So spricht er warenbezogenen Individualmarken in dem Grundsatzurteil *Gözze/VBB [Internationales Baumwollzeichen]* ausdrücklich eine parallele Innehabung von Herkunftshinweis auf ein konkretes Unternehmen und neutralem Gütehinweis ab. Der höchstrichterlichen Rechtsprechung zu Kollektivmarken fehlt es in Bezug auf die funktionsmäßige Verwendung als Gütezeichen an einem solchen Grundsatzcharakter. Die einzelfallbezogenen Ausführungen des EuGH lassen jedoch restriktive Tendenzen erkennen. Demzufolge wird die Schutzfähigkeit von Kollektivmarken in Gestalt von Gütezeichen mit der Wahrung des kollektiven Herkunftshinweises verknüpft.[656] Sie müssen insofern geeignet sein, Waren kollektivangehöriger Unternehmen von denen anderer Unternehmen zu unterscheiden. Mit dieser herkunftsbezogenen Ausrichtung der Kollektivmarke gehen wirtschaftliche Eigeninteressen des Markeninhabers am Erfolg der gekennzeichneten Produkte einher. In Fortführung dieser Argumentationslinie vermag die – nach den neu eingeführten Vorschriften der Gewährleistungsmarke – erforderliche, vom Herstellungs- sowie Lieferungsprozess der Waren unabhängige Stellung eines Gütezeicheninhabers nicht sichergestellt werden. Folglich sind die *qua* Gesetz geschaffenen markenrechtlichen Voraussetzungen für eine Eintragung sowie Benutzung als Gütezeichen bei warenbezogenen Kollektivmarken nicht verwirklicht.

Obgleich sich die Anschlussrechtsmittel zum EuGH ausschließlich auf Indi- 236
vidual- und Kollektivmarken für eingetragene Waren beziehen, sind für dienstleistungsbezogene Individual- und Kollektivmarken grundsätzlich dieselben Beurteilungsmaßstäbe heranzuziehen. Demnach sind die klassischen Markenkategorien – insbesondere mit Blick auf die Kodifizierung der Gewährleistungsmarke – grundsätzlich nicht für eine Verwendung als Gütezeichen ausgestaltet und können dementsprechend als solche nicht funktionsmäßig benutzt werden können. Einzige Ausnahme hierzu bildet die jeweilige Eintragung als »Qualitätssicherungsdienstleistung und Zertifizierungssystem« in der Dienstleistungs-

655 Vgl. ebenda.
656 EuGH, Urt. v. 05.03.2020 – C-766/18 P, ECLI:EU:C:2020:170, Rn. 76 f. = GRUR-RR 2020, 199, 201 – *BBQLOUMI/HALLOUMI.*

klasse 42, wonach die Markeninhaber sowohl die Herkunfts- als auch die Gütefunktion wahren können. Einer inhaltlichen Trennung zu den Markenanwendern wird aufgrund des ausschließlichen Interesses an einer Einhaltung der in ihrer Satzung niedergelegten Bedingungen der Lizenznehmer nachgekommen.[657]

237 Insgesamt ist den Untersuchungsergebnissen zur markenmäßigen bzw. funktionsmäßigen Benutzung zu entnehmen, dass die jeweils zu wahrenden Hauptmarkenfunktionen von Individual- sowie Kollektivmarke lediglich unter restriktiven, inhaltlichen Voraussetzungen der Satzung sowie des Waren- und Dienstleistungsverzeichnisses mit deren Ausgestaltung als Gütezeichen in Einklang zu bringen sind.

II. Spezifische Irreführungsgefahr einer Marke als Gütezeichen

238 Sowohl die UMV als auch das MarkenG beinhalten im Hinblick auf Kollektiv- bzw. Gewährleistungsmarken spezielle Irreführungsvorschriften.

239 Dabei beziehen die Irreführungstatbestände der Kollektiv- und Gewährleistungsmarke indirekt auch die Individualmarke als »etwas anderes« mit ein. Entsprechende Irreführungsnormen sind in den allgemeinen Gesetzesteilen für die Individualmarke jedoch nicht vorgesehen. Dies lässt den Rückschluss zu, dass eine unmittelbare Gefahr der Irreführung stets von den speziellen Markenkategorien ausgeht.

240 Im Nachfolgen soll nun die dogmatische Einordnung des Gütezeichens als Marke anhand des neu geschaffenen Schutzinstruments einer Irreführung über den Charakter oder die Bedeutung einer Marke näher beleuchtet werden. Dabei ist nach Einkleidung des Gütezeichens in das neue Gewand der Gewährleistungsmarke und ihren spezifischen Voraussetzungen insbesondere die Eignung von klassischen Marken (Individual- und Kollektivmarke) als Schutzinstrument zu untersuchen. Hierbei bedarf es anders als i. R. d. markenmäßigen Benutzung einer Marke als Gütezeichen[658] – keiner gesonderten Untersuchung der Irreführungsgefahr einer Individualmarke als Gütezeichen. Stattdessen sind etwaige Erkenntnisgewinne des im Fokus der Ermittlung stehenden, gesetzlich normierten Irreführungspotentials von Kollektiv- und Gewährleistungsmarken als Gütezeichen mittelbar auf diese zu übertragen. Dieser Ermittlung ist als Ausgangspunkt eine Begriffsbestimmung der speziellen Irreführungsgefahr voranzustellen. Die von einer Marke ausgehende Irreführung über ihren Charakter oder ihre Bedeutung wurde mit in Krafttreten des MaMoG erstmalig ins MarkenG aufgenommen. Die Begrifflichkeit der Irreführung war dem deutschen Markenrecht bis dato fremd.[659] Das europäischen Markenrecht sah bereits vor

657 Vgl. zur Unterscheidung zwischen Kollektiv- und Gewährleistungsmarken: BT-Drs. 19/2898, S. 88.

658 Teil 4 B. I.

659 Amtliche Begründung, BT-Drs. 19/2898, S. 87.

der Markenrechtsreform eine solche Irreführung für die Unionskollektivmarke in der GMV vor.[660] Eine Legaldefinition des Rechtsbegriffs der Irreführung, eingebettet in den Normkontext des Charakters oder der Bedeutung einer Marke, findet sich jedoch in beiden Gesetzestexten nicht wieder. Auch den europäischen und nationalen Gesetzesmaterialien vermag keine entsprechende Begriffsbestimmung entnommen werden. Aus diesem Grund sind begriffliche Parallelen zu anderen Vorschriften zu berücksichtigen, die auf eine möglicherweise identische Begriffsbestimmung hindeuten.

Der Irreführungsbegriff ist dem Marken- und Kennzeichenrecht nicht völlig 241
fremd. So wird dieser zur Bestimmung des Schutzinhalts nationaler geografischer Herkunftsangaben verwendet, § 127 Abs. 1 MarkenG. Demgemäß dürfen geografische Herkunftsangaben »im geschäftlichen Verkehr nicht für Waren oder Dienstleistungen benutzt werden, die nicht aus dem Ort, der Gegend, dem Gebiet oder dem Land stammen, das durch die geographische Herkunftsangabe bezeichnet wird, wenn bei der Benutzung solcher Namen, Angaben oder Zeichen für Waren oder Dienstleistungen anderer Herkunft eine Gefahr der Irreführung über die geographische Herkunft besteht.« Des Weiteren ist das begriffsähnliche Instrument der Täuschungseignung als absolutes Schutzhindernis in § 8 Abs. 2 Nr. 4 MarkenG bzw. Art. 7 Abs. 1 lit. g UMV als Verfallsgrund in § 49 Abs. 2 Nr. 2 MarkenG sowie als Nichtigkeitsgrund in § 50 Abs. 1, 2 S. 1, 3 MarkenG bzw. Art. 59 Abs. 1 UMV gesetzlich verankert. Danach sind Marken von der Eintragung ausgeschlossen, »die geeignet sind, das Publikum insbesondere über die Art, die Beschaffenheit oder die geographische Herkunft der Waren oder Dienstleistungen zu täuschen.« Ein besonderes Augenmerk ist auf die unionsrechtliche Verfallsnorm, Art. 58 lit. c UMV, zu legen. Diese verwendet anstelle »täuschen« als Alleinstellungsmerkmal das Verb »irreführen«.

Der konkrete Gesetzeszusammenhang der neuen, spezifischen Irreführungs- 242
normen innerhalb des MarkenG bzw. der UMV legt jedoch nahe, dass trotz der begrifflichen Identität bzw. Ähnlichkeit keine vollständige inhaltliche Übereinstimmung der Tatbestände gegeben ist. Die sogenannte Relativität eines Rechtsbegriffs innerhalb desselben Gesetzes ergibt sich aus jeweils unterschiedlichen Normkontexten sowie divergierenden Normzwecken.[661] Der rechtsstaatliche Bestimmtheitsgrundsatz, Art. 20 Abs. 3 GG, begrenzt diese Relativität auf ein, die Einheit der Rechtsordnung, nicht gefährdendes Maß.[662]

Welches Maß an Eigenständigkeit bzw. an Redundanz den speziellen Irrefüh- 243
rungstatbeständen beizumessen ist, gilt es genauer zu beleuchten. Die nachfol-

660 Siehe Art. 68 Abs. 2, Art. 73 lit. b, Art. 74 GMV.

661 Siehe zur Relativität eines Rechtsbegriffs innerhalb desselben Gesetzes: *Barczak*, JuS 2020, 905, 907; *Demko*, Zur »Relativität der Rechtsbegriffe« in strafrechtlichen Tatbeständen, 2002, S. 25 f.; *Wank*, Juristische Methodenlehre, 2020, § 8, Rn. 46 ff., *Zimmermann*, NJW 1956, S. 1262.

662 *Barczak*, JuS 2020, 905, 908; *Möllers*, Juristische Methodenlehre, 5. Aufl. 2023, § 6, Rn. 17.

gende methodische Auslegung der speziellen Irreführungsnormen soll Klarheit über deren Inhalt und somit deren Verhältnis zu bereits bestehenden markenrechtlichen Vorschriften verschaffen.

1. Methodische Auslegung der spezifischen Irreführungsnormen über den Charakter und die Bedeutung einer Marke

244 Die Auslegung der Irreführungsnormen über den Charakter und die Bedeutung einer Marke wird unter Heranziehung des klassischen Auslegungskanons der deutschen Methodenlehre vorgenommen. Der Auslegungskanon setzt sich aus Wortlaut, Historie, Systematik und Telos zusammen.[663] Da die nationalen Irreführungsnormen einer zwingenden Umsetzung der EU- Markenrechtsrichtlinie entspringen, unterliegen die Auslegungskriterien allerdings der vorrangigen Auslegungsmaxime der Richtlinienkonformität.[664] Ziel der Auslegung ist es, im Rahmen einer interpretatorischen Gesamtabwägung der Auslegungskriterien den Normzweck der Irreführungsvorschriften und somit den ursprünglichen Regelungswillen des Gesetzgebers zu ermitteln und entsprechend zu verwirklichen.[665] Hierbei ist auch zu untersuchen, ob bereits bestehende Auslegungs-

663 *Früh* JuS 2021, 905, 907; *Hacker* Markenrecht, 2019, § 5, Rn. 51; Krüper/*Sauer*, Grundlagen des Rechts, 2017, S. 183, Rn. 17; Riesenhuber/*Riesenhuber*, Europäische Methodenlehre, 2021, § 10 Rn. 12; *Zimmermann* RabelsZ 83 (2019), 241, 257 f.

664 *Hacker* Markenrecht, 2019, § 5, Rn. 51; Heiderhoff, Europäisches Privatrecht, 2020, § 4, Rn. 125, 134; Riesenhuber/*Roth/Jopen*, Europäische Methodenlehre, 2015, § 13, Rn. 41; *Roth* EWS 2005, 385, 389; *Riesenhuber/Domröse* RIW 2005, 47, 51; *Schmidt* RabelsZ 59 (1995), 569, 590; a. A.: Brechmann, Die richtlinienkonforme Auslegung, 1994, S. 259 f. (zweistufige Auslegung einerseits; Ausnahmen dazu andererseits); *Canaris*, Die richtlinienkonforme Auslegung und Rechtsfortbildung im System der juristischen Methodenlehre, in: FS Bydlinski, 47, 80 f., der zunächst die Auslegungslage allein mit Hilfe der »klassischen« Auslegungskriterien ohne Rücksicht auf das Gebot richtlinienkonformer Auslegung ermitteln und erst bei richtlinienwidrigem Ergebnis im Wege eines »Hin- und Herwandern des Blickes« die »klassischen« Auslegungskriterien im Lichte der Richtlinie berücksichtigen möchte (dreistufige Auslegung).

665 Siehe zur Bedeutung/Ziel der Gesetzesauslegung: *Bitter/Rauhut* JuS 2009, 289, 292; *Krüger* JuS 2012, 873; Staudinger/*Honsell*, BGB, Stand: 30.04.2022, Einl. BGB, Rn. 132; *Würdinger* JuS 2016, 1; siehe zur subjektiven Theorie: Auslegungsziel ist allein die Ermittlung des Willen des Gesetzgebers: *Engisch*, Einführung in das juristische Denken, 2018, S. 133 und Jacobi, Methodenlehre der Normwirkung, 2008, S. 93 ff. zählen einige wichtige Vertreter der subjektiven Theorie auf (*Beling*, in FG Heck/Rümelin/Schmidt, 1931, 1, 1 ff.; *Bierling*, Juristische Prinzipienlehre, 1979, Bd. 4, S. 230 ff.; *Enneccerus/Nipperdey*, Allgemeiner Teil des Bürgerlichen Rechts, Bd. 1 Halbbd. 1, 1959, § 54, S. 324 ff.; *Fikentscher*, Methoden des Rechts, 1977, Bd. IV, S. 360 f.; *Heck* AcP 112 (1914), 1, 49 ff.; *Höpfner/Rüthers* AcP 209 (2009), 1, 7 f.; *Regelsberger*, Pandekten, Bd. 1, 1893, S. 143; *Savigny*, System des

grundsätze begriffsähnlicher Gesetzesvorschriften entsprechend herangezogen werden können. Auf Grundlage dessen wird sich anschließend der Beantwortung der Rechtsfrage nach der von einer Marke als Gütezeichen ausgehenden Irreführungsgefahr über ihren Charakter oder ihre Bedeutung gewidmet. Dabei ist zu eruieren, ob und auf welche Art und Weise sich der Irreführungstatbestand bei der Anmeldung eines Gütezeichens als bestimmte Markenart und bei der Benutzung einer eingetragenen Marke als Gütezeichen unterscheidet.

a. Grammatikalische Auslegung

Die grammatikalische Auslegung[666] bildet zweckmäßig den Ausgangspunkt einer jeden Normauslegung.[667] Dabei wird im Falle von kürzlich in Kraft getretenen Vorschriften die Bedeutung des Wortes im gewöhnlichen, aber auch im juristischen Sprachgebrauch sowie dessen Aussage in einem Satzgefüge analysiert.[668] So können unter Umständen bereits Rückschlüsse auf den normativen 245

heutigen römischen Rechts, 1840, Bd. 1, S. 215 ff.; *Stammler*, Lehrbuch der Rechtsphilosophie, 1970, S. 271 ff., *Potacs*, Rechtstheorie, 2019, S. 144; *Rüthers/Fischer/Birk*, Rechtstheorie, 2022, § 22, Rn. 717 ff., 821; *Wank*, Juristische Methodenlehre, 2020, § 6, Rn. 158, 173; siehe zur objektiven Theorie (a. A.): Auslegungsziel ist allein die Ermittlung des objektiven Gesetzeswortlauts sowie Gesetzeszwecks: *Brütt*, Die Kunst der Rechtsanwendung, 1907, S. 50; *Engisch*, Einführung in das juristische Denken, 2018, S. 134, zählt einige wichtige Vertreter der objektiven Theorie auf (*Binding*, HdB. d. Strafrechts, 1885, S. 456 ff.; *Kohler* Grünhuts Zeitschrift (13) 1886, 1, 39 f.; Wach, Handbuch des Deutsches Civilprozeßrechts, 1885, S. 254 ff.; *Larenz/Canaris*, Methodenlehre der Rechtswissenschaft, 1995, S. 137 ff.; *Radbruch*, Einführung in die Rechtswissenschaft, 1980, 284 ff.; siehe zur Vereinigungstheorie (einzelfallbezogene subjektiv-objektive Theorie: Auslegungsziel ist sowohl die Ermittlung des Willen des Gesetzgebers, als auch die Ermittlung des objektiven Gesetzeswortlauts sowie Gesetzeszwecks): *Mennicken*, Das Ziel der Gesetzesauslegung, 1970, S. 84 f., S. 106 f.; *Jacobi*, Methodenlehre der Normwirkung, 2008, S.120 f.

666 Synonyme dazu »semantische Interpretation«, »Wortlautauslegung«: *Reimer*, Juristische Methodenlehre, 2020, S.144, Rn. 281.

667 *Bitter/Rauhut*, JuS 2009, 289, 293; *Früh* JuS 2021, 905, 907; *Honsell* ZfPW 2016, 106, 120; *Larenz/Canaris*, Methodenlehre der Rechtswissenschaft, 1995, S. 163; MAH GewRS/*Milbradt*, 2022, § 11 Europarecht, Rn. 18; *Reimer*, Juristische Methodenlehre, 2020, S.144, Rn. 281; Krüper/*Sauer*, Grundlagen des Rechts, 2017, S. 185, Rn. 23; *Rüthers/Fischer/Birk,* Rechtstheorie, 2022, § 22, Rn. 731, 742; Staudinger/*Honsell*, BGB, Stand: 30.04.2022, Einl. BGB Rn. 115; *Wank*, Juristische Methodenlehre, 2020, § 7, Rn. 5; *Zimmermann* RabelsZ 83 (2019), 241, 258; *Zippelius*, Juristische Methodenlehre, 2021, S. 37.

668 Bei kürzlich in Kraft getretenen Gesetzen/Vorschriften ist die Wortlautauslegung sowohl nach der subjektiven- als auch nach der objektiven Theorie nach dem allgemeinen Sprachgebrauch vorzunehmen, da der entstehungszeitliche Wille des Gesetzgebers mit dem geltungszeitlichen objektiven Sinn des Gesetzes übereinstimmt;

Willen des Gesetzgebers gezogen werden, da sich dieser bei seiner Wortwahl an der Alltagssprache des Bürgers orientiert.[669] Im Rahmen dieser Ermittlung ist ein Rückgriff auf gängige Wörterbücher der deutschen Sprache (wie z. B. den Brockhaus[670] oder den Duden[671]) ausdrücklich zugelassen.[672]

aa. Nationaler Bedeutungsgehalt

246 Im Rahmen der Anmeldung einer Marke normieren §§ 103 Abs. 2, 106e Abs. 2 MarkenG eine Prüfung der Irreführungsgefahr. Danach wird die Anmeldung einer Kollektivmarke und Gewährleistungsmarke »außerdem zurückgewiesen, wenn die Gefahr besteht, dass das Publikum über den Charakter oder die Bedeutung der Marke irregeführt wird, insbesondere wenn diese Marke den Eindruck erwecken kann, als wäre sie etwas anderes als eine [Kollektiv- bzw.- Gewährleistungsmarke].« Zudem folgt aus einer zum Zeitpunkt der Eintragung bestehenden Irreführungsgefahr nach §§ 106 Abs. 1 S. 1, 106h Abs. 1 S. 1. MarkenG die Nichtigkeit einer eingetragenen Marke. Konkret heißt es in den Vorschriften, dass eine Kollektivmarke und eine Gewährleistungsmarke »außer aus den in § 50 MarkenG genannten Nichtigkeitsgründen auf Antrag für nichtig erklärt und gelöscht [wird], wenn sie entgegen [§ 103 bzw. § 106e MarkenG] eingetragen worden ist.« Darüber hinaus ist die Irreführungsgefahr in §§ 105 Abs. 1 Nr. 3, § 106g Abs. 1 Nr. 3 MarkenG als Verfallsgrund einer irreführenden Markennutzung normiert. Demgemäß wird eine Kollektiv- bzw. Gewährleistungsmarke außer aus den in § 49 MarkenG genannten Verfallsgründen auf Antrag für verfallen erklärt und gelöscht, »wenn die Art in der die [Kollektiv-]Marke von berechtigten Personen benutzt worden ist bewirkt hat,« bzw., »wenn die Gewährleistungsmarke von berechtigten Personen so benutzt worden

wobei im Rahmen der objektiven Auslegung die Gefahr der Vornahme einer willkürlichen Rechtsfortbildung besteht): Vgl. *Bydlinski*, Juristische Methodenlehre, 1991, S. 429; *Jacobi*, Methodenlehre der Normwirkung, 2008, S. 136 f.; *Mennicken*, Das Ziel der Gesetzesauslegung, 1970, S. 76 f. ; *Wank*, Juristische Methodenlehre, 2020, § 6, Rn. 186f ff.; 191 f.; BGH, Urt. v. 10.7.2015 – V ZR 206/14, NJW 2016, 317, (318, Rn. 17); *Larenz/Canaris*, Methodenlehre der Rechtswissenschaft, 1995, S. 141 ff; *Zimmermann* RabelsZ 83 (2019), 241, 258.

669 *Kramer*, Juristische Methodenlehre, 2019, S. 97 f.; *Larenz/Canaris*, Methodenlehre der Rechtswissenschaft, 1995, S. 141 ff.; kritisch dazu: *Rüthers/Fischer/Birk*, Rechtstheorie, 2022, § 22, Rn. 738 ff.; *Wank*, Juristische Methodenlehre, 2020, § 7, Rn. 42.

670 BGH, Beschl. v. 10.8.1995 – 4 StR 432/95, MDR 1996, 188, 188.

671 BGH, Urt. v. 29.1.1982 – V ZR 73/81, NJW 1982, 1278, 1278.

672 *Kudlich/Christensen* JR 2011, 146, 147; *Muthorst*, Grundlagen der Rechtswissenschaft, 2019, § 7, Rn. 11; *Rüthers/Fischer/Birk*, Rechtstheorie, 2022, § 22, Rn. 738; *Schmalz*, Methodenlehre, 1998, S. 88, Rn. 232; kritisch dazu: *Wank*, Juristische Methodenlehre, 2020, § 7, Rn. 41 ff.

ist, dass die Gefahr besteht, dass das Publikum im Sinne von [§ 103 Abs. 2 bzw. § 106e Abs. 2 MarkenG] irregeführt wird […].«

Die soeben aufgeführten Tatbestände unterschiedlicher Verfahrensstadien haben das Wortlautgefüge der Irreführungsgefahr über »den Charakter oder die Bedeutung einer Marke« gemein. Dem Begriff »irreführen« wird im allgemeinen Sprachgebrauch folgender Bedeutungsgehalt zugesprochen: »(absichtlich) einen falschen Eindruck entstehen lassen«, »zu einer falschen Annahme verleiten«, »täuschen«.[673] Das sich auf die Irreführung beziehende Wort »Gefahr« stellt einen geläufigen Rechtsbegriff des MarkenG[674] dar, welcher nach allgemeinem Sprachgebrauch u. a. synonym zu den Worten »Gefährdung« und »Risiko« verwendet wird.[675] Diese inhaltlich verbundenen Ausdrücke verwendet der Gesetzgeber im Zusammenhang mit den Begrifflichkeiten »Charakter« und »Bedeutung«, sodass sich die Irreführungsgefahr nach dem allgemeinen Sprachgebrauch auf die »Spezifika« bzw. den »Sinngehalt«[676] der konkreten Markenart bezieht. Als Regelbeispiel[677] für eine solche Irreführung wird im Gesetzeswortlaut die Erweckung des Eindrucks einer anderen Markenart als die Kollektiv- bzw. die Gewährleistungsmarke angeführt. 247

Im Eintragungs- bzw. Nichtigkeitsverfahren wegen absoluter Schutzhindernisse ist die Irreführung einer Marke auf die zum Anmelde- bzw. Eintragungszeitpunkt vorliegende Markensatzung zurückzuführen. Nach den §§ 103 Abs. 3, 106e Abs. 3 MarkenG bzw. §§ 106 Abs. 1 S. 1, 106h Abs. 1 S. 1 MarkenG vermag dieser Irreführungstatbestand durch eine (nachträgliche) Änderung der Satzung geheilt werden.[678] Diese Heilungsmöglichkeit findet sich nach §§ 105 Abs. 1 Nr. 4 MarkenG, 106g Abs. 1 Nr. 4 MarkenG über die Verweisungsnormen auch im Verfallsverfahren für eine ursprünglich rechtskonforme Markensatzung wieder, die aufgrund einer nachträglich ins Register eingetragenen Änderung der Satzung eine Irreführungsgefahr über den Charakter oder die Bedeutung einer Marke begründet. Ausgenommen von dieser Heilungsoption ist hingegen der Verfallsgrund nach § 105 Abs. 1 Nr. 3 MarkenG und 248

673 Bedeutung des Begriffs »irreführen«, abrufbar unter: https://www.duden.de/rechtschreibung/irrefuehren#Bedeutung-2, zuletzt abgerufen am 01.05.2023.

674 Vgl. hierzu den Begriff der Verwechslungsgefahr: BeckOK Markenrecht/*Thalmaier*, Stand: 01.01.2023, § 14 MarkenG, Rn. 264 ff.

675 Bedeutung des Begriffs »Charakter«, abrufbar unter: https://www.duden.de/synonyme/Charakter, zuletzt abgerufen am 01.05.2023.

676 Bedeutung des Begriffs »Bedeutung«, abrufbar unter: https://www.duden.de/rechtschreibung/Bedeutung, zuletzt abgerufen am 01.05.2023.

677 Siehe zu Kennzeichnung von Regelbeispielen durch den Ausdruck »insbesondere«: *Wank*, Juristische Methodenlehre, 2020, § 7, Rn. 104; als Beispiel für nicht abschließende Aufzählung relevanter Benutzungshandlungen siehe Rechtsprechung zu § 14 Abs. 3 MarkenG: EuGH, Urt. v. 23.03.2010 – C-236/08 bis C-238/08, Rn. 65 = GRUR 2010, 445, 447 f. – *Google France und Google;* BeckOK Markenrecht/*Mielke,* Stand: 01.01.2023, § 14 MarkenG, Rn. 225.

678 Ströbele/Hacker/Thiering/*Hacker*, Markengesetz, 2020, § 103 MarkenG, Rn. 8.

§ 106g Abs. 1 Nr. 3 MarkenG. Dem Wortlaut zufolge liegt der Grund darin, dass die Irreführung nicht von der Markensatzung, sondern von der Benutzung einer rechtmäßig eingetragenen Kollektiv- bzw. Gewährleistungsmarke ausgeht.

249 Insgesamt ergeben die Tatbestandsmerkmale der Irreführung in ihrer Gesamtheit eine dahingehende grammatikalische Normauslegung, dass sich die Irreführungsgefahr auf die Eintragung bzw. die Benutzung eines Zeichens als Markenkategorie (Kollektiv- sowie Gewährleistungsmarke) und deren gesetzlich normierte Voraussetzungen erstreckt.

250 Zur Verdeutlichung und Bestätigung dieser Wortlautauslegung können die Vorschriften § 8 Abs. 2 Nr. 4 MarkenG, § 49 Abs.2 Nr. 2 MarkenG und § 50 Abs. 1, 2 S. 1, 3 MarkenG herangezogen werden, die eine Täuschung der Marke über die »Art, Beschaffenheit oder die geografische Herkunft der Waren und Dienstleistungen« normieren. Gleichermaßen ist auf die kennzeichenrechtliche Vorschrift des § 127 Abs. 1 MarkenG hinzuweisen, die eine »Gefahr der Irreführung über die geografische Herkunft« von Waren und Dienstleistungen regelt. Diese Normen haben ihrem Wortlaut nach gemeinsam, dass sie ein Auseinanderfallen des Zeicheninhalts von dem dazugehörigen Satzungsinhalt regeln. In Abgrenzung dazu enthält der Wortlaut der auszulegenden Irreführungstatbestände keine direkte Bezugnahme auf die für eine Marke niedergelegten qualitative Waren- und Dienstleistungsvoraussetzungen. Zwar vermögen diese Bezugspunkte vom Tatbestandmerkmal des Charakters einer Marke umfasst sein, diese stehen jedoch nicht im Fokus. Vielmehr legt die grammatikalische Analyse ein Abstellen auf das markenrechtliche Gesamtgepräge bzw. den Wesensgehalt einer Markenkategorie (Kollektiv- bzw. Gewährleistungsmarke) und somit die Einordnung eines Zeichens als Marke nahe. Folglich normieren die speziellen Irreführungsvorschriften das funktionsmäßige Auseinanderfallen von Zeichen von der dazugehörigen Satzung. Dieser Semantik wird durch das kodifizierte Regelbeispiel einer Irreführungsgefahr Nachdruck verliehen. So impliziert die von der Markenart selbst ausgehende Irreführungsgefahr (»etwas anderes als eine Kollektiv- bzw. Gewährleistungsmarke«) eine vorzunehmende Abgrenzung der Markenkategorien anhand ihrer jeweiligen Voraussetzungen und Hauptmarkenfunktionen. Dieser Wortsinn legt somit die Abgrenzungskriterien fest, lässt jedoch keine Rückschlüsse auf den Inhalt dieser Abgrenzung zu, also welche gesetzlich normierten Voraussetzungen für die jeweilige Markenkategorie sinngebend sind und demzufolge vom Verkehr als irreführend aufgefasst werden.

bb. Unionsrechtlicher Bedeutungsgehalt

251 Um den Wortsinn in seiner Vollständigkeit zu erfassen, sind zudem die umsetzungspflichtigen Vorschriften der Markenrichtlinie sowie die Irreführungsnormen der UMV heranzuziehen. Dabei ist zu berücksichtigen, dass die MRRL in insgesamt 23 unterschiedlichen Amtssprachen abgefasst ist und jeder Sprach-

fassung gleichermaßen Rechtsverbindlichkeit zukommt.[679] Folglich ist nicht nur die deutsche Fassung auf ihren Wortsinn zu untersuchen. Vielmehr müssen sämtliche bestehenden Sprachfassungen einer Wortlautanalyse unterzogen werden.[680]

In deutscher Sprache mangelt es den eben aufgeführten Normen an eigen- 252
ständiger Bedeutung. Die Irreführungsvorschriften über den Charakter oder die Bedeutung einer Kollektivmarke, Art. 31 Abs. 2 MRRL, Art. 35 lit. b MRRL und Art. 36 MRRL, sind wortidentisch ins MarkenG übernommen worden. Gemäß derer wird die Anmeldung einer Kollektivmarke zurückgewiesen, oder eine eingetragene Kollektivmarke für verfallen oder für nicht erklärt, »wenn die Gefahr besteht, dass das Publikum über den Charakter oder die Bedeutung einer Marke irregeführt wird, insbesondere wenn diese Marke den Eindruck erwecken kann, als wäre sie etwas anderes als eine Kollektivmarke.« Für die Gewährleistungsmarke hat die MRRL zwar keine Irreführungstatbestände über »den Charakter und die Bedeutung der Marke« ausformuliert. Den Mitgliedstaaten wird jedoch in Art. 28 Abs. 3 MRRL die Möglichkeit eingeräumt, ebensolche einzuführen. Wörtlich heißt es: »die Mitgliedstaaten können vorsehen, dass Garantie- oder Gewährleistungsmarken aus anderen als den in den Artikeln 4, 19 und 20 genannten Gründen von der Eintragung ausgeschlossen oder für verfallen oder ungültig erklärt werden, soweit es die Funktion dieser Marken erfordert.«

Sämtliche andere Sprachfassungen weisen konvergente Formulierungen auf: 253
exemplarisch wird hier auf die englische Fassung »the public is liable to be

679 EuGH, Urt. v. 27.1.2005 – C-188/03, ECLI:EU:C:2005:59, Rn. 33 = NZA 2005, 213, 214 – *Junk*; EuGH, Urt. v. 20.11.2001 – C-268/99, ECLI:EU:C:2001:616, Rn. 47 = NVwZ 2002, 326, 329 – *Jany*; EuGH, Urt. v. 06.10.1982 – C-283/81, ECLI:EU:C:1982:335, Rn. 18 ff. = NJW 1983, 1257, 1258 – *CILFIT*; siehe auch: *Bleckmann*, NJW 1982, 1177, 1180; *Grundmann/Riesenhuber*, JuS 2001, 529, 530; *Höpfner/Rüthers* AcP 209 (2009), 1, 10; Riesenhuber/*Riesenhuber*, Europäische Methodenlehre, 2021, § 10 Rn. 14; *Roth* RabelsZ 75 (2011), 787, 799; Calliess/Ruffert/*Wegener*, EUV/AEUV, 2016, Art. 19 EUV Rn. 13.

680 Zur Auslegung der verschiedenen Sprachfassungen siehe auch: EuGH, Urt. v. 24.10.1996 – C-72/95, ECLI:EU:C:1996:404, Rn. 28 = NVwZ 1997, 473, 473 – *Aannemersbedrijf P.K. Kraaijeveld BV e.a/Gedeputeerde Staten van Zuid-Holland.*; EuGH, Urt. v. 06.10.1982 – C-283/81, ECLI:EU:C:1982:335, Rn. 18 ff. = NJW 1983, 1257, 1258 – *CILFIT*; EuGH, Urt. v. 03.03.2016 – C-179/15, ECLI:EU:C:2016:134, Rn. 38 f. = EuZW 2016, 385, 388 – *Daimler/Együd Garage*; EuGH, Urt. v. 11.07.1985 – C-107/84, ECLI:EU:C:1985:332, Rn. 10 = BeckRS 2004, 70684 – *Kommission/Deutschland*; EuGH, Urt. v. 12.07.1979 – C-9/79, ECLI:EU:C:1979:201, Rn. 6 f. = BeckRS 2004, 73881 – *Koschniske/Raad van Arbeid*; EuGH, Urt. v. 5.12.1967 – C-19/67, ECLI:EU:C:1967:49 = BeckRS 2004, 72119 – *Sociale Verzekeringsbank/Van der Vecht; Bron*, Rechtsangleichung des PrivatR auf Ebene der EU, 2011, S. 169; siehe auch: *Höpfner/Rüthers*, AcP 209 (2009), 1, 10; Langenbucher/*Langenbucher*, Europäisches Privat- und WirtschaftsR, 2017, § 1 Rn. 6.

misled as regards the character or the significance of the mark«, die französische Fassung »le public risque d'être induit en erreur sur le caractère ou la signification de la marque«, die italienische Fassung »il pubblico rischia di essere indotto in errore circa il carattere o il significato del marchio« sowie auf die spanische Fassung »el riesgo de inducir al público a error sobre el carácter o el significado de la marca« verwiesen.

254 Auch den parallelen Irreführungsnormen des Unionsmarkenrechts, namentlich Art. 76 Abs. 2 UMV, Art. 81 lit. b UMV, Art. 82 UMV bzw. Art. 85 Abs. 2 UMV, Art. 91 lit. c UMV und Art. 92 UMV sind keine abweichenden Formulierungen zu entnehmen.

255 Das Verb »irreführen« wird jedoch an anderer Stelle in der MRRL sowie in der UMV bereits verwendet. So sehen Art. 20 lit. b MRRL und Art. 58 Abs. 1 lit. c. UMV vor, dass eine (Unions-)Marke für verfallen erklärt wird, wenn sie nach dem Zeitpunkt der Eintragung, »infolge ihrer Benutzung durch den Inhaber oder mit Zustimmung des Inhabers für Waren oder Dienstleistungen, für die sie eingetragen ist, geeignet ist, das Publikum insbesondere über die Art, die Beschaffenheit oder die geografische Herkunft dieser Waren oder Dienstleistungen irrezuführen.« Dabei gleicht das Wortgefüge des zweiten Halbsatzes dem in Art. 4 Abs. 1 lit. g MRRL und Art. 7 Abs. 1 lit. g UMV bzw. Art. 59 Abs. 1 lit. a UMV normierten absoluten Eintragungshindernis bzw. Nichtigkeitsgrund. Diese dem Wortlaut nach identisch ins MarkenG übernommenen Vorschriften greifen bei (Unions-)Marken, »die geeignet sind, das Publikum zum Beispiel über die Art, die Beschaffenheit oder die geografische Herkunft der Ware oder Dienstleistung zu täuschen.«

256 Somit geht die supplementäre Heranziehung der MRRL sowie UMV und deren Wortlautanalyse insofern mit einem neuen Erkenntnisgewinn über den Wortsinn der Irreführungsgefahr einher, als die Begriffe »täuschen« und »irreführen« *prima facie* vom europäischen Gesetzgeber synonym verwendet werden.

cc. Zwischenergebnis

257 Die unter dem Aspekt der Richtlinienkonformität vorgenommene grammatikalische Auslegung der deutschen sowie beispielhafter europäischer Normfassungen des Irreführungstatbestandes über den Charakter oder die Bedeutung einer Marke ergibt, dass sich die Irreführungsgefahr auf die speziellen Markenkategorien – Kollektiv- und Gewährleistungsmarke – und ihre wesensbedingten Voraussetzungen bezieht. Die Semantik des kodifizierten Regelbeispiels (»etwas anderes als eine [Kollektiv- bzw. Gewährleistungsmarke]«) deutet auf eine vorzunehmende Abgrenzung der Marke von anderen Markenkategorien anhand ihrer jeweiligen Spezifika und Hauptmarkenfunktionen hin. Die zum grammatikalischen Vergleich herangezogenen nationalen Vorschriften der Täuschungseignung einer Marke über die Art, die Beschaffenheit oder die geografische

Herkunft von Waren und Dienstleistungen, § 8 Abs. 2 Nr. 4 MarkenG, § 49 Abs.2 Nr. 2 MarkenG und § 50 Abs. 1, 2 S. 1, 3 MarkenG, lassen kein unmittelbares, begriffliches Überschneidungspotential erkennen. Vielmehr deutet gerade die divergierende Wortwahl des Gesetzgebers – einerseits »irreführen« andererseits »täuschen« – auf eine bewusste Unterscheidung der Tatbestände hin. Diese Dynamik wird auf europäischer Ebene dahingehend unterbrochen, als der Gesetzgeber in dem semantischen Kontext der Täuschungseignung in Art. 20 lit. b MRRL und Art. 58 Abs. 1 lit. c. UMV die Begrifflichkeit des Irreführens verwendet. Dabei wird dasselbe Normgefüge im Eintragung- bzw. Nichtigkeitsverfahren gemäß Art. 4 Abs. 1 lit. g MRRL sowie in Art. 7 Abs. 1 lit. g UMV und Art. 59 Abs. 1 lit. a UMV, wie im MarkenG auch, mit dem Begriff der Täuschung umschrieben. Diese Wortlautanalyse lässt nicht erkennen, ob der synonyme Gebrauch von »irreführen« und »täuschen« ein redaktionelles Versehen darstellt oder vom Gesetzgeber intendiert war.

b. Systematische Auslegung

Die Wortlautauslegung steht in einem engen Zusammenhang mit der systematischen Auslegung.[681] Nach dieser sind einzelne Rechtssätze anhand ihrer Stellung und Funktion kontextuell in das jeweilige Regelungsgefüge eines Gesetzes bzw. der Gesamtrechtsordnung eingebettet.[682] Die Rechtssystematik ist nach dem Vorbild *Hecks* in ein äußeres und inneres System zu untergliedern.[683] Unter dem äußeren System ist die formale Einordnung der Rechtsnormen in ein Regelungsgefüge zu verstehen.[684] Das innere System umfasst das Wertgefüge bzw. die materielle Rangordnung innerhalb des Gesetzes bzw. der Gesamtrechtsordnung.[685] 258

681 *Früh* JuS 2021, 905, 907; *Reimer*, Juristische Methodenlehre, 2020, S. 159, Rn. 313; *Zimmermann* RabelsZ 83 (2019), 241, 259.

682 *Bitter/Rauhut* JuS 2009, 289, 293; *Wank*, Juristische Methodenlehre, 2020, § 9, Rn. 5; *Zimmermann* RabelsZ 83 (2019), 241, 258.

683 *Heck*, Begriffsbildung und Interessenjurisprudenz, 1932, § 13, S. 142 ff.; *Höpfner/Rüthers* AcP 209 (2009), 1, 11 f.; *Kramer*, Methodenlehre, 2019, S. 104 f.; *Reimer*, Juristische Methodenlehre, 2020, S. 160 f., Rn. 315 f.; *Rüthers/Fischer/Birk*, Rechtstheorie, 2022, § 4, 139 ff., § 22, Rn. 750 f; *Wank*, Juristische Methodenlehre, 2020, § 9, Rn. 8 f.

684 *Reimer*, Juristische Methodenlehre, 2020, S. 159 f., Rn. 311 ff; *Wank*, Juristische Methodenlehre, 2020, § 9, Rn. 8 f.

685 *Heck*, Begriffsbildung und Interessenjurisprudenz, 1932, § 13, S. 142 ff.; *Höpfner/Rüthers* AcP 209 (2009), 1, 11 f.; *Kramer*, Methodenlehre, 2019, S. 104 f.; *Puppe*, Kleine Schule des juristischen Denkens, 2023, S. 133; *Reimer*, Juristische Methodenlehre, 2020, S. 160 f., Rn. 315 f.; *Rüthers/Fischer/Birk*, Rechtstheorie, 2022, § 4, 139 ff., § 22, Rn. 750 f.; *Wank*, Juristische Methodenlehre, 2020, § 9, Rn. 8 f., 22.

aa. Nationale Systematik

259 Im Folgenden werden daher zunächst formal die Positionen der Irreführungsvorschriften im MarkenG anhand ihres Aufbaus, ihrer Gliederung sowie ihrer Struktur aufgezeigt. Im Anschluss werden konkrete Bedeutungszusammenhänge und -unterschiede eruiert.

(1) Äußere Systematik

260 Die Irreführungsvorschriften sind in Teil 4 unter dem Titel »Kollektivmarken« und in Teil 5 unter dem Titel »Gewährleistungsmarken« normiert. Diese reihen sich formal hinter den allgemeinen Vorschriften des MarkenG (Teil 1: Anwendungsbereich, Teil 2: Voraussetzungen, Inhalt und Schranken, Teil 3: Verfahren in Markenangelegenheiten) ein. Entsprechend ihrer Überschriften gelten die Normen lediglich in Bezug auf Kollektiv- und Gewährleistungsmarken.

261 Systematisch ist die Prüfung einer Irreführungsgefahr innerhalb der speziellen Vorschriften zur Kollektiv- bzw. Gewährleistungsmarke erstmals im Rahmen des Eintragungsverfahrens einer Marke vorgesehen, § 103 Abs. 2 MarkenG bzw. § 106e Abs. 2 MarkenG. In dieser Funktion vervollständigen sie die in § 37 MarkenG zu prüfenden absoluten Schutzhindernisse.[686] Danach sind Zeichen vor ihrer Eintragung einer Überprüfung des Charakters oder der Bedeutung als Kollektiv- und Gewährleistungsmarke zu unterziehen. Komplementär dazu, ist die Irreführungsgefahr ebenfalls im Löschungsverfahren vorgesehen. Sie stellt einen Verfallsgrund, § 105 Abs. 1 Nr. 3 MarkenG bzw. § 106g Abs. 1 Nr. 3 MarkenG, sowie einen Nichtigkeitsgrund einer bereits eingetragenen Kollektiv- und Gewährleistungsmarke, § 106 Abs. 1 S. 1 MarkenG bzw. § 106h Abs. 1 S. 1 MarkenG, dar. Auf diese Weise hat der Gesetzgeber einen »Rundumschutz« in Bezug auf die von einer Kollektiv- bzw. Gewährleistungsmarke ausgehenden Irreführungsgefahr kreiert, welcher in jeder Verfahrensstufe – vor und nach Eintragung – zu beachten ist. Auffällig ist dabei, dass der Strafcharakter einer Irreführungsgefahr in Bezug auf die Rechtskonformität des Markenregisters und der Markennutzung unterschiedlich ausgeprägt ist.

262 Sowohl im Eintragungs-, Nichtigkeits- sowie Verfallsverfahren ist eine Änderung der Markensatzung als Heilungsmöglichkeit der Irreführungsgefahr vorgesehen. Die Zurückweisungsgründe einer Anmeldung gemäß § 103 Abs. 3 MarkenG bzw. § 106e Abs. 3 MarkenG und die Nichtigkeitsgründe wegen absoluter Schutzhindernisse gemäß § 106 Abs. 1 S. 2 MarkenG und § 106h Abs. 1 S. 2 MarkenG stellen auf die Eintragung einer Marke ab. Zu diesem Zeitpunkt vermag ausschließlich vom Zeichen selbst und von der in der Satzung bzw. im Wa-

686 Vgl. zur Annahme einer Komplementärfunktion in Bezug auf eine Irreführungsgefahr über die Art, die Beschaffenheit oder die geografische Herkunft der Waren oder Dienstleistungen gem. Art. 3 Abs. 1 lit. g MRRL a. F. (Art. 4 Abs. 1 lit. g MRRL): *Brömmelmeyer* WRP 2006, 1275, 1277 f.

ren- und Dienstleistungsverzeichnis vorgesehenen Zeichennutzung eine Irreführungsgefahr ausgehen. Wird diese Irreführungsgefahr über den Charakter oder die Bedeutung einer Kollektiv- bzw. Gewährleistungsmarke durch eine Satzungsänderung geheilt, lassen die soeben aufgeführten Normen die Zurückweisung bzw. Löschung einer Marke entfallen. Die Verfallsnormen § 105Abs. 2 Nr. 4 MarkenG bzw. § 106g Abs. 1 Nr. 4 MarkenG wenden diese Heilungsoption analog auf eine irreführungsgefährdende Änderung der Markensatzung nach erfolgter Markeneintragung an, § 104 Abs. 2 MarkenG bzw. § 106f Abs. 2 MarkenG.

Einen deutlich stärker ausgeprägten Strafcharakter ziehen die Irreführungs- 263
normen im Stadium der Markennutzung nach sich. Eine Heilungsmöglichkeit mittels Satzungsänderung ist für die Verfallsgründe § 105 Abs. 1 Nr. 3 und § 106g Abs. 1 Nr. 3 MarkenG nicht vorgesehen. Zurückzuführen ist dies darauf, dass in der Benutzungsphase hauptsächlich auf den tatsächlichen Gebrauch einer eingetragenen Marke abzustellen ist,[687] wohingegen die Satzung eine untergeordnete Rolle einnimmt. Ein alternatives Korrektiv, wie das Entfallen der Irreführungsgefahr infolge einer Änderung der konkreten Benutzungsform, trägt die äußere Systematik nicht zu Tage.

(2) Innere Systematik

Weitere Rückschlüsse auf die Normauslegung der Irreführungsvorschriften sind 264
dem inneren Gesetzesaufbau des MarkenG zu entnehmen. Hierfür können Normen vergleichbaren Inhalts entsprechend herangezogen werden.[688] Der Irreführungsbegriff wird im MarkenG – abgesehen von den neu eingeführten Irreführungsvorschriften über den Charakter oder die Bedeutung – nur an einer weiteren Stelle zur Bestimmung des Schutzinhalts nationaler geografischer Herkunftsangaben verwendet, § 127 Abs. 1 MarkenG. Die UMV sieht keine parallele Vorschrift zu § 127 Abs. 1 MarkenG vor, da der Schutz geografischer Herkunftsangaben in sui generis EU-Verordnungen ausgelagert ist. Im gewöhnlichen Sprachgebrauch werden die Wörter Täuschungseignung und Irreführungsgefahr sinnverwandt verwendet, sodass auch die innere Systematik zu den Vorschriften § 8 Abs. 2 Nr. 4 MarkenG, § 49 Abs. 2 Nr. 2 MarkenG und § 50 Abs. 1, 2 S. 1, 3 MarkenG näher zu beleuchten ist. Diese innergesetzliche, kontextuell zu den speziellen Irreführungsvorschriften über den Charakter oder die Bedeutung einer Marke abweichenden Verwendungen des Irreführungsbegriffs gilt es systematisch zu untersuchen.

687 BeckOK Markenrecht/*Bogatz*, Stand: 01.01.2023, § 26 MarkenG, Rn. 73; Ingerl/Rohnke/Nordemann/*Schmitz-Fohrmann*, MarkenG, 2023, § 26 MarkenG, Rn. 219.

688 *Puppe*, Kleine Schule des juristischen Denkens, 2023, S. 133; *Wank*, Juristische Methodenlehre, 2020, § 9, Rn. 8 f., 22.

(a) Bedeutungszusammenhänge

265 Zunächst ist der Blick auf den im Kennzeichenrecht verwendeten, identischen Rechtsbegriff der »Irreführungsgefahr« zu richten. Dieser wird in Teil 7 des MarkenG zur Bestimmung des Schutzinhalts von geografischen Herkunftsangaben verwendet, § 127 Abs. Abs. 1, Abs. 4 Nr. 1 MarkenG. Demgemäß sind geografische Herkunftsangaben bei einer Benutzung für Waren und Dienstleistungen anderer Herkunft stets auf eine »Gefahr der Irreführung über die geografische Herkunft« hin zu untersuchen. Neben dem begrifflich übereinstimmenden Tatbestandsmerkmal vermag eine Parallele auch im Hinblick auf die systematische Ausweisung der Norm gezogen werden. Ihrer Überschrift nach dient die Irreführungsvorschrift der Bestimmung sowie Einhaltung der gekennzeichneten geografischen Herkunft als Schutzinhalt. Zwar sind die spezifischen Irreführungsvorschriften über den Charakter oder die Bedeutung einer Marke mit »Kollektivmarken« und »Gewährleistungsmarken« anders überschrieben, sie behandeln inhaltlich jedoch ebenfalls zu wahrende Schutzinhalte, allerdings im Hinblick auf die verschiedenen Markenkategorien. Diese umfassen die Einhaltung des Charakters sowie der Bedeutung einer Kollektiv- bzw. Gewährleistungsmarke.

266 Vergleichbare Normstrukturen finden sich ferner in den Vorschriften zur Täuschungseignung[689]. Diese sind gesetzlich als absolutes Schutzhindernis in § 8 Abs. 2 Nr. 4 MarkenG, als Verfallsgrund in § 49 Abs. 2 Nr. 2 MarkenG sowie als Nichtigkeitsgrund in § 50 Abs. 1, 2 S. 1, 3 MarkenG ausgestaltet. Somit steht auch hier eine ganzheitliche Prüfung der Marke, vor und nach Eintragung im Fokus. Die Verwirklichung der Täuschungseignung ist dabei, wie die Irreführungsgefahr über den Charakter oder die Bedeutung einer Marke auch, am Tatbestandmerkmal des »Publikums« ausgerichtet. Diese inhaltlichen Wertungszusammenhänge legen eine Auslegung der inhaltsgleichen Tatbestandmerkmale i. S. e. Einheit der Rechtsordnung nahe.[690]

(b) Bedeutungsunterschiede

267 Neben den Similaritäten des inneren Gesetzessystems im Hinblick auf die Normstruktur der »Irreführungsgefahr« und deren Anknüpfung an »das Publikum« sind jedoch auch grundlegende Regelungsunterschiede auszumachen. So lässt die systematische Einordnung der Vergleichsvorschriften im MarkenG auf eine Grundverschiedenheit der Bezugspunkte von Täuschungs- bzw. Irreführungsgefahr schließen.

689 Zum Begriff der Täuschungseignung siehe BeckOK Markenrecht/ *Kopacek/Schödel*, Stand: 01.01.2023, § 49 MarkenG, Rn. 32 ff.

690 Zur inhaltlichen Auslegung i. S. e. Einheit der Rechtsordnung: *Wank*, Juristische Methodenlehre, 2020, § 9, Rn. 39 ff.

Die kennzeichenrechtliche Irreführungsgefahr gemäß § 127 Abs. 1 MarkenG stellt ausschließlich auf die geografische Herkunft von Waren und Dienstleistungen ab.[691] Die in § 8 Abs. 2 Nr. 4 MarkenG, § 49 Abs. 2 Nr. 2 MarkenG und § 50 Abs. 1, 2 S. 1, 3 MarkenG normierte Täuschungseignung wird ebenfalls mit Waren und Dienstleistungen in Zusammenhang gesetzt, ist in ihren Bezugspunkten jedoch weiter gefasst. Sie bezieht sich dem Wortlaut nach »insbesondere« auf deren Art, Beschaffenheit oder geografische Herkunft von Waren und Dienstleistungen.[692] Die für die Kollektiv- und Gewährleistungsmarke normierte begrifflich abweichende Irreführungsgefahr weist hingegen den Charakter oder die Bedeutung einer Marke als Bezugspunkte aus. Somit liegt der Fokus anders als bei den gegenübergestellten Normen nicht auf der satzungskonformen Kennzeichnung von Waren und Dienstleistungen,[693] sondern auf der gesetzeskonformen Kennzeichnung als Marke. Hierfür sind insbesondere die charakteristischen Wesenszüge sowie die unterschiedlichen Markenhauptfunktionen von Kollektiv- und Gewährleistungsmarke zu beachten.[694] 268

Unter Zugrundelegung der Auslegungsmaxime *lex specialis derogat legi generali*[695] sind die abweichenden Bezugspunkte nicht unter den (allgemeinen) Tatbestand der Täuschungseignung zu subsumieren. So verleiht das Wort »insbesondere« der nachfolgenden Aufzählung in § 103 Abs. 1 MarkenG und § 106e Abs. 2 MarkenG zwar einen nicht-abschließenden Charakter. Die Irreführungsgefahr über den Charakter oder die Bedeutung einer Marke ist jedoch in den gesonderten Gesetzesteilen zur Kollektiv- und Gewährleistungsmarke geregelt und somit von den allgemeinen Vorschriften abgegrenzt. Diese losgelöste Kodifizierung verdeutlicht i. S. d. Argumentationsmusters *argumentum e contrario*[696] bereits eine Verschiedenartigkeit beider Tatbestände. Würden die Täuschungsnormen auch die gesetzeskonforme Einordnung des Zeichens als Marke umfassen, bedürfte es keiner weiteren gesetzlichen Regelungen.[697] Zudem sprechen die Formulierungen »außer nach § 37 auch dann zurückgewiesen« gem. § 103 Abs. 1 MarkenG und § 106e Abs. 2 MarkenG, »außer aus den in § 49 genannten Verfallsgründen« gem. § 105 Abs. 1 MarkenG und 269

691 BeckOK Markenrecht/*Schulteis*, Stand: 01.01.2023, § 127 MarkenG, Rn. 4, 6; Erbs/Kohlhaas/*Kaiser*, Strafrechtliche Nebengesetze, Stand: 08.2022, § 127 MarkenG, Rn. 2 ff.; MAH GewRS/*Raab*/*Tenkhoff*, 2022, § 32 Markenrecht, Rn. 468; *Kiefer*, Geographischer Irreführungsschutz, 2019, S. 148 f.

692 Ströbele/Hacker/Thiering/*Ströbele*, MarkenG, 2020, § 8 MarkenG, Rn. 871, 877.

693 Vgl. zur satzungsgetreuen Kennzeichnung: BeckOK Markenrecht/*Hanf*, Stand: 01.01.2023, Art. 7 UMV 2017, Rn. 172.

694 Amtliche Begründung, BT-Drs. 19/2898, S. 87 f.

695 *Früh* JuS 2021, 905, 909; *Reimer*, Juristische Methodenlehre, 2020, S. 107, Rn. 198 ff.

696 *Früh* JuS 2021, 905, 910; *Reimer*, Juristische Methodenlehre, 2020, S. 162, Rn. 319 ff.

697 Allgemein zum Unterlassen von Auslegungen, die andere Normen überflüssig machen: *Wank*, Juristische Methodenlehre, 2020, § 9, Rn. 43 ff.

§ 106g Abs. 1 MarkenG, bzw. »außer in den in § 50 genannten Nichtigkeitsgründen« gem. § 106 Abs. 1 S. 1 MarkenG und § 106h Abs. 1 S. 1 MarkenG für die bislang fehlende Berücksichtigung einer solchen Irreführung in den allgemeinen Vorschriften. Bestätigung erfährt dieser Gesetzesaufbau in § 97 Abs. 2 MarkenG sowie § 106a Abs. 2 MarkenG, wonach sämtliche Vorschriften des MarkenG auf Kollektiv- sowie Gewährleistungsmarken anzuwenden sind, soweit in den Teilen 4 und 5 nicht etwas anderes normiert ist.

270 Insofern handelt es sich bei den Irreführungsvorschriften um Bestimmungen der speziellen Markenkategorien Kollektiv- und Gewährleistungsmarke, die im Hinblick auf die innere Systematik des MarkenG von den allgemeinen Regelungen abgegrenzt sind.[698] Dies lässt den Umkehrschluss zu, dass die spezifischen Bezugspunkte: Charakter oder Bedeutung einer Marke, von der im allgemeinen Teil vorgesehen Täuschungseignung nicht mitumfasst sind.

bb. Unionsrechtliche Systematik

271 Eine abweichende Jurierung ergibt sich auch nicht aus der Einheit der Rechtsordnung und der damit einhergehenden systemkonformen Auslegung im Einklang mit höherrangigem Recht.[699] Zwischen der MRRL sowie der UMV und dem MarkenG bestehen in Bezug auf die in Rede stehenden Irreführungsnormen über den Charakter oder die Bedeutung einer Marke keine, die äußere Systematik betreffenden, relevanten Abweichungen und somit keine Wertungswidersprüche. Die Bestimmungen über Unionskollektivmarken sowie Unionsgewährleistungsmarken sind zwar unter dem Kapitel VIII zusammengefasst, den einzelnen Markenkategorien kommt jedoch ein jeweils getrennter Abschnitt dieses Kapitels zu. So sind in Abschnitt 1 der §§ 74-82 UMV Vorschriften zur Unionskollektivmarke normiert, wohingegen sich in Abschnitt 2 der §§ 83-93 UMV Regelungen zur Unionsgewährleistungsmarke befinden.

272 Im Hinblick auf die innere Systematik zu den Vorschriften der Täuschungseignung sind obige Ausführungen zu § 8 Abs. 2 Nr. 4 MarkenG und § 50 Abs. 1, 2 S. 1, 3 MarkenG auf die dem MarkenG zugrundliegende Umsetzungsnorm Art. 4 Abs. 1 lit. g MR-RL sowie den inhaltsgleichen unionrechtlichen Pendants der UMV gem. Art. 7 Abs. 1 lit. g UMV und Art. 59 Abs. 1 lit. a UMV zu übertragen. Eine gesonderte Betrachtung erfordert hingegen der in Art. 20 lit. b MRRL sowie in Art. 58 Abs. 1 lit. c UMV normierte Verfallsgrund. Anders als der nationale Gesetzgeber verwendet der europäische Gesetzgeber im gleichen Wortzusammenhang anstelle des Verbs »täuschen« das Wort »irreführen«. Bestehende Zweifel an einer identischen Auslegung beider Rechtsbegriffe wurden vom EuGH im Jahr 2006 ausgeräumt.[700] In der Ent-

698 *Fezer* GRUR 2017, 1188, 1191.
699 *Rüthers/Fischer/Birk*, Rechtstheorie, 2022, § 22, Rn. 762a, 766.
700 Ströbele/Hacker/Thiering/*Thiering*, MarkenG, 2020, § 49 MarkenG, Rn. 55.

scheidung *ELIZABETH EMANUEL*[701] bestätigte der Gerichtshof ausdrücklich die Deckungsgleichheit sämtlicher für den Verfallsgrund gem. Art. 12 Abs. 2 lit. b der ursprünglichen Richtlinie[702] (im Folgenden MRRL u. F.) (Art. 20 lit. b MRRL) sowie für das Eintragungshindernis bzw. den Nichtigkeitsgrund gem. Art. 3 Abs. 1 lit. g MRRL u. F. (Art. 4 Abs. 1 lit. g MRRL) vorgesehenen Voraussetzungen. Diese redaktionelle Austauschbarkeit der Begrifflichkeiten lässt zunächst innersystematisch vermuten, dass die zu den Täuschungsvorschriften herausgebildeten Auslegungsgrundsätze entsprechend auf die spezifischen Irreführungsnormen der Kollektiv- und Gewährleistungsmarke anzuwenden sind. So ist der Wortlaut der Täuschungsvorschriften zwar dem Grunde nach so ausgestaltet, dass er den Irreführungstatbestand über den Charakter oder die Bedeutung einer Marke mit zu umfassen vermag. Die Begriffe »insbesondere« in Art. 20 lit. b MRRL, Art. 58 Abs. 1 lit. c UMV und »zum Beispiel« in Art. 4 Abs. 1 lit. g MRRL, Art. 7 Abs. 1 lit. g UMV, Art. 59Abs. 1 lit. a UMV implizieren, dass die nachfolgende Aufzählung »die Art, die Beschaffenheit oder die geografische Herkunft der Ware und Dienstleistung« nicht abschließender Natur ist. Die im Hinblick auf das MarkenG herausgearbeiteten und gleichermaßen auf die Vorschriften der MRRL und UMV übertragbaren Bedeutungsunterschiede versagen jedoch einen vollständigen Normengleichlauf. Stattdessen bezieht sich der systematische Gleichlauf ausschließlich auf den Täuschungs- bzw. Irreführungsbegriff selbst und nicht auf die damit im Zusammenhang stehenden systematisch voneinander abgegrenzten Bezugspunkte. Folglich weist auch der begrifflich abweichende, unionsrechtliche Verfallsgrund einen systematisch eigenständigen Schutzinhalt aus und dient nicht bloß der Klarstellung des bereits von der Täuschungseignung umfassten Inhalts.

Die Vergleichsnorm der Irreführung über die geografische Herkunft nach 273
§ 127 Abs. 1 MarkenG entfällt auf europäischer Ebene aufgrund ihres ausschließlich nationalen Rechtswesens.[703]

cc. Zwischenergebnis

Die Irreführungsnormen über den Charakter oder die Bedeutung einer Marke 274
sind im nationalen und europäischen äußeren System speziellen, der Kollektiv- sowie Gewährleistungsmarke zugewiesenen, Teilen (Teil 4 und 5 MarkenG) bzw. Kapiteln (Kapitel VIII UMV) zugeordnet. Sie nehmen eine vervollständi-

701 EuGH, Urt. v. 30.03.2006 – C-259/04, ECLI:EU:C:2006:215, Rn. 53 = GRUR 2006, 416, 419 – *Elizabeth Florence Emanuel/Continental Shelf 128 Ltd. [ELIZABETH EMANUEL]*.

702 Erste Richtlinie (89/104/EWG) des Rates v. 21.12.1988 zur Angleichung der Rechtsvorschriften der Mitgliedstaaten über die Marken, ABl. 1989 L 40/1.

703 Vgl. BeckOK Markenrecht/*Schulteis*, Stand: 01.01.2023, § 126 MarkenG, Rn. 5; Erbs/Kohlhaas/*Kaiser*, Strafrechtliche Nebengesetze, Stand: 08.2022, § 127 MarkenG, Rn. 1.

gende bzw. ergänzende Funktion im Hinblick auf die Prüfung einer Marke vor und nach ihrer Anmeldung ein.

275 Die innere Gesetzessystematik lässt auf eine Heranziehung bereits bestehender Auslegungsgrundsätze schließen. So sind im Hinblick auf die Tatbestandsmerkmale der Irreführungsgefahr sowie des Publikums entsprechende systematische Bedeutungszusammenhänge mit der nationalen Vorschrift zur Irreführungsgefahr über die geografische Herkunft gem. § 127 Abs. 1 MarkenG sowie den nationalen bzw. europäischen Normen zur Täuschungseignung einer Marke gem. § 8 Abs. 2 Nr. 4 MarkenG, § 49 Abs. 2 Nr. 2 MarkenG, § 50 Abs. 1, 2 S. 1, 3 MarkenG bzw. Art. 4 Abs. 1 lit. g MRRL, Art. 20 lit. b MRRL und Art. 7 Abs. 1 lit. g UMV, Art. 58 Abs. 1 lit. c UMV, Art. 59 Abs. 1 lit. a UMV zu erkennen. Von dem systematischen Rückgriff auf bereits bestehende Wertungen sind jedoch die spezifischen Bezugspunkte des Charakters oder der Bedeutung einer Marke auszunehmen. Zurückzuführen ist dies auf den, von den allgemeinen Vorschriften losgelösten, spezifischen Regelungscharakter der Irreführungsnormen, welcher systematisch mit der Gesetzesformulierung »außerdem/außer« ausgewiesen ist. Zudem ergibt sich ihre vorrangige Stellung im Regelungsgefüge aus den vorstehenden Vorschriften, § 97 Abs. 2 MarkenG, § 106a Abs. 2 MarkenG sowie Art. 74 Abs. 3 UMV, Art. 83 Abs. 3 UMV. Im Umkehrschluss kann von einer dahingehenden Tatbestandsausnahme der bisherigen Eintragungshindernisse sowie Verfalls- und Nichtigkeitsgründe ausgegangen werden.

c. Historische Auslegung

276 Im Anschluss an die Ermittlung des Wortsinns und der Systematik lässt sich das Verständnis der spezifischen Irreführungsvorschriften mittels einer historischen Auslegung weiter erschließen. Ziel einer solchen Auslegung ist die Ergründung des Ursprungs einer Norm, also des historischen Aktes der Gesetzgebung.[704]

277 Im Zuge dessen sind neben den Materialien zur Entstehungsgeschichte der Irreführungsvorschriften (z. B. Referenten- und Regierungsentwürfe, Gesetzesbegründungen, Beschlussempfehlungen der Ausschüsse in Bundestag und Bun-

704 *Engisch*, Einführung in das juristische Denken, 2018, S. 133, und *Jacobi*, Methodenlehre der Normwirkung, 2008, S. 93 ff. zählen einige wichtige Vertreter der subjektiven Theorie auf (*Bierling*, Juristische Prinzipienlehre, 1979, Bd. 4, S. 230 ff.; *Fikentscher*, Methoden des Rechts, 1977, Bd. IV, S. 360 f.; *Heck* AcP 112 (1914), 1, 49 ff.; *Höpfner/Rüthers* AcP 209 (2009), 1, 7 f.; *Savigny*, System des heutigen römischen Rechts, 1840, Bd. 1, S. 215 ff.; *Stammler*, Lehrbuch der Rechtsphilosophie, 1970, S. 271 ff.); *Potacs*, Rechtstheorie, 2019, S. 144; *Rüthers/Fischer/Birk*, Rechtstheorie, 2022, § 22, Rn. 717 ff., 821; *Wank*, Juristische Methodenlehre, 2020, § 6, Rn. 158, 173; zum Methodenstreit über den Rang der historischen Auslegung siehe Rn. 666.

desrat, Protokolle der Plenarsitzungen, Parlamentsberichte)[705] auch deren Vorgeschichte zu untersuchen[706]. Diese umfassende Darlegung der Normentwicklung sowie -entstehung ermöglicht es, etwaige fehlerhafte Interpretationsansätze offenzulegen und das ursprünglich vom Gesetzgeber intendierte Verständnis aufzuzeigen.[707]

aa. Amtliche Begründung des deutschen Gesetzgebers

Der deutsche Gesetzgeber weist in seiner amtlichen Begründung zur MaMoG darauf hin, dass die Gewährleistungsmarke, abgesehen vom Neutralitätsgebot, einige Parallelen zur Kollektivmarke aufweist.[708] In diesem Zusammenhang führt er aus, dass »beide Markenformen eine gewisse Qualität [garantieren], durch eine Vielzahl von Zeichennutzern im Verkehr genutzt und auf Grundlage von Nutzungsbedingungen vergeben [werden]«.[709] Daher sei es entsprechend der Art. 83 ff. UMV naheliegend, »die Regelungen zu der Kollektivmarke in einigen Punkten zu übernehmen und an die Besonderheiten der Gewährleistungsmarke anzupassen«.[710] 278

Entgegen den konzeptionellen Parallelen nimmt der deutsche Gesetzgeber terminologisch und systematisch eine strikte Trennung zwischen Kollektiv- und Gewährleistungsmarke vor, um den unterschiedlichen Regelungsgehalt sowie die unterschiedliche Schutzrichtung herauszuarbeiten.[711] Zum einen sind die Vorschriften zur Gewährleistungsmarke bewusst in einem neuen Teil 5 und dort in den §§ 106a-h MarkenG normiert worden.[712] Zum anderen bedarf es im Anmeldeverfahren einer expliziten Bezeichnung der entsprechenden Markenkategorie (Kollektivmarke, § 97 Abs. 1 S. 2 MarkenG oder Gewährleistungsmarke, § 106a Abs. 1 S. 3 MarkenG) und die Begrifflichkeit »Markensatzung« ist in 279

705 *Bitter/Rauhut*, JuS 2009, 289, 294; *Bydlinski*, Juristische Methodenlehre, 1991, S. 449; *Frieling*, Gesetzesmaterialien und Wille des Gesetzgebers, 2017, § 5, S. 25 ff.; *Larenz/Canaris*, Methodenlehre der Rechtswissenschaft, 1995, S. 151, 164; *Rüthers/Fischer/Birk*, Rechtstheorie, 2022, § 22, Rn. 790; *Schmalz*, Methodenlehre, 1998, S. 95 f; *Wank*, Die Auslegung von Gesetzen, 2015, S. 68 f.; *Wank*, Juristische Methodenlehre, 2020, § 10, Rn. 27.

706 *Wank*, Juristische Methodenlehre, 2020, § 10, Rn. 25 ff, 48; *Wank*, Die Auslegung von Gesetzen, 2015, S. 67 f.; Vgl. auch: *Bitter/Rauhut*, JuS 2009, 289, 294; *Zimmer*mann RabelsZ 83 (2019), 241, 260 f.; Zur Bedeutung der Vor- und Entstehungsgeschichte im Rahmen der historischen Auslegung: *Muthorst*, Grundlagen der Rechtswissenschaft, 2019, § 7, Rn. 15.

707 Vgl. *Bitter/Rauhut*, JuS 2009, 289, 294; *Wank*, Die Auslegung von Gesetzen, 2015, S. 69.

708 Amtliche Begründung, BT-Drs. 19/2898, S. 88.

709 Amtliche Begründung, BT-Drs. 19/2898, S. 88.

710 Amtliche Begründung, BT-Drs. 19/2898, S. 88.

711 Amtliche Begründung, BT-Drs. 19/2898, S. 88 f.

712 Amtliche Begründung, BT-Drs. 19/2898, S. 89.

sämtlichen Vorschriften von Teil 4 (Kollektivmarken) durch das Wort »Kollektiv« ergänzt worden. Ferner wurden zwecks Abgrenzung der Markenkategorien eine dem Markenrecht bislang unbekannte Regelung über die Irreführung einer Marke über ihren Charakter oder ihre Bedeutung eingeführt. Laut Gesetzesbegründung werde dadurch dem Publikum eine differenzierte Wahrnehmung in Bezug auf die unterschiedlichen Markenfunktionen der Kollektiv- und Gewährleistungsmarke überhaupt erst ermöglicht.[713] Divergenzen ergeben sich insbesondere im Hinblick auf die mit der Gütefunktion verknüpfte Neutralitätspflicht des Gewährleistungsmarkeninhabers.[714] Dieser läuft eine Verfolgung eigener Profitabilitätsinteressen an den zertifizierten Produkten zuwider. Stattdessen hat das Interesse eines Gewährleistungsmarkeninhabers ausschließlich der Wahrung der eigens niedergelegten Satzungsanforderungen durch Lizenznehmer zu gelten.[715] Als komplettierende Hauptmerkmale führt der Gesetzgeber das Transparenzgebot der Satzung sowie entsprechende Prüf- und Überwachungspflichten in Bezug auf die Lizenzbedingungen an.[716]

280 Somit kann festgehalten werden, dass der deutsche Gesetzgeber in seiner amtlichen Begründung zum MaMoG die Gemeinsamkeiten und Unterschiede der beiden Markenkategorien in Bezug auf ihren Regelungsgehalt und ihre Schutzrichtung erläutert. Er äußert sich jedoch nicht zur konkreten Auslegung der Irreführungsvorschriften und somit zur rechtlichen Einordnung bereits eingetragener und/oder benutzten Individual- bzw. Kollektivmarken in Form eines Gütezeichens. Als Indiz für eine restriktiv fortlaufende Eintragung und Benutzung von Individual- bzw. Kollektivmarken in Gestalt eines Gütezeichens könnte die im MarkenG vorgesehene Abänderungsmöglichkeit der jeweiligen Markensatzung angesehen werden, in Folge derer die Irreführungsgefahr als Zurückweisungsgrund der Anmeldung geheilt zu werden vermag, § 103 Abs. 3, § 106e Abs. 3 MarkenG. Als weiterer Anhaltspunkt könnte die Einschätzung des Gesetzgebers gewertet werden, dass im Zuge der gesetzlichen Neuregelung mitsamt Einführung der Gewährleistungsmarke weder ein Erfüllungsaufwand noch Kosten für die Wirtschaft und mittelständische Unternehmen anfallen würde.[717] Im Falle einer *per se* anzunehmenden Irreführungsgefahr von Individual- und Kollektivmarken als Gütezeichen würden erhebliche Kosten für Zeichenumtragungen hin zur Gewährleistungsmarke anfallen. Diese dargestellte Prognose könnte jedoch gleichermaßen auf ein fehlendes Problembewusstsein zurückzuführen sein.[718]

713 Amtliche Begründung, BT-Drs. 19/2898, S. 87.
714 Amtliche Begründung, BT-Drs. 19/2898, S. 88.
715 Amtliche Begründung, BT-Drs. 19/2898, S. 88.
716 Amtliche Begründung, BT-Drs. 19/2898, S. 88.
717 Amtliche Begründung, BT-Drs. 19/2898, S. 56, 60; *Ahrens* GRUR 2020, 811 f.
718 *Ahrens* GRUR 2020, 809, 812.

bb. Vorschlag für eine Richtlinie des Europäischen Parlaments und des Rates zur Angleichung der Rechtsvorschriften der Mitgliedstaaten über die Marken

Der Vorschlag der Europäischen Kommission[719] welcher hauptinitiativ zur Einführung der aktuellen MRRL geführt hat, sieht die Implementierung von speziellen Irreführungsnormen vor. Dies geht mir einer Abänderung des Art. 15 Abs. 1 der MRRL a. F.[720] einher. Darin waren besondere Bestimmungen für Kollektiv-, Garantie- und Gewährleistungsmarken niedergelegt. Demgemäß vermochten Mitgliedstaaten, nach deren Rechtsvorschriften die Eintragung von Kollektiv-, Garantie- oder Gewährleistungsmarken zulässig war, unbeschadet des Art. 4 MRRL a. F. vorsehen, »dass diese Marken aus weiteren als den in den Artikeln 3 und 12 genannten Gründen von der Eintragung ausgeschlossen oder für verfallen oder ungültig erklärt werden, soweit es die Funktion dieser Marken erfordert.« Der Vorschlag der Europäischen Kommission für eine neue MRRL ersetzt diese allgemein gehaltene Rechtsgrundlage zur Schaffung von mitgliedstaatlichen Normen teils mit konkreten, zwingend umsetzungspflichtigen Regelungen. So sind für Kollektivmarken in Art. 32 und 36 COM (2013) 162 final Irreführungsvorschriften über den Charakter oder die Bedeutung der Marke vorgesehen. Den Erläuterungen zu den Artikeln ist zu entnehmen, dass hierbei der Fokus auf einer eindeutigen Unterscheidung von der Gewährleistungsmarke und deren wesensbedingt divergierenden Charakteristika liegt.[721] Ausführungen zu einer konkreten Abgrenzung der Markenkategorien, insbesondere in Bezug auf deren Eintragung bzw. Verwendung als Gütezeichen bleiben jedoch aus. 281

In Bezug auf die Gewährleistungsmarke ist hervorzuheben, dass bereits der Anwendungsbereich des Art. 1 MRRL a. F. sowie die besonderen Bestimmungen gemäß Art. 15 Abs. 1 MRRL a. F. auf Individual-, Kollektiv-, Garantie und Gewährleistungsmarken ausgedehnt waren. Demnach war der Europäischen Kommission die Gewährleistungsmarke als markenrechtliches Schutzinstrument nicht fremd. Die ursprüngliche sowie alte Fassung der MRRL und die entsprechenden Vorschläge der Kommission[722] enthalten allerdings weder Be- 282

719 Vorschlag der Kommission für eine Richtlinie des Europäischen Parlaments und des Rates zur Angleichung der Rechtsvorschriften der Mitgliedstaaten über die Marken, COM (2013) 162 final v. 27.03.2013.

720 Richtlinie 2008/95/EG des Europäischen Parlaments und des Rates v. 22.10.2008 zur Angleichung der Rechtsvorschriften der Mitgliedstaaten über die Marken, ABl. L 299/25.

721 Vorschlag der Kommission für eine Richtlinie des Europäischen Parlaments und des Rates zur Angleichung der Rechtsvorschriften der Mitgliedstaaten über die Marken, COM (2013) 162 final v. 27.03.2013, Begründung S. 9.

722 Vorschlag einer ersten Richtlinie des Rates zur Angleichung des Markenrechts der Mitgliedstaaten vom 31.12.1980, ABl. 1980 C 351/1; Geänderter Vorschlag einer Ersten Richtlinie des Rates zur Angleichung der Rechtsvorschriften der Mitglied-

griffserläuterungen zu den einzelnen Markenkategorien noch Ausführungen zu deren Konkurrenzverhältnis. Der Vorschlag der Europäischen Kommission für die aktuelle Fassung der MRRL schafft in Art. 29 Abs. 1 COM (2013) 162 final erstmalig eine europäische Rechtsgrundlage für die Einführung einer Garantie- oder Gewährleistungsmarke in den Mitgliedstaaten. Anders als bei der Kollektivmarke fehlt es dem Wortlaut »die Mitgliedstaaten können die Eintragung von Garantie- oder Gewährleistungsmarken vorsehen« erkennbar an einem zwingenden Umsetzungscharakter. Vor diesem Hintergrund erscheint es stringent, dass die Europäische Kommission die Einführung entsprechende Irreführungsnormen für diese Markenkategorie ebenfalls nicht obligatorisch fordert. Stattdessen wird der oben zitierte Art. 15 Abs. 1 MRRL a. F. sinngemäß dahingehend übernommen, als bestehen Mitgliedstaaten vorsehen können, dass »Garantie- oder Gewährleistungsmarken aus anderen als den in den Artikeln 3, 19 und 20 genannten Gründen von der Eintragung ausgeschlossen oder für verfallen oder ungültig erklärt werden, soweit es die Funktion dieser Marken erfordert«. Dabei schafft die in Art. 29 Abs. 2 COM (2013) 162 final vorgesehene Begrifflichkeit »aus anderen« eine Abgrenzung des Bedeutungsgehalts der Irreführungsnormen von den bisher in Art. 3, 19 und 20 COM (2013) 162 final normierten Eintragungshindernissen bzw. Nichtigkeits- und Verfallsgründen. Fortgeführt wird dieser differenzierende Sprachgebrauch auch bei der historisch intendierten Einführung »weiterer« – explizit für die Kollektivmarke geltenden – Verfalls- sowie Nichtigkeitsgründe in Art. 36, 37 COM (2013) 162 final.

283 Die finale, im Amtsblatt der EU veröffentlichte, MRRL[723] sah zwar Veränderungen der jeweiligen Normstandorte vor, die soeben aufgeführten Abwandlungen der alten Fassung wurden jedoch inhaltlich unverändert in Art. 28, 35, 36 MRRL eingeführt.[724]

staaten über die Marken v. 31.12.1985, ABl. 1980 C 351/4; Vorschlag für eine Richtlinie des Europäischen Parlaments und des Rates zur Angleichung der Rechtsvorschriften der Mitgliedstaaten über die Marken, COM (2006) 812 v. 19.12.2006.

723 Richtlinie (EU) 2015/2436 des Europäischen Parlaments und des Rates vom 16.12.2015 zur Angleichung der Rechtsvorschriften der Mitgliedstaaten über die Marken, ABl. 2015 L 336/1.

724 Siehe Richtlinie (EU) 2015/2436 des Europäischen Parlaments und des Rates vom 16.12.2015 zur Angleichung der Rechtsvorschriften der Mitgliedstaaten über die Marken, ABl. 2015 L 336/ 1.

cc. Vorschlag für eine Verordnung des Europäischen Parlaments und des Rates zur Änderung der Verordnung (EG) Nr. 207/2009 des Rates über die Gemeinschaftsmarke

Die EU-Kommission begründete die Änderung der GMV und die damit einher- 284
gehende Einführung der Gewährleistungsmarke in ihrem Vorschlag[725] mit einer »Erhöhung der Rechtssicherheit durch klarere Bestimmungen und die Beseitigung von Unklarheiten«.[726] So sollte die Schaffung spezifischer Vorschriften zur Gewährleistungsmarke einen Gleichlauf des europäischen Markensystems mit den mitgliedstaatlichen Schutzsystemen intensivieren und dem Markeninhaber dadurch identische Eintragungsoptionen auf europäischer und nationaler Ebene gewährleisten.[727] Umgesetzt wurde dieses Bestreben im Kapitel VIII, Abschnitt 2, in den Art. 83-93 UMV. Die eingeführten Irreführungstatbestände der Gewährleistungsmarke als Zurückweisungsgrund der Anmeldung, als Verfallsgrund oder als Nichtigkeitsgrund wurden hierbei lediglich von den bereits implementierten Normen zur Kollektivmarke übernommen.[728] In diesem Zusammenhang ist erneut hervorzuheben, dass das Konstrukt der Gewährleistungsmarke dem europäischen Markenrecht grundsätzlich nicht fremd ist, sondern bereits in den Vorschlägen einer Verordnung (EWG) des Rates über die Gemeinschaftsmarke[729] sowie den Vorschlägen einer Ersten Richtlinie des Rates zur Angleichung der Rechtsvorschriften der Mitgliedstaaten über die Marken[730] beinhaltet war, anschließend jedoch nur in der MRRL und nicht in der Markenverordnung eine entsprechende Kodifizierung erfahren hat. Die Vorschläge enthielten unter dem Titel XI »Gemeinschaftsgarantie- und Gemeinschaftskollektivmarken« gemeinsame Irreführungsvorschriften für beide Mar-

725 Vorschlag der Kommission für eine Verordnung des Europäischen Parlaments und des Rates zur Änderung der Verordnung (EG) Nr. 207/2009 des Rates über die Gemeinschaftsmarke, COM (2013) 161 final v. 27.03.2013.

726 Vorschlag der Kommission für eine Verordnung des Europäischen Parlaments und des Rates zur Änderung der Verordnung (EG) Nr. 207/2009 des Rates über die Gemeinschaftsmarke, COM (2013) 161 final v. 27.03.2013, Begründung S. 2, 11.

727 Vorschlag der Kommission für eine Verordnung des Europäischen Parlaments und des Rates zur Änderung der Verordnung (EG) Nr. 207/2009 des Rates über die Gemeinschaftsmarke, COM (2013) 161 final v. 27.03.2013, Begründung S. 7, 11.

728 Siehe Art. 68 Abs. 2, Art. 73 lit. b und Art. 74 der Verordnung (EG) Nr. 207/2009 des Rates vom 26.02. 2009 über die Gemeinschaftsmarke, ABl. 2009 L 78/1.

729 Vorschlag einer Verordnung (EWG) des Rates über die Gemeinschaftsmarke, ABl. 1980 C 351/5; Geänderter Vorschlag für eine Verordnung (EWG) des Rates über die Gemeinschaftsmarke, ABl. 1984 C 230/1.

730 Vorschlag einer ersten Richtlinie des Rates zur Angleichung des Markenrechts der Mitgliedstaaten, ABl. 1980 C 351/1; Geänderter Vorschlag einer Ersten Richtlinie des Rates zur Angleichung der Rechtsvorschriften der Mitgliedstaaten über die Marken, ABl. 1985 C 351/5.

kenkategorien. Die Irreführung bezog sich auf »die Natur« einer Marke[731] und ähnelte somit stark dem in der aktuellen Fassung normierten Bezugspunkt »des Charakters« oder »der Bedeutung« einer Marke.

dd. Zwischenergebnis

285 Den Gesetzesmaterialien zufolge liegen der Einführung der Gewährleistungsmarke die Grundgedanken einer Rechtsangleichung von nationalem und unionsrechtlichem Markenrecht sowie einer Schaffung höherer Rechtssicherheit des Gütezeichens für die Normanwender und die relevanten Verkehrskreise zugrunde.[732] Die Irreführungstatbestände sollen dabei als Abgrenzungsinstrument der einzelnen Markenkategorien zueinander, insbesondere zur inhaltlichen Differenzierung zwischen Gewährleistungsmarke und Kollektivmarke, dienen.[733] Sowohl der europäische als auch der nationale Gesetzgeber definieren die Gewährleistungsmarke als »einen Hinweis auf bestimmte, von unabhängiger Seite gewährleistete Eigenschaften des gekennzeichneten Produkts«.[734]

286 In diesem Zusammenhang wird betont, dass die Wesensart der Gewährleistungsmarke anstelle der Herkunftsfunktion durch eine vorherrschende Garantiefunktion geprägt ist.[735] Zudem werden, insbesondere in der nationalen Geset-

731 Vorschlag einer Verordnung (EWG) des Rates über die Gemeinschaftsmarke, ABl. 1980 C 351/25; Geänderter Vorschlag für eine Verordnung (EWG) des Rates über die Gemeinschaftsmarke, ABl. 1984 C 230/43.

732 Amtliche Begründung, BT-Drs. 19/2898, S. 1 f., 88; Vorschlag der Kommission für eine Richtlinie des Europäischen Parlaments und des Rates zur Angleichung der Rechtsvorschriften der Mitgliedstaaten über die Marken, COM (2013) 162 final v. 27.03.2013, Begründung S. 2, 5; Vorschlag der Kommission für eine Verordnung des Europäischen Parlaments und des Rates zur Änderung der Verordnung (EG) Nr. 207/2009 des Rates über die Gemeinschaftsmarke, COM (2013) 161 final v. 27.03.2013, Begründung S. 2, 11.

733 Amtliche Begründung, BT-Drs. 19/2898, S. 88; Vgl. Vorschlag der Kommission für eine Richtlinie des Europäischen Parlaments und des Rates zur Angleichung der Rechtsvorschriften der Mitgliedstaaten über die Marken, COM (2013) 162 final v. 27.03.2013, Begründung S. 9; Vorschlag der Kommission für eine Verordnung des Europäischen Parlaments und des Rates zur Änderung der Verordnung (EG) Nr. 207/2009 des Rates über die Gemeinschaftsmarke, COM (2013) 161 final v. 27.03.2013, Begründung S. 2, 11.

734 Amtliche Begründung, BT-Drs. 19/2898, S. 88; Richtlinie (EU) 2015/2436 des Europäischen Parlaments und des Rates vom 16. Dezember 2015 zur Angleichung der Rechtsvorschriften der Mitgliedstaaten über die Marken, ABl. 2015 L 336/16; Verordnung (EU) 2017/1001 des Europäischen Parlaments und des Rates vom 14.06.2017 über die Unionsmarke, ABl. 2017 L 154/38.

735 Amtliche Begründung, BT-Drs. 19/2898, S. 88; Richtlinie (EU) 2015/2436 des Europäischen Parlaments und des Rates vom 16. Dezember 2015 zur Angleichung der Rechtsvorschriften der Mitgliedstaaten über die Marken, ABl. 2015 L 336/16; Ver-

zesbegründung, die spezifischen Charaktereigenschaften der Gewährleistungsmarke – »Transparenz, Neutralität und Überprüfung durch den Inhaber« – ausgewiesen und erläutert.[736] Daraus vermag ein konkretes Verständnis des Gesetzgebers über die spezifischen Bezugspunkte »Charakter« und »Bedeutung« einer Marke entnommen werden.

287 Der Begriff der »Irreführung« wird hingegen weder in den jüngeren Gesetzesmaterialien zur Markenrechtsreform noch in den älteren bzw. ursprünglichen Gesetzesmaterialien weiter begründet. Er wird sowohl in Bezug auf die Kollektivmarke als auch hinsichtlich der neu eingeführten Gewährleistungsmarke stets unkommentiert verwendet. Dies könnte darauf zurückzuführen sein, dass der Gesetzgeber bereits existierende Auslegungsgrundsätze zu den Rechtsbegriffen der Irreführungsgefahr in § 127 Abs. 1 MarkenG bzw. Täuschungsgefahr in § 8 Abs. 2 Nr. 4 MarkenG, § 49 Abs. 2 Nr. 2 MarkenG, § 50 Abs. 1, 2 S. 1, 3 MarkenG bzw. Art. 4 Abs. 1 lit. g MRRL, Art. 20 lit. b MRRL und Art. 7 Abs. 1 lit. g UMV, Art. 58 Abs. 1 lit. c UMV, Art. 59 Abs. 1 lit. a UMV zugrunde legt und von einer wiederholenden Begriffsbestimmung absieht.

d. Teleologische Auslegung

288 Zuletzt werden im Rahmen einer teleologischen Auslegung die Regelungszwecke der Irreführungsnormen über den Charakter oder die Bedeutung einer Marke erörtert und deren Normverständnis dargelegt.[737] Hierbei kann es zu überschneidenden Ausführungen mit vorherigen Auslegungskriterien kommen, da der Gesetzeszweck sämtliche Argumentationsstränge bündelt und somit das Ziel einer jeden Normauslegung darstellt.[738]

289 In diesem Zusammenhang werden neben der *ratio legis* der markenrechtlichen Irreführungsnormen über den Charakter oder die Bedeutung einer Marke (aa.) auch die Regelungszwecke der Vorschriften zur kennzeichenrechtlichen Irreführungsgefahr über die geografische Herkunft (bb.) sowie zur markenrechtlichen Täuschungsgefahr über die Art, die Beschaffenheit oder die geografische Herkunft (cc.) untersucht. Resultiert hieraus eine wertungseinheitliche Betrachtung der Schutzzwecke, vermag dies die Argumentation einer einheitlichen Normauslegung zu stützen.[739] Divergenzen in den jeweiligen Zweckrichtungen legen dagegen eine losgelöste Interpretation der speziellen Irreführungsnormen nahe.

ordnung (EU) 2017/1001 des Europäischen Parlaments und des Rates vom 14.06.2017 über die Unionsmarke, ABl. 2017 L 154/38.

736 Amtliche Begründung, BT-Drs. 19/2898, S. 88.

737 *Bitter/Rauhut*, JuS 2009, 289, 294; *Zimmermann* RabelsZ 83 (2019), 241, 261

738 *Früh* JuS 2021, 905, 908; *Möllers* ZfPW 2019, 94, 119.

739 Vgl. zur Heranziehung anderer Normen der Rechtsordnung als Zweck- oder Wertungsgrundlagen: *Bydlinski/Bydlinski*, Grundzüge der juristischen Methodenlehre, 2018, S. 46 ff.

aa. Ratio legis der Irreführungsvorschriften über den Charakter oder die Bedeutung einer Marke

290 Als *ratio legis* der Irreführungsvorschriften über den Charakter oder die Bedeutung einer Marke kann allgemein der Schutz der Marke als geistiges Eigentum ermittelt werden. Dabei kommt als wesentlicher Grundgedanke die Stärkung der Ausschließlichkeitsrechte der Markeninhaber zum Tragen. Ihnen wird die Gewährleistungsmarke als praktikables und rechtssicheres Instrument an die Hand gegeben, um »etwaige Rechtsunsicherheiten im Zusammenhang mit bisher bestehenden »Gütezeichen« aus[zuräumen]«[740]. Demzufolge soll mithilfe der Irreführungsvorschriften ein gesetzeskonformer Schutzumfang von Markenrechten sichergestellt werden.[741]

291 *In concreto* dienen die Normen einer inhaltlichen Abgrenzung der spezifischen Wirkungsbereiche von Individual-, Kollektiv- und Gewährleistungsmarke.[742] Ziel dieser strengen Wahrung von Hauptmarkenfunktion und den wesentlichen Markeneigenschaften ist ein rechtssicherer Gebrauch der verschiedenen Markenkategorien. Mit der Einführung der Gewährleistungsmarke wurde der in den mitgliedstaatlichen Markenrechtssystemen unterschiedlich ausgestaltete Schutz von Gütezeichen einer Angleichung unterzogen und eine unionsweite komplementäre Eintragungsoption des Markenanmelders geschaffen.[743] Den

740 Amtliche Begründung, BT-Drs. 19/2898, S. 2; Zur generellen Erhöhung der Rechtssicherheit: Vorschlag der Kommission für eine Richtlinie des Europäischen Parlaments und des Rates zur Angleichung der Rechtsvorschriften der Mitgliedstaaten über die Marken, COM (2013) 162 final v. 27.03.2013, Begründung S. 2; Vorschlag der Kommission für eine Verordnung des Europäischen Parlaments und des Rates zur Änderung der Verordnung (EG) Nr. 207/2009 des Rates über die Gemeinschaftsmarke, COM (2013) 161 final v. 27.03.2013, Begründung S. 2.

741 Amtliche Begründung, BT-Drs. 19/2898, S. 52; Vgl. zur genaueren Bestimmung des Umfangs und der Grenzen von Markenrechten: Vorschlag der Kommission für eine Richtlinie des Europäischen Parlaments und des Rates zur Angleichung der Rechtsvorschriften der Mitgliedstaaten über die Marken, COM (2013) 162 final v. 27.03.2013, Begründung S. 2, 9; Vorschlag der Kommission für eine Verordnung des Europäischen Parlaments und des Rates zur Änderung der Verordnung (EG) Nr. 207/2009 des Rates über die Gemeinschaftsmarke, COM (2013) 161 final v. 27.03.2013, ErwGr. 36.

742 Amtliche Begründung, BT-Drs. 19/2898, S. 52, 88; Vorschlag der Kommission für eine Richtlinie des Europäischen Parlaments und des Rates zur Angleichung der Rechtsvorschriften der Mitgliedstaaten über die Marken, COM (2013) 162 final v. 27.03.2013, Begründung S. 9.

743 Amtliche Begründung, BT-Drs. 19/2898, S. 52, 88; Vgl. Vorschlag der Kommission für eine Richtlinie des Europäischen Parlaments und des Rates zur Angleichung der Rechtsvorschriften der Mitgliedstaaten über die Marken, COM (2013) 162 final v. 27.03.2013, Begründung S. 9; Vorschlag der Kommission für eine Verordnung des Europäischen Parlaments und des Rates zur Änderung der Verordnung (EG)

Legaldefinitionen der Kollektiv- sowie Gewährleistungsmarke zufolge wird hierbei der Fokus auf die divergierenden Hauptfunktionen der Markenkategorien gelegt. Während die Kollektivmarke eine Unterscheidung der Waren und Dienstleistungen des Verbands von denen anderer Unternehmen bezweckt (§ 97 Abs. 1 S. 1 MarkenG bzw. Art. 74 Abs. 1 S. 2 UMV), dient die Gewährleistungsmarke der Unterscheidung von Waren und Dienstleistungen mit und ohne bestehende Gewährleistung (§ 106a Abs. 1 S. 2 MarkenG bzw. Art. 83 Abs. 1 UMV). Folglich steht bei der Kollektivmarke die Herkunftsfunktion und bei der Gewährleistungsmarke die Gewährleistungsfunktion im Vordergrund.[744]

Der nationalen Gesetzesbegründung zufolge sollen die Irreführungsnormen 292
neben den Rechtsschutzinteressen des Markeninhabers zudem »sicherstellen, dass der Verkehr über die Funktion der Marke, insbesondere über die Qualitäts- und Gewährleistungsfunktion sowie das Neutralitätsgebot, nicht verunsichert wird«[745]. Die weitergehende Formulierung »[…] ist zurückzuweisen, wenn das Zeichen aus Sicht des Verkehrs keine Gewährleistungsmarke sein kann« impliziert ein vom Gesetzgeber vorausgesetztes Bewusstsein der beteiligten Verkehrskreise über die Unterscheidungsmerkmale von ausgewiesenen Kollektivmarken einerseits und Gewährleistungsmarken andererseits.[746] Dies legt die Bestrebungen des europäischen sowie des nationalen Gesetzgebers offen, einer fehlenden bzw. unzureichenden objektiven Abgrenzbarkeit der Markenkategorien und einer damit einhergehenden inhaltlichen Verwässerung des Gütezeichens entgegenzuwirken.[747] In Anbetracht der immaterialgüterrechtlichen Ausgestaltung der Irreführungsnormen – konträr zum Lebensmittel- und Wettbewerbsrecht[748], – ist der Schutz der Allgemeinheit vor Irreführung jedoch dem individualrechtlichen Schutz des Markeninhabers unterzuordnen.[749]

Nr. 207/2009 des Rates über die Gemeinschaftsmarke, COM (2013) 161 final v. 27.03.2013, Begründung S. 2, 11.

744 Siehe rechtskonstitutive Merkmale der Kollektivmarke, Teil 3 B. 3. b. und Gewährleistungsmarke, Teil 4 B. 4. c.

745 Amtliche Begründung, BT-Drs. 19/2898, S. 91.

746 Amtliche Begründung, BT-Drs. 19/2898, S. 88, 91.

747 Amtliche Begründung, BT-Drs. 19/2898, S. 52, 88, 91; Vgl. Vorschlag der Kommission für eine Richtlinie des Europäischen Parlaments und des Rates zur Angleichung der Rechtsvorschriften der Mitgliedstaaten über die Marken, COM (2013) 162 final v. 27.03.2013, Begründung S. 2, 9; Vorschlag der Kommission für eine Verordnung des Europäischen Parlaments und des Rates zur Änderung der Verordnung (EG) Nr. 207/2009 des Rates über die Gemeinschaftsmarke, COM (2013) 161 final v. 27.03.2013, Begründung S. 2, ErwGr. 36.

748 Täuschungsvorschriften im Lebensmittelrecht: Art. 7 Abs. 1 LMIV, § 11 Abs. 1 LFGB, Täuschungsvorschrift im Wettbewerbsrecht: § 5 Abs. 2 Nr. 1 UWG; Ergänzende Erläuterungen siehe Teil 3 A. I. 1. und 2.

749 Köhler/Bornkamm/Feddersen/*Bornkamm/Feddersen*, UWG, 2023, § 5 UWG, Rn. 0.101.

293 Im Ergebnis liegt der Regelungszweck der speziellen Irreführungsnormen über den Charakter oder die Bedeutung auf einer gesetzeskonformen Kennzeichnung als Marke und somit auf der Wahrung des Schutzinhalts einer konkreten Markenkategorie und deren Charaktereigenschaften.

bb. Ratio legis der Irreführungsvorschriften über die geografische Herkunft

294 Mit der *Himalaya Salz* Entscheidung[750] hat der BGH seine bisherige Rechtsprechungslinie[751] zur rein wettbewerbsrechtlichen Schutzausrichtung der Vorschriften zum Schutz geografischer Herkunftsangaben nach §§ 126 ff. MarkenG aufgegeben. Unter Hinweis auf die Novellierungen des MarkenG betont der BGH den eigenständigen kennzeichenrechtlichen Schutzzweck.[752] Er folgt damit dem Rechtsverständnis einiger bedeutender Literaturstimmen.[753] Dies entspricht auch der Rechtsauffassung des EuGH geografische Herkunftsangaben als gewerbliches und kommerzielles Eigentum i. S. v. Art. 36 S. 1 AEUV anzusehen.[754]

295 Demzufolge ist die *ratio legis* der Irreführungsgefahr über die geografische Herkunft gem. § 127 Abs. 1 MarkenG dem Markenrecht stark angenähert.[755]

296 Zwar hat der Gesetzgeber den im MarkenG verankerten Kennzeichenschutz gem. §§ 126 ff. MarkenG nicht als subjektives Ausschließlichkeitsrecht des In-

750 BGH, Urt. v. 31.03.2016 – I ZR 86/13, GRUR 2016, 741, 743 – *Himalaya Salz*.

751 BGH, Urt. v. 02.07.1998 – I ZR 55/96, GRUR 1999, 252. 253 f. – *Warsteiner II*; BGH, Urt. v. 10.08.2000 – I ZR 126/98, GRUR 2001, 73, 76 – *Stich den Buben*; BGH, Urt. v. 19.09.2001 – I ZR 54/96, GRUR 2002, 160, 162 – *Warsteiner III*.

752 BGH, Urt. v. 31.03.2016 – I ZR 86/13, GRUR 2016, 741, 743, Rn. 12 f. – *Himalaya Salz*.

753 Büscher/Dittmer/Schiwy/*Büscher*, GewRS - UrheberR - MedienR, 2015, § 126 MarkenG, Rn. 18; *Fezer*, Markenrecht, § 126 MarkenG, Rn. 4–8; *Lange* Marken- und Kennzeichenrecht, 2012, § 1, Rn. 116; *Loschelder* MarkenR 2015, 225, 226 f.; *Loschelder*, in FS Ahrens, 2016, 255, 261; Ströbele/Hacker/Thiering/*Hacker*, MarkenG § 126, Rn. 5 ff.

754 EuGH, Urt. v. 10.11.1992 – C-3/91, ECLI:EU:C:1992:420, Rn. 37 f. = GRUR Int. 1993, 76, 79 – *Exportur [Turrón de Alicante]*; EuGH, Urt. v. 20.05.2003 – C-469/00, ECLI:EU:C:2003:295, Rn. 49 = GRUR 2003, 609, 612 – Ravil [Grana Padano]; EuGH, Urt. v. 20.05.2003 – C-108/01, ECLI:EU:C:2003:296, Rn. 64 = GRUR 2003, 616, 619 – *Consorzio del Prosciutto di Parma and Salumificio S. Rita SpA/Asda Stores Ltd, Hygrade Foods Ltd [Prosciutto di Parma]*; EuGH, Urt. v. 14.09.2017 – C-56/16 P, ECLI:EU:C:2017:693, Rn. 81 = GRUR 2018, 89, 92 – *Port Charlotte*.

755 Vgl. zur Verortung des Schutzniveaus im Recht des Geistigen Eigentums: *Büscher* GRUR 2017, 105, 115 f.; *Kiefer*, Geographischer Irreführungsschutz, 2019, S. 40, 211 ff.; Köhler/Bornkamm/Feddersen/*Bornkamm/Feddersen*, UWG, 2023, § 5 UWG, Rn. 2.247; *Loschelder* MarkenR 2015, 225, 227; *Loschelder*, in FS Fezer, 2016, 711, 711 ff.

habers ausgestaltet.[756] Die Irreführungsnorm gewährt jedoch ein subjektives Schutzrecht aller berechtigten Kennzeichennutzer, den sog. »kollektiven Goodwill«, mittels dessen sie sich als Kollektiv gegen eine unberechtigte Benutzung des geografischen Herkunftshinweises und einer damit einhergehende abweichenden Herkunftsassoziation zur Wehr setzen können.[757] Demzufolge dient die Irreführungsnormvorrangig der Konkretisierung des Schutzinhalts von geografischen Herkunftsangaben und somit der Durchsetzung (kollektiver) positiver Benutzungsrechte bzw. negativer Abwehrrechte.[758]

Subsidiär dazu verhält sich der Schutz der relevanten Verkehrskreise vor et- 297
waigen objektiven Fehlinformationen über die geografische Herkunft.[759] Dieser Schutz der Allgemeinheit findet im Lichte der immaterialgüterrechtlichen Konzeption des Kennzeichenrechts eine abstrakte Mitberücksichtigung. Im Gegensatz zu den wettbewerbsrechtlichen und lebensmittelrechtlichen Irreführungsvorschriften ist jedoch nicht der eigenständige Schutz vor konkreten subjektiven Fehlvorstellungen des Verkehrs bezweckt.[760] Der Fokus der Immaterialgüterrechtsnorm liegt stattdessen auf einem gesetzeskonformen Schutz von herkunftshinweisenden Kennzeichnungen der geografischen Herkunft.[761] Das Irreführungskriterium dient dabei lediglich in abstrakt-objektiver Weise als Mittel zur Erreichung dieses Schutzziels.[762]

cc. Ratio legis der Täuschungsvorschriften über die Art, die Beschaffenheit oder die geografische Herkunft

Zu Vergleichszwecken der jeweiligen Schutzrichtungen ist ferner die *ratio legis* 298
der Täuschungsvorschriften über die Art, die Beschaffenheit oder die geografische Herkunft[763] zu ermitteln.

Auch hier zeigt sich, dass den Normen der individualistische Schutz des Mar- 299
keninhabers zugrunde liegt.[764] Der Tatbestand der Täuschungseignung soll vor

756 Amtliche Begründung, BT-Drs.12/6581, S. 116; *Berlit,* Markenrecht, 2019, S. 237, Rn. 411; *Kiefer*, Geographischer Irreführungsschutz, 2019, S. 38 ff.

757 Amtliche Begründung, BT-Drs.12/6581, S. 116; *Kiefer*, Geographischer Irreführungsschutz, 2019, S. 38 ff.

758 BeckOK Markenrecht/*Schulteis*, Stand: 01.01.2023, § 126 MarkenG, Rn. 11 f.; *Kiefer*, Geographischer Irreführungsschutz, 2019, S. 39 f.

759 *Kiefer*, Geographischer Irreführungsschutz, 2019, S. 38 ff.; Köhler/Bornkamm/Feddersen/*Bornkamm/Feddersen*, UWG, 2023, § 5 UWG, Rn. 0.101.

760 *Kiefer*, Geographischer Irreführungsschutz, 2019, S. 211 f.

761 *Kiefer*, Geographischer Irreführungsschutz, 2019, S. 211 f; Köhler/Bornkamm/Feddersen/*Bornkamm/Feddersen*, UWG, 2023, § 5 UWG, Rn. 0.101.

762 *Kiefer*, Geographischer Irreführungsschutz, 2019, S. 211 f.

763 § 8 Abs. 2 Nr. 4 MarkenG, § 49 Abs.2 Nr. 2 MarkenG und § 50 Abs. 1, 2 S. 1, 3 MarkenG bzw. Art. 7 Abs. 1 lit. g UMV, Art. 58 Abs. 1 lit. c UMV und Art. 59 Abs. 1 lit. a UMV.

und nach Eintragung eines Zeichens dessen rechtmäßige Verwendung für die damit ausgewiesenen Waren und Dienstleistungen sicherstellen.[765] Demzufolge werden die Ausschließlichkeitsrechte des Inhabers in ihrer Durchsetzung gestärkt. Davon umfasst sind insbesondere das Anbieten von Waren oder Dienstleistungen unter einem Zeichen, die Vergabe von Lizenzen sowie das Verbieten von rechtsverletzenden Zeichenbenutzungen.[766]

300 Darüber hinaus stellt die Täuschungseignung auf das »Publikum« als Adressat ab. Dieser kollektive Anknüpfungspunkt geht auf die nationale Umsetzung der Richtlinienvorschrift, Art. 3 Abs. 1 lit. g MRRL 89/104, zurück.[767] Die Auslegungsdirektive sieht vor, dass das Interesse des Verkehrs an einem Schutz vor einer irreführenden Deklarierung von Eigenschaften einer Ware oder Dienstleistung in die individualrechtlichen Schutzerwägungen einzubeziehen ist.[768] Im Zuge einer richtlinienkonformen Auslegung wird auch im nationalen Recht das »öffentliche Interesse«[769] als eine dem absoluten Eintragungshindernis zugrundeliegende europäische Auslegungsdirektive mit berücksichtigt.[770]

764 BeckOK Markenrecht/*Albrecht*, Stand: 01.01.2023, § 8 MarkenG, Rn. 581; Köhler/Bornkamm/Feddersen/*Bornkamm/Feddersen*, UWG, 2023, § 5 UWG, Rn. 0.101.

765 Vgl. BeckOK Markenrecht/*Hanf*, Stand: 01.01.2023, Art. 7 UMV 2017, Rn. 152; BeckOK Markenrecht/*Albrecht*, Stand: 01.01.2023, § 8 MarkenG, Rn. 580, 619.

766 *Fezer*, Markenrecht, 2009, § 14 MarkenG, Rn. 12; Ingerl/Rohnke/Nordemann/*A. Nordemann*, MarkenG, 2023, § 14 MarkenG, Rn. 7 ff.

767 BeckOK Markenrecht/*Kur*, Stand: 01.01.2023, § 8 MarkenG, vor Rn. 1, 1; *Fezer*, Markenrecht, 2009, § 8 MarkenG, Rn. 533, 535.

768 EuGH, Urt. v. 30.03.2006 – C-259/04, ECLI:EU:C:2006:215, Rn. 46 = GRUR 2006, 416, 418 – *Elizabeth Florence Emanuel/Continental Shelf 128 Ltd. [ELIZABETH EMANUEL]*; BeckOK Markenrecht/*Albrecht*, Stand: 01.01.2023, § 8 MarkenG, Rn. 580 f.; *Fezer*, Markenrecht, 2009, § 8 MarkenG, Rn. 535; *Lange*, Marken- und Kennzeichenrecht, 2012, § 3, Rn. 1057.

769 Vgl. hierzu die ständige EuGH-Rechtsprechung zu Art. 3 Abs. 1 lit. b-d MRRL 89/104 sowie Art. 7 Abs. 1 lit. b-d GMV 40/94 im Lichte des Allgemeininteresses: EuGH, Urt. v. 29.04.2004 – C-456/01, ECLI:EU:C:2004:258, Rn. 45 = GRUR Int. 2004, 631, 634 – *Henkel/HABM*; EuGH, Urt. v. 16.09.2004 – C-329/02 P, ECLI:EU:C:2004:532, Rn. 25 = GRUR 2004, 943, 944 – *SAT.1/HABM*; EuGH, Urt. v. 15.09.2005 – C-37/03 P, ECLI:EU:C:2005:547, Rn. 59 = GRUR 2006, 229, 232 – *BioID*; EuGH, Urt. v. 30.03.2006 – C-259/04, ECLI:EU:C:2006:215, Rn. 46 = GRUR 2006, 416, 418 – *Elizabeth Florence Emanuel/Continental Shelf 128 Ltd. [ELIZABETH EMANUEL]*; EuGH, Urt. v. 08.05.2008 – C-304/06 P, ECLI:EU:C:2008:261, Rn. 55 = GRUR 2008, 608, 610 – *Eurohypo AG/HABM.*

770 Vgl. BeckOK Markenrecht/*Albrecht*, Stand: 01.01.2023, § 8 MarkenG, Rn. 580; *Fezer*, Markenrecht, 2009, § 8 MarkenG, Rn. 30 ff, 533, 535; *Lange*, Marken- und Kennzeichenrecht, 2012, § 3, Rn. 1057.

dd. Zwischenergebnis

Im Nachgang an die teleologische Auslegung der spezifischen Irreführungsvorschriften über den Charakter oder die Bedeutung einer Marke und der Vergleichsvorschriften zur Irreführungsgefahr über die geografische Herkunft sowie zur Täuschungseignung über die Art, die Beschaffenheit oder die geografische Herkunft werden deren Reglungszwecke gegenübergestellt. Dabei werden signifikante Unterschiede und Parallelen herausgearbeitet. Die Auswertung soll Rückschlüsse auf eine Wertungsgleichheit oder eine Wertungsverschiedenheit der Schutzrichtungen geben.[771] 301

Sämtliche Irreführungs- bzw. Täuschungsnormen haben gemein, dass sie doppelte, sich wiederstreitende Schutzzwecke verfolgen[772]. Einerseits fördern sie zum Schutz der Markeninhaber bzw. zum Schutz eines Benutzerkollektivs die gesetzeskonforme Ausübung ihrer, nach Art. 14 GG[773] innehabenden, positiven Benutzungsrechte sowie negativen Abwehrrechte. Andererseits dienen die Irreführungsnormen dem Schutz des Verkehrs vor der irreführenden Verwendung einer Marke. Dabei wird jedoch keine Verhinderung von subjektiven Fehlvorstellungen der Allgemeinheit, sondern vielmehr eine objektive Informationsrichtigkeit von Zeichen, Satzungen sowie des Waren- und Dienstleistungsverzeichnisses bezweckt. Auf diese Weise werden der Schutz des geistigen Eigentums und der Schutz der beteiligten Verkehrskreise – dem übergeordneten Leitgedanken des unverfälschten Wettbewerbs entsprechend – miteinander in Einklang gebracht.[774] Im Ergebnis treten die individualrechtlichen Schutzinteressen und die damit verbundene Rechtmäßigkeit des konkreten Zeicheninhalts bei beiden Normen gleichermaßen als Hauptzweck der Individualgüterrechtsnormen hervor. 302

Divergenzen ergeben sich jedoch im Hinblick auf die Ausrichtung der Schutzzwecke. So sind die Irreführungsvorschriften aufgrund ihrer Bezugspunkte – Charakter oder Bedeutung einer Marke – verstärkt als Instrument zur Sicherstellung eines gesetzeskonformen, der jeweiligen Markenkategorie ent- 303

771 Vgl. zur Heranziehung anderer Normen der Rechtsordnung als Zweck- oder Wertungsgrundlagen: *Bydlinski/Bydlinski*, Grundzüge der juristischen Methodenlehre, 2018, S. 46 ff.

772 Vgl. zu mehreren Gesetzeszwecken und deren Gegenläufigkeit: *Wank*, Juristische Methodenlehre, 2020, § 11, Rn. 44, 90 ff.

773 Zum Schutz der Markenrechte nach Art. 14 GG: BVerfG, Beschl. v. 22.05.1979 – 1 BvL 9/75, GRUR 1979, 773, 778 – *Weinbergsrolle*; BeckOK Markenrecht/*Kur*, Stand: 01.01.2023, MarkenG Einleitung, Rn. 161 f.; v. Mangoldt/Klein/Starck/*Depenheuer/Froese*, GG, 2018, Art. 14 GG, Rn. 151; Münch/Kunig/*Bryde/Wallrabenstein*, GG, 2021, Art. 14 GG, Rn. 37, 41.

774 BeckOK Markenrecht/*Kur*, Stand: 01.01.2023, MarkenG Einleitung, Rn. 158 f.; Harte-Bavendamm/Henning-Bodewig/*Dreyer*, UWG 2022, 2021, § 5 UWG, Rn. 1281.

sprechenden Zeicheninhalts ausgestaltet.[775] Infolge der ergänzenden Ausgestaltung des Markenrechtssystems mit Einführung der Gewährleistungsmarke bedurfte es einer strengen Abgrenzung der inhaltlich unterschiedlich ausgestalteten Markenkategorien zueinander.[776] Hieran sind die doppelten Regelungszwecke entsprechend angepasst. Anders als die Täuschungseignung bezieht sich die Irreführungsgefahr nicht unmittelbar auf Waren und Dienstleistungen, sondern betrifft die markenrechtskonforme Kennzeichnung als Marke in seiner Gesamtheit. Somit erstreckt sich der Wirkungsbereich der Irreführung vor allem auf die Einhaltung der markenspezifischen Charakteristika und Markenhauptfunktion der speziellen Markenkategorien: Kollektiv- bzw. Gewährleistungsmarke.[777] Der Schutz des Verkehrs konzentriert sich nach dieser Zweckrichtung darauf, ein Verkehrsverständnis über die verschiedenen Markenarten – insbesondere der Kollektiv- und Gewährleistungsmarken – zu schaffen bzw. sicherzustellen.[778]

304 Die *ratio legis* der Irreführungsvorschriften über die geografische Herkunft und der Täuschungsvorschriften über die Art, die Beschaffenheit oder die geografische Herkunft zielen nur auf einen rechtmäßigen Aussagegehalt des Zeichens im Hinblick auf Waren- und Dienstleistungseigenschaften ab. Hierbei wird der Fokus einerseits auf die Durchsetzung von Ausschließlichkeitsrechten des Inhabers,[779] andererseits auf den Schutz des Verkehrs vor Produkt- oder Dienstleistungstäuschungen gelegt.[780] Somit liegt die Zweckrichtung in der in-

775 Amtliche Begründung, BT-Drs. 19/2898, S. 2; Zur generellen Erhöhung der Rechtssicherheit: Vorschlag der Kommission für eine Richtlinie des Europäischen Parlaments und des Rates zur Angleichung der Rechtsvorschriften der Mitgliedstaaten über die Marken, COM (2013) 162 final v. 27.03.2013, Begründung S. 2, 9; Vorschlag der Kommission für eine Verordnung des Europäischen Parlaments und des Rates zur Änderung der Verordnung (EG) Nr. 207/2009 des Rates über die Gemeinschaftsmarke, COM (2013) 161 final v. 27.03.2013, Begründung S. 2.

776 Amtliche Begründung, BT-Drs. 19/2898, S. 52, 88; Vorschlag der Kommission für eine Richtlinie des Europäischen Parlaments und des Rates zur Angleichung der Rechtsvorschriften der Mitgliedstaaten über die Marken, COM (2013) 162 final v. 27.03.2013, Begründung S. 9.

777 Amtliche Begründung, BT-Drs. 19/2898, S. 91.

778 Amtliche Begründung, BT-Drs. 19/2898, S. 88, 91.

779 Vgl. BeckOK Markenrecht/*Hanf*, Stand: 01.01.2023, Art. 7 UMV 2017, Rn. 152; BeckOK Markenrecht/*Albrecht*, Stand: 01.01.2023, § 8 MarkenG, Rn. 581.

780 Vgl. hierzu die ständige EuGH-Rechtsprechung zu Art. 3 Abs. 1 lit. b-d MRRL 89/104 sowie Art. 7 Abs. 1 lit. b-d GMV 40/94 im Lichte des Allgemeininteresses: EuGH, Urt. v. 29.04.2004 – C-456/01, ECLI:EU:C:2004:258, Rn. 45 = GRUR Int. 2004, 631, 634 – *Henkel/HABM*; EuGH, Urt. v. 16.09.2004 – C-329/02 P, ECLI:EU:C:2004:532, Rn. 25 = GRUR 2004, 943, 944 – *SAT.1/HABM*; EuGH, Urt. v. 15.09.2005 – C-37/03 P, ECLI:EU:C:2005:547, Rn. 59 = GRUR 2006, 229, 232 – *BioID*; EuGH, Urt. v. 30.03.2006 – C-259/04, ECLI:EU:C:2006:215, Rn. 46 = GRUR 2006, 416, 418 – *Elizabeth Florence Emanuel/Continental Shelf 128 Ltd. [ELIZABETH EMANUEL]*; EuGH, Urt. v. 08.05.2008 – C-304/06 P, ECLI:EU:

haltlichen Konformität von Zeichen und der zugehörigen Zeichensatzung bzw. des zugehörigen Waren- und Dienstleistungsverzeichnisses. In ihrer Funktion als *legi speciali* umfassen die Irreführungsnormen über den Charakter oder die Bedeutung einer Marke zwar mittelbar auch die Zweckrichtung der *legi generali*, diese bildet jedoch nicht die schwerpunktmäßige Zweckrichtung der Gesetzeskonformität von Zeichen als Marke ab.

e. Gesamtabwägung aller Auslegungskriterien

Per se ist keinem der zu den Auslegungskriterien Wortlaut, Systematik, Historie 305
und Telos erarbeiteten Zwischenergebnisse ein Vorrang einzuräumen.[781] Vielmehr sind deren Aussagegehalte im Rahmen einer argumentativen Gesamtabwägung in Beziehung zueinander zu setzen.[782]

Die Auslegung des Wortlauts (a.) hat aufgezeigt, dass sich die Irreführungs- 306
normen über den Charakter oder die Bedeutung der Marke begrifflich von der Täuschungsgefahr über die Art, die Beschaffenheit oder die geografische Herkunft der Waren und Dienstleistungen sowie der kennzeichenrechtlichen Irreführungsgefahr über die geografische Herkunft unterscheiden. Auffällig ist die, vom Begriff der »Täuschung« des allgemeinen Teils des MarkenG und der UMV, abweichend Verwendung der Begrifflichkeit »Irreführung«. Zudem nimmt der Gesetzeswortlaut ausschließlich Bezug auf die speziellen Markenkategorien (Kollektiv- und Gewährleistungsmarke) und deren wesensbedingte Voraussetzungen.

Systematisch (b.) wird dies mittels äußerer Systemstruktur des MarkenG so- 307
wie der UMV bekräftigt. So sind die Irreführungsnormen in speziellen der Kollektiv- sowie Gewährleistungsmarke zugewiesenen Teilen des Markengesetzes (Teile 4 und 5 des MarkenG) bzw. speziellen Kapiteln der Unionsmarkenverordnung (Kapitel VIII der UMV) verankert. Allgemeine Vorschriften der Gesetzestexte treten hinter den Spezialregelungen zurück, § 97 Abs. 2 MarkenG, § 106a Abs. 2 MarkenG sowie Art. 74 Abs. 3 UMV, Art. 83 Abs. 3 UMV. Die inneren Wertungszusammenhänge legen wiederum eine Heranziehung bereits bestehender Auslegungsgrundsätze für inhaltsgleiche Tatbestandsmerkmale der

C:2008:261, Rn. 55 = GRUR 2008, 608, 610 – *Eurohypo AG/HABM;* Vgl. BeckOK Markenrecht/*Albrecht*, Stand: 01.01.2023, § 8 MarkenG, Rn. 580; *Fezer*, Markenrecht, 2009, § 8 MarkenG, Rn. 30 ff, 533, 535; *Lange*, Marken- und Kennzeichenrecht, 2012, § 3, Rn. 1057.

781 Allgemein zur Gleichrangigkeit der Auslegungskriterien: *Bitter/Rauhut*, JuS 2009, 289, 295; *Canaris*, Das Rangverhältnis der klassischen Auslegungskriterien, in: FS Medicus 1999, S. 25, 60; *Muthorst*, Grundlagen der Rechtswissenschaft, 2019, § 7, Rn. 17; *Reimer*, Juristische Methodenlehre, 2020, S. 200, Rn. 114; *Zimmermann* RabelsZ 83 (2019), 241, 265 f.

782 *Bitter/Rauhut*, JuS 2009, 289, 295; *Zimmermann* RabelsZ 83 (2019), 241, 265 f.; *Zippelius*, Juristische Methodenlehre, 2021, S. 51 f.

Irreführungsnormen i. S. e. Einheit der Rechtsordnung nahe. Davon unberührt bleiben die spezifischen Tatbestandsmerkmale: der Charakter oder die Bedeutung einer Marke. Diesbezüglich lässt eine Untersuchung des inneren Gesetzessystems auf einen ergänzenden Wesensgehalt der Irreführungsvorschriften schließen, welcher von den bisherigen Vorschriften des MarkenG bzw. der UMV nicht umfasst ist.

308 Erkenntnisse über die Bezugspunkte der spezifischen Irreführungstatbestände liefert eine historische Auslegung (c.). Der Amtlichen Begründung des deutschen Gesetzgebers zum MaMoG sowie den Reformvorschlägen der Europäischen Kommission zur MRRL und UMV ist zu entnehmen, dass die Normen zum Zwecke einer inhaltlichen Abgrenzung der Markenkategorien und einer damit einhergehenden Aufrechterhaltung der Rechtssicherheit für den Verkehr eingeführt wurden.[783] Trotz gewisser konzeptioneller Parallelen von Kollektiv- und Gewährleistungsmarke ist eine strenge Unterscheidung des Regelungsgehalts sowie der Schutzrichtungen vorgesehen.[784] So unterscheidet sich die Gewährleistungsmarke in ihrer Schutzrichtung und somit in ihrer Bedeutung dahingehend, dass die Garantiefunktion anstelle der Herkunftsfunktion in den Vordergrund rückt.[785] Der divergierende Regelungsgehalt wird anhand ihrer wesentlichen Charaktereigenschaften – »Transparenz, Neutralität und Überprüfung durch den Inhaber« – verdeutlicht.[786]

309 Die teleologische Auslegung (d.) festigt diesen, der Systematik und Historie zu entnehmenden, Erkenntnisgewinn. Die spezifischen Irreführungsnormen, die kennzeichenrechtliche Irreführungsvorschrift sowie die allgemeinen Täuschungsvorschriften dienen aufgrund ihres Immaterialgüterrechtscharakters vorrangig der Ausübung von Ausschließlichkeitsrechten des Markeninhabers. Als Nebenzweck werden die Allgemeininteressen an einer Einhaltung des jeweiligen markenrechtlichen Schutzinhalts mitgeschützt. Somit weisen sämtliche Vorschriften doppelte, zum Teil gegenläufige Schutzzwecke auf. Allerdings er-

783 Amtliche Begründung, BT-Drs. 19/2898, S. 88; Vorschlag der Kommission für eine Richtlinie des Europäischen Parlaments und des Rates zur Angleichung der Rechtsvorschriften der Mitgliedstaaten über die Marken, COM (2013) 162 final v. 27.03.2013, Begründung S. 9 sowie nachfolgender Vorschlag für eine Richtlinie des Europäischen Parlaments und des Rates zur Angleichung der Rechtsvorschriften der Mitgliedstaaten über die Marken, S. 8, ErwGr. 33; Vorschlag für eine Verordnung des Europäischen Parlaments und des Rates zur Änderung der Verordnung (EG) Nr. 207/2009 des Rates über die Gemeinschaftsmarke COM (2013) 161 final v. 27.03.2013, Begründung S. 11 sowie nachfolgender Vorschlag S. 7, ErwGr. 35.

784 Amtliche Begründung, BT-Drs. 19/2898, S. 88 f.

785 Amtliche Begründung, BT-Drs. 19/2898, S. 88; Richtlinie (EU) 2015/2436 des Europäischen Parlaments und des Rates vom 16. Dezember 2015 zur Angleichung der Rechtsvorschriften der Mitgliedstaaten über die Marken, ABl. 2015 L 336/16; Verordnung (EU) 2017/1001 des Europäischen Parlaments und des Rates vom 14.06.2017 über die Unionsmarke, ABl. 2017 L 154/38.

786 Amtliche Begründung, BT-Drs. 19/2898, S. 88.

fahren sie durch ihre Bezugspunkte eine jeweils unterschiedliche Zweckrichtung. Als Hauptzweck der speziellen Irreführungsnormen ist die gesetzeskonforme Kennzeichnung als Marke, also die Wahrung des Schutzinhalts einer konkreten Markenkategorie und deren Charaktereigenschaften anzuführen.[787] Hierfür bedarf es einer immanenten Berücksichtigung der vom Verkehr vorausgesetzten bzw. der von den Markeninhabern angewendeten, unterschiedlichen Gütemaßstäbe.[788] Der Hauptzweck der Täuschungsvorschriften über die Art, die Beschaffenheit oder die geografische Herkunft sowie der kennzeichenrechtlichen Irreführungsvorschrift über die geografische Herkunft liegt hingegen in einer inhaltlichen Konformität von Zeichens und der zugehörigen Zeichensatzung bzw. des zugehörigen Waren- und Dienstleistungsverzeichnisses.

Insgesamt lassen die Zwischenergebnisse zu den einzelnen Kriterien auf eine 310
kongruente Auslegung der speziellen Irreführungsnormen schließen. Es bedarf somit keiner gegenüberstellenden Gewichtung von kollidierenden Auslegungskriterien, sondern einer Untersuchung des einheitlichen Gesamtergebnisses.[789]

f. Auslegungsergebnis – Herausbildung eines Normverständnisses

Unter Zugrundelegung des sich aus der Gesamtabwägung ergebenen einheitli- 311
chen Auslegungsergebnisses bildet sich nachfolgendes Normverständnis der speziellen Irreführungsvorschriften heraus.

Zur Vermeidung von Wertungswidersprüchen und zur Förderung der Einheit 312
des Markengesetzes sind die Auslegungsgrundsätze sind die zu den markenrechtlichen Täuschungsvorschriften über die Art, die Beschaffenheit oder die geografische Herkunft und der kennzeichenrechtlichen Irreführungsvorschrift über die geografische Herkunft entwickelten Auslegungsgrundsätze entsprechend auf die inhaltlich übereinstimmenden Tatbestandsmerkmale »Irreführungsgefahr« und »Publikum« der spezifischen Irreführungsvorschriften zu

787 Vgl. Amtliche Begründung, BT-Drs. 19/2898, S. 88; Vorschlag der Kommission für eine Richtlinie des Europäischen Parlaments und des Rates zur Angleichung der Rechtsvorschriften der Mitgliedstaaten über die Marken, COM (2013) 162 final v. 27.03.2013, Begründung S. 9; Vorschlag der Kommission für eine Verordnung des Europäischen Parlaments und des Rates zur Änderung der Verordnung (EG) Nr. 207/2009 des Rates über die Gemeinschaftsmarke, COM (2013) 161 final v. 27.03.2013, Begründung S. 2, 11.

788 Amtliche Begründung, BT-Drs. 19/2898, S. 52, 88, 91; Vgl. Vorschlag der Kommission für eine Richtlinie des Europäischen Parlaments und des Rates zur Angleichung der Rechtsvorschriften der Mitgliedstaaten über die Marken, COM (2013) 162 final v. 27.03.2013, Begründung S. 2, 9; Vorschlag der Kommission für eine Verordnung des Europäischen Parlaments und des Rates zur Änderung der Verordnung (EG) Nr. 207/2009 des Rates über die Gemeinschaftsmarke, COM (2013) 161 final v. 27.03.2013, Begründung S. 2, ErwGr. 36.

789 *Wank*, Juristische Methodenlehre, 2020, § 11, Rn. 126.

übertragen. Dadurch wird ein Ausgangsfundament für die weitere spezifische Normauslegung geschaffen.

313 Demgemäß ist die spezifische Irreführungsgefahr über den Charakter oder die Bedeutung einer Marke grundsätzlich bei objektiver inhaltlicher Unrichtigkeit[790] einer Marke anzunehmen, deren Voraussetzungen je nach Verfahrensstadium (Eintragungs-, Nichtigkeits- und Verfallsverfahren) variieren können.[791] Verfahrensübergreifend ist das Tatbestandsmerkmal bereits bei einer hinreichend schwerwiegenden Gefahr der Irreführung für das Publikum als verwirklicht anzusehen.[792] Der Begriff des »Publikums« umfasst dabei die beteiligten inländischen Verkehrskreise.[793] Als Maßstab ist hierbei auf die Wahrnehmung

790 Heranziehung der Auslegungsgrundsätze zur Täuschungsvorschriften über die Art, die Beschaffenheit oder die geografische Herkunft von Waren oder Dienstleistungen: BPatG, Beschl. v. 27.08.2008 – 26 W (pat) 94/06, BlPMZ 2009, 278, 279 – *ACHKARRER CASTELLO*; BeckOK Markenrecht/*Kopacek*/*Schödel*, Stand: 01.01.2023, § 49 MarkenG, Rn. 32 ff.; Ströbele/Hacker/Thiering/*Ströbele*, MarkenG, 2020, § 8 MarkenG, Rn. 889.

791 Heranziehung der Auslegungsgrundsätze zur Täuschungsvorschriften über die Art, die Beschaffenheit oder die geografische Herkunft von Waren oder Dienstleistungen: Ströbele/Hacker/Thiering/*Ströbele*, MarkenG, 2020, § 8 MarkenG, Rn. 867 f.

792 Heranziehung der Auslegungsgrundsätze zur Täuschungsvorschriften über die Art, die Beschaffenheit oder die geografische Herkunft von Waren oder Dienstleistungen: Die frühere Rechtsprechungslinie des BGH zum erforderlichen quantitativen Irreführungsgrad eines nicht unerheblichen Teils der angesprochenen Verkehrskreise, siehe dazu BGH, Urt. v. 19.06.1970 – I ZR 72/68, GRUR 1971, 29, 32 – *Deutscher Sekt;* BGH, Urt. v. 29.04.1982 – I ZR 111/80, GRUR 1982, 564, 565 – *Elsässer Nudeln*; BPatG, Beschl. v. 20.03.1996 – 26 W (pat) 224/94, GRUR 1996, 885, 885 – *Schloß Wachenheim;* Ströbele/Hacker/Thiering/*Ströbele*, MarkenG, 2020, § 8 MarkenG, Rn. 900, wird inzwischen von den deutschen Gerichten durch das unionsrechtskonforme Erfordernis der Irreführung eines erheblichen Teils der angesprochenen Verkehrskreise ersetzt: siehe dazu EuGH, Urt. v. 04.03.1999 – C-87/97, ECLI:EU:C:1999:115, Rn. 41 = GRUR Int. 1999, 443, 446 – *Consorzio per la tutela del formaggio Gorgonzola*; EuGH, Urt. v. 30.03.2006 – C-259/04, ECLI:EU:C:2006:215, Rn. 47 = GRUR 2006, 416, 418 – *ELIZABETH EMANUEL*; EuGH, Urt. v. 08.06.2017 – C-689/15, ECLI:EU:C:2017:434, Rn. 50 = GRUR Int. 2017, 630, 634 – *Gözze/VBB [Internationales Baumwollzeichen];* BeckOK Markenrecht/*Albrecht*, Stand: 01.01.2023, § 8 MarkenG, Rn. 603; BeckOK Markenrecht/*Kopacek*/*Schödel*, Stand: 01.01.2023, § 49 MarkenG, Rn. 32 f.; *Omsels* GRUR 2005, 548, 548; Ströbele/Hacker/Thiering/*Ströbele*, MarkenG, 2020, § 8 MarkenG, Rn. 872.

793 Heranziehung der Auslegungsgrundsätze zum Begriff des »Publikums« bzw. der »maßgeblichen Verkehrskreise« der Täuschungsvorschriften über die Art, die Beschaffenheit oder die geografische Herkunft von Waren oder Dienstleistungen: Siehe EuGH, Urt. 04.05.1999 – C-108 und 109/97, Rn. 29 = GRUR 1999, 723, 726 – *Chiemsee*; EuGH, Urt. v.14.09.1999 – C-375/97, ECLI:EU:C:1999:408, Rn. 24 = GRUR Int. 2000, 73, 73 – *General Motors*; EuGH, Urt. v. 12.02.2004 – C-218/01, Rn. 50 = GRUR 2004, 428, 431 – *Henkel*; EuGH, Urt. v. 09.03.2006 – C-421/04,

des »Handel[s] und/oder de[s] normal informierten, angemessen aufmerksamen und verständigen Durchschnittsverbraucher[s]« abzustellen.[794] Eine mögliche Irreführungsgefahr ist ohne Ansehen der Person oder Rechtsstellung des Markenanmelders oder -inhabers zu beurteilen, sondern lediglich nach dem Inhalt

Rn. 24 = GRUR 2006, 411, 412 – *Matratzen Concord/Hukla*; BGH, Urt. 10.10.2002 – I ZR 235/00, GRUR 2003, 428, 432 – *BIG BERTHA*; BGH, Beschl. v. 03.04.2008 – I ZB 61/07, GRUR 2008, 903, 904, Rn. 20 – *SIERRA ANTIGUO*; BGH, Urt. v. 02.04.2009 – I ZR 78/06, NJW-RR 2009, 1130, 1132, Rn. 28. – *OSTSEE-POST*; BGH, Beschl. v. 01.06.2011 – I ZB 52/09, GRUR 2012, 64, 64, Rn. 9 – *Maalox/Melox-GRY*; BeckOK Markenrecht/*Albrecht*, Stand: 01.01.2023, § 8 MarkenG, Rn. 608; Ingerl/Rohnke/Nordemann/*Nordemann-Schiffel*, MarkenG, 2023, § 14 MarkenG, Rn. 1319; Ströbele/Hacker/Thiering/*Ströbele*, MarkenG, 2020, § 8 MarkenG, Rn. 882.

794 Der früheren Spruchpraxis des BGH dienten auch flüchtige und unkritische Verbraucher als Maßstab: siehe dazu BGH, Urt. v. 19.06.1970 – I ZR 72/68, GRUR 1971, 29, 33 – *Deutscher Sekt*; BGH, Urt. v. 29.04.1982 – I ZR 111/80, GRUR 1982, 564, 565 – *Elsässer Nudeln*; BGH, Urt. v. 18.06.1998 – I ZR 15/96, GRUR 1998, 942, 943 – *ALKA-SELTZER; Scherer* GRUR 2000, 273, 274. Dieser ist seit Heranziehung des europäischen Verbraucherleitbilds zur allgemeinen Beurteilung möglicher Irreführungen des Verkehrs als überholt anzusehen: siehe dazu BGH, Urt. v. 20.10.1999 – I ZR 167/97, GRUR 2000, 619, 621 – *Orient-Teppichmuster*; BGH, Urt. v. 02.10.2003 – I ZR 150/01, GRUR 2004, 244, 245 – *Marktführerschaft*; BGH, Urt. v. 17.06.2004 – I ZR 284/01, GRUR 2004, 786, 787 f. – *Größter Online-Dienst*; BGH, Urt. v. 30.6.2011 – I ZR 157/10, GRUR 2012, 184, 185 f., Rn 19 – *Branchenbuch Berg*; BGH, Urt. v. 08. 03.2012 – I ZR 202/10, GRUR 2012, 1053, 1054, Rn. 19 – *Marktführer Sport*. Entsprechend der Verpflichtung zur unionsrechtskonformen Auslegung der Irreführungsvorschriften ist somit ein normal informierter, angemessen aufmerksamer und verständiger Durchschnittsverbrauchers als Maßstab zugrunde zu legen: siehe dazu BPatG, Beschluss vom 10.02.1999 – 26 W (pat) 96/98, GRUR 1999, 931, 932 – *ST. URSULA*; BPatG Beschl. v. 23.2.2000 – 26 W (pat) 165/97, BeckRS 2009, 24796 – *HERRENSTEIN*; BGH, Beschl. v. 22.06.2011 – I ZB 78/10, GRUR 2012, 272 275, Rn. 26 – *Rheinpark-Center Neuss*; BGH, Beschl. v. 17.10.2013 – I ZB 11/13, GRUR 2014, 376, 378, Rn. 23 – *grillmeister*; EuGH, Urt. v. 16.07.1998 – C-210/96, Rn. 31 = GRUR Int. 1998, 795, 797 – *Gut Springenheide*; EuGH, Urt. v. 28.01.1999 – C-303/97, Rn. 36 = GRUR Int. 1999, 345, 348 – *Sektkellerei Kessler*; EuGH, Urt. v. 30.03.2006 – C-259/04, ECLI:EU:C:2006:215, Rn. 46 = GRUR 2006, 416, 418 – *ELIZABETH EMANUEL;* EuGH, Urt. v. 22. 6. 2006 – C-25/05 P, Rn. 25 = GRUR 2006, 1022, 1023 – *Wickelerform*; EuGH, Beschl. v. 26. 4. 2012 – C-307/11 P, Rn. 50 = GRUR 2013, 519, 521 – *Deichmann;* EuGH, Urt. v. 16.09.2015 – C-215/14, Rn. 61 = GRUR 2015, 1198, 1201 – *Kit Kat*; BeckOK Markenrecht/*Albrecht*, Stand: 01.01.2023, § 8 MarkenG, Rn. 609; *Omsels* GRUR 2005, 548, 548 f.; *Sosnitza* WRP 2014, 1136, 1137; Ströbele/Hacker/Thiering/*Ströbele*, MarkenG, 2020, § 8 MarkenG, Rn. 883.

oder der Aussage der Marke selbst[795] Sie kann dabei jeweils aus Schrift, Klang oder Bild resultieren.[796]

314 Im Eintragungs- bzw. im Nichtigkeitsverfahren[797] ist eine Marke auf ihre ursprüngliche Irreführungsgefahr hin zu untersuchen.[798] Dagegen ist im Verfallsverfahren[799] auf die konkrete, nachträgliche Benutzung der Marke abzustellen.[800] In der Folge divergieren die maßgeblichen Zeitpunkte für das Vorliegen einer Irreführungsgefahr zwischen Anmeldungszeitpunkt[801], Zeitpunkt der Entscheidung über den Antrag auf Erklärung der Nichtigkeit[802] und Zeitpunkt der letzten mündlichen Verhandlung in den Tatsacheninstanzen.[803] Des Weiteren ist im Rahmen des nationalen Eintragungsverfahrens[804] die zusätzliche Voraussetzung der »Ersichtlichkeit« zu beachten.[805] Eine Irreführung erlangt insofern

795 Heranziehung der Auslegungsgrundsätze zur Täuschungsvorschriften über die Art, die Beschaffenheit oder die geografische Herkunft von Waren oder Dienstleistungen: BGH, Beschl. v. 11.10.2001 – I ZB 5/99, GRUR 2002, 540, 541 – *OMEPRAZOK*; BPatG, Beschl. v. 05.11.2008 – 32 W (pat) 34/07, BeckRS 2009, 4849 – *Pure Black*, BPatG, Beschl. v. 17.6.2008 – 33 W (pat) 82/06, GRUR-RR 2009, 131, 134 – *DRSB Deutsche Volksbank;* Ströbele/Hacker/Thiering/*Ströbele*, MarkenG, 2020, § 8 MarkenG, Rn. 874 f.

796 BeckOK Markenrecht/*Albrecht*, Stand: 01.01.2023, § 8 MarkenG, Rn. 584.

797 So auch im Rahmen der Prüfung der §§ 103 Abs. 2, 106 Abs. 1 S. 1, § 106e Abs. 2, 106g Abs. 1 S. 1 MarkenG bzw. Art. 76 Abs. 2, 85 Abs. 2, 82, 92 UMV.

798 Heranziehung der Auslegungsgrundsätze zur Täuschungsvorschriften über die Art, die Beschaffenheit oder die geografische Herkunft von Waren oder Dienstleistungen:

799 So auch im Rahmen der Prüfung der §§ 105 Abs. 1 Nr. 3, 106g Abs. 1 Nr. 3 bzw. Art. 81 lit. b, 91 lit. c UMV.

800 Heranziehung der Auslegungsgrundsätze zur Täuschungsvorschriften über die Art, die Beschaffenheit oder die geografische Herkunft von Waren oder Dienstleistungen: BeckOK Markenrecht/*Kopacek/Schödel*, Stand: 01.01.2023, § 49 MarkenG, Rn. 33 f.; Ingerl/Rohnke/Nordemann/*Schork/Bröcker*, MarkenG, 2023, § 8 MarkenG, Rn. 257 sowie § 49 MarkenG, Rn. 42; Ströbele/Hacker/Thiering/*Thiering*, MarkenG, 2020, § 49 MarkenG, Rn. 56, 60.

801 Heranziehung der Auslegungsgrundsätze zur Täuschungsvorschriften über die Art, die Beschaffenheit oder die geografische Herkunft von Waren oder Dienstleistungen: Ströbele/Hacker/Thiering/*Ströbele*, MarkenG, 2020, § 8 MarkenG, Rn. 897.

802 Heranziehung der Auslegungsgrundsätze zur Täuschungsvorschriften über die Art, die Beschaffenheit oder die geografische Herkunft von Waren oder Dienstleistungen: Ströbele/Hacker/Thiering/*Miosga*, MarkenG, 2020, § 50 MarkenG, Rn. 8.

803 Heranziehung der Auslegungsgrundsätze zur Täuschungsvorschriften über die Art, die Beschaffenheit oder die geografische Herkunft von Waren oder Dienstleistungen: Ströbele/Hacker/Thiering/*Thiering*, MarkenG, 2020, § 49 MarkenG, Rn. 9.

804 Gemäß §§ 37 Abs. 3, 8Abs. 2 Nr. 4, 97 Abs. 2, 106a Abs. 2, MarkenG analog.

805 Siehe zur ausschließlichen Prüfung der Ersichtlichkeit im nationalen Verfahren: BeckOK Markenrecht/*Hanf*, Stand: 01.01.2023, Art. 7 UMV 2017, Rn. 170.

»Ersichtlichkeit«, als keine Benutzungsform denkbar ist, in der das Zeichen, ohne zu täuschen, verwendet werden kann.[806]

Die Tatbestandsmerkmale »Charakter« und »Bedeutung« einer Marke sind von dieser Angleichung nicht umfasst. Aus der Gesamtheit aller Auslegungskriterien ergibt sich, dass die irreführenden Bezugspunkte ein spezialgesetzliches Normverständnis schaffen, welches von dem Normverständnis der zum Vergleich herangezogenen Gesetzesvorschriften abweicht.[807] Sie erweitern das vom Markeninhaber zu beachtende Irreführungsspektrum vor und nach einer Kollektiv- bzw. Gewährleistungsmarkeneintragung und schließen eine Anwendung der Vorschriften zur allgemeinen Täuschungseignung gem. § 97 Abs. 2 MarkenG und § 106a Abs. 2 MarkenG bzw. Art. 74 Abs. 3 UMV und Art. 83 Abs. 3 UMV aus. Darüber hinaus hat der EuGH in seiner Entscheidung *Internationales Baumwollzeichen*[808] eine entsprechende Anwendung der *legi speciali* auf die Individualmarke als allgemeine Markenform abgelehnt.[809] 315

In concreto dient das Tatbestandsmerkmal des Charakters einer Marke der Abgrenzung von spezifischen Charaktereigenschaften der unterschiedlichen Markenkategorien.[810] Im Hinblick auf Kollektiv- und Gewährleistungsmarken umfasst dies insbesondere eine Untersuchung der »Transparenz, Neutralität und Überprüfung durch den Inhaber« und deren Ersichtlichkeit aus der Markensatzung.[811] Das Tatbestandsmerkmal der Bedeutung einer Marke zielt hingegen auf eine ganzheitliche Betrachtung der verschiedenen Wesensarten von Kollektiv- bzw. Gewährleistungsmarken ab. Dabei konzentriert sich die Abgrenzung der Markenkategorien auf ihre divergierenden Hauptmarkenfunktionen und die damit einhergehenden Schutzzwecke.[812] 316

Summa summarum wird mit Einführung der neuen Irreführungstatbestände das gesetzgeberische Ziel eines rechtssicheren Gebrauchs der verschiedenen Markenkategorien verfolgt. In unmittelbarer Konsequenz schwächt eine geset- 317

806 Heranziehung der Auslegungsgrundsätze zu § 4 Abs. 2 Nr. 4 WZG: BPatG, Beschl. v. 25.01.1989 – 26 W (pat) 297/85, GRUR 1989, 593, 594 – *Molino*; BPatG, Beschl. v. 01.08.1990 – 28 W (pat) 109/88, GRUR 1991, 145, 146 – *Mascasano*; BPatG, Beschl. v. 18.12.1991 – 26 W (pat) 59/91, GRUR 1992, 516, 517 – *EGGER NATUR-BRÄU*; zu § 8 Abs. 2 Nr. 4 MarkenG: BGH, Beschl. v. 11.10.2001 – I ZB 5/99, GRUR 2002, 540, 541 – *OMEPRAZO*K; BPatG, Beschl. v. 05.11.2008 – 32 W (pat) 34/07, BeckRS 2009, 4849 – Pure Black; BPatG, Beschl. v. 17.6.2008 – 33 W (pat) 82/06, GRUR-RR 2009, 131, 134 – *DRSB Deutsche Volksbank*.

807 Vgl. zur Verschärfung des allgemeinen Irreführungsverbots: BeckOK Markenrecht/*Albrecht*, Stand: 01.01.2023, § 8 MarkenG, Rn. 689; BeckOK Markenrecht/*Miosga*, Stand: 01.01.2023, Art. 76 UMV 2017, Rn. 3.

808 EuGH, Urt. v. 08.06.2017 – C-689/15, ECLI:EU:C:2017:434, Rn. 59 ff. = GRUR Int. 2017, 630, 634 – *Gözze/VBB* [*Internationales Baumwollzeichen*].

809 Vgl. BeckOK Markenrecht/*Miosga*, Stand: 01.01.2023, Art. 74 UMV 2017, Rn. 1.

810 Vgl. *Dröge* GRUR 2017, 1198, 1200 f.

811 Amtliche Begründung, BT-Drs. 19/2898, S. 88.

812 Vgl. *Dröge* GRUR 2017, 1198, 1201.

zeskonforme, der jeweiligen Markenkategorie entsprechende, Eintragung bzw. Benutzung einer Marke deren Angreifbarkeit ab und stärkt somit die Ausübung von Benutzungs- und Abwehrrechten der Markeninhaber. Darüber hinaus wird das Bewusstsein der beteiligten Verkehrskreise über die unterschiedlichen Gütemaßstäbe einer Marke geschärft und eine inhaltliche Verwässerung des Gütezeichenbegriffs verhindert.

2. Anwendung des Auslegungsergebnisses auf die Irreführungsgefahr einer Marke als Gütezeichen

318 Im Anschluss an die Eruierung des Auslegungsergebnisses wird im Folgenden ermittelt, ob die Verortung des Gütezeichens als Kollektiv- oder Gewährleistungsmarke den Tatbestand der speziellen Irreführungsgefahr über den Charakter oder die Bedeutung einer Marke verwirklicht. Dabei ist auch prüfen, ob bereits die klassifizierende Anmeldung bzw. Eintragung einer als Gütezeichen ausgestalteten Marke eine Irreführungsgefahr begründet oder, ob diese erst durch die konkrete Markennutzung bedingt wird.

a. Zugrundelegung eines geänderten Verkehrsverständnisses des Gütezeichens

319 Das dem Gütezeichen bislang zugrunde gelegte Verkehrsverständnis[813] dürfte infolge der Kodifizierung der Gewährleistungsmarke als passgenaues Schutzinstrument für Gütezeichen in der Weise geläutert sein, dass es den rechtskonstitutiven Merkmalen der Gewährleistungsmarken anzugleichen ist.

aa. Gesetzgeberische Einkleidung des Gütezeichens in das Normgewand der Gewährleistungsmarke

320 Den Gesetzesmaterialien ist der ausdrückliche Wille des europäischen sowie des nationalen Gesetzgebers zu entnehmen, mit Einführung der Gewährleistungsmarke ein transparentes und rechtssicheres Instrument für den Gütezeichenschutz zu schaffen.[814] Diese Zielausrichtung hat zur Folge, dass das Gütezeichen – in die rechtskonstitutiven Merkmale der Gewährleistungsmarke gekleidet – erstmals legal definiert wird. Die Gewährleistungsmarken- bzw. Güte-

813 Siehe dazu Teil 2 C.

814 Amtliche Begründung, BT-Drs. 19/2898, S. 2; Zur generellen Erhöhung der Rechtssicherheit: Vorschlag der Kommission für eine Richtlinie des Europäischen Parlaments und des Rates zur Angleichung der Rechtsvorschriften der Mitgliedstaaten über die Marken, COM (2013) 162 final v. 27.03.2013, Begründung S. 2; Vorschlag der Kommission für eine Verordnung des Europäischen Parlaments und des Rates zur Änderung der Verordnung (EG) Nr. 207/2009 des Rates über die Gemeinschaftsmarke, COM (2013) 161 final v. 27.03.2013, Begründung S. 2.

zeichenvoraussetzungen in §§ 106a ff MarkenG und Art. 83 ff. UMV orientieren sich an dem, nach den Grundsätzen des RAL herausgebildeten, Gütezeichenbegriff[815]. Dementsprechend unverändert sind die Wesenszüge des Gütezeichens: Transparenz der Gütebedingungen, Neutralität des Gütezeicheninhabers und dessen Kontrolle der einzuhaltenden Gütestandards übernommen[816]. Eine Abwandlung erfährt die Begriffsbestimmung allerdings dahingehend, dass die Inhaberschaft nicht allein Gütegemeinschaften vorbehalten ist,[817] sondern dem Grunde nach natürlichen und juristischen Personen, einschließlich Einrichtungen, Behörden und juristischen Personen des öffentlichen Rechs gem. § 106b Abs. 1 MarkenG und Art. 83 Abs. 2 UMV zu gewähren ist.

Rechtssicherheit wird dem markenrechtlichen Schutzinstrument für Gütezeichen durch die Implementierung von Irreführungsvorschriften über den Charakter oder die Bedeutung einer Marke verliehen. Sie dienen der Abgrenzung der Wesensart sowie einzelner Charaktereigenschaften von Kollektiv- und Gewährleistungsmarke und wirken somit einer Verwässerung der spezifischen Gewährleistungs- bzw. Gütezeichenvoraussetzungen entgegen.[818] Die Verwirklichung der Tatbestandsalternativen – Charakter oder Bedeutung einer Marke – stehen dabei in grammatikalischem sowie teleologischem Zusammenhang mit der Wahrnehmung des Zeichens durch das Publikum. Hierbei kommt es nicht auf die konkrete Erwartungshaltung der relevanten Verkehrskreise, sondern auf eine abstrakte Rechtkonformität des jeweiligen Zeichens an.[819] Abzustellen ist sowohl auf das Zeichen selbst, als auch auf die entsprechend angemeldeten bzw. eingetragenen Waren und Dienstleistungen und die sonstigen Satzungsangaben.[820] 321

bb. Das Verkehrsverständnis des Gütezeichens im Wandel

Die vom europäischen sowie nationalen Gesetzgeber in den Jahren 2015 bis 322
2019 vorgenommene Einkleidung des Gütezeichens in das Normgewand der

815 Siehe dazu Teil 2 C., S. 26 f., Rn. 133.

816 Siehe dazu Teil 2 C., S. 26 f., Rn. 133.

817 Siehe dazu Teil 2 C., S. 26 f., Rn. 133.

818 Amtliche Begründung, BT-Drs. 19/2898, S. 52, 88, 91; Vgl. Vorschlag der Kommission für eine Richtlinie des Europäischen Parlaments und des Rates zur Angleichung der Rechtsvorschriften der Mitgliedstaaten über die Marken, COM (2013) 162 final v. 27.03.2013, Begründung S. 2, 9; Vorschlag der Kommission für eine Verordnung des Europäischen Parlaments und des Rates zur Änderung der Verordnung (EG) Nr. 207/2009 des Rates über die Gemeinschaftsmarke, COM (2013) 161 final v. 27.03.2013, Begründung S. 2, ErwGr. 36.

819 Vgl. zur Auslegung des kennzeichenrechtlichen Irreführungsbegriffs: *Kiefer*, Geographischer Irrführungsschutz, 2019, S. 214 f.

820 Prüfungsrichtlinien des EUIPO v. 31.03.2023, Teil B Prüfung, Abschnitt 4: Absolute Eintragungshindernisse, Kapitel 16, S. 790.

Gewährleistungsmarke veranlasste den BGH im Jahr 2019 nicht dazu, eine damit einhergehende Änderung des Verkehrsverständnisses des Gütezeichens anzunehmen. Stattdessen stufte er eine Angleichung der Gütezeichenvoraussetzen an die, zu diesem Zeitpunkt jüngst eingeführten, spezifischen Voraussetzungen der Gewährleistungsmarke in seiner *IVD-Gütesiegel* Entscheidung[821] als »erfahrungswidrig« ein.[822]

323 Diese vom BGH vorgebrachte Argumentationslinie wird nachfolgend näher beleuchtet, um deren weiterhin andauernde oder entsprechend überholte Gültigkeit zu ermitteln.

324 In seiner *IVD-Gütesiegel* Entscheidung sprach sich der BGH nicht grundsätzlich gegen die Annahme der Vorinstanz aus, dass an den – nach RAL-Grundsätzen bemessenen – Anforderungen an ein Gütezeichen im Hinblick auf die normierten Maßstäbe der Gewährleistungsmarke nicht mehr festgehalten werden könne.[823] So pflichtete der BGH dem OLG Düsseldorf als Vorinstanz bei, dass der europäische sowie nationale Gesetzgeber die Gewährleistungsmarke ausdrücklich als neues Rechtsinstitut zur Bemessung der Gütezeichenqualität einer Marke eingeführt habe.[824] Die Gütezeichenfunktion richte sich dabei nach den rechtskonstitutiven Merkmalen der Gewährleistungsmarke.[825] Daraus resultiere ein verändertes Anforderungsprofil des Gütezeichens, das von den bisher zugrunde gelegten RAL-Grundsätzen abweiche.[826] Diese vom OLG Düsseldorf herausgearbeiteten Modifikationen, insbesondere im Hinblick auf die Unabhängigkeit des Gütezeicheninhabers und das Zustandekommen von Vergabekriterien, wurden vom BGH in der Revisionsentscheidung nicht angezweifelt.[827] Demnach setzen die §§ 106a ff. MarkenG bzw. Art 83 ff. UMV – anders als vom BGH bislang gefordert – keine »Gemeinschaftsarbeit der interessierten Kreise« voraus, sondern lassen vom Gewährleistungsmarkeninhaber zu erfül-

821 BGH, Urt. v. 04.07.2019 – I ZR 161/18, GRUR 2020, 299, 300 – *IVD-Gütesiegel.*

822 BGH, Urt. v. 04.07.2019 – I ZR 161/18, GRUR 2020, 299, 300, Rn. 16 – *IVD-Gütesiegel.*

823 BGH, Urt. v. 04.07.2019 – I ZR 161/18, GRUR 2020, 299, 300 f., Rn. 17 – *IVD-Gütesiegel*; OLG Düsseldorf, Urt. v. 23.08.2018 – 20 U 123/17, GRUR-RR 2019, 84, 85 f., Rn. 21, 25 ff. – *Dichtstoffgütesiegel.*

824 Vgl. BGH, Urt. v. 04.07.2019 – I ZR 161/18, ECLI:DE:BGH:2019:040719UIZR161.18.0, GRUR 2020, 299, 300 f., Rn. 17 – *IVD-Gütesiegel*; OLG Düsseldorf, Urt. v. 23.08.2018 – 20 U 123/17, GRUR-RR 2019, 84, 85 f., Rn. 19 ff. – *Dichtstoffgütesiegel.*

825 OLG Düsseldorf, Urt. v. 23.08.2018 – 20 U 123/17, GRUR-RR 2019, 84, 85 f., Rn. 25 ff. – *Dichtstoffgütesiegel.*

826 OLG Düsseldorf, Urt. v. 23.08.2018 – 20 U 123/17, GRUR-RR 2019, 84, 85 f., Rn. 19 ff., 25 ff. – *Dichtstoffgütesiegel.*

827 BGH, Urt. v. 04.07.2019 – I ZR 161/18, ECLI:DE:BGH:2019:040719UIZR161.18.0, GRUR 2020, 299 300 f., Rn. 17 – *IVD-Gütesiegel.*

lende Unabhängigkeitsvoraussetzungen genügen.[828] Eine Beteiligung Dritter sei weder bei der Erarbeitung der Vergabekriterien noch bei der Vergabe selbst vorgesehen.[829] Der BGH widersprach jedoch der Annahme des OLG Düsseldorf einer im Nachgang an die geänderte Gesetzeslage geläuterten Verkehrsauffassung. In diesem Zusammenhang wies er darauf hin, dass nach ständiger Rechtsprechung des BGH gesetzliche Vorschriften, die den Inhalt einer Bezeichnung bestimmen, durchaus Einfluss auf das Verkehrsverständnis nehmen können.[830] Bislang sei eine Änderung des Verkehrsverständnisses durch den Gesetzgebungsprozess oder die Implementierung der Vorschriften zur Gewährleistungsmarke in die UMV und das Markengesetz zwar indiziert, jedoch noch nicht vollzogen[831] Hierfür bedürfe es einer nachfolgenden Gewöhnungs- bzw. Anwendungsphase des Verkehrs im Hinblick auf die neuen Gewährleistungsnormen.[832] Zum Zeitpunkt der Urteilsverkündung lag das Inkrafttreten der Art. 74a ff. UMV ca. anderthalb Jahre (01.10.2017), dasjenige der §§ 106a ff. MarkenG ca. ein halbes Jahr (14.01.2019) zurück.[833]

Somit führt er das Erfordernis einer zeitlichen Assimilationsphase als Hauptargument dafür an, dass die zum Zeitpunkt der Entscheidung jüngst implementierte Gewährleistungsmarke die Verkehrsanschauung von Gütesiegeln noch nicht in »maßgeblich ändernder Weise geprägt hat«.[834] 325

cc. Assimilation des Verkehrs an die Gewährleistungsmarke

Unter Berücksichtigung der seit Urteilsverkündung vergangenen Zeitspanne von fast vier Jahren[835] verliert das Argument einer fehlenden Assimilationsphase nicht bloß an Gewicht, sondern vermag im Umkehrschluss sogar als Indikator für eine geläuterte Verkehrsauffassung des Gütezeichens angesehen werden. 326

828 OLG Düsseldorf, Urt. v. 23.08.2018 – 20 U 123/17, GRUR-RR 2019, 84, 85 f., Rn. 19 ff., 25 ff. – *Dichtstoffgütesiegel.*

829 OLG Düsseldorf, Urt. v. 23.08.2018 – 20 U 123/17, GRUR-RR 2019, 84, 85 f., Rn. 27 – *Dichtstoffgütesiegel.*

830 BGH, Urt. v. 28.06.1957 – I ZR 230/55, GRUR 1958, 32, 33 – *Haferschleim*; BGH, Urt. v. 25.04.1958 – I ZR 84/57, GRUR 1958, 492, 496 – *Eis-Pralinen*; BGH, Urt. v. 13.07.1962 – I ZR 23/61, GRUR 1963, 36, 38 – *Fichtennadelextrakt*; BGH, Urt. v. 20.05.2009 – I ZR 220/06, GRUR 2009, 970, 972, Rn. 25 – *Versicherungsberater*; BGH, Urt. v. 04.07.2019 – I ZR 161/18, GRUR 2020, 299, 300 f., Rn. 17 – *IVD-Gütesiegel.*

831 BGH, Urt. v. 04.07.2019 – I ZR 161/18, GRUR 2020, 299, 300, Rn. 17 – *IVD-Gütesiegel.*

832 BGH, Urt. v. 04.07.2019 – I ZR 161/18, ECLI:DE:BGH:2019:040719UIZR161.18.0, GRUR 2020, 299, 300, Rn. 17 – *IVD-Gütesiegel.*

833 BGH, Urt. v. 04.07.2019 – I ZR 161/18, ECLI:DE:BGH:2019:040719UIZR161.18.0, GRUR 2020, 299, 300, Rn. 17 – *IVD-Gütesiegel.*

834 Stand v. März 2023.

835 Stand v. März 2023.

Die Einführung der Unionsgewährleistungsmarke bzw. der nationalen Gewährleistungsmarke liegen zum aktuellen Zeitpunkt bereits über fünf bzw. vier Jahre zurück.[836]

327 Zudem lässt eine Auswertung des DPMA Markenregisters den Rückschluss zu, dass diese Übergangsphase aufgrund des exponentiellen Anstiegs neutraler Güte-Zertifizierer in den letzten Jahren beschleunigt durchlaufen wurde. So betrug die Zahl der im DPMA Register eingetragenen Gewährleistungsmarken im Zeitpunkt des Entscheidungsdatums lediglich 32[837] und wuchs nachfolgend dynamisch auf 384[838] an. Unter den Neueintragungen befinden sich auch zahlreiche Eintragungsdopplungen bzw. Umtragungen von bislang als Individual- oder Kollektivmarken geschützten Gütezeichen. Beispielhaft dafür lassen sich die Individual- bzw. Kollektivmarken »TÜV SÜD«,[839] »FAIRTRADE«[840], »GOTS«[841] sowie »RAL GÜTEZEICHEN Holzhandel«[842]anführen, die zusätzlich oder nach Ablauf des Markenschutzes ausschließlich als Gewährleistungsmarken angemeldet und eingetragen wurden.[843]

328 Dieser Eintragungstendenz kommt eine indikatorische Wirkung dahingehend zu, dass Gewährleistungsmarken auf nationaler und europäischer Ebene wirtschaftlich vermehrt verwendet und dadurch auch vom durchschnittlich aufmerksamen Verbraucher mittels Werbung sowie Produktaufmachungen wahrgenommen werden.[844] Infolgedessen kann davon ausgegangen werden, dass sich das Verständnis der relevanten Verkehrskreise über die Voraussetzungen eines Gütezeichens der neu implementierten Markenkategorie angepasst hat.

836 Stand v. März 2023.

837 DPMA Register, Such-Parameter: eingetragene Gewährleistungsmarken, Stand v. 01.05.2023, S. 1-2 der aufgelisteten Gewährleistungsmarken.

838 DPMA Register, Such-Parameter: eingetragene Gewährleistungsmarken, Stand v. 01.05.2023, S. 1-13 der aufgelisteten Gewährleistungsmarken.

839 U. a. »TÜV SÜD«, DPMA Registernr.: 011525111, Stand: 01.05.2023.

840 U. a. »FAIRTRADE«, DPMA Registernr.: 009426172, Stand: 01.05.2023.

841 U. a. »GOTS«, DPMA Registernr.: 1261453, Stand: 01.05.2023.

842 U. a. »RAL GÜTEZEICHEN Holzhandel«, DPMA Registernr.: 302008017801, Stand: 01.05.2023.

843 »TÜV SÜD«, DPMA Registernr.: 017961613 und 017277849; »FAIRTRADE«, DPMA Registernr.: 017959045; »GLOBAL ORGANIC TEXTILE STANDARD GOTS«, DPMA Registernr.: 017283128; »RAL GÜTEZEICHEN Holzhandel«, DPMA Registernr.: 017473349, Stand: 01.05.2023.

844 Siehe zum Verhältnis von Nutzungsverhalten der Gewährleistungsmarke und dem Verkehrsverständnis von Gütesiegeln: BGH, Urt. v. 04.07.2019 – I ZR 161/18, GRUR 2020, 299, 302, Anmerkung von Wolfgang Berlit, 5.

Die Verbraucher haben inzwischen ein Bewusstsein dafür entwickelt, dass ein hinreichendes Maß an Neutralität durch den Gütezeicheninhaber selbst garantiert wird. Dieser legt ohne Mitwirkung von Interessenkreisen die Vergabebedingungen fest, führt die Vergabe von Lizenzen durch und übt eine stetige Kontrolle über deren entsprechende Einhaltung aus. In einem markenrechtlichen Zusammenhang vermag dem Verkehr Kenntnis darüber zugeschrieben werden, dass eine Güte neutraler Art vornehmlich[845] bzw. ausschließlich[846] mittels einer Gewährleistungsmarke garantiert wird. Individual- und Kollektivmarken dagegen sichern vornehmlich[847] bzw. ausschließlich[848] eine eigens vom Waren- bzw. Dienstleistungsinhaber generierte Güte zu.[849] Aus dieser Fortentwicklung der Verkehrsauffassung hin zu einer quasi Gleichstellung des Gütezeichens mit der Gewährleistungsmarke kann jedoch nicht der Schluss gezogen werden, dass Individual- bzw. Kollektivmarken der Schutzcharakter für Gütezeichen gänzlich versagt ist. 329

Dies würde die – nicht im Markenrecht zu verortende – Rechtsnatur des Gütezeichens verkennen.[850] Der fehlende, eigenständige Rechtscharakter des Gütezeichens bringt nämlich eine, wie bereits in Teil 3 dargelegte, Vielfalt an Schutzinstrumenten hervor, die unter Zugrundelegung eines jeweils anderen Schutzzwecks die Einhaltung der Gütezeichenfunktion bzw. einzelner/ sämtlicher Gütevoraussetzungen sicherstellen. So verhalte sich eine über die bloße Funktionswahrnehmung hinausgehende Behandlung des Gütezeichens als Marke im Rechtssinne kontradiktorisch zu anderen Schutzinstrumenten des Gütezeichens, insbesondere des sui generis EU-Systems für geografische Herkunftsangaben. Darüber hinaus würde eine vollständige Verschmelzung von Gewährleistungsmarke und Gütezeichen die Wahlmöglichkeit des Gütezeicheninhabers in Bezug auf markenrechtliche Schutzinstrumente vollständig entfallen lassen. Dies beschränke den Schutz des geistigen Eigentums eines jeden Markeninhabers gem. Art. 14 GG[851], Art. 17 Abs. 2 EU-GRCh[852] unverhältnismäßig deutlich. 330

845 Im Hinblick auf Dienstleistungsmarken.
846 Im Hinblick auf Warenmarken.
847 Siehe Fn.846.
848 Siehe Fn. 847.
849 Vgl. zur (subjektiven) Ausprägung der Qualitätsfunktion einer Individual- und Kollektivmarke: Ingerl/Rohnke/Nordemann/*A. Nordemann*, MarkenG, 2023, Einleitung MarkenG, Rn. 23.
850 Vgl. *Fezer*, Markenrecht, 2009, § 97 MarkenG, Rn. 18; *Hemker*, Missbrauch von Gütezeichen, 2016, S. 8, 15; *Miosga* GRUR 1968, 570, 574.
851 BVerfG, Beschl. v. 22.05.1979 – 1 BvL 9/75, GRUR 1979, 773, 778 – *Weinbergsrolle*; BeckOK Markenrecht/*Kur*, Stand: 01.01.2023, MarkenG Einleitung, Rn. 160 ff.; Mangoldt/Klein/Starck/*Depenheuer/Froese*, GG, 2018, Art. 14 GG, Rn. 151; Münch/Kunig/*Bryde/Wallrabenstein*, GG, 2021, Art. 14 GG, Rn. 37, 41.
852 BeckOK Markenrecht/*Kur*, Stand: 01.01.2023, MarkenG Einleitung, Rn. 167 f.

331 Folglich vermögen die seit der Urteilsverkündung in der *IVD-Gütesiegel* Entscheidung vergangene Zeitspanne sowie die zunehmende Praxisrelevanz der Gewährleistungsmarke die vom BGH konstatierte Erfahrungswidrigkeit einer unmittelbaren Einflussnahme auf die relevanten Verkehrskreise zu relativieren.

dd. Änderung des Verkehrsverständnisses von Gütezeichen

332 Insgesamt sprechen daher gewichtige Gründe dafür, dass die vom BGH im Jahr 2019 noch abgelehnte Änderung der Verkehrsauffassung zu Gütezeichen inzwischen als vollzogen angesehen werden kann. Dementsprechend wäre das Verkehrsverständnis nach dem zuvor Erarbeiteten dahingehend abzuändern, dass ein neutraler Gütezeicheninhaber oder dessen neutraler Erfüllungsgehilfe die mit seinen Zeichen versehenen Waren und Dienstleistungen nach objektiven und aussagekräftigen Kriterien auf die Erfüllung von Mindestanforderungen geprüft hat. Ein solches Zeichen bietet aus der Sicht des Verkehrs die Gewähr, dass ein mit ihm gekennzeichnetes Produkt bestimmte, für seine Güte und Brauchbarkeit als wesentlich angesehene Eigenschaften aufweist. Um der mit dem Siegel verbundenen Güteerwartung des Verkehrs gerecht zu werden, die regelmäßig nicht auf den Zeitpunkt der Vornahme der Prüfung beschränkt sei, sondern von der Fortdauer der bescheinigten Produkteigenschaften ausgehe, ist eine kontinuierliche Überwachung der Verwendung des Gütesiegels durch den neutralen Gütezeicheninhaber oder dessen neutralen Erfüllungsgehilfen erforderlich.[853]

b. Kausalzusammenhang zwischen Irreführungsgefahr und Marke als Gütezeichen

333 Unter Zugrundelegung der zuvor beschriebenen, geläuterten Verkehrsauffassung des Gütezeichens werden nun die Konsequenzen für die von einer als Gütezeichen verwendeten Kollektivmarke bzw. Gewährleistungsmarke ausgehenden Irreführungsgefahr betrachtet.

334 Hierfür ist das herausgebildete Normverständnis der speziellen Irreführungsnormen über den Charakter oder die Bedeutung konkret auf die Eintragung bzw. Benutzung einer Marke als Gütezeichen anzuwenden. Dementsprechend ist die erste Tatbestandsalternative – Charakter einer Marke – auf die wesensbedingten Charakterzüge einer Marke in Form eines Gütezeichens zu beziehen. Die zweite Tatbestandsalternative – die Bedeutung einer Marke – ist als verwirklicht anzusehen, wenn das Verkehrsverständnis des Gütezeichens mit der konkreten Wesensart einer Markenkategorie nicht in Einklang zu bringen ist.

853 Verschriftlichung der vom OLG geforderten, abzuändernden Kriterien zum Verkehrsverständnis: OLG Düsseldorf, Urt. v. 23.08.2018 – 20 U 123/17, GRUR-RR 2019, 84, 85 f., Rn. 21 ff. – *Dichtstoffgütesiegel*.

aa. Verwirklichung der Irreführungsgefahr einer als Gütezeichen ausgestalteten Kollektivmarke

Die Kausalität zwischen der Verwirklichung einer Irreführungsgefahr über die 335
wesentlichen Charaktereigenschaften einer Kollektivmarke und deren gleichzeitige Ausgestaltung als Gütezeichen lässt sich anhand nachfolgender Beispiele eindrücklich darlegen:

So geht von einem als Gütezeichen ausgestalteten Kollektivzeichen, welches 336
den fälschlichen Eindruck erweckt – ein neutraler Markeninhaber zertifiziere inhaberfremde Waren und Dienstleistungen auf die Erfüllung bestimmter Gütestandards – eine Irreführungsgefahr über den in der Satzung verankerten Charakterzug des herstellereigenen Güteversprechens aus. Die nach dem geläuterten Verkehrsverständnis des Gütezeichens zugrunde gelegte Neutralität des Inhabers ist als Charaktereigenschaft für die Kollektivmarke nicht *qua* Gesetz festgeschrieben. Vielmehr sehen die gesetzlichen Vorschriften konträr dazu eine unmittelbare Konnexität zwischen dem Kollektiv als Markeninhaber und den von diesem herrührenden Waren und Dienstleistungen vor. Eine Tatbestandverwirklichung erfolgt nach den Prüfungsrichtlinien des EUIPO ebenfalls, wenn eine Markensatzung den Anschein erweckt, das Kollektivzeichen könne unter gewissen objektiv erfüllten Voraussetzungen von jedermann benutzt werden.[854] Die Nutzung einer Kollektivmarke ist *qua* Gesetz, mit Ausnahme des Sonderfalls der geografischen Kollektivmarke, grundsätzlich dem Markeninhaber (Verband oder juristische Personen des öffentlichen Rechts) und den Verbandsmitglieder vorbehalten.[855] Die Irreführung eines Zeichens und/oder einer Zeichensatzung über einzelne Charakterzüge eine Kollektivmarke geht zumeist fließend in die gesamtheitliche Betrachtung als Markenkategorie über. Dabei ist auf ein Auseinanderfallen des neu gebildeten Verkehrsverständnisses und der wesensbedingten Hauptfunktion einer Kollektivmarke abzustellen. Zur Veranschaulichung kann auf die fiktive Kollektivmarke »vegan certified« der Prüfungsrichtlinie des EUIPO verwiesen werden. Anhand dieses Beispiels wird deutlich, dass der spezielle Irreführungstatbestand als verwirklicht anzusehen ist, wenn eine Kollektivmarke aufgrund ihres Zeichen- oder Satzungsinhalts den Gesamteindruck einer Gewährleistungsmarke erweckt und dabei ihrer wesens-

854 Prüfungsrichtlinien des EUIPO v. 31.03.2023, Teil B Prüfung, Abschnitt 4: Absolute Eintragungshindernisse, Kapitel 15, S. 779.

855 Prüfungsrichtlinien des EUIPO v. 31.03.2023, Teil B Prüfung, Abschnitt 4: Absolute Eintragungshindernisse, Kapitel 15, S. 779 f.; BeckOK UMV/*Bartos*, Stand: 15.05.2020, Art. 78 UMV, Rn. 1; *Fezer*, Markenrecht, 2009, § 98 MarkenG, Rn. 23.

bedingten Herkunftsfunktion nicht nachkommt.[856] Den Prüfungsrichtlinien ist dabei ausdrücklich zu entnehmen, dass der Unvereinbarkeit von neutralem Gütehinweis und kollektivem Herkunftshinweis eine indikatorische Wirkung im Hinblick auf eine Irreführungsgefahr des Publikums zugemessen wird.[857] Aus der Anmeldung bzw. Eintragung einer Kollektivmarke folgt das grundsätzliche Bestreben eines Markeninhabers auf die Verbandsherkunft von Waren oder Dienstleistungen kollektivangehöriger Unternehmen hinzuweisen.[858] Zurückzuführen ist dies auf die zwingend einzuhaltende wesensbedingte Hauptmarkenfunktion und den gesetzlich vorgeschriebenen Satzungsinhalt der speziellen Markenkategorie.[859] Der Wesensart einer Kollektivmarke ist dabei kein Neutralitätsgebots des Markeninhabers zu entnehmen.[860]

337 Diese gesetzgeberisch nicht vorgesehene Sicherstellung der Neutralität des Kollektivmarkeninhabers steht *prima facie* dem Verkehrsverständnis eines Gütezeichens entgegen. Im Ergebnis geht die kategorische Annahme einer als Gütezeichen verwirklichten Irreführungsgefahr bei Kollektivmarken jedoch fehl. Stattdessen vermag die erarbeitete Regel-Ausnahme-Struktur[861] zur markenmäßigen bzw. funktionsmäßigen Benutzung einer Individual- bzw. Kollektivmarke als Gütezeichen folgerichtig auf das Vorliegen einer Irreführungsgefahr übertragen werden. Dabei bildet – konträr zur Untersuchung in Teil 4 B. I. – die Neutralität eines Gütezeicheninhabers den Ausgangspunkt der zu prüfenden Vereinbarkeit mit der Hauptfunktion einer Marke.

338 Danach zeichnet sich der Grundsatz ab, dass ein hervortretender Gütezeichencharakter in Form eines Kollektivzeichens als irreführend einzustufen ist. Kollektive Waren- und Dienstleistungsmarken, die mittels Zeichen und/oder

856 Prüfungsrichtlinien des EUIPO v. 31.03.2023, Teil B Prüfung, Abschnitt 4: Absolute Eintragungshindernisse, Kapitel 15, S. 779 f.

857 Prüfungsrichtlinien des EUIPO v. 31.03.2023, Teil B Prüfung, Abschnitt 4: Absolute Eintragungshindernisse, Kapitel 15, S. 779 f.

858 Vgl. BGH, Beschl. v. 21.07.2016 – I ZB 52/16, WRP 2016, 1364, 1366, Rn. 16 – *Sparkassen-Rot*; BGH, Beschl. v. 30.11.1995 – I ZB 32/93, GRUR 1996, 270, 271 – *MADEIRA;* HK-Markenrecht/Jansen, 2019, Bd. 1, § 97 MarkenG, Rn. 15; BeckOK Markenrecht/*Schoene*, Stand: 01.01.2023, § 97 MarkenG, Rn. 8; BeckOK Markenrecht/*Miosga*, Stand: 01.01.2023, Art. 74 UMV 2017, Rn. 10 ff.; *Fezer*, Markenrecht, 2009, § 3 MarkenG, Rn. 1 ff.

859 BeckOK Markenrecht/*Miosga*, Stand: 01.01.2023, Art. 74 UMV 2017, Rn. 10 ff.; *Lange*, Marken- und Kennzeichenrecht, 2012, § 7, Rn. 3812 f.

860 BeckOK Markenrecht/*Vohwinkel*, Stand: 01.01.2023, § 106a MarkenG, Rn. 1.

861 Siehe zu allgemeinen Erläuterungen einer Argumentation des Regel-Ausnahme-Prinzips: Früh JuS 2021, 905, 909; konkrete Regel-Ausnahme-Struktur der markenmäßigen bzw. funktionsmäßigen Benutzung der klassischen Marken als Gütezeichen: in der Regel keine herkunftshinweisende und somit keine markenmäßige Benutzung, in Ausnahme davon gelingt die Zusammenführung von Neutralität und kollektivem Herkunftshinweis bei Zertifizierungszeichen der Dienstleistungsklasse 42.

Satzung die Gewährleistung einer neutralen Güte ausweisen, vermögen ihren zu erbringenden Hinweis auf eine Verbandszugehörigkeit der Waren oder Dienstleistungen nicht hinreichend sicherzustellen. Eine Zusammenführung von Neutralität und kollektivem Herkunftshinweis beschränkt sich auf den Sonderfall des erkennbaren Auftretens eines Markeninhabers als Zertifizierungs- und Qualitätssicherungsdienstleister. Dieses manifestiert sich in dem ausgewiesenen Satzungsinhalt einer eingetragenen bzw. benutzten Marke in Dienstleistungsklasse 42 der Nizza-Klassifikation.[862] Dadurch wird dem Verkehr in gleichem Maße sowohl die neutrale Zertifizierungsfunktion des Markeninhabers als auch die Herkunft der zertifizierten Güte aus dem Kollektiv angezeigt.

Dieser Grundsatz des verwirklichten Irreführungstatbestandes ist jedoch in 339
Dependenz zum jeweiligen Verfahrensstadium zu setzen und somit *de jure* wieder einzuschränken. In diesem Zusammenhang ist die tatbestandliche Besonderheit einer im Anmelde- bzw. Eintragungsstadium zu prüfenden Irreführungsgefahr herauszustellen. Hier kommt im nationalen Recht das analog zur Täuschungsgefahr anzuwendende Tatbestandsmerkmal – der Ersichtlichkeit für die angesprochenen Verkehrskreise – zum Tragen. Dadurch wird die Verwirklichung des Irreführungstatbestandes auf die offensichtlich als Gütezeichen ausgestalteten Zeichen, wie »vegan certified« oder »Geprüfte Qualität Bayern«[863], »Gesicherte Qualität Baden-Württemberg«[864] begrenzt. Zumeist weisen Kollektivzeichen, wie »TÜV SÜD«,[865] »FAIRTRADE«[866], »GOTS«[867] einen Gütestandard aus, bei welchem eine Verortung als neutrale Zertifizierung oder herstellereigenes Versprechen nicht eindeutig auszumachen ist. Zudem wird dem Zeicheninhaber in Bezug auf eine bereits im Zeitpunkt der Markenanmeldung verwirklichte Irreführungsgefahr die Möglichkeit eingeräumt, diese mittels Änderung der Markensatzung zu heilen.[868] Die Erfüllung des Irreführungstatbestandes und die damit einhergehende Zurück-

862 Für nähere Ausführungen wird auf den Teil 4. B. I. 2. f. bb. verwiesen.

863 »Geprüfte Qualität Bayern«, DPMA Registernr.: 302020012680, Stand: 01.05.2023; https://www.gq-bayern.de/, zuletzt abgerufen am 01.05.2023.

864 »Gesicherte Qualität Baden-Württemberg«, DPMA Registernr.: 302018029143, Stand: 01.05.2023; https://www.gemeinschaftsmarketing-bw.de/qualitaetszeichen-bw/, zuletzt abgerufen am 01.05.2023.

865 U. a. »TÜV SÜD«, DPMA Registernr.: 011525111, Stand: 01.05.2023.

866 U. a. »FAIRTRADE«, DPMA Registernr.: 009426172, Stand: 01.05.2023.

867 U. a. »GOTS«, DPMA Registernr.: 1261453, Stand: 01.05.2023.

868 § 106 Abs. 1 S. 2 MarkenG, § 106h Abs. 1 S. 2 MarkenG, Art. 82 UMV, Art. 92 UMV.

weisung oder Löschung der angemeldeten bzw. eingetragenen Kollektivmarke ist somit zurückhaltend anzunehmen. Im Benutzungsstadium einer Kollektivmarke tritt das Irreführungspotential als Marke wiederum deutlich hervor. Dabei fällt die Mehrdeutigkeit des Zeicheninhalts durch die konkrete Benutzungsweise des Zeichens weg. So weist eine Kollektivmarke entweder einen besonderen Gütestandard der herstellereigenen Waren und Dienstleistungen aus oder wird als Zertifizierungsemblem auf inhaberfremden Produkten angebracht. Diese Unmissverständlichkeit der Zeichenbenutzung hat der europäische und deutsche Gesetzgeber dahingehend herausgestellt, dass im Gegensatz zum Eintragungsstadium dem Markeninhaber keine Heilungsmöglichkeit in Form einer Benutzungsänderung eingeräumt wird. Der Strafcharakter einer irreführenden Benutzung ist somit deutlich stärker ausgeprägt. Dies könnte darauf zurückzuführen sein, dass eine Marke im Zeitpunkt der Benutzung von den relevanten Verkehrskreisen unmittelbar wahrgenommen wird und infolgedessen das wirtschaftlichen Verhaltens der Verbraucher beeinflussen zu vermag.[869] Die Anbringung der Marke auf Waren und Dienstleistungen generiert somit eine höhere Außenwirkung als die formalistische Registerkonformität im Zeitpunkt der Eintragung. Insofern bleibt der europäische und nationale Gesetzgeber seiner bisherigen Linie treu, dem Verbraucherschutz als Ausprägung des übergeordneten Leitgedankens des unverfälschten Wettbewerbs bei Markennutzung einen höheren Stellwert als bei Markeneintragung beizumessen.[870]

bb. Verwirklichung der Irreführungsgefahr einer als Gütezeichen ausgestalteten Gewährleistungsmarke

340 Das Irreführungspotential einer als Gütezeichen ausgestalteten Gewährleistungsmarke lässt sich anhand folgender Beispiele demonstrieren. Im Hinblick auf die Irreführungsgefahr über den Charakter einer Gewährleistungsmarke vermag eine gewisse Gegenläufigkeit zu den in Teil 4 B. II. 2. b. aa. aufgeführten Beispielen der Kollektivmarke ausgemacht werden.

341 Demzufolge geht von einem Gewährleistungszeichen, das den fälschlichen Eindruck erweckt – der Markeninhaber gebe für seine eigenen Waren und Dienstleistungen ein Versprechen im Hinblick auf die Erfüllung bestimmter Gütestandards – eine Irreführungsgefahr über den in der Satzung verankerten Charakterzug der neutralen Güte-Zertifizierung inhaberfremder Produkte aus. Eine Tatbestandverwirklichung erfolgt ebenfalls, wenn die Prüfung sowie Überwachung des Gütestandards, entgegen des in der Satzung vorgesehen Pflichtenkreises des neutralen Markeninhabers, augenscheinlich durch den Warenherstel-

869 *Lange*, Marken- und Kennzeichenrecht, 2012, § 5, Rn. 2471.

870 BeckOK Markenrecht/*Kur*, Stand: 01.01.2023, MarkenG Einleitung, Rn. 158 f.; Harte-Bavendamm/Henning-Bodewig/*Dreyer*, UWG 2022, 2021, § 5 UWG, Rn. 1281.

ler bzw. Dienstleister durchgeführt wird. Entsprechendes Irreführungspotential geht von einer ausgewiesenen, neutralen Kontroll- und Überwachungsinstanz eines als Gütezeichen ausgestaltetes Kollektivzeichens aus, die jedoch nicht durch die Markensatzung sichergestellt wird.

Ein von der Kollektivmarke abweichendes Irreführungspotential ergibt sich 342
allerdings aus der gesamtheitlichen Betrachtung der Gewährleistungsmarke als Markenkategorie. In diesem Zusammenhang ist auf das Verkehrsverständnis des Gütezeichens zu verweisen, welches sich in Folge der Einführung der Gewährleistungsmarke weiterentwickelt hat. Die neu implementierte Markenkategorie, welche einen rechtssicheren und transparenten Gütezeichenschutz zum Ziel hat, diente dabei als Maßstab für die geänderte Verkehrsauffassung. Dementsprechend birgt eine als Gütezeichen ausgestaltete Gewährleistungsmarke aufgrund von Übereinstimmungen in der wesensbedingt einzuhaltenden Gütefunktion sowie in dem damit einhergehenden Neutralitätsgebot eines Gütezeichen- bzw. Markeninhabers keine Irreführungsgefahr für die beteiligten Verkehrskreise.

Diese Auffassung scheint auch das EUPO zu teilen. Deutlich wird dies an- 343
hand des systematisch unterschiedlichen Gebrauchs desselben Zeichenbeispiels in den Prüfungsrichtlinien im Hinblick auf Kollektiv- und Gewährleistungsmarken. Abweichend zur Kollektivmarke dient das Zeichenbeispiel »vegan certified« nicht der Erläuterung der spezifischen Irreführungsvorschriften, sondern wird als Hinweis zum Waren- und Dienstleistungsverzeichnis einer Gewährleistungsmarke verortet. Anhand dessen wird die Entbehrlichkeit einer ausdrücklichen Kenntlichmachung des Gewährleistungscharakters im Waren- und Dienstleistungsverzeichnis ausgewiesen.[871] Die unterschiedlichen Verwendungsbereiche desselben Zeichenbeispiels innerhalb der Prüfungsrichtlinien lassen den Rückschluss zu, dass eine Irreführungsgefahr über die Gewährleistung einer Güte (»vegan«) lediglich dem Charakter oder der Bedeutung einer Kollektivmarke beigemessen wird.

3. Zwischenergebnis

Die eingehende Betrachtung der Irreführungsvorschriften hat gezeigt, dass Kol- 344
lektivmarken, die als Gütezeichen angemeldet oder eingetragen sind und/oder als solches benutzt werden, angesichts ihrer grundlegend divergierenden, herkunftshinweisenden Wesensart in der Regel ein hochgradiges Irreführungspotential für den Verkehr aufweisen. Grund dafür ist, dass die Wahrung des für ein Gütezeichen erforderlichen neutralen Garantiehinweises (z. B. »vegan certifi-

871 Prüfungsrichtlinien des EUIPO v. 31.03.2023, Teil B Prüfung, Abschnitt 4: Absolute Eintragungshindernisse, Kapitel 16, S. 788.

ed«[872]) mit einem Nicht-Erbringen des eigentlich funktionsgemäßen kollektiven Herkunftshinweises einhergeht. Dadurch vermag auf Seiten des Verkehrs der Eindruck einer unzutreffenden Sachlage entstehen, nämlich die einer eingetragenen Gewährleistungsmarke. In Ausnahme dazu können Qualitätssicherungs- und Zertifizierungsmarken der Klasse 42 der Nizza-Klassifikation den gütespezifischen Voraussetzungen nachkommen und gleichermaßen ihre kollektive Herkunftsfunktion erfüllen. In der ausgewiesenen Position als neutraler Zertifizierer wird den relevanten Verkehrskreisen angezeigt, dass die Gewährleistung einer bestimmten Eigenschaft von einer juristischen Person oder einem Verband als Markeninhaber herrührt. Diese Regel-Ausnahme-Struktur zur Verwirklichung des Irreführungstatbestandes bei Kollektivmarken ist jedoch in Dependenz zum jeweiligen Verfahrensstadium zu setzen. Dabei begründet die klassifizierende Anmeldung bzw. Eintragung nur in ersichtlichen Einzelfällen z. B. bei gänzlichem Fehlen des kollektiven Herkunftshinweises oder bei offensichtlich mangelnder Sicherstellung einer zertifizierten Güte eine Irreführungsgefahr für das Publikum. Der Hauptanwendungsbereich der Irreführungsgefahr erstreckt sich dagegen auf die, der Eintragung nachfolgende, konkrete Benutzungsweise der Kollektivmarken.

345 Das Irreführungspotential einer als Gütezeichen ausgestaltete Gewährleistungsmarke ist anders zu beurteilen. So vermag der Irreführungstatbestand Hinblick auf die Einhaltung oder Sicherstellung bestimmter Charaktereigenschaften ebenfalls verwirklicht sein. Die wesensbedingte Hauptfunktion und somit die Bedeutung als Markenart ruft hingegen keine Irreführung hervor, da sie sich kongruent zum Gütezeichenbegriff und dessen geändertes Verkehrsverständnis verhält.

346 Folglich vermögen – unter Einhaltung der jeweiligen wesentlichen Charaktereigenschaften sowie der Wesensarten der Markenkategorien – neben Gewährleistungsmarken auch Individual-, Kollektivmarken als Gütezeichen ausgestaltet sein, ohne dass sie unmittelbar eine Irreführungsgefahr hervorrufen.[873] Dies steht jedoch unter erschwerender Prämisse der zu wahrenden, durch die Gewährleistungsmarke neu geprägten Voraussetzungen des Gütezeichens und dessen Verkehrsverständnisses. Eine solche inhaltliche Betrachtungsweise des Irreführungstatbestandes eröffnet, im Gegensatz zu einer rein formalistischen Abgrenzung der Markenkategorien, zudem die Möglichkeit einer rechtmäßigen Mehrfacheintragung eines Zeichens als Individual-, Kollektiv- bzw. Gewähr-

872 Fiktive Kollektivmarke der Prüfungsrichtlinien des EUIPO v. 31.03.2023, Teil B Prüfung, Abschnitt 4: Absolute Eintragungshindernisse, Kapitel 15, S. 780.

873 Vgl. im Ergebnis *Ahrens* GRUR 2020, 809, 813 ff; *Buckstegge*, Die nationale Gewährleistungsmarke, 2018, S. 228.

leistungsmarke.[874] Voraussetzung hierfür ist eine divergierende, der jeweiligen Markenfunktion entsprechende Schutzausrichtung im Hinblick auf die Kennzeichnung von Waren und Dienstleistungen.[875] Alles in allem tragen die speziellen Irreführungsvorschriften zu einer schärferen Abgrenzung der sachlichen Schutzbereiche der verschiedenen Markenkategorien bei, ohne Individual- bzw. Kollektivmarken ihre Schutzerlangung bzw. -erhaltung als Gütezeichen *per se* abzusprechen.

C. Fazit zum Gütezeichenschutz de lege lata

Die bisherige markenrechtliche Ausgestaltung einer Individual- bzw. Kollektivmarke als Gütezeichen ist im Zuge der europäischen sowie nationalen Markenrechtsreform und der damit einhergehenden Implementierung der Gewährleistungsmarke *de lege lata* nicht mehr vollumfänglich aufrechtzuerhalten. 347

Die unterschiedlich ausgestalteten Prüfungskriterien – die markenmäßige bzw. funktionsgemäße Benutzung einer Marke sowie die Irreführungsgefahr über den Charakter oder die Bedeutung einer Marke – sind in ihrem Inhalt auf die Funktionenlehre des Markenrechts zurückzuführen. Sie verfolgen beide als übergeordnetes Ziel die Erfüllung und Einhaltung der jeweiligen Hauptmarkenfunktion als Individual-, Kollektiv-, oder Gewährleistungsmarke. Dabei verleihen die neu eingeführten Irreführungsvorschriften der funktionsgemäßen Abgrenzung der Markenkategorien erstmalig einen ausdrücklichen Normcharakter, indem sie die Wahrung des Charakters und die Bedeutung einer Marke gesetzlich festschreiben. Eine Irreführung über die Hauptmarkenfunktion bzw. über die damit einhergehenden Charaktereigenschaften bedingt unmittelbar die Zurückweisung, den Verfall bzw. die Nichtigkeit einer Marke. Somit dienen die Vorschriften zur Irreführung – in ergänzender sowie klarstellender Funktion – einer konsequenten sachlichen Differenzierung der Markenkategorien. Diese hat mit Blick auf die Einführung der Gewährleistungsmarke und der damit einher- 348

874 Vgl. zum Nebeneinander der Markenkategorien für ein- und dasselbe Zeichen: Prüfungsrichtlinien des EUIPO v. 31.03.2023, Teil B, Abschnitt 4, Kapitel 15 S. 777; *Ahrens* GRUR 2020, 809, 813 ff.; *Dröge* GRUR 2017, 1198, 1201; *Thünken* GRUR-Prax 2016, 494, 495; siehe als Zeichenbeispiel einer parallelen Mehrfacheintragung: »TÜV Süd«, welches zum einen als Unionsindividualmarke für Zertifizierungsdienstleistungen: DPMA Registernr.: 017961613 und zum anderen als Unionsgewährleistungsmarke für die jeweiligen zertifizierungsfähigen Waren- und Dienstleistungsklassen: DPMA Registernr.: 017277849 eingetragen ist, Stand: 01.05.2023.

875 Vgl. *Buckstegge*, Die nationale Gewährleistungsmarke, 2018, S. 228 ff.; *Dröge* GRUR 2017, 1198, 1201.

gehenden Generierung einer weiteren möglichen Markenhauptfunktion an erheblich Bedeutung gewonnen.

349 Besondere Wichtigkeit ist der stringenten Einhaltung der jeweiligen Markenhauptfunktion im Hinblick auf die Verwendung einer Marke als Gütezeichen beizumessen. Vor diesem Hintergrund wurde vorstehend die Frage erörtert, ob eine neutrale Güteaussage überhaupt mit der subjektiven Rechtsausübung eines Individual- bzw. Kollektivmarkeninhabers in Einklang zu bringen ist und inwiefern die Gewährleistungsmarke den rechtsdogmatischen Einwänden Abhilfe schafft.

350 Nach erfolgter Darlegung bzw. Analyse der einschlägigen Rechtsprechung zur markenmäßigen bzw. funktionsmäßigen Benutzung und einer durchgeführten Normauslegung des Irreführungstatbestandes findet die Frage dahingehende Beantwortung, dass sich der Gütezeichencharakter und die Herkunftsfunktion von Individual- und Kollektivmarke grundsätzlich gegenläufig zueinander verhalten. Die klassischen Marken sind inhaltlich nicht darauf ausgelegt, ein wirtschaftliches Eigeninteresse ihrer Inhaber am Erfolg der gekennzeichneten Produkte zwingend zu unterbinden.[876] So genügt ein subjektiver Qualitätsnachweis über die mit der Marke gekennzeichneten Waren und Dienstleistungen für die Erbringung eines Herkunftshinweises. Ein neutraler Gütenachweis vermag dagegen nur unter restriktiven Voraussetzungen der Satzung bzw. des Waren- und Dienstleistungsverzeichnisses mit der Hauptmarkenfunktion als Individual- oder Kollektivmarke vereinbar sein. Die Rechtskonformität einer entsprechenden Ausgestaltung als Gütezeichens ergibt sich ausschließlich aus der Eintragung in die Dienstleistungsklasse 42 der Nizza-Klassifikation für Zertifizierungs- bzw. Qualitätssicherungsdienstleistungen. In dieser Konstellation weisen klassische Marken simultan eine inhaberfremde Produkt- oder Unternehmenszertifizierung und die Erbringung eines Herkunftshinweises auf den Markeninhaber in seiner Rolle als Zertifizierer aus. Einer inhaltlichen Trennung zu den Markenanwendern wird aufgrund des ausschließlichen Interesses an einer Einhaltung der in ihrer Satzung niedergelegten Bedingungen der Lizenznehmer nachgekommen.[877] Dadurch bleiben die – der strengen Abgrenzung der Markenkategorien dienenden – Kriterien der funktionsmäßigen Benutzung sowie der Irreführungsgefahr über den Charakter oder die Bedeutung einer Marke gewahrt.

351 Anderes als die klassischen Marken entspricht die Gewährleistungsmarke – wie vom Gesetzgeber intendiert[878] – bereits ihrem Wesen nach dem Neutralitätsgebot des Gütezeichens. Demzufolge dient sie dem Gütezeichen als passgenauer markenrechtlicher Maßstab, Waren und/oder Dienstleistungen einer bestimmten Art von Güte von anderen Waren und/oder Dienstleistungen ohne eine

876 Vgl. zur Unterscheidung zwischen Kollektiv- und Gewährleistungsmarken: BT-Drs. 19/2898, S. 88.

877 Vgl. zur Unterscheidung zwischen Kollektiv- und Gewährleistungsmarken: BT-Drs. 19/2898, S. 88.

878 Siehe BT-Drs. 19/2898, S. 88 f.

derartige Gewährleistung zu unterscheiden.[879] Nach einer zeitlichen Assimilationsphase des Verkehrs an die neue Markenkategorie hat sich dessen Verständnis von Gütezeichen ebenfalls an die speziellen Neutralitätsanforderungen der Gewährleistungsmarke angepasst. In Konsequenz dessen beschränkt sich die Verwirklichung des Irreführungstatbestandes auf einzelne Charaktereigenschaften, die nicht hinreichend sichergestellt werden. Von den grundlegenden Wesenszügen der Gewährleistungsmarke geht hingegen kein Irreführungspotential aus. Eine Einkleidung des Gütezeichens in das Gewand der Gewährleistungsmarke drängt sich somit förmlich auf.

In der Folge fungiert die Gewährleistungsmarke nicht als inhaltslose neue 352
Markenart, welche aufgrund des Mehraufwands einer Ummeldung bzw. Neuanmeldung und dem ggf. damit einhergehenden Verlust von markenrechtlichen Prioritätsrechten in der Praxis ohne Weiteres durch die Ausgestaltung einer Individual- und Kollektivmarke als Gütezeichen umgangen werden kann.[880] Vielmehr kommt ihr eine komplettierende Stellung neben den bereits vorhandenen Markenarten zu, die in Bezug auf als Gütezeichen ausgestaltete Warenmarken ein funktionsspezifisches ausschließliches Schutzinstrument darstellt. Im Gegensatz dazu kann der Inhaber einer als Gütezeichen ausgestalteten Dienstleistungsmarke aus dem vollen Markenrepertoire (Individual-, Kollektiv sowie Gewährleistungsmarke) schöpfen,[881] hat jedoch die funktionsbedingten Anforderungen an die jeweilige Markenkategorie zu beachten.

Im Ergebnis ist der markenrechtliche Gütezeichenschutz dahingehend zu no- 353
vellieren, dass die Gewährleistungsmarke aufgrund ihrer inhaltlich passgenauen Ausgestaltung die klassischen Markenkategorien ablöst. Der sachliche Schutzbereich eines Gütezeichens als Individual- und Kollektivmarke ist auf Zertifizierungs- bzw. Qualitätssicherungsdienstleistungen der Klasse 42 der Nizza-Klassifikation zu begrenzen. In allen anderen Fällen vermag der unmittelbaren Gütekennzeichnung von Waren und sonstigen Dienstleistungen ausschließlich die Gewährleistungsmarke als rechtssicheres markenrechtliches Schutzinstrument dienen.

Die vorstehend herausgearbeiteten Unterschiede der Markenkategorien im 354
Hinblick auf den Gütezeichenschutz *de lege lata* werden in nachfolgender Regel-Ausnahme-Konzeption gegenübergestellt:

879 BeckOK Markenrecht/*Vohwinkel*, Stand: 01.01.2023, § 106a MarkenG, Rn. 2; *Dissmann/Somboonvong* GRUR 2016, 657, 65; *Dröge* GRUR 2017, 1198, 1198; *Thünken* GRUR-Prax 2016, 494, 494.

880 *Grabrucker* GRUR 2018, 53, 57.

881 Davon auszunehmen ist der Schutz einer geografischen Herkunftsangabe als Individualmarke, auf den das absolute Schutzhindernis Art. 7 Abs. 1 lit. c UMV bzw. § 8 Abs. 2 Nr. 2 MarkenG Anwendung findet.

Übersicht: Markenrechtlicher Gütezeichenschutz *de lege lata*

	Individualmarken	Kollektivmarken	Gewährleistungsmarken
Hauptfunktion	Herkunftshinweis auf ein(e) (natürliche oder juristische) Person bzw. Unternehmen	Herkunftshinweis auf einen Unternehmensverband	Objektiver Garantiehinweis auf fremde Waren/ Dienstleistungen, mit Ausnahme der geografischen Herkunft
Nebenfunktion	u. a. Garantiehinweis	u. a. Garantiehinweis	u. a. Herkunftshinweis
	Grundsatz: Subjektives Garantieversprechen im Hinblick auf eigene Waren/ Dienstleistungen	Grundsatz: Subjektives Garantieversprechen im Hinblick auf Waren/ Dienstleistungen eines kollektivangehörigen Unternehmens	
	Ausnahme: Objektiver Garantiehinweis auf fremde Waren/ Dienstleistungen	Ausnahme: Objektiver Garantiehinweis auf kollektivfremde Waren/ Dienstleistungen	
Gütezeichenschutz	Ausschließlich in Form eines Zertifizierungszeichens der Dienstleistungsklasse 42	Ausschließlich in Form eines Zertifizierungszeichens der Dienstleistungsklasse 42	In Form sämtlicher Waren- und Dienstleistungszeichen, mit Ausnahme der geografischen Herkunft

Quelle: Eigene Darstellung

355 Die zu Beginn dieser Arbeit aufgestellte Arbeitsthese einer innehabenden Monopolstellung der Gewährleistungsmarke erfährt im Ergebnis eine dahingehende Belegung, *dass sich nach den Grundprinzipien des Markengesetzes sowie den neu implementierten Vorschriften der Markenrechtsreform eine Monopolstellung der Gewährleistungsmarke in Bezug auf Gütekennzeichnungen von Waren und Dienstleistungen manifestiert hat. Diese markenrechtliche Vormachtstellung wird allerdings in Bezug auf die Eintragung und/oder Benutzung von Individual- bzw. Kollektivmarken als Zertifizierungs- und Qualitätssicherungsdienstleistungen durchbrochen. Denn insoweit bleiben der funktionsgemäße, markenrechtliche sowie der gütezeichenrechtliche Charakter gleichermaßen*

gewahrt. Folglich kommt dem Gütezeichen auch in Form einer Individual- bzw. Kollektivmarke de lege lata eine restriktive Schutzfunktion zu.

356 Die inhaltlich-funktionale Abgrenzung der unterschiedlichen Markenkategorien eröffnet darüber hinaus die Möglichkeit einer rechtmäßigen Mehrfacheintragung eines Zeichens als Individual-, Kollektiv- bzw. Gewährleistungsmarke. Der Eintragungspluralismus wurzelt in der Funktionenlehre des Markenrechts, wonach eine Marke verschiedene Funktionen innehat (Herkunfts-, Gewährleistungs-, Kommunikations-, Investitions- und Werbefunktion)[882]. Dabei tritt eine Funktion in den Vordergrund und initiiert die Ausprägung der konkreten Markenkategorie.[883] Alle anderen (Neben-)Funktionen finden solange eine Mitverwirklichung, als die Hauptmarkenfunktion keine Beeinträchtigung erfährt.[884] Voraussetzung hierfür ist allerdings, dass ein identisches Markenzeichen in unterschiedliche Waren- und Dienstleistungsklassen eingetragen ist.[885] Dadurch wird für den Verkehr ersichtlich, welchen Hinweis – (kollektive) Herkunft oder Güte – der Markeninhaber mit dem konkreten Zeichen erbringt. Ein Zeichen vermag zugleich als Herkunftshinweis auf die vom Markeninhaber durchgeführten Zertifizierungs- oder Qualitätssicherungsdienstleistung und als Gütehinweis auf die entsprechenden Zertifizierungen inhaberfremder Waren verwendet werden.[886] Ein derart markenrechtskonformer Rundumschutz eines Zeichens ist den relevanten Verkehrskreisen nicht fremd.[887]

882 EuGH, Urt. v. 18.06.2009 – C-487/07, ECLI:EU:C:2009:378, Rn. 58 = GRUR 2009, 756, 761 – *L'Oréal/Bellure*; EuGH, Urt. v. 22.09.2011 – C-323/09, EU:C:2011:604, Rn. 38 = GRUR Int. 2011, 1050, 1054 – *Interflora und Interflora British Unit*; EuGH, Urt. v. 08.06.2017 – C-689/15, ECLI:EU:C:2017:434, Rn. 42 = GRUR Int. 2017, 630, 633 f. – *Gözze/VBB [Internationales Baumwollzeichen].*

883 Vgl. ebenda.

884 EuGH, Urt. v. 22.09.2011 – C-323/09, EU:C:2011:604, Rn. 40 = GRUR Int. 2011, 1050, 1054 – *Interflora und Interflora British Unit*; EuGH, Urt. v. 08.06.2017 – C-689/15, ECLI:EU:C:2017:434, Rn. 44 f. = GRUR Int. 2017, 630, 633 f. – *Gözze/VBB [Internationales Baumwollzeichen].*

885 *Dröge* GRUR 2017, 1198, 1201.

886 Siehe als Zeichenbeispiel einer parallelen Mehrfacheintragung: »TÜV Süd«, welches zum einen als Unionsindividualmarke für Zertifizierungsdienstleistungen: DPMA Registernr.: 017961613 und zum anderen als Unionsgewährleistungsmarke für die jeweiligen zertifizierungsfähigen Waren- und Dienstleistungsklassen: DPMA Registernr.: 017277849 eingetragen ist, Stand: 01.05.2023.

887 *Dröge* GRUR 2017, 1198, 1201.

Teil 5 Überlegungen zur Modifizierung des Gütezeichenschutzes de lege ferenda

357 Die Reform des Markenrechts mitsamt der Einführung der Gewährleistungsmarke hat einerseits zur Festigung des Gütezeichenschutzes im Markenrecht beigetragen, andererseits aber auch bestehende Missstände aufgezeigt. Wie im vorangegangenen Teil 4 herausgearbeitet, ist die Gewährleistungsmarke in Bezug auf neutrale Gütekennzeichnungen von Waren und Dienstleistungen als monopolisierendes Schutzinstrument anzusehen. Dieser Schutz ist jedoch nicht vollumfänglich ausgestaltet, da die geografische Herkunft als Qualitätseigenschaft explizit vom Schutzbereich der Unionsgewährleistungsmarke sowie der nationalen Gewährleistungsmarke ausgenommen ist, vgl. Art. 83 Abs. 1 UMV sowie § 106a Abs. 1 S. 1 Nr. 3 MarkenG. Als Begründung führt der nationale Gesetzgeber einen mittels sui generis EU-System für geschützte geografische Herkunftsangaben erlangten, »hinreichenden Sonderschutz« an.[888] Die in Teil 3 A. II. 1. aufgezeigten EU-Verordnungen über Qualitätsregelungen für geografischen Angaben umfassen verschiedene Arten landwirtschaftlicher Erzeugnisse: Lebensmittel, Wein, Spirituosen und aromatisierte Weine.[889] Eine Regulierung nicht-landwirtschaftlicher qualifizierter geografischer Angaben, die die geografisch eingrenzbaren besonderen qualitativen Fähigkeiten und Traditionen der Fertigung von Produkten schützen, obliegt jedoch bislang den einzelnen Mitgliedstaaten.[890] Diejenigen EU-Mitgliedsländer, die sich überhaupt einer Regulierung angenommen haben, bedienen sich unterschiedlicher nationaler Schutzinstrumente. In Folge dessen ist der Schutz nicht-landwirtschaftlicher qualifizierter geografischer Angaben innerhalb der EU bislang fragmentiert und unbeständig ausgestaltet.[891]

358 Während geografische Angaben für Industrie- und Kunsthandwerksprodukte z.B. im französischen Code de la propriété intellectuelle[892] einen separaten sui generis Schutz erfahren, Art. L721-2 bis L721-10, sind portugiesische nicht-landwirtschaftliche Erzeugnisse vom sui generis System für geografische Anga-

888 Amtliche Begründung, BT-Drs. 19/2898, S. 89.

889 VO (EU) Nr. 1151/2012; VO (EU) 1308/2013; VO (EU) Nr. 251/2014; VO (EU) 2019/787.

890 *Moretti*, E.I.P.R. 2020, 42(6), 345, 345;

891 *Moretti*, E.I.P.R. 2020, 42(6), 345, 346.

892 Code de la propriété intellectuelle, Loi n°92-597 du 1 juillet 1992, https://www.legifrance.gouv.fr/codes/texte_lc/LEGITEXT000006069414/2022-04-23/, zuletzt abgerufen am 01.05.2023.

ben nach den Art. 299 bis 309 des Código da Propriedade Industrial[893] bzw. des Gesetzesdekrets Nr. 110/2018 mitumfasst.[894] Italienische und spanische Regionalgesetze enthalten wiederum nur Bestimmungen in Bezug auf einen konkreten nicht-landwirtschaftlichen Produktionszweig wie das Kunsthandwerk oder die traditionelle Handwerkskunst.[895] Außerdem gibt es Gesetze und Verordnungen, die lediglich ein bestimmtes nicht-landwirtschaftliches Produkt zum Schutzinhalt haben. So gibt es beispielsweise in Deutschland seit 1994 eine Verordnung zum Schutz der geografischen Angabe »Solingen« für Schneidwaren des Solinger Industriegebiets.[896] Zudem ist jüngst eine Verordnung zum Schutz der geografischen Herkunftsangabe Glashütte für die Handwerkskunst und Uhrmachertradition der Region Glashütte in Kraft getreten.[897]

359 Dieses Spektrum an unterschiedlich ausgeprägten Schutzinstrumenten zeigt die Dringlichkeit unionsweiter Harmonisierungsmaßnahmen in Bezug auf qualitätshinweisende geografische Herkunftsangaben für nicht-landwirtschaftliche Erzeugnisse.[898] Dies hat auch die Europäische Kommission erkannt und einen entsprechenden Regulierungsprozess angestoßen. Nachfolgend werden die von der Europäischen Kommission, Interessenverbänden sowie Verbrauchern meist diskutierten Harmonisierungsoptionen aufgezeigt und näher beleuchtet.[899]

A. Ergänzung des europäischen und nationalen Markenrechtssystems

360 Als Handlungsalternative wird von der Kommission in ihrer anfänglichen Folgenabschätzung eine »Reformierung des Markenrechtssystems« in Form einer Ausweitung des Schutzumfangs der Gewährleistungsmarke aufgeführt.[900] Da der markenrechtliche Gütezeichenschutz im Fokus der hiesigen Arbeit steht,

893 Código da Propriedade Industrial, Decreto-Lei n.º110/2018, https://data.dre.pt/eli/dec-lei/110/2018/p/cons/20210129/pt/html, zuletzt abgerufen am 01.05.2023.

894 *Moretti*, E.I.P.R. 2020, 42(6), 345, 346; *Zappalaglio/Guerrieri/Carls*, IIC 2020, 31, 44.

895 Siehe *Moretti*, E.I.P.R. 2020, 42(6), 345, 346.

896 Verordnung zum Schutz des Namens Solingen (SolingenV) v. 16.12.1994, BGBl. I S. 3833.

897 Verordnung zum Schutz der geografischen Herkunftsangabe »Glashütte« (Glashütteverordnung - GlashütteV) v. 22.02.2022, BGBl. 2022 I, Nr. 7 v. 08.03.2022.

898 Aktionsplan für geistiges Eigentum zur Förderung von Erholung und Resilienz der EU v. 25.11.2020, COM (2020) 760 final, S. 2 f.; *Moretti*, E.I.P.R. 2020, 42(6), 345, 346.

899 Siehe Inception Impact Assessment European Commission, Ref. Ares (2020)7158775-27/11/2020, S. 4 f.

900 Inception impact assessment on EU protection of geographical indications for non-agricultural products v. 27.11.2020, Ref. Ares (2020)7158775, S. 5, https://ec.europa.eu/docsroom/documents/43874.

wird diese politische Strategie einer besonderen Untersuchung unterzogen. Hierbei wird auch deren Vereinbarkeit mit dem Schutzzweck des sui generis EU-Systems für geografische Angaben landwirtschaftlicher Produkte näher beleuchtet.

I. Gewährleistungsmarke als nationale Schutzoption für geografische Herkunftsangaben

Die Markenrechtsrichtlinie eröffnet den Mitgliedstaaten nach Art. 28 Abs. 4 S. 1 MRRL die Option, Zeichen oder Angaben, welche im Verkehr zur Bezeichnung der geografischen Herkunft der Ware oder Dienstleistung dienen können, als Garantie- oder Gewährleistungsmarken schützen zu lassen und somit von Art. 4 Abs. 1 lit. c MRRL abzuweichen. Allerdings berechtigt eine solche Garantie- oder Gewährleistungsmarke gem. Art. 28 Abs. 4 S. 2 MRRL den Inhaber nicht dazu, einem Dritten die Benutzung solcher Zeichen oder Angaben im geschäftlichen Verkehr zu untersagen, sofern die Benutzung durch den Dritten den anständigen Gepflogenheiten in Gewerbe oder Handel entspricht. Insbesondere die berechtigte Drittnutzung einer geografischen Bezeichnung steht der Markeninhaberschaft nicht entgegen, Art. 28 Abs. 4 S. 3 MRRL. 361

Der deutsche Gesetzgeber machte unter Verweis auf einen bereits ausreichenden EU-Sonderschutz für geografische Angaben landwirtschaftlicher Produkte sowie auf die Herstellung eines Gleichlaufs mit der Unionsgewährleistungsmarke von der Einführungsoption einer nationalen Gewährleistungsmarke keinen Gebrauch.[901] Zudem wurde die Ankündigung der Kommission – ein vergleichbares EU-Schutzinstrument für nicht agrarbezogene geografische Herkunftsangaben auf den Weg zu bringen – als Grund dafür angeführt, dass es dem Anwendungsbereich nationaler Gewährleistungsmarken, die die geografische Herkunft als Qualitätseigenschaft garantieren, an Sinnhaftigkeit fehle.[902] 362

II. Berücksichtigung der Rechtsprechung zu geografischen Marken

Die Rechtsprechungslinie des EuGH zu qualifizierten geografischen Herkunftsangaben vermag Aufschluss über das Verhältnis des sui generis EU-Systems zum Markenrechtssystem geben und deren grundsätzlich unterschiedliche Schutzzwecke offenlegen. 363

901 Amtliche Begründung, BT-Drs. 19/2898, S. 89.
902 Amtliche Begründung, BT-Drs. 19/2898, S. 89.

1. Koexistenz von sui generis EU-System und Markenrechtssystem

364 Das Verhältnis zwischen dem sui generis EU-System für qualifizierte geografische Herkunftsbezeichnungen und dem Markenrechtssystem wurde bereits im Rahmen des Vorabentscheidungsverfahrens *American Bud II*[903] aus dem Jahr 2009 vom EuGH näher beleuchtet. Im Fokus stand Art. 14 VO (EU) Nr. 2081/1992 (im Folgenden EU-GrundVO a. F.)[904] als spezielle Regelung über Konfliktsituationen beider Schutzinstrumente.[905] Der europäische Gerichthof verwies u. a. auf normierte Voraussetzungen für eine Koexistenz beider Schutzsysteme.[906] So könne eine Marke gem. Art. 14 Abs. 2 EU-GrundVO a. F. (Art. 14 Abs. 2 S. 1 EU-GrundVO) weiter verwendet und erneuert werden, wenn diese zeitlich vor Erlangung des Schutzes nach der EU-GrundVO, Art. 13 Abs. 1 EU-GrundVO a. F. (Art. 13 Abs. 1 EU-GrundVO), angemeldet, eingetragen oder durch Benutzung gutgläubig erworben wurde.[907]

2. Konkretisierung des Schutzumfangs des sui generis EU-Systems

365 Diese Ausführungen zum Nebeneinander der Schutzsysteme wurden in einer jüngeren Entscheidung des BGH aufgegriffen und im Hinblick auf den Schutzumfang beider Schutzinstrumente fortgeführt.[908]

366 Der BGH betonte, dass der Schutz geografischer Kollektivmarken auf nationaler Ebene grundsätzlich selbständig neben dem Schutz geografischer Angaben und Ursprungsbezeichnungen nach der EU-GrundVO bestehe.[909] In Folge

903 EuGH, Urt. v. 08.09.2009 – C-478/07, ECLI:EU:C:2009:521 = GRUR 2010, 143 – *Budějovický Budvar, národní podnik/Rudolf Ammersin GmbH, [American Bud II].*

904 Verordnung (EWG) Nr. 2081/1992 des Rates v. 14.07.1992 zum Schutz von geographischen Angaben und Ursprungsbezeichnungen für Agrarerzeugnisse und Lebensmittel, (EU-GrundVO a. F.), aufgehoben durch: Verordnung (EG) Nr. 510/2006 des Rates v. 20.03.2006 zum Schutz von geografischen Angaben und Ursprungsbezeichnungen für Agrarerzeugnisse und Lebensmittel, wiederum aufgehoben durch: VO (EU) Nr. 1151/2012 (EU-GrundVO).

905 EuGH, Urt. v. 08.09.2009 – C-478/07, ECLI:EU:C:2009:521, Rn. 114 = GRUR 2010, 143, 150 – *Budějovický Budvar, národní podnik/Rudolf Ammersin GmbH, [American Bud II].*

906 EuGH, Urt. v. 02.7.2009 – C-343/07, ECLI:EU:C:2009:415, Rn. 123 = GRUR 2009, 961, 968 – *Bavaria NV u. Bavaria Italia Srl/Bayerischer Brauerbund e.V., [Bayerisches Bier I].*

907 EuGH, Urt. v. 02.7.2009 – C-343/07, ECLI:EU:C:2009:415, Rn. 119, 121 ff. = GRUR 2009, 961, 968 – *Bavaria NV u. Bavaria Italia Srl/Bayerischer Brauerbund e.V., [Bayerisches Bier I].*

908 BGH, Urt. v. 29.07.2021 – I ZR 163/19, GRUR 2021, 1395 – *Hohenloher Landschwein.*

909 BGH, Urt. v. 29.07.2021 – I ZR 163/19, GRUR 2021, 1395, 1398, Rn. 31 ff. – *Hohenloher Landschwein.*

der auf der MRRL beruhenden Vollharmonisierung der mitgliedstaatlichen Markenrechtssysteme weisen die deutschen Markenvorschriften eine grundsätzliche Unionskonformität auf.[910] Die Vereinbarkeit mit den Vorschriften des sui generis EU-Systems für geschützte geografische Herkunftsangaben sei auf die unterschiedlichen Normtexte und deren Schutzzwecke zurückzuführen.[911] Während die wesentliche Funktion einer Kollektivmarke darin bestehe, die betriebliche Herkunft von Waren oder Dienstleistungen aus einem verbandsangehörigen Unternehmen auszuweisen, zielen geschützte geografische Angaben und geschützte Ursprungsbezeichnungen darauf ab, einen immanenten Qualitätszusammenhang zwischen den Merkmalen des Erzeugnisses und dessen geografischen Ursprungs zu kennzeichnen.[912] Abschließend regele das Verhältnis zwischen geografischen Marken und geschützten geografischen Herkunftsangaben des sui generis EU-Systems die in der vorausgegangenen EuGH Entscheidung *Bayrisches Bier I*[913] als Spezialvorschrift angeführte Art. 14 EU-GrundVO.[914] Der BGH führte aus, dass diese Norm den konkreten Schutzumfang des sui generis EU-Systems bestimme bzw. Kollisionsregeln zur Auflösung der Normenkollision[915] mit dem Markenrechtssystem aufstelle.[916] So regele Art. 14 Abs. 1 EU-GrundVO die Konfliktsituation einer, der Eintragung bzw. Einreichung des Antrags auf Eintragung einer geografischen Herkunftsangabe in das sui generis EU-System nachfolgenden, kollidierenden Marke gem. Art. 13 Abs. 1 EU-GrundVO. Diese sei dahingehend aufzulösen, dass der prioritätsälteren geschützten geografischen Herkunftsangabe Vorrang zukomme und die kollidierende Marke entweder gem. Art. 14 Abs. 1 UAbs. 1 EU-GrundVO bereits im Anmeldeverfahren abzulehnen oder gem. Art. 14 Abs. 1 UAbs. 2 EU-

910 BGH, Urt. v. 29.07.2021 – I ZR 163/19, GRUR 2021, 1395, 1398, Rn. 31 ff. – *Hohenloher Landschwein.*

911 BGH, Urt. v. 29.07.2021 – I ZR 163/19, GRUR 2021, 1395, 1398, Rn. 28 – *Hohenloher Landschwein.*

912 BGH, Urt. v. 29.07.2021 – I ZR 163/19, GRUR 2021, 1395, 1398, Rn. 29 f. – *Hohenloher Landschwein.*

913 EuGH, Urt. v. 02.7.2009 – C-343/07, ECLI:EU:C:2009:415, Rn. 117 ff. = GRUR 2009, 961, 968 – *Bavaria NV u. Bavaria Italia Srl/Bayerischer Brauerbund e.V., [Bayerisches Bier I].*

914 EuGH, Urt. v. 02.7.2009 – C-343/07, ECLI:EU:C:2009:415, Rn. 117 = GRUR 2009, 961, 968 – *Bavaria NV u. Bavaria Italia Srl/Bayerischer Brauerbund e.V., [Bayerisches Bier I];* BGH, Urt. v. 29.07.2021 – I ZR 163/19, GRUR 2021, 1395, 1399 f., Rn. 49. – *Hohenloher Landschwein.*

915 Siehe zu Normenkollision sowie Regeln zur Lösung von Kollisionskonflikten: *Barczak* JuS 2015, 969, 974 f.

916 EuGH, Urt. v. 02.7.2009 – C-343/07, ECLI:EU:C:2009:415, Rn. 117 ff. = GRUR 2009, 961, 968 – *Bavaria NV u. Bavaria Italia Srl/Bayerischer Brauerbund e.V., [Bayerisches Bier I];* BGH, Urt. v. 29.07.2021 – I ZR 163/19, GRUR 2021, 1395, (1399 f., Rn. 45 ff.) – *Hohenloher Landschwein*; Fezer/Büscher/Obergfell/*Marx*, UWG, 2016, Bd. 1, 2. Teil, Geografische Herkunftsangaben (S. 10), Rn. 284 ff.

GrundVO nach Eintragung wieder zu löschen sei.[917] Eine inhaltlich identische Kollisionsregel finde sich ebenfalls in Art. 5 Abs. 3 lit. c MRRL wieder.[918] In diesem Zusammenhang verneinte der BGH einen darüber hinausgehenden Anwendungsvorrang des sui generis EU-Systems.[919] Art. 14 Abs. 2 S. 1 EU-GrundVO sehe in konträrer Konfliktsituation sogar ein koexistierendes Nebeneinander der prioritätsälteren, gutgläubig erworbenen Marke und der nachfolgend angemeldeten bzw. eingetragenen geschützten geografischen Herkunftsangabe vor.[920] Selbige Kollisionsregel könne auch Art. 24 Abs. 5 TRIPS entnommen werden.[921] Diese Koexistenz umfasse den gesamten sachlichen Schutzbereich der jeweiligen Markenkategorie. Darunter fielen im Falle einer Kollektivmarke gem. § 97 Abs. 1 MarkenG die Gewährleistung der betrieblichen oder geografischen Herkunft, der Art, Qualität oder sonstigen Eigenschaften der Waren oder Dienstleistungen.[922] Demnach vermöge eine geografische Kollektivmarke bei gleichzeitiger Verwirklichung des betrieblichen Herkunftshinweises als Hauptfunktion ebenfalls eine bestimmte Güte ausloben.[923]

III. Ausgestaltung des markenrechtlichen Schutzes der geografischen Herkunftsangaben

367 Im Hinblick auf die Ausgestaltung des markenrechtlichen Schutzes der geografischen Herkunftsangaben wird in III. 1. zunächst der Anwendungsbereich von geografischen Marken elaboriert. Daran schließt sich eine Untersuchung der geografischen Kollektivmarke als bisheriges Schutzinstrument in III. 2. und der geografischen Gewährleistungsmarke als potentiell alternatives Schutzinstrument in III. 3. an.

917 BGH, Urt. v. 29.07.2021 – I ZR 163/19, GRUR 2021, 1395, 13998, Rn. 33 – *Hohenloher Landschwein.*

918 BGH, Urt. v. 29.07.2021 – I ZR 163/19, GRUR 2021, 1395, 13998, Rn. 33 – *Hohenloher Landschwein.*

919 BGH, Urt. v. 29.07.2021 – I ZR 163/19, GRUR 2021, 1395, 1399 f., Rn. 49 – *Hohenloher Landschwein.*

920 EuGH, Urt. v. 02.7.2009 – C-343/07, ECLI:EU:C:2009:415, Rn. 119, 121 = GRUR 2009, 961, 968 – *Bavaria NV u. Bavaria Italia Srl/Bayerischer Brauerbund e.V., [Bayerisches Bier I];* BGH, Urt. v. 29.07.2021 – I ZR 163/19, GRUR 2021, 1395, 1398, Rn. 34 f. – *Hohenloher Landschwein.*

921 BGH, Urt. v. 29.07.2021 – I ZR 163/19, GRUR 2021, 1395, 1398, Rn. 36 – *Hohenloher Landschwein.*

922 BGH, Urt. v. 29.07.2021 – I ZR 163/19, GRUR 2021, 1395, 1400, Rn. 50 – *Hohenloher Landschwein.*

923 BGH, Urt. v. 29.07.2021 – I ZR 163/19, GRUR 2021, 1395, 1400, Rn. 50 – *Hohenloher Landschwein.*

1. Anwendungsbereich der geografischen Marke

Der Schutzgegenstand nach Art. 5 EU-GrundVO eröffnet einen ausschließlich 368 dem Markenrecht zuzuordnenden Schutzbereich für geografische Herkunftsangaben. So ist das sui generis EU-Verzeichnis auf den Namensschutz von landwirtschaftlichen Erzeugnissen mit besonderen herkunftsbedingten Qualitätseigenschaften beschränkt,[924] wobei sich geschützte geografische Gesamtbezeichnungen aus geografischen und nicht geografischen Wörtern zusammensetzen können.[925] Der markenrechtliche Schutzgegenstand ist dagegen auf geografische Herkunftsbezeichnungen landwirtschaftlicher und nicht-landwirtschaftlicher Art ausgeweitet.[926] Eine Eingrenzung erfährt dieser Schutz lediglich im Hinblick auf die festgesetzten Kollisionsnormen des sui generis EU-Systems.[927] Des Weiteren können geografische Herkunftsbezeichnungen im (Unions-)Markenregister in sämtlichen Markenformen des Art. 4 UMV bzw. § 3 Abs. 1 MarkenG, somit auch als Teil eines Slogans, als Abbildung, als Gestaltungform der Ware oder ihrer Verpackung oder als Farbzusammenstellung eingetragen werden.[928] So genießen abstrakte geografische Angaben, die eine oder mehrere Waren bzw. Dienstleistungskategorien und nicht nur eine spezifische Ware bzw. Dienstleistung umfassen, z. B. »Qualität aus Deutschland«[929], »MGH Gutes aus Hessen.de«[930], »Geprüfte Qualität

924 BeckOK Markenrecht/*Schoene*, Stand: 01.01.2023, § 99 MarkenG, Rn. 4; Fezer/Büscher/Obergfell/*Marx*, UWG, 2016, Bd. 1, 2. Teil, Geografische Herkunftsangaben (S. 10), Rn. 253 a ff.

925 EuGH, Urt. v. 04.12.2019 – C-432/18, ECLI:EU:C:2019:1045, Rn. 26 f. = GRUR 2020, 69, 70 – Consorzio Tutela Aceto Balsamico di Modena/Balema GmbH.

926 Vgl. zum weiten Aussagegehalt des markenrechtlichen Merkmals der geografischen Herkunft in Bezug auf die beanspruchten Waren und Dienstleistungen: BeckOK Markenrecht/*Eichelberger*, Stand: 01.01.2023, § 8 MarkenG, Rn. 208 ff.

927 Siehe EuGH, Urt. v. 02.7.2009 – C-343/07, ECLI:EU:C:2009:415, Rn. 117 ff. = GRUR 2009, 961, 968 – *Bavaria NV u. Bavaria Italia Srl/Bayerischer Brauerbund e.V., [Bayerisches Bier I];* BGH, Urt. v. 29.07.2021 – I ZR 163/19, GRUR 2021, 1395, (1399 f., Rn. 45 ff.) – *Hohenloher Landschwein.*

928 BeckOK Markenrecht/*Kur*, Stand: 01.01.2023, § 3 MarkenG, Rn 35; BeckOK Markenrecht/*v. Bomhard*, Stand: 01.01.2023, Art. 4 UMV 2017, Rn. 1 f.; *Fezer*, Markenrecht, 2009, § 126 MarkenG, Rn. 12.

929 »Qualität aus Deutschland«, DPMA Registernr.: 302019029491, Stand: 01.05.2023; https://www.aldi-sued.de/de/nachhaltigkeit/lieferkette/nachhaltige-produkte/qualitaet-aus-deutschland.html, zuletzt abgerufen am 01.05.2023.

930 »MGH Gutes aus Hessen«, DPMA Registernr.: 302021109998, Stand: 01.05.2023; https://www.gutes-aus-hessen.de/, zuletzt abgerufen am 01.05.2023.

Bayern«[931], »Gesicherte Qualität Baden-Württemberg«[932] oder »Obst vom Bodensee«[933], als Teil eines Slogans und mit einem zusätzlichen Bildelement versehen, einen markenrechtlichen Schutz. Besonders eindrücklich zeigt sich der erweiterte Markenschutz in dem Verhalten der Inhaber von, bereits durch das sui generis EU-System geschützten geografischen Angaben oder Ursprungsbezeichnungen. Diese machen sich das koexistierende Schutzsystem insofern zu eigen, als sie ihre geschützten geografischen Angaben mit zusätzlichen visuellen Darstellungselementen als Marken eintragen lassen. Beispielhaft dafür sind die Unionswort-/Bildmarken: [934] (der Warenklasse 29 für Mortadella gem. der Spezifikation für die geschützte geografische Angabe »Mortadella Bologna« zuzuordnen), [935] (eingetragen in Warenklasse 29 für Käse gem. der Spezifikation für die geschützte Ursprungsbezeichnung »Parmigiano Reggiano«) und [936] (geschützt in Warenklasse 29 für Salami gem. der Spezifikation für die geschützte Ursprungsbezeichnung »Salame Felino IGP«) anzuführen.

369 Als Ergebnis kann somit festgehalten werden, dass geografische Marken im Gegensatz zum bestehenden sui generis EU-System geeignet sind, nichtlandwirtschaftlichen geografischen Herkunftsangaben Schutz zu gewähren und – über einen bloßen Namensschutz hinaus – wesentlich fantasievoller mit Bildzeichen, Farbverläufen, 3D-Formen etc. ausgestaltet werden können.

931 »Geprüfte Qualität Bayern«, DPMA Registernr.: 302020012680, Stand: 01.05.2023; https://www.gq-bayern.de/, zuletzt abgerufen am 01.05.2023.

932 »Gesicherte Qualität Baden-Württemberg«, DPMA Registernr.: 302018029143, Stand: 01.05.2023; https://www.gemeinschaftsmarketing-bw.de/qualitaetszeichen-bw/, zuletzt abgerufen am 01.05.2023.

933 »OBST VOM BODENSEE«, DPMA Registernr.: 302018107725, Stand: 01.05.2023; https://www.obst-vom-bodensee.de/, zuletzt abgerufen am 01.05.2023.

934 »Consorzio Italiano Tutela Mortadella Bologna Mortadella Bologna«, DPMA Registernr.: 018199017, Stand: 01.05.2023; https://mortadellabologna.com/, zuletzt abgerufen am 01.05.2023.

935 »PARMIGIANO REGGIANO«, DPMA Registernr.: 017942425, Stand 01.05.2023; https://www.parmigianoreggiano.com/de, zuletzt abgerufen am 01.05.2023.

936 »SALAME FELINO«, DPMA Registernr.: 018452142, Stand: 01.05.2023; https://www.salamefelino.com/, zuletzt abgerufen am 01.05.2023.

2. Geografische Kollektivmarke als gesetzlich festgeschriebenes Schutzinstrument

Das Potential dieses bedeutend umfangreicheren, markenrechtlichen Schutzgegenstands vermag sich jedoch aufgrund der Kollektivmarke als gesetzlich festgeschriebenes Schutzinstrument für geografische Angaben oder Ursprungsbezeichnungen nicht zu entfalten. 370

Sowohl EuGH und BGH haben in ihrer jüngeren Rechtsprechung konstatiert, dass Kollektivmarken – die als Schutzinstrument für qualitative geografische Herkunftsangaben gesetzlich vorgesehen sind – grundsätzlich nicht auf die damit einhergehende neutrale Qualitätsgewährleistung zugeschnitten sind.[937] Die Hauptfunktion einer geografischen Kollektivmarke liege im Hinweis auf die betriebliche Herkunft der Waren bzw. Dienstleistungen und diese sei stets, auch bei einem zusätzlichen Hinweis auf die Qualität, zu verwirklichen.[938] Eine geografische Qualitätsaussage, die keinen unmittelbaren Zusammenhang mit ihrer Herkunft aus einem Unternehmenszusammenschluss aufweist, widerspricht der – üblicherweise bei einer Kollektivmarke bestehenden – Verknüpfung von Zeicheninhaberschaft und den gekennzeichneten Waren oder Dienstleistungen.[939] So wurde beispielsweise die betriebliche Unterscheidungskraft der geografischen Kollektivmarke »HALLOUMI« wegen ihres beschreibenden Anklangs der Warenart bzw. der Warenqualität, als schwach eingestuft.[940] Die Kollektivmarke dient geografischen Herkunftsangaben als ein, das sui generis EU-System ergänzendes, Hilfskonstrukt im Hinblick auf die Erbringung eines Hinweises auf die Verbandzugehörigkeit der damit gekennzeichneten Waren. Indes ist das markenrechtliche Schutzinstrument dahingehend schwach ausgestaltet, 371

937 EuGH, Urt. v. 20.09.2017 – C-673/15 P bis C-676/15 P, ECLI:EU:C:2017:702, Rn. 50 ff. = GRUR 2017, 1257, 1259 – *The Tea Board/EUIPO - Delta Lingerie [Darjeeling];* EuGH, Urt. v. 05.03.2020 – C-766/18 P, ECLI:EU:C:2020:170, Rn. 64 = GRUR-RR 2020, 199, 200 f. – *BBQLOUMI/HALLOUMI*; BGH, Urt. v. 29.07.2021 – I ZR 163/19, GRUR 2021, 1395, 1397 f., Rn. 29 ff. – *Hohenloher Landschwein.*

938 EuGH, Urt. v. 20.09.2017 – C-673/15 P bis C-676/15 P, ECLI:EU:C:2017:702, Rn. 50 ff.= GRUR 2017, 1257, 1259 – *The Tea Board/EUIPO - Delta Lingerie [Darjeeling];* EuGH, Urt. v. 05.03.2020 – C-766/18 P, ECLI:EU:C:2020:170, Rn. 64 = GRUR-RR 2020, 199, 200 f. – *BBQLOUMI/HALLOUMI*; BGH, Urt. v. 29.07.2021 – I ZR 163/19, GRUR 2021, 1395, 1397 f., Rn. 29 ff. – *Hohenloher Landschwein.*

939 Vgl. BeckOK Markenrecht/*Schoene*, Stand: 01.01.2023, § 97 MarkenG, Rn. 8. *Fezer*, Markenrecht, 2009, § 97 MarkenG, Rn. 2; HK-Markenrecht/*Jansen*, 2019, Bd. 1, § 97 MarkenG, Rn. 15.

940 EuG, Urt. v. 25.09.2018 – T-328/17, EU:T:2018:594, nicht veröffentlicht, Rn. 42, 70 – *Foundation for the Protection of the Traditional Cheese of Cyprus named Halloumi/EUIPO/ M. J. Dairies [BBQLOUMI];* EuGH, Urt. v. 05.03.2020 – C-766/18 P, ECLI:EU:C:2020:170, Rn. 76 f. = GRUR-RR 2020, 199, 201 – *BBQLOUMI/ HALLOUMI.*

eine geografisch gebundene, neutrale Qualitätsgewährleistung als wesensbedingte Hauptfunktion der speziellen Gütezeichenart sicherzustellen.[941]

3. Geografische Gewährleistungsmarke als alternatives Schutzinstrument?

372 Unter Zugrundelegung dieser generellen Dysfunktionalität der Kollektivmarke zur Erbringung eines neutralen Qualitätshinweises ist die Tatbestandsausnahme der Gewährleistungsmarke in Bezug auf geografische Herkunftsangaben in Frage zu stellen.

a. Erweiterung des markenrechtlichen Gütezeichenschutzes im Hinblick auf geografische Herkunftsangaben

373 Im Unterschied zur Kollektivmarke ist die Unterscheidungskraft einer Gewährleistungsmarke spezifisch auf die Garantiefunktion abgestimmt, Art. 83 Abs. 1 UMV bzw. § 106a Abs. 1 S. 1 MarkenG.[942] Dementsprechend sind Markenzeichen, die eine Differenzierung zwischen den vom Markeninhaber gewährleisteten Waren- bzw. Dienstleistungseigenschaft(en) und anderen Waren bzw. Dienstleistungen ohne solch eine Gewährleistung vornehmen, als durchschnittlich unterscheidungskräftig einzustufen. Diesen Anforderungen an eine güte- bzw. eigenschaftshinweisende Ausgestaltung als Gewährleistungsmarke vermag ein geografisches Zeichen naturgemäß nachkommen, wohingegen die Auslobung der Herkunft aus einem Unternehmenskollektiv nicht der Wesensart eines Gütezeichens entspricht. Die zeichenrechtliche Ausgestaltungsfreiheit reicht bis an die Grenze eines ausschließlich beschreibenden oder üblichen Zeichencharakters gem. § 8 Abs. 2 Nr. 2, 3 MarkenG, Art. 7 Abs. 1 lit. c, d UMV. Verglichen mit dem lediglich schwachen Kollektivmarkenschutz wäre die Gewährleistungsmarke daher ein stärkeres Schutzinstrument für sämtliche Gütezeichen,[943] auch für geografische Herkunftsangaben.

b. Aushöhlung des europäischen Sonderschutzes für Agrarerzeugnisse und Lebensmittel

374 Eine Erweiterung des sachlichen Schutzbereichs der Gewährleistungsmarke im Hinblick auf geografische Herkunftsangaben würde jedoch dem, für die VO (EU) Nr. 1151/2012 als EU-GrundVO vorgesehenen, Schutzzweck zuwiderlau-

941 Siehe zu den unterschiedlichen Prüfungsmaßstäben der Kollektivmarke und des sui generis geschützten geografischen Herkunftsangaben: BeckOK UMV/*Bartos*, Stand: 15.05.2020, Art. 74 UMV, Rn. 10.1.

942 BeckOK Markenrecht/*Vohwinkel*, Stand: 01.01.2023, §106a MarkenG, Rn. 10; Ströbele/Hacker/Thiering/*Hacker*, MarkenG, 2020, § 106a MarkenG, Rn. 5.

943 Siehe zur Schaffung der Gewährleistungsmarke als Schutzinstrument Gütezeichen: Amtliche Begründung, BT-Drs. 19/2898, S. 2, 88.

fen. Als Instrument der gemeinsamen Agrarpolitik übt die EU-GrundVO im Wesentlichen die dem Verbraucher gewährleistende Funktion aus, »dass landwirtschaftliche Erzeugnisse, die mit einer nach dieser Verordnung eingetragenen geografischen Angabe versehen sind, aufgrund ihrer Herkunft aus einem bestimmten geografischen Gebiet bestimmte besondere Merkmale aufweisen und damit eine auf ihrer geografischen Herkunft beruhende Qualitätsgarantie bieten«.[944] Ziel der Vornahme echter Qualitätsanstrengungen ist es, den Landwirten eine höhere Preisgestaltung zu ermöglichen und diese gleichzeitig vor missbräuchlicher Rufschädigung oder -ausbeutung zu schützen.[945] Der BGH betont in seiner *Landschwein* Entscheidung, dass eine Nutzung der sui-generis Bezeichnungen »geschützte geografische Angabe« oder »geschützte Ursprungsbezeichnung« und deren EU-Siegeln – auf Grundlage nationaler, weniger strenger Regelungen für Lebensmittel und Agrarprodukte – die Qualitätsgarantie der EU-GrundVO konterkariere.[946] Dies vermöge wiederum eine Gefährdung der Wettbewerbsgleichheit der Hersteller von Erzeugnissen, die nach den sui generis Verordnungen geschützt sind, zur Folge haben.[947] Aus diesem Grund sei die Qualitäts- bzw. Eigenschaftsgarantie von Erzeugnissen einheitlich und ausschließlich dem sui generis EU-System vorbehalten, wohingegen nationale Regelungen lediglich die Herkunft aus einem bestimmten geografischen Gebiet garantieren.[948] Damit liefert der BGH indirekt eine Begründung für die normierte Tatbestandsausnahme von geografischen Herkunftsangaben bei Gewährleistungsmarken. Im Unterschied zu Individual- und Kollektivmarken, die als Hauptfunktion die betriebliche Herkunft von Waren oder Dienstleistungen ausweisen, liegt die Hauptfunktion der Gewährleistungsmarke auf der Garantie einer bestimmten Qualität bzw. Eigenschaft von Waren oder Dienstleistungen.[949] Zwar vermögen auch die klassischen Marken – Individual- und Kollektivmarken – als Nebenfunktion eine Garantie über die Qualität oder die geografische Herkunft eines Erzeugnisses geben; ihrem Wesen nach ist die Herausstellung des Markeninhabers jedoch von zentraler Bedeutung.[950] Die

944 BGH, Urt. v. 29.07.2021 – I ZR 163/19, GRUR 2021, 1395, 1399, Rn. 45 – *Hohenloher Landschwein.*

945 BGH, Urt. v. 29.07.2021 – I ZR 163/19, GRUR 2021, 1395, 1399, Rn. 45 – *Hohenloher Landschwein.*

946 BGH, Urt. v. 29.07.2021 – I ZR 163/19, GRUR 2021, 1395, 1399, Rn. 46 – *Hohenloher Landschwein.*

947 BGH, Urt. v. 29.07.2021 – I ZR 163/19, GRUR 2021, 1395, 1399, Rn. 46 – *Hohenloher Landschwein.*

948 BGH, Urt. v. 29.07.2021 – I ZR 163/19, GRUR 2021, 1395, 1399, Rn. 47 – *Hohenloher Landschwein.*

949 Vgl. BT-Drs. 19/2898, S. 89; BeckOK Markenrecht/*Vohwinkel*, Stand: 01.01.2023, § 106a MarkenG, Rn. 2; Ingerl/Rohnke/Nordemann/*Jaworski*, MarkenG, 2023, §106a MarkenG, Rn. 1.

950 BGH, Urt. v. 29.07.2021 – I ZR 163/19, GRUR 2021, 1395, 1400, Rn. 50 – *Hohenloher Landschwein.*

neue Markenkategorie hebt sich wesensbedingt von den klassischen Marken dahingehend ab, dass die für die beteiligten Verkehrskreise sichtbare betriebliche Zugehörigkeit von Waren oder Dienstleistungen zum Markeninhaber in den Hintergrund rückt. Stattdessen erfolgt die individualrechtliche Unterscheidung des Zeichens unter Qualitäts- bzw. Eigenschaftsgesichtspunkten. Eine gesetzgeberische Revidierung der Tatbestandsausnahme von geografischen Herkunftsangaben hätte zur Folge, dass den Verbrauchern der garantierende Schutzinhalt von sui generis Bezeichnungen gleichermaßen durch Gewährleistungsmarken vermittelt werden könnte.

375 Dies wird dadurch begünstigt, dass der Schutzumfang des sui generis EU-Systems durch die Rechtsauslegungen des EuGH eine Angleichung an den Markenschutz erfahren hat. Entsprechende Schlussfolgerungen lassen sich aus der Summe höchstrichterlicher Konkretisierungen bzw. Ausweitungen der Schutztatbestände des Art. 13 Abs. 1 EU-GrundVO bzw. dessen entsprechender Parallelbestimmungen ziehen. Im Zusammenhang damit ist anzumerken, dass bereits die Normstruktur sowie die verwendeten Termini der Tatbestände Ähnlichkeiten mit dem markenrechtlichen Pendant § 14 Abs. 2 MarkenG und Art. 9 Abs. 2 UMV aufweisen. So schützen beide Schutzsysteme vor einer direkten oder indirekten Verwendung des eingetragenen Zeichens, Art. 13 Abs. 1 lit. a EU-GrundVO bzw. § 14 Abs. 2 S. 1 Nr. 1MarkenG und Art. 9 Abs. 2 lit. a UMV, vor der Herstellung eines unmittelbaren gedanklichen Zusammenhangs zu der geschützten Bezeichnung, Art. 13 Abs. 1 lit. b EU-GrundVO bzw. § 14 Abs. 2 S. 1 Nr. 2MarkenG und Art. 9 Abs. 2 lit. b UMV. In seinen Entscheidungen legt der EuGH zudem die Tatbestandsalternativen des Art. 13 Abs. 1 EU-GrundVO dahingehend aus, dass der sui generis EU-Schutz in seiner Reichweite an den Schutz des Markenrechts heranreicht. So umfasse die abgestufte Aufzählung verbotener Verhaltensweisen[951] nicht nur die direkte oder indirekte Verwendung eines eingetragenen Namens[952], sondern auch den Gebrauch einer (zusammengesetzten) Wortzeichens[953], eines Bildzeichens[954],

951 Vgl. EuGH, Urt. v. 07.06.2018 – C-44/17, EU:C:2018:415, Rn. 65 = WRP 2018, 813, 816 – *Scotch Whisky Association/Michael Klotz;* in diesem Sinne EuGH, Urt. v. 02.05.2019 – C-614/17, ECLI:EU:C:2019:344C-614/17, Rn. 27 = WRP 2019, 870, 872 – *Fundación Consejo Regulador de la Denominación de Origen Protegida Queso Manchego/Industrial Quesera Cuquerella u. a;* EuGH, Urt. v. 17.12.2020 – C-490/19, ECLI:EU:C:2020:1043, Rn. 24 = WRP 2021 177, 179 – *Morbier.*

952 EuGH, Urt. v. 07.06.2018 – C-44/17, EU:C:2018:415, Rn. 28 ff. = WRP 2018, 813, 815 – *Scotch Whisky Association/Michael Klotz.*

953 BGH, Urt. v. 12.12.2019 – I ZR 21/19, ZLR 2020 470, 477 f., Rn. 38 ff. – *Culatello di Parma.*

954 EuGH, Urt. v. 02.05.2019 – C-614/17, ECLI:EU:C:2019:344C-614/17, Rn. 32, 43 = WRP 2019, 870, 873 – Fundación Consejo Regulador de la Denominación de Origen Protegida Queso Manchego/Industrial Quesera Cuquerella u. a.

der Etikettierung[955] sowie der Aufmachung[956] eines Erzeugnisses durch einen Dritten. Dabei seien im Rahmen der Prüfung aller maßgeblichen Umstände des Einzelfalls die Kriterien der klanglichen und/oder visuellen Ähnlichkeit zu berücksichtigen.[957] Folglich orientieren sich die Gerichte, ohne ausdrücklich eine Parallele zu ziehen, sowohl beim Prüfungsmaßstab der Zeichen- und der Warenidentität bzw. der Zeichen und der Warenähnlichkeit als auch bei dem über den bloßen Namensschutz hinausgehenden, Schutzumfang an bestehenden markenrechtlichen Auslegungsgrundsätzen.

Somit würde durch die Einführung einer geografischen Gewährleistungsmar- 376
ke ein markenrechtliches Parallelsystem geschaffen werden, welches die Gefahr berge, dass qualifizierte geografische Herkunftsangaben vermehrt als markenrechtliche Individualrechte eingetragen und benutzt werden. Dadurch würden die agrarpolitischen Allgemeininteressen des Gesetzgebers unterlaufen und der europäische Sonderschutz für Lebensmittel und Agrarprodukte vollständig ausgehöhlt.

IV. Zwischenergebnis

Die jüngsten Entscheidungen von EuGH und BGH zeigen einen restriktiven 377
Markenschutz für qualifizierte geografische Herkunftsangaben auf. Auf der einen Seite wird die qualitätsgewährleistende Sinnhaftigkeit einer qualifizierten geografischen Herkunftsangabe als Kollektivmarke insoweit abgeschwächt, als sie die ihr grundsätzlich gegenläufige Funktion der betrieblichen Herkunft verwirklichen muss, um eine hinreichende Unterscheidungskraft zu erlangen. Auf der anderen Seite bleibt der geografischen Herkunft ein Schutz als reine Qualitätseigenschaft in Form einer Gewährleistungsmarke verwehrt. Der Gesetzgeber hat es trotz bestehender – das Verhältnis zwischen geschützten geografischen Angaben bzw. Ursprungsbezeichnungen und Marken auflösender – Kollisionsregeln in Art. 14 EU-GrundVO unterlassen, qualifizierten geografischen Herkunftsangaben einen Schutz als Gewährleistungsmarke einzuräumen. Zurückführen lässt sich dies auf die Similaritäten in Hauptfunktion und Schutzinhalt einer geografischen Gewährleistungsmarke und einer geschützten geografischen Angabe bzw. einer geschützten Ursprungsbezeichnung. Die daraus resultierende Gefahr einer vollständigen Aushöhlung des sui generis EU-Systems und den

955 EuGH, Urt. v. 07.06.2018 – C-44/17, EU:C:2018:415, Rn. 66 = WRP 2018, 813, 816 – *Scotch Whisky Association/Michael Klotz.*

956 EuGH, Urt. v. 17.12.2020 – C-490/19, ECLI:EU:C:2020:1043, Rn. 41 = WRP 2021, 177, 181 – *Morbier.*

957 Vgl. EuGH, Urt. v. 07.06.2018 – C-44/17, EU:C:2018:415, Rn. 51 = WRP 2018, 813, 817 – *Scotch Whisky Association/Michael Klotz*; EuGH, Urt. v. 17.12.2020 – C-490/19, ECLI:EU:C:2020:1043, Rn. 26 = WRP 2021 177, 179 – *Morbier*; BGH, Urt. v. 12.12.2019 – I ZR 21/19, ZLR 2020 470, 476, Rn. 33 – *Culatello di Parma.*

damit verbundenen agrarpolitischen Allgemeininteressen wird durch die Ausnahme der geografischen Herkunft vom Tatbestand der Gewährleistungsmarke wirksam unterbunden.

B. Reformierung des sui generis EU-Systems

378 Ein harmonisierender Schutz für qualifizierte geografische Angaben nichtlandwirtschaftlicher Art könnte im Zuge einer Reformierung des sui generis EU-Systems hergestellt werden.[958] Alternative Ausgangspunkte bilden dabei die Ausweitung des geltenden sui generis EU-Systems für Agrarerzeugnisse und Lebensmittel und die Schaffung eines sui generis EU-Systems für nichtlandwirtschaftliche Erzeugnisse.

I. Ausweitung des geltenden sui generis EU-Systems für Agrarerzeugnisse und Lebensmittel

379 Eine Handlungsoption zur Schließung der Schutzlücke sieht vor das sui generis EU-System dahingehend zu modifizieren, dass Regelungen im Hinblick auf nicht-agrarbezogene Produkte ebenfalls miteinbezogen werden.

380 Bislang beschränkt sich der Schutzbereich des sui generis EU-Systems auf Waren, die durch ein physisches Element mit ihrem Herkunftsgebiet verbunden sind.[959] Begründet wird diese Eingrenzung damit, dass natürliche Faktoren wie die Herkunft der Rohstoffe, die Bodenbeschaffenheit oder klimatische oder sonstige Umweltbedingungen, geeignet sind, eine gebietsbezogene, einzigartige Produktqualität zu erzeugen.[960] Im Gegensatz dazu beruht der territoriale Bezug bei nicht-landwirtschaftlichen Produkten oder handwerklichen Erzeugnissen vor allem auf dem Know-how sowie den Fertigkeiten und Praktiken der Hersteller, das heißt auf menschlichen, also nicht zwingend gebietsbezogenen Faktoren.[961] Dieses unterschiedliche Maß an Gebietsgebundenheit wird der Schutzerweiterung entgegengehalten.[962] So bündelt der jüngst angenommene Legislativvorschlag der Europäischen Kommission zur Reformierung des geltenden sui gene-

958 Siehe Inception Impact Assessment European Commission, Ref. Ares (2020)7158775-27/11/2020, S. 4 f.

959 Zappalaglio/Guerrieri/Carls, IIC 2020, 31, 33.

960 Zappalaglio/Guerrieri/Carls, IIC 2020, 31, 33.

961 Inception Impact Assessment European Commission, Ref. Ares (2020)7158775-27/11/2020, S. 3; *Zappalaglio/Guerrieri/Carls*, IIC 2020, 31, 33.

962 Inception Impact Assessment European Commission, Ref. Ares (2020)7158775-27/11/2020, S. 3; *Zappalaglio/Guerrieri/Carls*, IIC 2020, 31, 33.

ris EU-Systems sämtliche bestehende sui generis Verordnungen.[963] Er behandelt jedoch ausdrücklich keine qualifizierten geografischen Herkunftsangaben nicht-landwirtschaftlicher Art.[964]

II. Schaffung eines sui generis EU-Systems für nicht-landwirtschaftliche Erzeugnisse

Nach Einführung des sui generis EU-Systems für agrarbezogene Produkte bzw. nach erlangter Akzeptanz bei den angesprochenen Verkehrskreisen und Interessenverbänden forcierten EU-Institutionen – insbesondere die Generaldirektion Binnenmarkt, Industrie, Unternehmertum und KMU – die Einführung eines eigenständigen sui generis EU-Systems zum Schutz qualifizierter geografischer Herkunftsangaben für nicht-landwirtschaftliche Produkte.[965] 381

Die im Jahr 2012 von der Kommission in Auftrag gegebene und im Folgejahr veröffentlichte Studie zum »Schutz geografischer Angaben für nicht-landwirtschaftliche Produkte im Binnenmarkt« zeigte eine mögliche Struktur des Rechtsrahmens sui generis für den Schutz geografischer Angaben nicht-landwirtschaftlicher Produkte auf.[966] Dafür wurde dieser Sektor einer empirischen Wirtschaftsanalyse unterzogen, bereits existierende nationale sui generis Regelungen analysiert sowie eine Verkehrsbefragung in Bezug auf die Notwendigkeit und die Erwartungen an ein künftiges Rechtsinstrument für qualifizierte geografische Herkunftsangaben nicht-landwirtschaftlicher Art durchgeführt und ausgewertet.[967] 382

Die Ergebnisse der Studie bewogen die Kommission dazu, entsprechende Untersuchungen und Analysen zum Schutze geografischer Angaben für nichtland- 383

963 Vorschlag für eine Verordnung des Europäischen Parlaments und des Rates über geografische Angaben der Europäischen Union für Wein, Spirituosen und landwirtschaftliche Erzeugnisse und über Qualitätsregelungen für landwirtschaftliche Erzeugnisse sowie zur Änderung der Verordnungen (EU) Nr. 1308/2013, (EU) 2017/1001 und (EU) 2019/787 und zur Aufhebung der Verordnung (EU) Nr. 1151/2012, COM (2022) 134 final, Begründung S. 2; *Loschelder* GRUR 2023, 601, 601; *Schoene* ZLR 2022, 537, 537 f.; *Sosnitza* MarkenR 2023, 1, 2 f.

964 Vorschlag für eine Verordnung des Europäischen Parlaments und des Rates über geografische Angaben der Europäischen Union für Wein, Spirituosen und landwirtschaftliche Erzeugnisse und über Qualitätsregelungen für landwirtschaftliche Erzeugnisse sowie zur Änderung der Verordnungen (EU) Nr. 1308/2013, (EU) 2017/1001 und (EU) 2019/787 und zur Aufhebung der Verordnung (EU) Nr. 1151/2012, COM (2022) 134 final, Begründung S. 2.

965 Zappalaglio/Guerrieri/Carls, IIC 2020, 31, 33.

966 »Study on geographical indications protection for non-agricultural products in the internal market«, final v. 18.02.2013, S. 276 ff.

967 »Study on geographical indications protection for non-agricultural products in the internal market«, final v. 18.02.2013.

wirtschaftliche Erzeugnisse im Rahmen eines Grünbuchs weiter zu vertiefen.[968] Die daran anschließende Konsultation aller betroffenen Interessenträger mündete in der Entschließung des Europäischen Parlaments vom 06.10.2015 zu einer möglichen Ausdehnung des Schutzes der geografischen Angaben der Europäischen Union auf nicht-landwirtschaftliche Erzeugnisse und in einer damit verbundenen, an die Kommission gerichtete, Aufforderung einen entsprechenden Richtlinienvorschlag zu unterbreiten.[969] Die Vorlage eines konkreten Richtlinienvorschlags blieb jedoch, mangels nennenswerter Fortschritte in der Debatte, aus.

384 In den Fokus gelangte der geografische Schutz nicht landwirtschaftlicher Erzeugnisse erst wieder Ende 2020. Als Beitrag zu den laufenden Arbeiten der Kommission an einem EU-Aktionsplan verabschiedete der Europäische Rat am 10.11.2020 eine Reihe von Schlussfolgerungen[970] über Kernelemente einer künftigen EU-Politik zum geistigen Eigentum. Darin erkannte er zum einen an, dass die Systeme zum Schutz geografischer Angaben in der EU verstärkt werden müssen. Zum anderen erklärte er sich bereit, ein Schutzsystem sui generis für nicht-landwirtschaftliche Erzeugnisse auf Grundlage einer gründlichen Folgenabschätzung der potentiellen Kosten und Nutzen in Erwägung zu ziehen.[971] Anschließend kündigte die Kommission in ihrem EU-Aktionsplan für geistiges Eigentum vom 25.11.2020 eine Prüfung zur Realisierbarkeit der Einführung eines effizienten und transparenten EU-Schutzsystems für geografische Angaben nicht-landwirtschaftlicher Art auf der Basis einer gründlichen Folgenabschätzung an.[972] Zudem veröffentlichte die Kommission eine anfängliche Folgenabschätzung[973] mitsamt Problemstellung, allgemeiner Zielsetzung sowie Herausarbeitung diverser politischer Handlungsoptionen und gewährte Organisationen, Interessenvertretern und Bürgern anschließend die Möglichkeit

968 Grünbuch: Bestmögliche Nutzung des traditionellen Wissens Europas: Mögliche Ausdehnung des Schutzes der geografischen Angaben der Europäischen Union auf nichtlandwirtschaftliche Erzeugnisse Text von Bedeutung für den EWR, COM (2014) 0469 final.

969 Entschließung des Europäischen Parlaments vom 06.10.2015 zu der möglichen Ausdehnung des Schutzes der geografischen Angaben der Europäischen Union auf nichtlandwirtschaftliche Erzeugnisse (2015/2053(INI) ABl. v. 17.10.2017 C 349/2.

970 Siehe erläuternd dazu: https://www.consilium.europa.eu/de/council-eu/conclusions-resolutions/.

971 Council conclusions on intellectual property policy and the revision of the industrial designs system in the Union v. 10.11.2020, Journal of the European Union C 3791, Volume 63, https://eur-lex.europa.eu/legal-content/EN/TXT/HTML/?uri=OJ:C:2020:379I:FULL, zuletzt abgerufen am 01.05.2023.

972 Aktionsplan für geistiges Eigentum zur Förderung von Erholung und Resilienz der EU v. 25.11.2020, COM (2020) 760 final, S. 6, 8.

973 Siehe erläuternd dazu: https://ec.europa.eu/info/law/law-making-process/planning-and-proposing-law/impact-assessments_de, zuletzt abgerufen am 01.05.2023.

Stellung zu beziehen.[974] Eine weitere Konsultation der Öffentlichkeit erfolgte von April bis Juli 2021. Dem Konsultationsergebnis ist zu entnehmen, dass die Öffentlichkeit die Einführung eines sui generis EU-System für nicht-landwirtschaftliche Erzeugnisse präferierte.[975] Der jüngst angenommene Legislativvorschlag der Europäischen Kommission zur Reformierung des geltenden sui generis EU-Systems[976] spiegelt die öffentliche Meinung insoweit wieder, als er einen gesonderten Gesetzgebungsvorschlag für qualifizierte geografische Herkunftsangaben nicht-landwirtschaftlicher Art ankündigt.[977] Es bleibt jedoch abzuwarten, wie dieser inhaltlich final ausgestaltet sein wird.

C. Fazit zum Gütezeichenschutz de lege ferenda

Die Untersuchung macht deutlich, dass eine Ausweitung des sui generis EU- 385
Schutzes zu erfolgen hat, um dem Bedürfnis der Produkthersteller bzw. -inhaber nach einem vollumfassenden Gütezeichenschutz künftig Rechnung zu tragen.

Sowohl der europäische als auch der deutsche Gesetzgeber haben den Güte- 386
zeichenschutz qualifizierter geografischer Herkunftsangaben vom Markenrechtssystem insoweit ausgegliedert und einem sui generis EU-System zugeordnet als dieser zur wesensbedingten Hauptfunktion einer Markenkategorie wird. Mithin gewährt die Kollektivmarke eine Schutzmöglichkeit für qualifizierte geografische Herkunftsangaben, welche – entsprechend ihrer Hauptfunktion – auf

974 Inception impact assessment on EU protection of geographical indications for non-agricultural products v. 27.11.2020, Ref. Ares (2020)7158775, https://ec.europa.eu/docsroom/documents/43874, zuletzt abgerufen am 01.05.2023.

975 EU-wide Protection of geographical indications for non-agricultural products, summary report of the public consultation v. 01.09.2021, Ref. Ares (2021) 5399792, S. 6, https://ec.europa.eu/info/law/better-regulation/have-your-say/initiatives/12778-%E2%96%BA-EU-weiter-Schutz-geografischer-Angaben-fur-nicht-landwirtschaftliche-Erzeugnisse/public-consultation_de.

976 Vorschlag für eine Verordnung des Europäischen Parlaments und des Rates über geografische Angaben der Europäischen Union für Wein, Spirituosen und landwirtschaftliche Erzeugnisse und über Qualitätsregelungen für landwirtschaftliche Erzeugnisse sowie zur Änderung der Verordnungen (EU) Nr. 1308/2013, (EU) 2017/1001 und (EU) 2019/787 und zur Aufhebung der Verordnung (EU) Nr. 1151/2012, COM (2022) 134 final.

977 Vorschlag für eine Verordnung des Europäischen Parlaments und des Rates über geografische Angaben der Europäischen Union für Wein, Spirituosen und landwirtschaftliche Erzeugnisse und über Qualitätsregelungen für landwirtschaftliche Erzeugnisse sowie zur Änderung der Verordnungen (EU) Nr. 1308/2013, (EU) 2017/1001 und (EU) 2019/787 und zur Aufhebung der Verordnung (EU) Nr. 1151/2012, COM (2022) 134 final, Begründung S. 2; vgl. *Loschelder* GRUR 2023, 601, 601.

die unabdingbare Wahrung der kollektiven betrieblichen Unterscheidungskraft beschränkt ist. Dadurch grenzt sie sich hinreichend vom sui generis EU-System ab. Angesichts des beschreibenden Charakters der geografischen Herkunft vermag die Unterscheidungskraft der Kollektivmarke jedoch eine signifikante Abschwächung erfahren.[978]

387 Ausgehend von der Grundannahme, dass ein Güteschutz geografischer Herkunftsangaben als Kollektivmarke in Konflikt mit deren markenrechtlicher Funktionswahrung steht, ist grundsätzlich ein – für den Verbleib eines markenrechtlichen Schutzinstruments für diese Gütezeichenart – elementarer Schutzbereich für eine geografische Gewährleistungsmarke eröffnet. Deren sachlicher Geltungsbereich weist allerdings im Hinblick auf den geografischen Namensschutz für landwirtschaftliche Erzeugnisse ein Überschneidungspotential mit dem sui generis EU-System auf. Die neue Markenkategorie verwirklicht – anders als die Individual- und Kollektivmarke – eine dem sui generis EU-System entsprechende Hauptfunktion. Infolgedessen vermögen Gewährleistungsmarken gleichermaßen wie geschützte geografische Angaben und geschützte Ursprungsbezeichnungen eine bestimmte Eigenschaft, zumeist die Qualität, von Erzeugnissen garantieren. Obgleich sie sich in ihrem Schutzinhalt ähneln, unterscheiden sich die Schutzsysteme wesentlich in ihrer Zielsetzung. So dient die Gewährleistungsmarke hauptsächlich der Stärkung von Rechten und Pflichten des einzelnen Marken- bzw. Gütezeicheninhabers, wohingegen die sui generis EU-Bezeichnungen agrarpolitische Allgemeininteressen von Verbrauchern an einer geografischen Qualitätsgarantie und von Landwirten an einer wirtschaftlichen Wertsteigerung ihrer landwirtschaftlichen Erzeugnisse fördern[979]. Um diesen Konflikt beider qualitätsgarantierenden Wirkungsbereiche aufzulösen, haben sich der europäische und der deutsche Gesetzgeber – unter Hinweis auf einen »hinreichenden Sonderschutz des sui generis EU-Systems«[980] – für eine Ausgliederung des Gütezeichenschutzes in Bezug auf qualifizierte geografische Herkunftsangaben aus dem Markenrecht und somit einer strikten Trennung beider Schutzsysteme entschieden. In Folge dieser Ausschließlichkeitsstellung des sui generis EU-Systems in Bezug auf die Qualitätsgarantie von landwirtschaftlichen Erzeugnissen ist eine markenrechtliche Verwässerung der sui generis Bezeichnungen – geschützte geografische Angabe und geschützte Ursprungsbezeichnung – unterbunden.

978 Vgl. EuGH, Urt. v. 20.09.2017 – C-673/15 P bis C-676/15 P, ECLI:EU:C:2017:702, Rn. 63 ff., = GRUR 2017, 1257, 1260 – *The Tea Board/EUIPO - Delta Lingerie [Darjeeling];* EuGH, Urt. v. 05.03.2020 – C-766/18 P, ECLI:EU:C:2020:170, Rn. 74, 76 = GRUR-RR 2020, 199, 201 – *BBQLOUMI/HALLOUMI.*

979 Siehe zum Ziel der sui generis EU-GrundVO: BeckOK Markenrecht/*Schulteis*, Stand: 01.01.2023, § 130 MarkenG, Rn. 2; *Loschelder* GRUR 2016, 339, 341; Sosnitza/Meisterernst/*Rathke*, Lebensmittelrecht, 2023, Teil 1, Horizontale Vorschriften, Nr. 134., Art. 4 VO (EU) Nr. 1151/2012, Rn. 2.

980 Amtliche Begründung, BT-Drs. 19/2898, S. 89.

Im Ergebnis lassen die derzeitigen gesetzlichen Regelungen des Markenrechts 388
und des sui generis EU-Rechts Rückschlüsse auf eine starre Abgrenzung der Schutzsysteme im Hinblick auf geografische Herkunftsangaben zu. Dies wird durch die höchstrichterliche Rechtsprechungslinie des EuGH gestützt. Zwar wird durch die Ausweitung des Schutzumfangs des sui generis EU-Systems eine Annäherung zum (geografischen) Markenrecht erzielt. Vorrangig dient die Konkretisierung jedoch der Stärkung ebendieses EU-Schutzinstruments. Folglich gehen Gesetzgeber und Rechtsprechung darin konform, dass das sui generis EU-System – trotz der speziell auf Gütezeichen zugeschnittenen neuen Markenart, der Gewährleistungsmarke – ein abschließendes Schutzinstrument für qualifizierte geografische Herkunftsangaben bildet.

In Conclusio gelingt ein Gütezeichenschutz nicht-landwirtschaftlicher Er- 389
zeugnisse ausschließlich auf dem Wege einer Stärkung und Ausweitung des sui generis EU-Systems. Die Erarbeitung einer, wie von der Europäischen Kommission intendierten, eigenständigen sui generis EU-Verordnung würde künftig einen vollumfänglichen Gütezeichenschutz im Hinblick auf die Ausgestaltung geografischer Herkunftsangaben sicherstellen.

Teil 6 Resümee

Die Einführung der Gewährleistungsmarke als neue Markenkategorie stellt eine Zäsur im Hinblick auf den markenrechtlichen Schutz des Gütezeichens dar. 390

So wird die behelfsweise Einordnung des Gütezeichens als Individual- bzw. Kollektivmarke *de lege lata* durch die – auf das Gütezeichen passgenau zugeschnittene – Gewährleistungsmarke abgelöst. In diesem Zusammenhang greifen das teils ungeschriebene Tatbestandsmerkmal der markenmäßigen Benutzung einer Marke sowie die Irreführungstatbestände über den Charakter oder die Bedeutung einer Marke als Abgrenzungsmechanismen. Anhand dieser Mechanismen hat die vorliegende Arbeit die unterschiedlichen sachlichen Schutzbereiche bzw. Hauptmarkenfunktionen der jeweiligen Markenkategorie in den Fokus genommen und diese im konkreten Einzelfall auf ihre Einhaltung und damit verbundene Folgewirkungen untersucht. 391

A. Zusammenfassung der Untersuchungsergebnisse – Beleg einer Monopolstellung der Gewährleistungsmarke in Bezug auf Gütezeichen

Der markenrechtliche Schutz des Gütezeichens *de lege lata* setzt eine Begriffsbestimmung der zugrunde gelegten Abgrenzungsmechanismen voraus. In der vorliegenden Arbeit werden Inhalt bzw. Funktion des Kriteriums der markenmäßigen Benutzung mittels Rechtsprechungsanalyse offengelegt und dementsprechend begrifflich konkretisiert. Überdies wird der Wortsinn der neu implementierten Irreführungsvorschriften im Zuge einer normativen Rechtsauslegung ermittelt. Die dabei gewonnenen Erkenntnisse bilden die Basis für die weitere Untersuchung. 392

Dem Rechtsbegriff der markenmäßigen Benutzung ist nach seinem Wortlaut eine Benutzung »als Marke« zu entnehmen. Dieser allgemeingültige begriffliche Anklang birgt allerdings Rechtsunsicherheiten in Bezug auf die konkret zu prüfenden Voraussetzungen. Eine Marke ist vielmehr – angepasst an die jeweilige Hauptfunktion der Markenkategorie – auf ihre funktionsmäßige Benutzung zu untersuchen. Dadurch wird bereits im Wortlaut die Vielgestaltigkeit der Hauptfunktion – betrieblicher Herkunftshinweis, kollektiver Herkunftshinweis oder Garantiehinweis – deutlich. 393

394 Den Irreführungsvorschriften über den Charakter oder die Bedeutung einer Marke[981] ist nach dem klassischen Auslegungskanon eine unabhängige, spezielle Normfunktion zu attestieren. Zur Vermeidung von Wertungswidersprüchen und zur Förderung der Einheit des Markengesetzes sind die zu den markenrechtlichen Täuschungsvorschriften über die Art, die Beschaffenheit oder die geografische Herkunft sowie der kennzeichenrechtlichen Irreführungsvorschrift über die geografische Herkunft entwickelten Auslegungsgrundsätze zwar entsprechend auf die inhaltlich übereinstimmenden Tatbestandsmerkmale »Irreführungsgefahr« und »Publikum« der spezifischen Irreführungsvorschriften zu übertragen. Die irreführenden Bezugspunkte formen jedoch ein darüberhinausgehendes, spezialgesetzliches Normverständnis. Danach beinhaltet die Prüfung der speziellen Irreführungsgefahr eine strikte Abgrenzung der jeweils divergierenden Charaktereigenschaften sowie der unterschiedlichen Schutzzwecke der Markenkategorien. Demzufolge verleihen die speziellen Irreführungstatbestände der Kollektiv- sowie Gewährleistungsmarke dem teilweise ungeschriebenen Kriterium der funktionsmäßigen Benutzung einen ausdrücklichen Normcharakter. Insofern nehmen sie im Hinblick auf die sachliche Schutzbereichsabgrenzung der Markenkategorien eine komplettierende Stellung zu den bereits vorhandenen Abgrenzungsregelungen des Eintragungs-, Verletzungs- und Verfallsverfahrens ein. In ihrer Funktion als Spezialnormen gehen sie einer Anwendung allgemeiner Vorschriften des MarkenG gem. § 97 Abs. 2 MarkenG und § 106a Abs. 2 MarkenG bzw. der UMV gem. Art. 74 Abs. 3 UMV und Art. 83 Abs. 3 UMV vor.

395 Darauf aufbauend lassen sich resümierend die – mittels Rechtsprechungsanalyse sowie juristisch-methodischer Rechtsauslegung herausgestellten – Ergebnisse zur Eignung der Markenkategorien als Schutzinstrument für Gütezeichen ableiten:

396 1. Gewährleistungsmarken sind ausdrücklich zur Stärkung eines rechtssicheren Schutzes von Gütezeichen neu in das Markenrecht eingeführt worden und in ihrer markenmäßigen bzw. funktionsmäßigen Benutzung auf dessen Wesensart zugeschnitten. Die im Grundsatz zu wahrende, markenrechtliche Unterscheidungsfunktion ist dem wesensbedingten Garantiehinweis auf Qualitäts- bzw. Eigenschaftsmerkmale eines Gütezeichens angepasst. Dementsprechend vermögen Gewährleistungsmarkeninhaber in der Funktion eines neutralen Zertifizierers bestimmte Qualitätseigenschaften für eingetragene Waren und Dienstleistungen auszuweisen, zu denen sie in keinerlei

981 Spezielle Irreführungsvorschriften der Kollektivmarke: Art. 76 Abs. 2 UMV, Art. 81 lit. b UMV Art. 82 UMV bzw. § 103 Abs. 2 MarkenG § 105 Abs. 1 Nr. 3 MarkenG § 106 Abs. 1 S. 1 MarkenG; Spezielle Irreführungsvorschriften der Gewährleistungsmarke: Art. 85 Abs. 2 UMV, Art. 91 lit. c UMV, Art. 92 UMV bzw. § 106e Abs. 2 MarkenG, § 106g Abs. 1 Nr. 3 MarkenG und § 106h Abs. 1 S. 1 MarkenG.

sonstigem Verhältnis (wie z. B. Inhaberschaft, Lieferung etc.) stehen, Art. 83 Abs. 1, 2 UMV bzw. §§ 106a Abs. 1, 106b Abs. 1 MarkenG.

2. Individual- sowie Kollektivmarken in Gestalt eines Gütezeichens werden dagegen – aufgrund der Unvereinbarkeit von neutralem Hinweis auf eine Güteeigenschaft und gleichzeitig als Hauptfunktion agierendem Herkunftshinweis auf die Unternehmenszugehörigkeit von Waren und/oder Dienstleistungen gem. § 3 Abs. 1 MarkenG und § 97 Abs. 1 MarkenG bzw. Art. 4 lit. a UMV und Art. 74 Abs. 1 UMV – grundsätzlich nicht markenmäßig bzw. funktionsmäßig benutzt. 397
3. Von dieser Dysfunktionalität der beiden Markenkategorien im Hinblick auf deren Ausgestaltung als Gütezeichen sind Zertifizierungs- und Qualitätssicherungsdienstleistungen der Klasse 42 der Nizza-Klassifikation auszunehmen. Sie ermöglichen ein Auftreten als neutraler Zertifizierer von Qualitätseigenschaften unternehmensfremder Waren und/oder Dienstleistungen und weisen zugleich auf die Herkunft der Zertifizierung aus einem Unternehmen bzw. Unternehmenskollektiv hin. 398
4. Im Anmelde- bzw. Eintragungsstadium vermag sich die Nichteintragung bzw. die Nichtigkeit und Löschung einer Individual- sowie Kollektivmarke als verbindliche Rechtsfolge nur im Falle evidenter Güteausweisungen in Wort/Bildbestandteilen oder Satzungsinhalten wie »zertifiziert« oder »garantiert«, anschließen. Andernfalls tritt eine funktionale Ausprägung als Gütezeichen und eine damit einhergehende Kollision mit der markenmäßigen Benutzung in Form eines Herkunftshinweises erst im Zuge der konkreten Zeichennutzung hervor. Daraus erwachsen im Benutzungsstadium die Erklärung des Verfalls und Löschung einer Marke als unmittelbare Rechtsfolgen. 399
5. Sowohl das nach Durchführung einer methodischen Auslegung herausgearbeitete Irreführungspotential einer fehlenden, streng vorzunehmenden Abgrenzung der Markenkategorien als auch die Irreführungspraxis des EUIPO legen nahe, dass sich die Verkehrsauffassung des Gütezeichens seit Einführung der Gewährleistungsmarke geändert hat. Danach geht der Geschäftsverkehr davon aus, dass eine konkret auf Waren und/oder Dienstleistungen ausgewiesene Güteeigenschaft von einem neutralen Gütezeicheninhaber oder dessen neutralen Erfüllungsgehilfen ausgestellt und garantiert werden kann, ohne dass der Gütezeicheninhaber dabei selbst Inhaber dieser Waren- und/oder Dienstleistungen ist. Die Abundanz dieser Gütedeklarierungen und die damit einhergehende neue (Gewährleistungs-)Markeninhaberfunktion eines Zertifizierers hat das neue Bewusstsein in den angesprochenen Verkehrskreisen gefestigt. 400
6. Dementsprechend lässt sich das Irreführungspotential einer als Gütezeichen ausgestalteten Gewährleistungsmarke auf die Einhaltung oder Sicherstellung konkreter Charaktereigenschaften in Zeichen- und/oder Satzungsinhalt begrenzen. Die wesensbedingte Hauptfunktion und somit »ihre Bedeutung als 401

Marke« ruft keine Irreführung hervor, da sie sich kongruent zum Gütezeichenbegriff und dessen geändertem Verkehrsverständnis verhält.

402 7. Unter Zugrundelegung der normativen Auslegungsgrundsätze wird den Irreführungsvorschriften der UMV und des MarkenG die klarstellende Funktion zuteil, Kollektivmarken in Form eines Gütezeichens als irreführungsgefährdend einzuordnen und dadurch ihre grundsätzlich fehlende funktionsmäßige Benutzung zu untermauern. Kollektive Waren- und Dienstleistungsmarken, die mittels Zeichen und/oder Satzung die Gewährleistung einer neutralen Güte ausweisen, vermögen ihren zu erbringenden Hinweis auf eine Verbandszugehörigkeit der Waren oder Dienstleistungen nicht hinreichend sicherzustellen. Einzig bei strenger Einhaltung eines Zertifizierungsdienstleistungscharakters der Kollektivmarke findet der Irreführungstatbestand keine Verwirklichung.

403 8. Dieser Grundsatz des verwirklichten Irreführungstatbestandes ist jedoch in Dependenz zum jeweiligen Verfahrensstadium zu setzen und somit *de jure* wieder einzuschränken. So tritt der Gütezeichencharakter einer Kollektivmarke im Zeitpunkt der Eintragung lediglich in seltenen Fällen »ersichtlich« hervor. Das Tatbestandsmerkmal der Ersichtlichkeit für die angesprochenen Verkehrskreise folgt aus den analog heranzuziehenden, nationalen Vorschriften zur Täuschungsgefahr, §§ 37 Abs. 3, 8 Abs. 2 Nr. 4, 97 Abs. 2, 106a Abs. 2 MarkenG. Außerdem vermag eine verwirklichte Irreführungsgefahr nachträglich durch eine Satzungsänderung gem. § 103 Abs. 3 MarkenG, § 106 Abs. 1 S. 2 MarkenG bzw. Art. 76 Abs. 3, Art. 82 UMV wieder geheilt werden. Im Zeitpunkt der Markennutzung ist die Verwirklichung einer Irreführungsgefahr hingegen eindeutig auszumachen und es besteht, anders als im Eintragungsstadium, keine Heilungsmöglichkeit, § 105 Abs. 1 Nr. 3 MarkenG bzw. Art. 81 lit. b UMV.

404 9. Die Gewährleistungsmarke als neues markenrechtliches Schutzinstrument des Gütezeichens ist in Bezug auf geografische Herkunftsangaben defizitär ausgestaltet. So ist die geografische Herkunftsangabe von der Schutzwirkung der Gewährleistungsmarke ausgeschlossen. Als gesetzliche Begründung für diese Tatbestandsausnahme führt der nationale Gesetzgeber einen »hinreichenden Sonderschutz des sui generis EU-Systems«[982] an. Die vorliegende Arbeit untersucht die EU-Sonderregelungen sowie deren Schwachstellen und zeigt Handlungsoptionen für eine Ausweitung des Gütezeichenschutzes *de lege ferenda* auf.

405 *Summa summarum* manifestiert die Untersuchung des markenrechtlichen Gütezeichenschutzes *de lege lata* eine Monopolstellung der Gewährleistungsmarke in Bezug auf neutrale Gütekennzeichnungen von Waren und Dienstleistungen. Die von der Verfasserin der Dissertation in Teil I D. aufgestellte Arbeitsthese erfährt damit im Ergebnis eine Belegung. Ein markenrechtlicher Gütezeichen-

982 Amtliche Begründung, BT-Drs. 19/2898, S. 89.

schutz als Individual- und Kollektivmarke kann unter Zugrundelegung der Rechtsprechungsanalyse zur markenmäßigen bzw. funktionsmäßigen Benutzung einer Marke sowie des Normverständnisses der Irreführungsgefahr über den Charakter oder die Bedeutung einer Marke allenfalls in einem restriktiven Maße aufrechterhalten werden. Danach zeichnet sich die Grundsatzproblematik ab, dass neutrale Gütezeichenfunktion und Herkunftsfunktion in einem kontradiktorischen Verhältnis zueinander stehen. So läuft eine Gleichsetzung von neutralem Gütehinweis und subjektivem Qualitätsversprechen für unternehmenszugehörige Waren und/oder Dienstleistungen dem Sinn und Zweck der Abgrenzungskriterien entgegen. Die konträren Funktionen lassen sich ausschließlich unter Wahrung der konkreten Satzungsvoraussetzungen sowie Voraussetzungen des Waren- und Dienstleistungsverzeichnisses einer als Qualitätssicherungs- bzw. Zertifizierungsdienstleistung eingetragenen bzw. verwendeten Individual- bzw. Kollektivmarke in Einklang bringen.

In Conclusio wird einer dem Verkehrsverständnis gegenläufigen Verwendung 406
eines Gütezeichens *de lege lata* eine schärfere Überprüfung der jeweils einzuhaltenden Hauptmarkenfunktion anhand der Kriterien der funktionsmäßigen Benutzung sowie der Irreführungsgefahr über den Charakter oder die Bedeutung einer Marke entgegengesetzt. Diese strikte Wahrung der markenrechtlichen Dogmen[983] dient der Rechtssicherheit und der Vorhersehbarkeit von gerichtlichen Entscheidungen für die Markeninhaber sowie den Geschäftsverkehr.

B. Ausblick auf einen verbesserten Gütezeichenschutz

Dem breiten Spektrum an Schutzinstrumenten von Gütezeichen mangelt es auch 407
nach der Reformierung des europäischen und deutschen Markenrechts *de lege lata* immer noch an Vollständigkeit. Dies betrifft insbesondere Gütezeichen in Form nicht-landwirtschaftlicher geografischer Herkunftsangaben, welche die geografisch eingrenzbaren, besonderen qualitativen Fähigkeiten und Traditionen der Fertigung von Produkten schützen. Deren unterschiedlich ausgeprägte Schutzinstrumente in den EU-Mitgliedstaaten, wie die Einordnung in das sui generis System für geografische Angaben nach portugiesischem Recht, der Erlass italienischer und spanischer Regionalgesetze oder der Erlass deutscher Verordnungen zum Schutz konkreter geografischer Herkunftsangaben, verlangen ein harmonisierendes Maß an Schutzgewährung auf Unionsebene.

Eine dahingehende Ergänzung des Gütezeichenschutzes innerhalb des euro- 408
päischen sowie deutschen Markenrechts – in Gestalt einer Revidierung der Tat-

983 Siehe zum Rechtsbegriff der Dogmatik: Görres-Gesellschaft/*Waldhoff*, Staatslexikon, 2017, Dogmatik I.

bestandsausnahmen gem. Art. 83 Abs. 1 UMV bzw. § 106a Abs. 1 S. 1 Nr. 3 MarkenG und somit einer Ausweitung des Schutzumfangs der Gewährleistungsmarke auf die geografische Herkunft – ist durch den speziellen sui generis EU-Schutz gesperrt. Zwar ist die Gewährleistungsmarke als nationale Schutzoption für geografische Herkunftsangaben in Art. 28 Abs. 4 S. 1 MRRL vorgesehen und verkörpert eine – der höchstrichterlichen Rechtsprechungslinie zu entnehmende – bislang fehlende Rechtsicherheit in Bezug auf den markenrechtlichen Schutz des Gütezeichens. Allerdings birgt die Simultanität von markenrechtlicher und sui generis Hauptfunktion in Form einer Qualitäts- bzw. Eigenschaftsgarantie die Gefahr einer Aushöhlung des EU-Sonderschutzes und dessen gesetzgeberischen Zielsetzung durch Eintragung als Marke. Die sui generis Bezeichnungen – geschützte geografische Angabe und geschützte Ursprungsbezeichnung – dienen den agrarpolitischen Allgemeininteressen von Verbrauchern an einer geografischen Qualitätsgarantie und von Landwirten an einer wirtschaftlichen Wertsteigerung ihrer landwirtschaftlichen Erzeugnisse. Im Gegensatz dazu bezweckt die Gewährleistungsmarke eine Stärkung von Individualrechten und -pflichten des Marken- bzw. Gütezeicheninhabers. In Folge dieser Inkompatibilität der Schutzzwecke ist ein wechselseitiges Nebeneinander des sui generis EU-Systems und des Markenrechtssystems ausgeschlossen.

409 Derweil intendiert der europäische Gesetzgeber eine Ausweitung des Gütezeichenschutzes außerhalb des Markenrechts. Der jüngst angenommene Legislativvorschlag der Europäischen Kommission zur Reformierung des geltenden sui generis EU-Systems sieht zwar keine entsprechende Schutzerweiterung zu Gunsten qualifizierter geografischer Herkunftsangaben nicht-landwirtschaftlicher Art vor.[984] Stattdessen beabsichtigt die Kommission, sich deren Schutz in einem gesonderten Gesetzgebungsakt zu widmen.[985] Demzufolge ist die Einführung eines autonomen sui generis EU-Systems für geografische Herkunftsangaben nicht-landwirtschaftlicher Art – als eine von der Europäischen Kommission, Interessenverbänden sowie Verbrauchern viel diskutierte Harmonisierungsoption – in näherer Zukunft abzusehen.

984 Vorschlag für eine Verordnung des Europäischen Parlaments und des Rates über geografische Angaben der Europäischen Union für Wein, Spirituosen und landwirtschaftliche Erzeugnisse und über Qualitätsregelungen für landwirtschaftliche Erzeugnisse sowie zur Änderung der Verordnungen (EU) Nr. 1308/2013, (EU) 2017/1001 und (EU) 2019/787 und zur Aufhebung der Verordnung (EU) Nr. 1151/2012, COM (2022) 134 final, Begründung S. 2.

985 Vorschlag für eine Verordnung des Europäischen Parlaments und des Rates über geografische Angaben der Europäischen Union für Wein, Spirituosen und landwirtschaftliche Erzeugnisse und über Qualitätsregelungen für landwirtschaftliche Erzeugnisse sowie zur Änderung der Verordnungen (EU) Nr. 1308/2013, (EU) 2017/1001 und (EU) 2019/787 und zur Aufhebung der Verordnung (EU) Nr. 1151/2012, COM (2022) 134 final, Begründung S. 2; *Loschelder* GRUR 2023, 601, 601.

Somit ist die Einführung einer autonomen sui generis EU-Verordnung für geografische Herkunftsangaben nicht-landwirtschaftlicher Art als Desiderat anzusehen, dessen Umsetzung die Sonderstellung des sui generis EU-Systems weiter ausbaut und dadurch den Gütezeichenschutz insgesamt, für Gütezeicheninhaber und Verbraucher gleichermaßen, stärkt. 410

Abkürzungen

a. A.	anderer Ansicht
a. F.	alte Fassung
abgedr.	abgedruckt
ABl.	Amtsblatt
Abs.	Absatz
AcP	Archiv für die civilistische Praxis
AEUV	Vertrag über die Arbeitsweise der Europäischen Union
Alt.	Alternative
Anh.	Anhang
Art.	Artikel
Aufl.	Auflage
BAnz.	Bundesanzeiger
BB	Betriebs-Berater
Bd.	Band
BeckEuRS	Beck-Europäische Rechtsprechung
BeckOK	Beck'scher Online-Kommentar
BeckRS	Beck-Rechtsprechung
Begr.	Begründer
Beschl.	Beschluss
BGB	Bürgerliches Gesetzbuch
BGBl.	Bundesgesetzblatt
BGH	Bundesgerichtshof
BlPMZ	Blatt für Patent-, Muster-, Zeichenwesen
BPatG	Bundespatentgericht
BPatGE	Bundespatentgerichtsentscheidung
BT-Drs.	Bundestagsdrucksache
BVerfG	Bundesverfassungsgericht
bzw.	beziehungsweise
Ders.	Derselbe
Dies.	Dieselbe
DIN	Deutsches Institut für Normung e. V.
DPMA	Deutsches Patent- und Markenamt
Drs.	Drucksache
ECLI	European Case Law Identifier
EG	Europäische Gemeinschaft
Einl.	Einleitung
ErwGr.	Erwägungsgründe
EU	Europäische Union
EuGH	Gerichtshof der Europäischen Union
EuG	Gericht Erster Instanz der Europäischen Union
EuZW	Europäische Zeitschrift für Wirtschaftsrecht
EWS	Europäisches Wirtschafts- und Steuerrecht

f./ff.	folgende
Fn.	Fußnote
fortgef. v.	fortgeführt von
GG	Grundgesetz
GmbH	Gesellschaft mit beschränkter Haftung
GMV	Gemeinschaftsmarkenverordnung
GP Solo	General Practice, Solo and Small Firm Division of the American Bar Association (ABA)
GRCh	Charta der Grundrechte der Europäischen Union
GRUR	Gewerblicher Rechtsschutz und Urheberrecht
GRUR Int.	GRUR: Internationaler Teil
GRUR-Prax	GRUR: Praxis im Immaterialgüter- und Wettbewerbsrecht
GRUR-RR	GRUR: Rechtsprechungs-Report
	GRUR-RS GRUR: Rechtsprechungssammlung
GWB	Gesetz gegen Wettbewerbsbeschränkungen
GZVO	Gütezeichenverordnung
Halbbd.	Halbband
HdB.	Handbuch
Hrsg.	Herausgeber
hrsg. v.	herausgegeben von
int.	international
i. S. d.	im Sinne der/im Sinne des
i. S. e.	im Sinne einer/im Sinne eines
i. S. v.	im Sinne von
i. V. m.	in Verbindung mit
insb.	insbesondere
GPSolo	General Practice, Solo and Small Firm Division
JR	Juristische Rundschau
JuS	Juristische Schulung
JZ	JuristenZeitung
K&R	Kommunikation und Recht
KOM	Europäische Kommission
LG	Landgericht
lit.	litera
LFGB	Lebensmittel- und Futtermittelgesetzbuch
LMIV	Lebensmittel-Informationsverordnung
LMuR	Lebensmittel & Recht
Markenartikel	Markenartikel: das Magazin für Marktführung
MarkenG	Markengesetz
MarkenR	Zeitschrift für deutsches, europäisches und internationales Kennzeichenrecht
MMR	Multimedia und Recht
MRRL	Markenrechtsrichtlinie
NJW	Neue Juristische Wochenschrift
NJW-RR	Neue Juristische Wochenschrift – Rechtsprechungs-Report Zivilrecht
Nr.	Nummer
NVwZ	Neue Zeitschrift für Verwaltungsrecht

OLG	Oberlandesgericht
PatKostG	Patentkostengesetz
RabelsZ	Rabels Zeitschrift für ausländisches und internationales Privatrecht
RAL	RAL Deutsches Institut für Gütesicherung und Kennzeichnung e.V.
RAL-GZ.	RAL Deutsches Institut für Gütesicherung und Kennzeichnung e.V. - Gütezeichen
Ref-E	Referentenentwurf
RGBl.	Reichsgesetzblatt
RIW	Recht der Internationalen Wirtschaft
RL	Richtlinie
Rn.	Randnummer
Rspr.	Rechtsprechung
S.	Seite
Slg.	Sammlung
sog.	sogenannte/sogenannter/sogenanntes
str.	strittig
u. a.	unter anderem
UAbs.	Unterabsatz
u. F.	ursprüngliche Fassung
UMV	Unionsmarkenverordnung
Urt.	Urteil
UWG	Gesetz gegen den unlauteren Wettbewerb
v.	vom/von
vgl.	vergleiche
VO	Verordnung
WBG	Warenbezeichnungsgesetz
WZG	Warenzeichengesetz
WRP	Wettbewerb in Recht und Praxis
WZG	Warenzeichengesetz
z. B.	zum Beispiel
ZfPW	Zeitschrift für die gesamte Privatrechtswissenschaft
ZfU	Zeitschrift für Umweltpolitik & Umweltrecht
zit.	zitiert als
ZLR	Zeitschrift für das gesamte Lebensmittelrecht

Literatur

Ahrens, Sönke — Rechtserhaltende Benutzung und Irreführungsgefahr bei als Kollektivmarke geschützten Gütezeichen, GRUR 2020, S. 809-817.

Albrecht, Friedrich (Hrsg.)/ Kur, Annette (Hrsg.)/ Von Bomhard, Verena (Hrsg.) — Markenrecht, Beck-Online Kommentar, 32. Auflage, München, Stand: 01.01.2023, (zit.: BeckOK Markenrecht/*Bearbeiter*, Stand: 01.01.2023).

Baldauf, Sarah — Werbung mit Gütesiegeln und Testergebnissen, Aachen 2011.

Barczak, Tristan — Normenkonkurrenz und Normenkollision, JuS 2015, S. 969-976.

Barczak, Tristan — Rechtsbegriffe, JuS 2020, S. 905-910.

Bathelt, Alexander — Die Unionsgewährleistungsmarke: Charakter und Rolle im System des unverfälschten Wettbewerbs, Tübingen 2021, (zit.: *Bathelt*, Die Unionsgewährleistungsmarke, 2021).

Baumbach, Adolf/ Hefermehl, Wolfgang — Warenzeichenrecht und Internationales Wettbewerbs- und Zeichenrecht, Beck'scher Kurz Kommentar, Band 13b, 12. Auflage, München 1985.

Beling, Ernst — Vom Positivismus zum Naturrecht und zurück, in: Stoll, Heinrich (Hrsg.), Festgabe für Philipp Heck, Max Rümelin, Arthur Benno Schmidt, S. 1-18, Tübingen 1931, (zit.: *Beling*, in FG Heck/Rümelin/Schmidt, 1931).

Benkendorff, Walter — Gütezeichenrecht, GRUR 1952, S. 3-5.

Berg, Günter — Die geographische Herkunftsangabe - ein Konkurrent für die Marke?, GRUR Int. 1996, S. 425-432.

Berlit, Wolfgang — Markenrecht, 11. Auflage, München 2019.

Berlit, Wolfgang — Markenrechtsmodernisierungsgesetz: Was ändert sich am 14.1.2019?, GRUR-Prax 2019, S. 1-3.

Bierling, Ernst Rudolf	Juristische Prinzipienlehre in 5 Bänden, Aalen 1979, (zit.: *Bierling*, Juristische Prinzipienlehre, 1979).
Binding, Karl	Handbuch des Strafrechts, 1. Band, Leipzig 1885, (zit.: *Binding*, HdB. d. Strafrechts, 1885).
Bitter, Georg/ Rauhut, Tilman	Grundzüge zivilrechtlicher Methodik - Schlüssel zu einer gelungenen Fallbearbeitung, JuS 2009, S. 289-298.
Bock, Andreas	Gütezeichen als Qualitätsaussage im digitalen Informationsmarkt, Darmstadt 2000, (zit.: *Bock*, Gütezeichen als Qualitätsaussage im digitalen Informationsmarkt, 2000).
Bornkamm, Joachim	Die Schnittstellen zwischen gewerblichem Rechtsschutz und UWG - Grenzen des lauterkeitsrechtlichen Verwechslungsschutzes, GRUR 2011, S. 1-8.
Brechmann, Winfried	Die richtlinienkonforme Auslegung, München 1994.
Bron, Christian M.	Rechtsangleichung des Privatrechts auf Ebene der Europäischen Union, 1. Auflage, Baden-Baden 2011, (zit.: *Bron*, Rechtsangleichung des PrivatR auf Ebene der EU, 2011).
Brütt, Lorenz	Die Kunst der Rechtsanwendung, Zugleich ein Beitrag zur Methodenlehre der Geisteswissenschaften, Berlin 1907, (zit.: *Brütt*, Die Kunst der Rechtsanwendung, 1907).
Buckstegge, Svenja	Die nationale Gewährleistungsmarke, Berlin 2018.
Büscher, Wolfgang/ Dittmer, Stefan/ Schiwy, Peter	Gewerblicher Rechtsschutz - Urheberrecht - Medienrecht Kommentar, 3. Auflage, Köln 2015, (zit.: Büscher/Dittmer/Schiwy/*Bearbeiter*, GewRS - UrheberR - MedienR, 2015).
Büscher, Wolfgang/ Kochendörfer, Mathias	Unionsmarkenverordnung, Beck-Online Kommentar, 27. Auflage, München, Stand: 15.11.2022, (zit.: BeckOK UMV/*Bearbeiter*, Stand: 15.11.2022).
Büscher, Wolfgang	Aus der Rechtsprechung des EuGH und des BGH zum Lauterkeitsrecht seit Ende 2015, GRUR 2017, S. 105-120.
Busse, Rudolf (Begr.)/ Starck, Joachim (Bearb.)	Warenzeichengesetz, 6. Auflage, Berlin/New York 1990, (zit.: *Busse/Starck*, WZG, 1990).

Bussmann, Kurt Die Marke in der Reklame, GRUR 1929, S. 1231-1243.

Bydlinski, Franz Juristische Methodenlehre und Rechtsbegriff, 2. Auflage, Wien/New York 1991, (zit.: *Bydlinski*, Juristische Methodenlehre, 1991).

Bydlinski, Franz/ Bydlinski, Peter Grundzüge der juristischen Methodenlehre, 3. Auflage, Wien 2018.

Callies, Christian (Hrsg.)/ Ruffert, Matthias (Hrsg.) EUV/AUEV Kommentar, 6. Auflage, München 2022, (zit.: Callies/Ruffert/*Bearbeiter*, EUV/AEUV, 2022).

Canaris, Claus-Wilhelm Das Rangverhältnis der »klassischen« Auslegungskriterien, demonstriert an Standardproblemen aus dem Zivilrecht, in: Beuthien, Volker, Festschrift für Dieter Medicus zum 70. Geburtstag, Köln 1999, S. 25-62, (zit.: *Canaris*, Das Rangverhältnis der klassischen Auslegungskriterien, in: Beuthien, FS Medicus 1999).

Canaris, Claus-Wilhelm Die richtlinienkonforme Auslegung und Rechtsfortbildung im System der juristischen Methodenlehre, in: Koziol, Helmut/ Rummel, Peter, Im Dienste der Gerechtigkeit - Festschrift für Franz Bydlinski:, Wien 2002, S. 47-103, (zit.: *Canaris*, Die richtlinienkonforme Auslegung und Rechtsfortbildung im System der juristischen Methodenlehre, in: FS Bydlinski 2002).

Demko, Daniela Zur »Relativität der Rechtsbegriffe« in strafrechtlichen Tatbeständen, Berlin 2002.

Dissmann, Richard/ Somboonvong, Sarah Die Unionsgewährleistungsmarke, GRUR 2016, S. 657-662.

Dissmann, Richard/ Somboonvong, Sarah Rechtserhaltende Benutzung von Individualmarken als Gütezeichen, GRUR 2017, S. 777-779.

Dröge, Alexander Die Gewährleistungsmarke und ihre Praxisrelevanz, GRUR 2017, S. 1198-1202.

Ekey, Friedrich L./ Bender, Achim/ Fuchs-Wissemann, Georg Markenrecht, Band 1: MarkenG, UMV und Markenrecht ausgewählter ausländischer Staaten, 4. Auflage, Heidelberg 2019, (zit.: HK-Markenrecht/*Bearbeiter*, 2019).

Enneccerus, Ludwig/ Nipperdey, Hans Carl — Allgemeiner Teil des Bürgerlichen Rechts, Band 1, Halbband 1: Allgemeine Lehre, Personen, Rechtsobjekte, 15. Auflage, Tübingen 1959.

Erbs, Georg (Begr.)/ Kohlhaas, Max (Begr.)/ Häberle, Peter (Hrsg.) — Strafrechtliche Nebengesetze, Beck'sche Kurz-Kommentare, Band 17, 243. Ergänzungslieferung, München, Stand: 08.2022, zit.: Erbs/Kohlhaas/*Bearbeiter*, Strafrechtliche Nebengesetze, Stand: 08.2022).

Erdmann, Willi — Schwerpunkte der markenrechtlichen Rechtsprechung des Bundesgerichtshofs, GRUR 2001, S. 609-615.

Fezer, Karl-Heinz — Rechtsnatur und Rechtssystematik der unionsrechtlichen Konzeption einer Gewährleistungsmarke, GRUR 2017, S. 1188-1197.

Fezer, Karl-Heinz — Markenrecht, Beck'sche Kurz-Kommentare, Band 13b, 4. Auflage, München 2009, (zit.: *Fezer*, Markenrecht, 2009).

Fezer, Karl-Heinz/ Büscher, Wolfgang/ Obergfell, Eva Inés — Lauterkeitsrecht, Kommentar zum Gesetz gegen den unlauteren Wettbewerb (UWG), Band 1: Internationales Lauterkeitsrecht, Lauterkeitsrechtliche Spezialthemen, Geschichte – Systematik – Grundlagen, §§ 1-3 UWG, Band 2: §§ 3a-20 UWG, Anhang zu § 3 Abs. 3 UWG, 3. Auflage, München 2016, (zit.: Fezer/Büscher/Obergfell/*Bearbeiter*, UWG, 2016).

Fikentscher, Wolfgang — Methoden des Rechts in vergleichender Darstellung, Band IV: Dogmatischer Teil, Tübingen 1977, (zit.: *Fikentscher*, Methoden des Rechts, 1977, Bd. IV).

Frieling, Tino — Gesetzesmaterialien und Wille des Gesetzgebers, Tübingen 2017.

Früh, Andreas — Juristisch auslegen, argumentieren und überzeugen, JuS 2021, S. 905-913.

Gloy, Wolfgang (Begr.)/ Loschelder, Michael (Hrsg.)/ Danckwerts, Rolf (Hrsg.) — Handbuch des Wettbewerbsrechts, 5. Auflage, München 2019, (zit.: Gloy/Loschelder/Danckwerts/*Bearbeiter*, HdB. d. Wettbewerbsrechts, 2019).

Görres-Gesellschaft — Staatslexikon, Recht – Wirtschaft – Gesellschaft, Band 1: ABC-Waffen – Ehrenamt, 8. Auflage, Freiburg 2017, (zit.: Görres-Gesellschaft/*Bearbeiter*, Staatslexikon, 2017).

Götting, Horst-Peter — Gewerblicher Rechtsschutz: Patent-, Gebrauchsmuster-, Design- und Markenrecht, 11. Auflage, München 2020, (zit.: *Götting*, Gewerblicher Rechtsschutz, 2020).

Grabitz, Eberhard (Begr.)/ Hilf, Meinhard (Fortgef. v.)/ Nettesheim, Marin (Hrsg.) — Das Recht der Europäischen Union, Band I: EUV/AEUV, 78. Auflage, München, Stand: Januar 2023, (zit.: Grabitz/Hilf/Nettesheim/*Be-arbeiter*, Das Recht der EU, Stand: 01.2023).

Grabrucker, Marianne — Der EuGH schnürt am Paket zur Gewährleistungsmarke: Gedanken zur »Baumwollblüte« in »Darjeeling«, GRUR 2018, S. 53-57.

Gröschler, A. — Deutsche Gütezeichen in weiterer Entwicklung - (Gemeinschaftsarbeit und Verkehrsübung schaffen »freiwillige Gesetze«), GRUR 1956, S. 21-34.

Gröschler, A. — Deutsche Gütezeichen - Entwicklung und Stand des deutschen Gütezeichenrechts, GRUR 1950, S. 61-64.

Grote, Henner — Vom guten Glauben an Herkunftsangaben, ZLR 2010, S. 206-211.

Gruber, Stephan — Verbraucherinformation durch Gütezeichen: Schriftenreihe zum gewerblichen Rechtsschutz, Band 68, Köln/Berlin/Bonn/München 1987, (zit.: *Gruber*, Verbraucherinformation durch Gütezeichen, 1987).

Grundmann, Stefan/ Riesenhuber, Karl — Die Auslegung des Europäischen Privat- und Schuldvertragsrechts, JuS 2001, S. 529-536.

Günzel, Ortrun — Die Einführung der Gewährleistungsmarke - Steine statt Brot?, MarkenR 2018, S. 523-529.

Hacker, Franz — Das Markenrechtsmodernisierungsgesetz (MaMoG), Teil I: Markenfähigkeit, absolute Schutzhindernisse und patentamtliche Verfahren, GRUR 2019, S. 113-122.

Hacker, Franz — Das Markenrechtsmodernisierungsgesetz (MaMoG), Teil II: Verletzung und Transit, Schutzschranken und Benutzungszwang, Gewährleistungsmarke,

Sonstiges, GRUR 2019, S. 235-244.

Hacker, Franz — Markenrecht, 6. Auflage, Köln 2023.

Harte-Bavendamm, Henning/ Henning-Bodewig, Frauke — Gesetz gegen den unlauteren Wettbewerb, UWG Kommentar, 4. Auflage, München 2016, (zit.: Harte-Bavendamm/Henning-Bodewig/*Be-arbeiter*, UWG, 2016).

Harte-Bavendamm, Henning/ Henning-Bodewig, Frauke — Gesetz gegen den unlauteren Wettbewerb, UWG Kommentar, 5. Auflage, München 2021, (zit.: Harte-Bavendamm/Henning-Bodewig/*Bearbeiter*, UWG, 2021).

Hasselblatt, Gordian N. (Hrsg.) — Münchener Anwalts Handbuch Gewerblicher Rechtsschutz, 6. Auflage, München 2022, (zit.: MAH GewRS/*Bearbeiter*, 2022).

Heck, Philipp — Begriffsbildung und Interessenjurisprudenz, Tübingen 1932.

Heck, Philipp — Gesetzesauslegung und Interessenjurisprudenz, Archiv für die civilistische Praxis (AcP), Band 112 (1914), S. 1-314.

Heermann, Peter W./ Schlingloff, Jochen — Münchener Kommentar zum Lauterkeitsrecht, Band 1: Grundlagen, 3. Auflage, München 2020, (zit.: MüKo UWG/*Bearbeiter*, 2020).

Heiderhoff, Bettina — Europäisches Privatrecht, 5. Auflage, Heidelberg 2020.

Hemker, Anna — Missbrauch von Gütezeichen, Hamburg 2016.

Hildebrandt, Ulrich — Marken und andere Kennzeichen: Handbuch für die Praxis, Köln 2019, (zit.: *Hildebrandt*, Marken und andere Kennzeichen, 2019).

Honsell, Heinrich — Die rhetorischen Wurzeln der juristischen Auslegung, ZfPW 2016, S. 106-128.

Höpfner, Clemens/ Rüthers, Bernd — Grundlagen einer europäischen Methodenlehre, Archiv für die civilistische Praxis (AcP), Band 209 (2009), S. 1-36.

Ingerl, Reinhard/ Rohnke, Christian/ Nordemann, Axel — Markengesetz, 4. Auflage, München 2023.

Jacobi, Christoph Alexander — Methodenlehre der Normwirkung, Die Normwirkung als Maßstab der Rechtsgewinnung, 1. Auflage, Baden-Baden 2008.

Jungblut, Hans — Das Gütezeichen und die Gütezeichengemeinschaften, GRUR 1932, S. 205-217.

Jungblut, Hans/ Gröschler, Arthur — Güteschutz und Gütekauf, Reichskuratorium für Wirtschaftlichkeit - Veröffentlichung Nr. 90, 1933, S. 15-86, (zit.: *Jungblut/Gröschler*, Güteschutz und Gütekauf, RKW-Veröffentlichung 1933).

Kiefer, Jonas — Geographischer Irreführungsschutz: Eine Analyse der Vorschriften des Kennzeichen-, Lauterkeits- und Lebensmittelrechts, Tübingen 2019, (zit.: *Kiefer*, Geographischer Irreführungsschutz, 2019).

Knaak, Roland — Der Schutz geographischer Herkunftsangaben im neuen Markengesetz, GRUR 1995, S. 103-112.

Köhler, Helmut/ Bornkamm, Joachim/ Feddersen, Jörn — Gesetz gegen den unlauteren Wettbewerb, Beck'scher Kurz-Kommentar, Band 13 a, 41. Auflage, München 2023, (zit.: Köhler/Bornkamm/Feddersen/*Bearbeiter*, UWG, 2023).

Kohler, Jos — Über die Interpretation von Gesetzen, in: Grünhut, Carl S., Zeitschrift für das Privat- und Öffentliche Recht der Gegenwart (Grünhuts Zeitschrift), Band 13 (1886), S. 1-61.

Kramer, Ernst A. — Juristische Methodenlehre, 6. Auflage, Bern 2019.

Krüger, Elmar — Die Bedeutung der Rechtstheorie, JuS 2012, S. 873-877.

Krüper, Julian (Hrsg.) — Grundlagen des Rechts, 3. Auflage, Baden-Baden 2017, (zit.: Krüper/*Bearbeiter*, Grundlagen des Rechts, 2017).

Kudlich, Hans/ Christensen, Ralph — Wortlaut, Wörterbuch und Wikipedia – wo findet man die Wortlautgrenze?, JR 2011, S. 146-151.

Kurzai, Bernd — Das Nutri-Score-Kennzeichen als ergänzende Nährwertkennzeichnung in Deutschland, LMuR 2021, S. 77-83.

Lange, Paul — Marken- und Kennzeichenrecht, 2. Auflage, München 2012.

Langenbucher, Katja (Hrsg.) — Europäisches Privat- und Wirtschaftsrecht, 4. Auflage, Baden-Baden 2017.

Larenz, Karl (Begr.)/ Canaris, Claus-Wilhelm — Methodenlehre der Rechtswissenschaft, 3. Auflage, Berlin/ Heidelberg/ New York/ London/ Paris/ Tokyo/ Hong Kong/ Barcelona/ Budapest 1995, (zit.: *Larenz/Canaris*, Methodenlehre, 1995).

Leister, Alexander/ Romeike, Lukas — Individual-, Kollektiv- oder eigene Garantiemarke? Der Schutz von Gütezeichen in der GMV de lege lata und de lege ferenda, GRUR Int. 2016, S. 122-126.

Liebl, Franz — Orientierung ernst nehmen, Markenartikel 2013, 1-2, S. 62-63.

Loschelder, Caroline/ Loschelder, Michael — Geographische Angaben und Ursprungsbezeichnungen, 2. Auflage, Köln 2002.

Loschelder, Michael — Zum Rechtsschutz der geografischen Herkunftsangabe, MarkenR 2015, S. 225-233.

Loschelder, Michael — Ansprüche zum Schutze geographischer Herkunftsangaben, in: Büscher, Wolfgang/Erdmann, Willi/Fuchs, Andreas/Jänich, Volker Michael/Loschelder, Michael/Mc Guire, Mary-Rose, Rechtsdurchsetzung – Rechtsverwirklichung durch materielles Recht und Verfahrensrecht – Festschrift für Hans-Jürgen Ahrens zum 70. Geburtstag, Köln 2016, S. 255-268, (zit.: *Loschelder*, in FS Ahrens, 2016).

Loschelder, Michael — Die Rechtsnatur der geographischen Herkunftsangaben, in: Büscher, Wolfgang/Glöckner, Jochen/ Nordemann, Axel/Osterrieth, Christian/Rengier, Rudolf, Markenkommunikation zwischen Geistigem Eigentum und Verbraucherschutz, Festschrift für Karl-Heinz Fezer zum 70. Geburtstag, München 2016, S. 711-723, (zit.: *Loschelder,* in FS Fezer, 2016).

Loschelder, Michael Geografische Herkunftsangaben – Absatzförderung oder erzwungene Transparenz?, GRUR 2016, S. 339-346.

Loschelder, Michael Geografische Angaben zwischen Kennzeichenrecht und Instrument der gemeinsamen Agrarpolitik, GRUR 2023, S. 601-602.

Lundmark, Thomas/ Herrmann, Sebastian Auslegung von Rechtsprechung, NJW 2020, S. 28-31.

Mangoldt, Hermann von/ Klein, Friedrich/ Starck, Christian Grundgesetz Kommentar, Band 1: Präambel, Artikel 1-19, 7. Auflage, München 2018 (zit.: v. Mangoldt/Klein/Starck/*Bearbeiter*, GG, 2018).

Marburger, Peter Die Regeln der Technik im Recht, 1. Auflage, Köln, Berlin, Bonn, München 1979.

Markou, Panagoula Der Schutz geographischer Herkunftsangaben nach nationalem Recht neben der Verordnung (EU) Nr. 1151/2012, 1. Auflage, Baden-Baden 2019.

Marr, Fritz/Ikier, Paul Gütesicherung-Gütezeichen, Schriftreihe zum Handbuch für Rationalisierung, RKW-Veröffentlichung Nr. 15, Heidelberg 1968.

Mennicken, Axel Das Ziel der Gesetzesauslegung, Bad Homburg v.d.H./ Berlin/ Zürich 1970.

Miosga, Willy Gütesicherung und Zeichenschutz, GRUR 1968, S. 570-579.

Möllers, Thomas M. J. Juristische Methodenlehre, 5. Auflage, München 2023.

Möllers, Thomas M. J. Wie Juristen denken und arbeiten – Konsequenzen für die Rolle juristischer Methoden in der juristischen Ausbildung, ZfPW 2019, S. 94-121.

Moretti, Giancarlo Non-agricultural geographical indications in the European Union: a sector in need of harmonisation, E.I.P.R. 2020, 42(6), S. 345-352.

Münch, Ingo von/ Kunig, Philip Grundgesetz Kommentar, Band 1: Präambel bis Art. 69, 7. Auflage, München 2021 (zit.: v. Münch/Kunig/*Bearbeiter*, GG, 2021).

Muthorst, Olaf — Grundlagen der Rechtswissenschaft: Methode, Begriff, System, München, 2. Auflage 2019 (zit.: *Muthorst*, Grundlagen der Rechtswissenschaft, 2019).

Nicklisch, Fritz — Das Gütezeichen, Rechtsdogmatische und rechtspolitische Probleme, Abhandlungen aus dem Gesamten Bürgerlichen Recht, Handelsrecht und Wirtschaftsrecht, 38. Heft, 1969 Stuttgart, (zit.: *Nicklisch*, Das Gütezeichen, 1969).

Ohly, Ansgar/Sosnitza, Olaf — Gesetz gegen den unlauteren Wettbewerb, 8. Auflage, München 2023, (zit.: Ohly/Sosnitza/*Bearbeiter*, UWG, 2023).

Omsels, Hermann-Josef — Überlegungen zu einer Reform des Rechts der geografischen Herkunftsangaben in Deutschland, GRUR Int. 2009, S. 971-979.

Omsels, Hermann-Josef — Kritische Anmerkungen zur Bestimmung der Irreführungsgefahr, GRUR 2005, S. 548-558.

Pérez, Rafael García — Der expansive Charakter der markenrechtlichen Funktionenlehre in der Rechtsprechung des EuGH, WRP 2019, S. 1523-1528.

Pohlmann, André — Das Recht der Unionsmarke, 2. Auflage, München 2018.

Potacs, Michael — Rechtstheorie, 2. Auflage, Wien 2019.

Puppe, Ingeborg — Kleine Schule des juristischen Denkens, 5. Auflage, Göttingen 2023.

Radbruch, Gustav — Einführung in die Rechtswissenschaft, 13. Auflage, Stuttgart 1980.

Regelsberger, Ferdinand — Pandekten, Band 1, Leipzig 1893.

Reimer, Eduard — Wettbewerbs- und Warenzeichenrecht, 3. Auflage, Köln 1954.

Reimer, Franz — Juristische Methodenlehre, 2. Auflage, Baden-Baden 2020.

Riemer, Boris — Lebensmittelrechtliche Grundlagen der Verbraucherkommunikation, Frankfurt am Main 2021.

Riesenhuber, Karl (Hrsg.) — Europäische Methodenlehre, 4. Auflage, Berlin/ Boston 2021, (zit.: Riesenhuber/*Bearbeiter*, Europäische Methodenlehre, 2021).

Riesenhuber, Karl/ Domröse, Ronny — Richtlinienkonforme Rechtsfindung und nationale Methodenlehre, RIW 2005, S. 47-54.

Roth, Wulf-Henning — Europäische Verfassung und europäische Methodenlehre, RabelsZ 75 (2011), S. 787-844.

Roth, Wulf-Henning — Die richtlinienkonforme Auslegung, EWS 2005, S. 385-396.

Rüthers, Bernd/ Fischer, Christian/ Birk, Axel — Rechtstheorie und Juristische Methodenlehre, 12. Auflage, München 2022, (zit.: *Rüthers/Fischer/Birk*, Rechtstheorie, 2022).

Säcker, Jürgen (Hrsg.)/ Rixecker, Roland (Hrsg.)/ Oetker, Hartmut (Hrsg.)/ Limperg, Bettina (Hrsg.) — Münchener Kommentar zum Bürgerlichen Gesetzbuch, Band 13: IPR II, Internationales Wirtschaftsrecht, Art. 50-253 EGBGB, 8. Auflage, München 2021, (zit.: MüKoBGB/*Bearbeiter*, 2021, Bd. 13).

Savigny, Friedrich Carl von — System des heutigen römischen Rechts, Band 1: Rechtsquellen, Berlin 1840, Neudruck der Ausgabe Berlin/ New York 2012, (zit.: *Savigny*, System des heutigen römischen Rechts, 1840, Bd. 1).

Scherer, Inge — Normative Bestimmung von Verwechslungs- und Irreführungsgefahr im Markenrecht, GRUR 2000, S. 273-279.

Schewe, Gerhard/ Nienaber, Ann-Marie/ Buschmann, Ansgar/ Liesenkötter, Bernd — Alles nur Greenwashing? Wie glaubwürdig berichten Unternehmen über ihr Nachhaltigkeitsengagement?, ZfU 2012, S. 1-27.

Schmalz, Dieter — Methodenlehre, 4. Auflage, Baden-Baden 1998.

Schoene, Volker — Zusammenfassung der zersplitterten EU-Regelungen zum Schutz von geografischen Angaben im Lebensmittelbereich, ZLR 2022, S. 537-540.

Schmidt, Hanspeter — Das neue Unionsrecht der Biolebensmittel: Krieg in den Dörfern und Konformität statt Gleichwertigkeit, ZLR 2018, S. 434-485.

Schmidt, Kilian — Die Unionsgewährleistungsmarke, Würzburg 2021.

Schmidt, Marek	Privatrechtsangleichende EU-Richtlinien und nationale Auslegungsmethoden, RabelsZ 59 (1995), S. 569-597.
Slopek, David E.F./ Leister, Alexander	Bio-Siegel & Co. - die markenrechtliche Einordnung von Gütezeichen, GRUR 2013, S. 356-360.
Sosnitza, Olaf	Die Verkehrsauffassung im Markenrecht, WRP 2014, S. 1136-1142.
Sosnitza, Olaf (fortgef. u. hrsg.)/ Meisterernst, Andreas (fortgef. u. hrsg.)	Lebensmittelrecht, Band I, 184. Auflage, München 2023, Stand: Juli 2022, (zit.: Sosnitza/ Meisterernst/*Bearbeiter*, Lebensmittelrecht, 2023).
Sosnitza, Olaf	Der Verordnungsvorschlag zur Neuregelung geographischer Angaben vom März 2022 – Evolution statt Revolution, MarkenR 2023, S. 1-9.
Spindler, Gerald/ Schuster, Fabian	Recht der elektronischen Medien, 4. Auflage, München 2019, (zit.: Spindler/Schuster/*Bearbeiter*, Recht der elektronischen Medien, 2019).
Stammler, Rudolf	Lehrbuch der Rechtsphilosophie, 3. Auflage, Berlin 1970.
Von Staudinger, Julius (Begr.)	Kommentar zum Bürgerlichen Gesetzbuch mit Einführungsgesetz und Nebengesetzen, Buch 1: Allgemeiner Teil: Einleitung zum BGB; §§ 1-14; VerschG, 18. Auflage, Berlin, Stand: 30.04.2022 (zit.: Staudinger/*Bearbeiter*, BGB, Stand: 30.04.2022).
Streinz, Rudolf	EUV/AUEV, Beck'sche Kurz-Kommentare, 3. Auflage, München 2018, (zit.: Streinz/*Bearbeiter*, EUV/AEUV, 2018).
Streinz, Rudolf/ Kraus, Markus	Lebensmittelrechts-Handbuch, 44. Auflage, München 2023, (zit.: Streinz/Kraus/*Bearbeiter*, LebensmittelR-Hdb., 2023).
Ströbele, Paul/ Hacker, Franz/ Thiering, Frederik	Markengesetz Kommentar, 13. Auflage, Hürth 2020, (zit.: Ströbele/Hacker/Thiering/*Bearbeiter*, MarkenG, 2020).
Suhr, Jan	Richtlinienkonforme Auslegung im Privatrecht und nationale Auslegungsmethodik, 1. Auflage, Baden-Baden 2012.

Thiering, Frederik — Die Rechtsprechung des EuGH und des BGH zum Markenrecht seit dem Jahr 2015, GRUR 2016, S. 983-999.

Tilmann, Winfried — Die Ausschließungsregeln der EG-VO 2081/92 und TRIPS, WRP 2000, S. 1039-1045.

Völcker, Frank-Christian — Das deutsche Gütezeichen, Hamburg 1965.

Wach, Adolf — Handbuch des Deutschen Civilprozessrechts, Systematisches Handbuch der deutschen Rechtswissenschaft: Abt. 9, Teil 2, Bd. 1, Leipzig 1885, (zit.: *Wach*, Handbuch des Deutschen Civilprozessrechts, 1885).

Wagner, Kristina — Die Gewährleistungsmarke – Eine Chance für mehr Wettbewerbsvielfalt, in: Recht als Infrastruktur für Innovation, 1. Auflage, München 2019, Band 3, S. 61-84 (zit.: *Wagner*, Die Gewährleistungsmarke – Eine Chance für mehr Wettbewerbsvielfalt).

Wank, Rolf — Die Auslegung von Gesetzen, 6. Auflage, München 2015.

Wank, Rolf — Juristische Methodenlehre, Eine Anleitung für Wissenschaft und Praxis, 1. Auflage, München 2020 (zit.: *Wank*, Juristische Methodenlehre, 2020).

Watson, E. Thomas — Green Marketing: It's not all bunnies and flowers, GPSolo 09/2010, Vol. 27, No. 6, S. 34-35.

Weber, Klaus (Hrsg.) — Rechtswörterbuch, 27. Auflage, München 2021, (zit.: Weber/*Bearbeiter*, Rechtswörterbuch, 2021).

Würdinger, Markus — Das Ziel der Gesetzesauslegung – ein juristischer Klassiker und Kernstreit der Methodenlehre, JuS 2016, S. 1-6.

Zimmermann, Theo — Der Wortlaut des Gesetzes im Spiegel der höchstrichterlichen Rechtsprechung, NJW 1956, S. 1262-1264.

Zimmermann, Reinhard — Juristische Methodenlehre in Deutschland, RabelsZ 83 (2019), S. 241-287.

Zippelius, Reinhold — Juristische Methodenlehre, 12. Auflage, München 2021.

Sachregister

Die Zahlen bezeichnen die Randnummern.

Abgrenzung der Markenkategorien 7, 227, 250, 279, 281, 308, 316, 346, 348, 350, 394, 400
Anmeldeerfordernis 99, 101
Anmeldegebühr 101

Eintragungshindernisse 107, 112, 117, 196, 200, 255, 272, 275, 282, 300
Eintragungsverfahren 6, 98, 158, 248, 261 f., 313 f., 394

Funktionale Abgrenzung 189, 227, 356

Geografische Herkunftsangaben landwirtschaftlicher Art 368
Geografische Herkunftsangaben nichtlandwirtschaftlicher Art 368, 378, 382, 384, 409 f.
- Sui generis EU-Verordnung 264, 389, 410
  - Autonome 409 f.
  - Gefahr einer Aushöhlung des EU-Sonderschutzes 408
- Vollharmonisierung 88, 366
  - Harmonisierungsoption 359, 409
  - Legislativvorschlag der Europäischen Kommission 380, 384, 409
Gütezeichenbegriff 27, 38, 149, 317, 320, 345, 401
- Geläuterte Verkehrsauffassung 326
- Güteaussage 21, 36, 48, 349
Gütezeicheninhaber 3, 146 f., 182, 224, 235, 324, 329 f., 332, 337, 387, 400, 408, 410
Gütezeichenschutz 10, 16, 20, 22 ff., 27, 50, 52, 55, 69, 84, 86 149, 151 f., 154, 156, 220, 320, 342, 353 f., 357, 360, 385 ff., 389, 404 f., 408 ff.
- Rechtsdogmatische Einwände 23, 86, 151, 349
- Schutzinstrument 5, 10, 15, 19, 22, 50 f., 60, 69, 74, 85 f., 153, 155, 240, 282, 319, 321, 330, 352 f., 357, 359, 362, 364 f., 367, 370 f., 373, 387 f., 395, 404, 407
  - Nationales 22, 51, 74, 357
  - Europäisches 22, 51
  - Markenrechtliches 19, 282, 321, 330, 353, 371, 387, 404

Markenmäßige Benutzung 11 f., 23, 179 f., 182 f., 189, 193, 216 f., 227
- Kollision von Herkunfts- und Gütezeichenfunktion 186, 190, 229
- Unterschiedliche Gütemaßstäbe 185, 309, 317

Nichtigkeitsverfahren 92, 248, 257, 262, 314
- Nichtigkeitsabteilung 174
- Nichtigkeitsgründe 91, 128, 241, 246, 255, 261 f., 266, 269, 272, 275, 282, 284

Spezifische Irreführungsgefahr 240, 313, 318, 394
- Dysfunktionalität als Gütezeichen 372, 398
- Normauslegung 68, 245, 249, 264, 288 f., 312, 350
  - Auslegungsgrundsätze 244, 272, 275, 287, 307, 312, 375, 394, 402
    - Inhaltsgleiche Tatbestandsvoraussetzungen 266, 307
  - Auslegungskriterien 23, 244, 288, 305, 310, 315
  - Auslegungsmaxime 244, 269
    - Richtlinienkonformität 244, 257
- Normverständnis 288, 311, 315, 334, 394, 405

Verfallsverfahren 6, 92, 158, 248, 263, 313 f., 394
– ernsthafte Benutzung 158, 165 f., 168, 203
– Verfallsgründe 203, 241, 246, 248, 261, 263, 266, 269, 272, 282, 284

Wesensbedingte Hauptfunktion 165, 345, 371, 401
– Betrieblicher Herkunftshinweis 28, 178, 182, 194, 393
– Kollektiver Herkunftshinweis 194, 208, 210, 215, 219, 222, 225, 235, 335, 338, 344
– Garantiehinweis 344, 354, 393, 396

Karlsruher Schriften zum Wettbewerbs- und Immaterialgüterrecht (KWI)

Band 1

Rechtserhaltende Benutzung bei abweichender Markenform

Von Dr. Ingo Frommeyer

2002. XIV, 343 Seiten, kartoniert ISBN 3-452-25272-8

Band 2

Vorsprung durch Rechtsbruch

im Spannungsverhältnis zwischen Konkurrentenschutz und Popularklage

Von Dr. Jens Martin Zeppernick

2002. XIV, 157 Seiten, kartoniert ISBN 3-452-25318-X

Band 3

Die Schutzschranke des § 23 MarkenG

Benutzung von Namen, beschreibenden Angaben und Ersatzteilbezeichnungen durch Dritte im geschäftlichen Verkehr

Von Dr. Christian Wolf

2003. XVIII, 283 Seiten, kartoniert ISBN 3-452-25435-6

Band 4

Erfahrungssätze im Kennzeichenrecht

Von Stefan Risthaus

2003. XVIII, 425 Seiten, kartoniert ISBN 3-452-25477-1

Band 5

Vertriebsbindungen

Zulässigkeit und Schutz nach der Rechtsprechungsänderung

Von Dr. Tilmann Andreas Büttner

2004. XVI, 216 Seiten, kartoniert ISBN 3-452-25803-3

Band 6

Der Schutz der abstrakten Farbmarke

Von Dr. Kathrin Samwer

2004. XVI, 417 Seiten, kartoniert ISBN 3-452-25817-3

Band 7

Dezentrale Softwareentwicklungs- und Softwarevermarktungskonzepte

Vertragsstrukturen in Open Source Modellen

Von Dr. Carsten Schulz

2005. XIV, 334 Seiten, kartoniert ISBN 3-452-25965-X

Band 8

Die markenrechtliche Erschöpfung beim Parallelimport von Arzneimitteln

Eine Untersuchung über die Ursachen und Entwicklung der Rechtsprechung zum Umpacken sowie der Markenersetzung beim Parallelhandel mit Arzneimitteln sowie ihrer Folgen für den europäischen Binnenmarkt

Von Dr. Morton Douglas

2005. XIV, 401 Seiten, kartoniert ISBN 3-452-26089-5

Band 9

Die Europäisierung des Wettbewerbsrechts

Der Verhältnismäßigkeitsgrundsatz im lauterkeitsrechtlichen Irreführungsverbot

Von Dr. Tobias Wuttke

2005. XVI, 281 Seiten, kartoniert ISBN 3-452-26229-4

Band 10

Abwehransprüche für den Nehmer einer einfachen Patentlizenz

Von Dr. Karsten Knobloch

2006. XVIII, 368 Seiten, kartoniert ISBN 3-452-26342-8

Band 11

Elektronische Bildbearbeitung im Urheberrecht

Von Dr. Axel Oldekop

2006. XVI, 378 Seiten, kartoniert ISBN 3-452-26351-7

Band 12

Idealvereine und andere Nonprofit-Organisationen im Wettbewerbsrecht

Von Dr. Daniel Voigt

2006. XII, 326 Seiten, kartoniert ISBN 3-452-26367-3

Band 13

Normung, Standardisierung und Immaterialgüterrechte

Von Dr. Stefan Maaßen LL.M.

2006. XIV, 410 Seiten, kartoniert ISBN 3-452-26387-8

Band 14

Wettbewerbsbeschränkungen im System der Legalausnahme

Von Dr. iur. Mirko Becker

2006. X, 218 Seiten, kartoniert ISBN 3-452-26063-1

Band 15

Technizität im Patentrecht – Aufstieg und Niedergang eines Rechtsbegriffs

Von Dr. Paul Tobias Schrader

2007. XIII, 230 Seiten, kartoniert ISBN 978-3-452-26621-7

Band 16

Internationales Wettbewerbs- und Immaterialgüterrecht im EG-Binnenmarkt

Kollisionsrecht zwischen Marktspaltung (»Rom II«) und Marktintegration (Herkunftslandprinzip)

Von Dr. jur. Oliver Baetzgen

2007. XIX, 351 Seiten, kartoniert ISBN 978-3-452-26377-3

Band 17

Kunstzitate in Malerei und Fotografie

Von Dr. Celia Kakies

2007. XII, 176 Seiten, kartoniert ISBN 978-3-452-26630-9

Band 18

Die verfahrensrechtliche Behandlung der Entflechtungsvergütung in der deutschen Fusionskontrolle

Von Dr. Jürgen Kühnen

2008. XII, 130 Seiten, kartoniert ISBN 978-3-452-26972-0

Band 19

Rechtsbruch und Kommunalwirtschaft

Von Dr. Rüdiger Mann

2008. XVI, 200 Seiten, kartoniert ISBN 978-3-452-26927-0

Band 20

Die Generalklausel der Richtlinie über unlautere Geschäftspraktiken – ihre Interpretation und Umsetzung

Von Dr. Thomas Dohrn

2008. XIV, 346 Seiten, kartoniert ISBN 978-3-452-26970-6

Band 21

IT-Outsourcing und Betriebsübergang im Sinne des § 613a BGB

arbeitnehmererfindungsrechtliche und arbeitnehmerurheberrechtliche Problemlösungen

Von Dr. Sabrina Leinhas

2009. XVI, 302 Seiten, kartoniert ISBN 978-3-452-27085-6

Band 22

Der Strukturvertrieb von Versicherungen

Werbeverhalten und Anreizsystem aus wettbewerbsrechtlicher Sicht

Von Dr. Andreas Schulz

2010. X, 222 Seiten, kartoniert ISBN 978-3-452-27257-7

Band 23

Risikoverteilung im Verlagsvertrag nach deutschem und englischem Recht

- aus dienstleistungsrechtlicher Perspektive -

Von Dr. Sandra Müller

2010. XVIII, 448 Seiten, kartoniert ISBN 978-3-452-27297-3

Band 24

Kennzeichenkollisionen mit Domain-Namen

Von Dr. Andreas Hotz

2011. XXXI, 579 Seiten, kartoniert ISBN 978-3-452-26908-9

Band 25

Verletzungsansprüche im Recht des geistigen Eigentums

Das Sanktionensystem nach Umsetzung der Richtlinie 2004/48/EG

Von Dr. Peter B. Wirtz

2011. XXI, 327 Seiten, kartoniert ISBN 978-3-452-27527-1

Band 26

Konsequenzen der Ökonomisierung informationeller Selbstbestimmung: Die zivilrechtliche Erfassung des Datenhandels

Von Dr. Louisa Specht

2012. XXI, 283 Seiten, kartoniert ISBN 978-3-452-27669-8

Band 27

Lauterkeitsrechtliche Informationspflichten

Systematische Stellung und inhaltliche Reichweite

Von Dr. Benedikt Burger, LL.M. (Berkeley)

2012. XIV, 341 Seiten, kartoniert ISBN 978-3-452-27814-2

Band 28

Die Abhilfemaßnahmen Vernichtung, Rückruf und Entfernung

Negatorischer Rechtsschutz in Frankreich, Deutschland und der Enforcement-Richtlinie

Von Dr. Meike C. L. Possin

2013. XXII, 541 Seiten, kartoniert ISBN 978-3-452-27890-6

Band 29

Die Vermarktung schutzrechtsverletzender Waren als Verletzung des urheberrechtlichen Verbreitungsrechts und der gewerblichen Schutzrechte

Von Dr. Matthias Rabbe

2015. XV, 258 Seiten, kartoniert ISBN 978-3-452-28298-9

Band 30

Urheberrechtsschutz und Erschöpfung bei Multimediawerken

Das Beispiel der Computerspiele

Von Dr. Beatrix Metelski

2015. IX, 190 Seiten, kartoniert ISBN 978-3-452-28646-8

Band 31

Know-how

Einordnung in das Zivilrecht

Von Dr. Sofia Wagner

2016. XVI, 322 Seiten, kartoniert ISBN 978-3-452-28782-3

Band 32

Verwertungsgesellschaften im europäischen Kontext

Das Beispiel der baltischen Staaten

Von Dr. Magda Papēde

2016. XVII, 367 Seiten, kartoniert ISBN 978-3-452-28778-6

Band 33

Mehrfache Schutzrechtsverletzung in Fällen von Doppelschutz, Kumulation und verbundenen Schutzrechten

Zur Zulässigkeit getrennter Verfahren bei der Durchsetzung von Verletzungsansprüchen

Von Dr. Valerie Schweppe

2017. XIV, 328 Seiten, kartoniert ISBN 978-3-452-28866-0

Band 34

Schadensersatz bei Gläubiger- und Schuldnermehrheiten im Geistigen Eigentum

Von Dr. Martina Helming

2018. XVII, 263 Seiten, kartoniert ISBN 978-3-452-29085-4

Band 35

Der Schutz von Geschäftsgeheimnissen im Zivilprozess

Chancen der Geschäftsgeheimnis-Richtlinie zur Modernisierung des deutschen Verfahrensrechts

Von Dr. Florian Winzer

2018. XVII, 315 Seiten, kartoniert ISBN 978-3-452-29086-1

Band 36

Einheitspatent: Der Konflikt von Verletzungs- und Nichtigkeitsurteil

Ein Vergleich mit den Rechtsfolgen der Patentvernichtung in Deutschland, England und Frankreich

Von Dr. Julian S. Klein, LL.M. (Cambridge)

2018. XVII, 445 Seiten, kartoniert ISBN 978-3-452-29251-3

Band 37

Digitaler Neustart

Tagungsband zum Bericht der Arbeitsgruppe der Länder vom 15. Mai 2017 – Diskussion und Ergebnisse des Workshops vom 6. Dezember 2017

Von Prof. Dr. Louisa Specht-Riemenschneider

2019. V, 127 Seiten, kartoniert ISBN 978-3-452-29239-1

Band 38

Softwarelizenzverträge

Eine zivilrechtliche Perspektive

Von Dr. Heiko Ullrich

2020. XIV, 340 Seiten, kartoniert ISBN 978-3-452-29572-9

Band 39

Datenökonomie und Selbstdatenschutz

Grenzen der Kommerzialisierung personenbezogener Daten

Von Dr. Manuela Wagner

2020. XXII, 708 Seiten, kartoniert ISBN 978-3-452-29573-6

Band 40

Vertragsschlüsse unter Einbeziehung automatisiert und autonom agierender Systeme

Von Dr. Sophie Herold

2020. XVII, 291 Seiten, kartoniert ISBN 978-3-452-29608-5

Band 41

Der patentrechtliche Unterlassungsanspruch im Lichte des Verhältnismäßigkeitsgrundsatzes

Von Dr. Maximilian Schellhorn, LL.M. (Virginia)

2020. XVIII, 415 Seiten, kartoniert ISBN 978-3-452-29652-8

Band 42

Kartellrechtliche Anforderungen an grenzüberschreitende Patentlizenzverträge

Von Dr. Marie Krahforst

2021. XIII, 279 Seiten, kartoniert ISBN 978-3-452-29845-4

Band 43

Die Verletzung von Geschäftsgeheimnissen durch Arbeitnehmer

Von Dr. Sabrina Steinmann, LL.M. (Stockholm)

2021. XVI, 341 Seiten, kartoniert ISBN 978-3-452-29893-5

Band 44

Schutz, Zuordnung und Verwertung von nicht-personenbezogenen Daten

Von Dr. Jost Sievering

2022. XIX, 357 Seiten, kartoniert ISBN 978-3-452-30112-3

Band 45

Alternativer rechtlicher Schutz für KI-Systeme

Eine Untersuchung des Gesetzes zum Schutz von Geschäftsgeheimnissen und des ergänzenden Leistungsschutzes als Schutzinstrumente für KI-Systeme

Von Dr. Jasper Siems

2023. XIV, 328 Seiten, kartoniert ISBN 978-3-452-30276-2

Band 46

Die Bestimmung von FRAND-Lizenzbedingungen durch Schiedsgerichte

Von Dr. Markus Kleinn

2023. XVI, 402 Seiten, kartoniert ISBN 978-3-452-30309-7

Band 47

Farb- und Formmarken: Strategische Handlungsvorschläge anhand des deutschen und europäischen Markenrechts

Von Dr. Stergianna Nikolidaki

2024. XV, 330 Seiten, kartoniert ISBN 978-3-452-29957-4

Band 48

Das Gütezeichen im neuen Gewand der Gewährleistungsmarke

Eine Betrachtung des Gütezeichenschutzes de lege lata und de lege ferenda im Hinblick auf die Rolle der neuen Markenkategorie

Von Dr. Amelie Elisa Böcker

2024. XV, 226 Seiten, kartoniert ISBN 978-3-452-30501-5